【记忆丛书】

# 红色教育（二）
# 中小学

# Red Education (2)
## *Elementary and Middle Schools*

方惜辰 编

Edited by Xichen Fang

美国华忆出版社

Remembering Publishing, LLC. USA

Copyright © 2021 by Remembering Publishing, LLC. USA
RememPub@gmail.com

Education (2): *Elementary and Middle Schools*
Fang Xichen

ISBN: 978-1-951135-92-8（Print）
978-1-951135-93-5（Ebook）

红色教育（二）：中小学
方惜辰　编

出版：　美国华忆出版社
版次：　2021 年 10 月第一版，第一次印刷
字数：　283 千字

美国国会图书馆编目号码 LCCN：2021 918 920

All rights reserved.
No part of this book may be reproduced in any form or by any electronic or mechanical means including information storage and retrieval systems, without permission in writing from the publisher. The only exception is by a reviewer, who may quote short excerpts in review.

作品内容受国际知识产权公约保护，版权所有，侵权必究

# 编者前言

上世纪八十年代初，中国搞过一场轰轰烈烈的"五讲四美三热爱"运动。目的是"洗涤文化大革命给人们思想上带来的污泥浊水"[1] 这污泥浊水的发源地在哪儿？在文革前的十七年的学校教育，首先是中小学教育。

这本书说的就是十七年的中小学教育。我把刘小萌的论文列入本书的首篇，因为此文思虑之严谨、分析之透辟，远在同类文章之上。刘先生是清史专家，他的业余研究的成果——《中国知青史》为他赢得了广泛的社会声誉。他这篇《文革前的"阶级路线"问题——以学校教育为中心的考察》的论文是他继知青史之后的论著。排在刘先生之后的是马昌海的文章。马先生是研究中共党史的教授，他对1949之后的农村政策，尤其是土改的研究为世所重。收入此书的《略论文革前"老三届"的思想政治教育》有理论，有实例，深入浅出，颇具说服力。收入第一辑的另外两篇文章：潘祛病对中学政治课的分析，吴迪对十七年教育与暴力关系的研究，亦可圈可点。这些文章都没有提到"五讲四美三热爱"运动，但是它们却从不同角度解释了这场运动治标不治本的原因。

本书的第二辑有两个主题：理想主义与仇恨教育。方延曦讲的是毛时代对学生进行的共产主义的灌输。叶维丽在这一革命理想教育之外，还讲了六十年代初的思想革命化和接班人教育。启之、唐燕、潘祛病讲的是阶级斗争引发的"仇恨意识"，季烨的文章揭示了这种仇恨意识导致的学生暴力。共产主义、革命理想是分层次的，教育者有着将其由抽象转化、落实到具体的一整套办法。思想革命化的"兴无灭资"，接班人教育中的"血统论"，与工农相结合的崇尚体力劳动

---

[1] 王洪模等《改革开放的历程》317页，河南人民出版社，1989年。

I

等等就是革命理想的具体化。十七年教育中并不仅仅培养了恨，也培养了爱——爱党爱领袖爱社会主义，没有爱就没有恨。在光天化日之下打死卞仲耘和姜学良的学生的主体，恰恰是卞、姜们生前着力培养的革命接班人。这一辑的作者们给我们提供了答案，也提出了问题。

本书的第三辑是40后、50后对当年中小学教育的回忆。刘海鸥的小学回忆明快而温馨，相信这不是她个人的感受。1956年是一个分水岭。当这些人们上了中学的时候，教育的面目就很快地变得狰狞起来。我粗粗地区分了外省和北京的中学。两者有三个共性。第一，人们不约而同地谈到求学中的饥饿。第二，那时的政治运动（反右派、人民公社、大炼钢铁、除四害等）或多或少都进入人们的笔端。第三，人们都不约而同地讲述了阶级斗争在校园的肆虐。

在这一辑里，李南央、李红云、顾土三人的文章最值得细读。前两位作者从不同角度揭示了十七年教育的基本原则，顾土则以诙谐的笔调，讲述了60后的一代在文革中完成的未成年教育——"该学的不会，没用的都知道，扭曲的知识塞满一脑瓜。"

我就是带着一脑瓜扭曲的知识来到美利坚的。在与台湾邻居的交往中，这些扭曲的知识常常让我们之间产生芥蒂。有一次，他跟我发了一通感慨："大陆的经济真是不得了，应了《周易》那句话，'潜龙在渊，不飞则已，一飞冲天'。在硬件上台湾再过二十年也赶不上大陆。不过，你们的软件不行，太不行了。照我看，再过五十年也赶不上台湾。"

我问他软件是什么？他指着墙上"厚德载物"的条幅，"软件就是德，就是文化！"我问，"为什么再过五十年也赶不上台湾？"他说："文化的基础是教育。大陆的教育不行！你看看，大陆的中小学生都在干什么呀！"

我嘿然良久，终于为祖国找到了理由，"中国特色嘛，不管干什么，大陆一定有自己的道理。"他看出我的不悦，怏怏而去。

客人走后，我细想这个话题。说实话，去国日久，现在大陆的中小学生在干什么？我不甚了然，但是我知道毛时代的中小学都干了什么。编这本书使我回到了当年的中小学，重温了那个年代的红色教育。印象最深的是当年的校园歌曲。我们学校合唱团的保留节目《红小兵越战越坚强》的旋律，至今还时时盘旋在我的脑际——

> 红小兵，气昂昂，
> 满腔怒火上战场。
> 为了参加大批判，
> 戳穿林贼黑心肠。
>
> 阶级斗争天天讲，
> 反修防修永不忘。
> 毛泽东思想来指引，
> 红小兵越战越坚强。

最让我难忘的，是姐姐时常哼唱的毛主席语录歌——

> 马克思主义的道理千头万绪，
> 归根结底，
> 就是一句话，
> 造反有理，造反有理。
> 有了这个道理，
> 于是就革命、就造反、就干社会主义。

想当初，姐姐就是唱着这首歌，去抄家，去串联，去各地传播革命的火种，去老爸的单位贴大字报，揭发老爸的资产阶级名利思想。我也曾唱着这首歌，领着同学向黄帅学习，砸学校的玻璃，拔老师自行车的气门芯，往"黑五类"出身的同学的书包里塞癞蛤蟆……。

记得钱理群在台湾讲学时有一种体会，大陆已经形成了一种新的国民性，好斗、骄狂和粗野。

这种国民性从哪儿来的？它跟红色教育有没有关系？

2021 年 3 月初

# 目 录

编者前言 ..................................................................... I

## 第一辑 论十七年的教育

文革前的"阶级路线"问题
　　——以学校教育为中心的考察　　刘小萌 .............................. 1

略论文革前"老三届"的思想政治教育　　马昌海 .................. 36

从左向左：十七年教育指导思想浅论
　　——以中学政治课的调整为例　　潘祜病 .............................. 52

十七年教育与学生暴力　　吴　迪 .............................. 65

## 第二辑 理想主义与"仇恨教育"

关于"共产主义理想"的回顾与再思考　　方延曦 .............................. 73

马笑冬，你的话对谁说？
　　——老三届理想主义祭　　叶维丽 .............................. 85

从"公主"头上的纸冠到红卫兵手中的皮鞭
　　——中学的阶级路线与"革命化运动"
　　　　叶维丽（作者）　马笑冬（合作者） .............................. 97

"红色教育"读解（一）
　　——罗治《校园里的阶级斗争和阶级教育》初探
　　　　启　之 .............................. 114

"红色教育"读解（二）
　　——罗治《浅谈师大女附中的思想政治教育》
　　　　启　之 .............................. 123

"红色教育"读解（三）
——《教育叙事》："女附中的劳动教育"浅议
　　　　启　之..................................................129

《小美人鱼》和我们所缺失的爱　　唐　燕..................134

革命新人斗志昂：读《新来的小石柱》　　潘祛病..........145

文革之初北京师大二附中的"红色暴力"
——姜培良之死与"仇恨教育"　　季　烨..........151

## 第三辑　校园内外

书声琅琅
——培元小学拾英　　刘海鸥..........................158

日记告诉我们（1958年3月—1959年7月）　　刘海鸥........172

我的小学和初中
——陕西洋县六陵渡的人生　　聂树人..................182

红色时代的缩影
——五六十年代山西翼城上学记　　安希孟..............201

中学毕业之后
——记我的二哥和三哥　　韦文德......................218

1963—1966：广西柳州一中的中学生活　　韦文德..........233

一个地主儿子的大学梦　　胡鹏池........................248

1951—1963：湖北郧阳上学记　　王大定..................259

1957年"反右"前的快乐童年　　方延曦..................276

艰难岁月
——我的中学生活（1958—1961）　　李耿立............281

饥寒交迫求学路
——我的高中三年　　宋书星..........................292

培养有社会主义觉悟、有文化的劳动者
——忆北京第十女子中学干部子弟班的生活　　李南央...298

北京四中的学潮与社教　　王复兴..................315

"革命热情高"
　　——从女附中的校训说起　　李红云..................335

风风雨雨话当年
　　——师大女附中的"反动学生"　　罗治..................346

最后一课　　冯敬兰..................356

复课·批黑教材·"反动权威"吴晗　　管宁..................361

我在文革中接受的"未成年人"教育　　顾土..................367

合肥市第六中学校史
　　——关于文革的记忆　　王逸伦 编辑..................386

编后记..................397

# 第一辑　论十七年的教育

## 文革前的"阶级路线"问题
### ——以学校教育为中心的考察

刘小萌

**内容提要**：本文以文革前的学校教育为切入点，就当局实施的"阶级路线"问题做了初步梳理，具体包括三个方面：阶级路线的提出、阶级路线的贯彻、阶级路线的影响。作者认为，中共建政以后，着力在青年学生中贯彻阶级路线，始于"反右运动"后的1958年。阶级路线的贯彻，辅之以一系列政策性规定，进而在升学、就业、社会地位等方面，形成了对出身"不好"青年的全面歧视。长期推行阶级路线，是在阶级斗争和"无产阶级专政"理论指导下进行的，造成了极恶劣影响：一是在城乡造就了人数庞大的世袭性贱民阶层；二是为上山下乡运动准备了大批后备军；三是为文革浩劫准备了思想、政治、组织条件。认真回顾"阶级路线"酿成的恶果，总结历史的沉痛教训，对提升全社会的民主意识、平等意识、权利意识、法治意识，有着重要的现实意义。

**关键词**：阶级路线　反右运动　青年工作　"黑五类"子女　知识青年

在阶级斗争肆虐中华大地的年代，城乡青年倍受其难。其中，持续时间最长、规模最大、烈度最深的，莫过于"阶级路线"造成的伤害。几千万城乡青年，因家庭出身"有玷"（所谓家庭出身不好）而受到歧视、侮辱乃至摧残。直至今日，对于这段历史悲剧，披露它的真相仍有相当难度。官方文献，往往将真相掩盖得严严实实，即便偶有记载，也是轻描淡写或几笔带过。笔者先曾就"阶级路线"问题做过初步考察，重点是它在上山下乡运动中的形态以及与"血统论"的关联[1]。在本文中，笔者拟就文革前十七年的"阶级路线"问题做一初步梳理，具体包括三个方面："阶级路线"的提出、"阶级路线"的贯彻和"阶级路线"的影响。

在转入正题前，先就本文使用的两个概念"阶级"与"阶级路线"作一说明。第一，"阶级"的本义，是指基于对生产资料占有的不同而形成的社会集团或人群共同体，因此是一个经济范畴。而在文革前十七年，当局划分所谓"阶级"分野并据以区别敌、我、友的，却往往并非对生产资料的占有，如"黑五类"中的所谓"反革命分子""右派""坏分子""红五类"中的所谓"革命干部""革命军人"，皆因人生的某种经历而被分门别类。他们的子女也就相应成为"阶级路线"的受益者或牺牲品。从这个角度讲，当局贯彻所谓"阶级路线"，难免有"挂羊头卖狗肉"之嫌。本文使用"阶级路线"一词，依旧袭用的是那个时代的官方表述。至于该表述的准确与否，不在本文讨论范围。这是应予说明的第一点。

第二，关于中共实施的"阶级路线"，在不同历史时期实有不同含义。前一时期的"阶级路线"，系指中共在夺取政权和建政初期，根据"革命"性质、任务和各阶级经济地位及其对"革命"的态度，

---

[1] 拙著：《中国知青史——大潮》第 37—40 页，第 327—339 页，第 680—681 页，中国社会科学出版社，1998 年；参见拙文：《"血统论"重压下的下乡知青》，金大陆、金光耀等编：《中国知识青年上山下乡研究文集》，上海社会科学出版社，2010 年。

区分敌、友、我，确定依靠谁，团结谁，打击谁的路线。据此含义，早在 1931 年，毛泽东即根据对中国农村各阶级分析，制定了"依靠贫雇农，联合中农，限制富农，保护中小工商业者，消灭地主阶级"的阶级路线。后一时期的"阶级路线"，则指中共建政以后逐步成型，反右运动以后全面贯彻，针对广大城乡青年实施的、以家庭出身划线为基本标志并决定其身份、地位、权利的路线。本文考察，只限于后一时期"阶级路线"。这是应予说明的第二点。

中共创建伊始，即以阶级斗争为夺取政权基本手段。这一传统，并未随着夺取全国政权而彻底改变。五十年代中，当政者通过大规模、疾风暴雨式的政治运动，在全国城乡实现了全面的"社会主义改造"，消灭了所谓地主阶级、富农阶级、资产阶级。问题是，"剥削阶级"的消灭，既没有导致"阶级斗争"的偃旗息鼓，也没有导致"阶级路线"退出历史舞台，反而在"反右"运动后益发变本加厉。1958 年，当局首先在教育领域中大张旗鼓地贯彻阶级路线，继而扩大到与青年工作相关的各个领域。其实质，即根据青年家庭出身的"好"与"坏"，决定其在入学、升学、就业等方面的权益。一方面，为出身好的青年（所谓"红五类"子女）提供种种优惠；另一方面，对出身坏的青年（所谓"黑五类"子女）的天赋人权（诸如教育权、就业权、婚姻权以及前途的选择权等），加以限制、践踏乃至剥夺。其结果，铸就了数千万卑贱者的命运。

## 一、"阶级路线"的提出

当局在青年工作中贯彻"阶级路线"，始于"反右"运动后的 1958 年。谈到它的缘起，需从五十年代初追溯。

### （一）五十年代初的情况

五十年代初，国内战争的硝烟刚刚消散，一波接一波的政治运动纷至沓来。1951 年 2 月，镇压反革命活动在全国如火如荼地展开。1952 年 1 月，发动"三反运动"（反对贪污、反对浪费、反对官僚主义），在工商界中开展"五反运动"（反对行贿、反对偷税漏税、反对盗骗国家财产、反对偷工减料和反对盗窃经济情报）。1955年5月，以莫须有的"胡风反革命集团"为口实，在全国开展肃清暗藏的反革命分子的群众运动。同时，在农村掀起合作化运动的高潮，在城市发起对资本主义工商业的改造。在接踵而至的政治波涛冲击下，无论在城市还是乡村，形形色色的"阶级敌人"被树立起来，他们成为运动的"活靶子"，其子女的处境随之恶化。不过，若与"反右运动"以后的险恶状况相比，这部分子女的处境总体来讲还算比较宽松。关于其处境，可从入团、升学、就业三个角度略加考察。

1.入团方面。在城市中，资本家子女被划入资产阶级，但当局对他们的看法还比较温和，认为他们在经济上、生活上虽依赖家庭，容易受到家庭的影响，表现动摇，但是他们的基本趋向是要求靠近党、团组织，愿意在思想上与家庭"划开界限"，站在社会主义一边，做"社会主义的儿女"[2]。五十年代中期的调查表明，在高等学校中，半数以上资产阶级家庭出身的学生入了团。在清华大学、石油学院、钢铁学院三所高校，资产阶级家庭出身的学生中，有65.7%是青年团员。这一比例，甚至略高于北京市高校学生中团员的比例（62%）[3]。说明这部分大学生不仅没有在入团问题上受到歧视，反而因家境较好、学习成绩较优秀，容易得到团组织的肯定。中共建政初期，百废待兴，亟须青年精英参与新政权的建设；再者，当时中共对城市资本家的评价尚比较正面[4]，各级干部对资产阶级的敌对意识远没有后来强烈，对其子女的入团申请设置门槛较低是很自然的。

---

[2] 中共中央转发青年团中央书记处《关于私营工商业改造中的青年工作情况和今后意见的简报》1956年1月。

[3] 团中央学校工作部：《资产阶级家庭出身的学生的思想情况》，团中央办公厅编：《团的情况》第131期，1956年1月21日。

[4] 如毛泽东在1955年曾批评那种认为民族资产阶级不能接受社会主义的思想，甚至说"现在它是一只半脚踏进社会主义，人家现在快要变成工人阶级了，人家现在已经是半社会主义者了"；又说："工商业者不是国家的负担，而是一笔财富，过去和现在都起了积极作用"。薄一波：《若干重大决策与事件的回顾》上卷第408、435页，中共中央党校出版社，1991年。

同时，中共对青年的本身成分与家庭出身，在政治待遇上是有明确划分的。1956年5月18日，《团中央组织部关于地主、富农和资产阶级子女的入团问题的答复》中规定：凡是在机关、企业、学校、部队中工作和在学校中读书的地主、富农和资产阶级的青年子女，凡符合入团条件者，均可吸收入团。但未改变地主、富农成分的青年，一律不得吸收入团[5]。

不过，相对于已在外参加工作或求学者而言，留在农村的地富子女在入团问题上已开始受到严格限制。1955年9月，各地根据团中央组织部的意见，采取暂不接收地、富、反、坏分子子女入团的方针[6]。这一方针的贯彻，应与方兴未艾的农业合作化高潮有关。次年4月，限制始有所松动，规定地富家庭出身的初中、高小毕业生，如已具备入团条件，"经过县团委批准，可以个别吸收入团"[7]。对于已经具备入团条件的地富子女，仍要附加两条苛刻的限制：一是须经县团委批准，二是只能个别吸收。足见农村自土改运动、合作化运动以来，地富子女已遭受普遍歧视。顺便一提，随着合作化运动的开展，至少在一些地方，连地富子女能否加入互助组、合作社都成了问题[8]。毛泽东在谈到农村合作化问题时就说过："地主富农家庭出身的青年，只有十七八岁，高小毕业，或者初中毕业，硬是文化教员都不能当，我看也不必，我们可以用他们来扫盲，教会农民识字。究竟是不是可以，请你们加以研究。至于担任会计这样的事情就比较危险了"[9]。毛的话说得比较委婉，但意思很明了：地富子女可以担任文化教员，不能当会计。地富子女在农村的实际地位由此可知。这种歧

---

5 《团的通讯》第105期，1956年6月2日。

6 《路金栋同志关于团的建设问题的情况的发言》，1962年6月27日。

7 《中国青年报答读者问》（1956年4月26日），团中央办公厅编：《团的情况》156期，1956年5月22日。

8 《答读者问：地主富农家庭出身的青年学生回乡后能否参加互助合作组织》，《中国青年》，1954年10月5日。严如平：《不要歧视出身地主、富农家庭的青年学生》，《中国青年》，1956年第2期。

9 《农业合作化的一场辩论和当前的阶级斗争》，《毛泽东选集》第5卷，第212页。

视和不信任，后来日趋恶化，基本上是与地富本身同等看待[10]。他们的父辈即所谓的地主富农，绝大多数就是普普通通、老实本分、勤劳简朴的农民，其中有些文化的，大体就是传统社会中的乡绅。一旦"阶级斗争"肆虐于中华大地，他们数世积累、合法经营的一块土地、一点家业，就构成政治贱民（"阶级敌人"）的"原罪"。作为农民中相对富裕的阶层，他们中的绝大多数，既无涉国共两党的政治斗争，也无涉"革命反革命"的对峙，他们之所以被划入"敌对阶级"并遭到清算，完全是由于阶级斗争理论驱动下的政治迫害[11]。何况，这种迫害并非及身而止，还株连到他们的子女。不过，由于当局主导的城乡二元体制当时尚未形成，地富家庭出身的学生离开农村，进入城市升学、就业尚有一定空间。因此，与实施严格户籍管理制度以后的状况相比，他们的总体处境还不至于完全陷于绝望。

2. 升学方面。中国儒家文化传统的精髓之一就是"有教无类"，隋唐形成的科举制度对莘莘学子的应试资格，少有身份限制；降及明、清、民国，未之或改。而中共秉持马列主义"阶级斗争"理论夺取政权，早在瑞金时期，即已规定"工农及其子女享有教育的优先权"；工厂主、地主、富农子弟只可进入小学学习，严格禁止其升入初中。抗战爆发后，中共调整政策，宣布地富子弟也可入学[12]。中共建国初期，对高考考生的政治条件尚无专门条款。1949年8月，中共中央东北局、东北行政委员会颁布《关于整顿高等教育的决定》，提出大学生的选拔标准是："具有高中毕业程度，经入学考试合格者。"1950年5月，中央人民政府教育部颁布了高等学校招考新生的规定，"凡志愿为人民服务，身体健康"的高中毕业或同等学力者，均可报考。1952年起开始实行高等学校统一招生考试，也没有就考

---

10 定宜庄：《中国知青史——初澜》第36页，中国社会科学出版社，1998年。
11 关于这个问题，林达（李晓林）在《已经消失的中国"犹太人群体"》（网络版）一文中有深刻分析。
12 高华：《中共从五四教育遗产中选择了什么》，见《五四与中国现代教育》（香港）会议论文》，香港中华书局，2000年。转引自杨东平：《中国教育公平的理想与现实》，北京大学出版社，2006年。

生的政治问题作出规定。翌年，正式出台了高考政审制度，规定不予录取的考生，限定在本人有政治历史问题者（包括"现被管制分子""反革命分子""现行破坏活动分子""确因反革命以及品质极端恶劣而被国家企业、机关、部队或高等学校清洗或开除的分子""历史上有重大政治嫌疑者"）。一直到1956年，政审力度虽有所加强，仍针对考生本身的政治历史问题，并没有涉及到家庭出身[13]。

根据1956年1月共青团中央的调查报告：全国中等以上学校470万学生中，资产阶级家庭出身的学生约有60万。其中，高等学校有学生28万多人，资产阶级家庭出身的学生将近6万，约占20%；中等专业学校、中等师范学校和普通中学共有学生442万，资产阶级家庭出身的学生约有54万，约占12.3%[14]。该报告提供的数据只涉及资本家子女在学生中比例，目的应是为了配合中共对城市"资本主义工商业"的改造运动。说明资本家子女在高校学生中的比例，远高于其在全国同龄人口中所占比例，这应与其家境比较充裕，基本生活在城市，具有重视教育的传统有关。资本家子女在高校学生中所占比例，高于其在中等学校学生中所占比例，又表明他们在晋身社会知识精英的竞争中同样享有优势。

3. 就业方面。五十年代上半叶，部分城市青年不能及时升学就业的问题已开始显现，随之出现了一个专有名词——"社会知识青年"，特指"在城市街道上具有高小以上文化程度的停学待业的青年"。1955年11月，这部分青年在全国有70余万人。到第二年上半年，除去陆续就业者，还剩下30余万人。但当时的政府部门却遇到了一个新问题：一方面，许多单位招不到工人；另一方面，这30余万社会知识青年却没有得到就业机会。为什么出现两头脱节现象？官方报告将其归结为对出身不好青年的歧视，即"现在的社会知识青年中，有30%左右是出身于剥削阶级家庭、亲属中有反革命分子、社会

---

13 宋长琨：《文革前高考权利主体的演绎——1953—1965年的高考政审制度》，《中国考试》2009年第1期。

14 团中央学校工作部：《资产阶级家庭出身的学生的思想情况》，团中央办公厅编：《团的情况》第131期，1956年1月21日。

关系复杂、有海外（港澳、台湾）关系，本人历史不清白或有其他问题的青年。"其中大多数是家庭出身或社会关系的问题，本人有问题的只是少数。歧视现象也是形形色色：有些用人单位，不看本人表现，光看家庭成分，不加区别地拒绝录用；有些用人单位，不问情由地对有海外关系的青年，一概不加录用；有些基层干部（主要是某些公安派出所的干部），对社会知识青年，不问本人表现如何，凡家庭出身不好的，都当作阶级敌对分子看待。结果，"几年来，这部分青年因为就业无门，感到前途茫茫，悲观失望"，上海、苏州、天津、四川等地均发生青年自残或自杀事件[15]。上述记载表明：五十年代中期，随着政治运动的纷至沓来，政治环境日渐肃杀，使一部分青年感到寒气彻骨，开始"背上出身不好的包袱"[16]。

在城市青年中，为什么政治歧视现象首先出现在就业领域而非升学领域？笔者认为，原因是多方面的：首先，申请就业的青年远多于参与高考竞争的青年，各地方各部门吸纳新工人的实际需求也千差万别，造成双方供求关系的失衡；其次，申请就业的青年的整体素质，远低于参与高考的青年，这就给负责招工的基层人员的为所欲为提供了很大空间；其三，基层人员的素质普遍较差，他们在招工时采取的最简便、有效且最无风险的办法，莫过于立足"唯成分论"基础上的淘汰。但是这样一来，就颠覆了一个正常社会本应遵循的"择优录取"原则，同时开启了以家庭出身决定弃取的"阶级路线"的先河。

## （二）1957年前后的形势

1956年中国的内外形势发生了重大变化，一是国际上发生了"匈牙利事件"和苏共二十大提出了"非斯大林化"方针，一是国内连续

---

[15]《共青团中央书记处关于社会知识青年就业问题的调查报告》（1956年8月2日）；关于歧视现象，参见《许多机关在招考社会青年中歧视妇女和家庭成分不好、社会关系复杂的青年》，载团中央办公厅编：《团的情况》第159期，1956年6月2日。

[16] 团中央学校工作部：《资产阶级家庭出身的学生的思想情况》，团中央办公厅编：《团的情况》第131期，1956年1月21日。

发生大中学生聚众闹事事件。

自1956年下半年起,一些地区相继发生了学生闹事。据团中央1957年3月的统计:高等学校和中等专业学校中发生的学生罢课请愿事件有30起,参加人数约1万名[17]。同期,还有36所技校发生学生罢课、请愿、罢工事件,参加学生近4千人[18]。引发学生闹事的原因:首先,是学校工作中存在的一些具体问题,如教学水平低、课程安排不当、伙食卫生差、毕业分配难、招生时虚假宣传等。其次,是升学就业的压力空前增大。1957年年初估计,大约三分之一的高中毕业生升不了大学。这与1956年高中毕业生全部升学尚不敷招生指标的情况形成了鲜明对比。尤为突出的是,8万高中毕业生不能升入大学,是中共建政以来前所未有的新问题[19]。这种情况,导致一部分高中毕业生情绪紧张,"好些地方学生闹事",以发泄不满[20]。一些学生进而对当前制度进行批评。尽管这种现象还只是凤毛麟角,但已引起中共高层的关注[21]。正是在这种背景下,1957年1月至3月,短

---

17 团中央大学工作部:《近半年来全国高等学校和中等专业学校学生罢课请愿事件简明表》,团中央办公厅编:《团的情况》第199期,1957年3月6日。

18 团中央青工部:《工人技术学校学生罢课、请愿和实习期间罢工等事件统计表》,团中央办公厅编:《团的情况》第208期,1957年5月3日。

19 拙著:《中国知青史——大潮》第12页。

20 毛泽东:《在省市自治区党委书记会议上的讲话》(1957年1月),《毛泽东选集》第5卷,第332页,人民出版社,1977年。

21 如毛泽东在1957年1月的省委书记会议上讲:"学校办了,毕业生不能分配工作,不满意。地质部在石家庄专区正定县有一个地质学校,有一千多人因为没有分配工作而罢课闹事,要上北京,他们的标语口号有打倒法西斯!要战争不要和平!社会主义落后,没有优越性!北京大学有一个学生公开说:总有一天,老子要杀几千几万人。"《在省委书记会议上的讲话》(1957年1月),红代会北京师范大学井冈山公社、北京师范大学革命委员会编:《毛泽东教育文选》第60页,1975年铅印本。同年2月,他在省市委书记会上又提到:"在学校里青年学生值得注意,学校办多了,就不能就业,一不能就业就请愿,石家庄三千人示威,全国大专学校一千五百多所,有卅二所发生了问题,同时许多学校出现了一些典型人物,清华大学的武天保,西北大学的朱伯诚,武汉大学的陈伯华,鞍山的武俊卿,他们说社会主义不行了,他们要上台……"《在全国各省市委书记会上的一次讲话》(摘录)(1957年2月),同上,第66—67页。

短三个月中，毛泽东在党内讲话中，至少六次提到青年学生的家庭出身，以及与之相关的"百分之八十"的比例问题。兹将六次讲话的要点摘录如次：

1. "大学中有百分之八十是地主、富农、资本家家庭出身的"[22]。
2. "北京高等学校学生百分之八十以上是地主、富农、富裕中农、大中小资本家子弟，工人、贫农子弟不到百分之二十"[23]。
3. "现在大学里百分之七十至八十是资产阶级小资产阶级"[24]。
4. "高等学校学生有百分之八十是地、富、资本家的儿子"[25]。
5. "现在的大学，约有百分之八十是地主、资本家、富农的子女"[26]。
6. "一百个大学生里面只有二十个是工人农民出身的，百分之八十都是地主、富农、资本家的子女。"[27]

中共领导人如此密集地谈论青年学生的出身问题，在历史上是没有先例的。而毛泽东关注该问题，都是基于"闹事"的背景。其中，值得关注的有两点，第一，他六次提及"百分之八十"的比例，但在具体对象上，却不尽一致。有时指"地主、富农、资本家的儿女"，有时指"地主、富农、富裕中农、大中小资本家子弟"，有时指"资产阶级小资产阶级""富裕中农"，本不属于"四类分子"或"五类分子"范畴；贫农、下中农，一向被中共视为依靠对象，在阶级属性上则归入"小资产阶级"，他们的子女，也被毛划入了"百分之八十"。毛在谈论"百分之八十"时的随意性，由此可见一斑。究其原因，除了毛

---

22 《在省市委书记会议上的插话汇集》（1957年1月），同上，第55页。
23 《在省委书记会议上的讲话》（1957年1月），同上，第60页。
24 《在全国各省市委书记会上的一次讲话》（摘录）（1957年2月），同上，第67页。
25 《在党的全国宣传工作会议期间和各省市委宣传部长谈话（摘要）》（1957年3月6日），同上，第73页。
26 《关于思想工作问题》（在南京部队、江苏、安徽二省党员干部会议上的讲话，1957年3月20日），同上，第99页。
27 《在山东省级干部会上的报告》（1957年3月18日），同上，第117—118页。

本人主观性强的特点外，与其未能掌握学生出身的准确数据也有一定关系[28]。第二，在毛看来，闹事风潮与"百分之八十"学生的不良家庭出身密切相关，他们在政治上是不可靠的，因此必须加以提防。数月之后，毛泽东发动了反右运动，右派学生的出身问题引起中共领导人的高度关注。不过，与年初不同，这一次是作为重大政治问题提出来的。

### （三）关于右派学生的调查

如众所知，广义的反右运动应包括前后衔接的两个阶段。前一个阶段是1957年5月中共开展的"反官僚主义、反宗派主义、反主观主义"的"整风运动"。后一个阶段是6月8日中共发动的"反右派运动"。这两个阶段珠联璧合，即以"引蛇出洞"为始，以对知识精英的严厉清算告终。自1957年夏至1958年春，共有552877人被打成"右派分子"[29]。这中间，高校师生为数最多，大约3.7%的大学生被打为右派[30]。而在右派学生中，出身不好者占有很大比例（详见下文）。

1957年，共青团系统为配合反右运动，组织了针对右派学生的一系列调查并撰写为内部报告。这些报告，目的是为中共制定政策提供参考，其中包括有一系列统计数据，以及抽样调查。在笔者所见报告中，比较重要的有两份，分别是关于上海市高校和全国高校学生的调查。为便于彼此参考，兹将两份报告的基本数据摘录如次，并略做分析：

第一份，《上海各大学学生中右派分子初步排队情况》。根据对同济大学、交通大学、复旦大学、华东师范大学等16所院校的统计，

---

28 毛泽东在谈到青年的家庭出身情况时说过："你们有这个统计没有？我在这方面没有统计"，见《在山东省级干部会上的报告》（1957年3月18日），同上，第118页。
29 秦相启：《摘"帽"》，《党史博览》2001年1期。
30 《胡耀邦同志在中共八届三中全会上的发言》，1957年10月9日。

学生总数 32487 名。排队人数 23287 名，排队结果，有 713 名右派分子，占排队人数的 3.06%。这 16 所院校中，共有 19888 名团员，排队人数 13667 名，其中有 263 名右派，占排队团员数的 1.93%[31]。

第二份，《高等学校学生、团员的政治情况的若干调查》。根据对全国 227 所高等学校的统计，学生（包括研究生）408017 人。其中党员 33761 人，占学生总数 8.81%；团员 232393 人，占学生总数 57.28%。

学生的家庭出身。据 70 所学校的 96895 名学生家庭的调查，剥削阶级占 37.54%，职员、自由职业者、资产阶级知识分子占 19.8%，手工业、小贩占 4.2%，店员占 0.04%，中农占 16.8%，贫雇农占 8.5%，工人占 5.5%，革命干部占 0.31%，城市贫民占 3.1%，其他占 4.39%。

右派学生的家庭出身。据 20 所学校中 1097 名右派学生家庭出身情况的调查，剥削阶级占 59.81%，职员、自由职业、资产阶级知识分子占 15.6%，城市贫民占 2%，手工业者、小贩占 1%，中农占 11.2%，贫雇农占 4.7%，工人占 3.2%，革命职员占 0.09%，其他占 2.4%。

右派学生的家庭及本人政治历史情况。据 62 所高等学校中 3649 名右派学生的家庭及本人政治情况的调查，其中家庭有政治问题者（包括家庭亲属被杀、关、管、斗或逃亡在海外）占 31.9%；本人有政治历史问题者（包括三青团员、国民党员、伪军、特务、反革命）占 12.4%；本人曾受党、团、行政或刑事处分者占 2.7%；本人系品质恶劣当地流氓分子占 2.9%[32]。

综合上引资料，对右派学生的基本情况可有如下了解：（1）学生中的右派比例，全国高校约为 3.7%，略高于上海市的 3.06%[33]。（2）全国高校学生中"剥削阶级"子女的比例约为 37.54%，而右派学生

---

31 青年团上海市委：《上海各大学学生中右派分子初步排队情况》，团中央办公厅编：《团的情况》第 215 期，1957 年 7 月 25 日。

32 团中央大学工作部：《高等学校学生、团员的政治情况的若干调查》，团中央办公厅编：《团的情况》第 221 期，1957 年 9 月 30 日。

33 《胡耀邦同志在中共八届三中全会上的发言》（1957 年 10 月 9 日）："根据全国 147 所高等学校统计，大学生中有 3.7%的右派分子"。

中"剥削阶级"的子女比例约为59.81%[34]，后者比例明显高于前者。（3）右派学生中，家庭和本人有政治历史问题、或受过各种处分者高达47%。说明在右派学生中，出身"剥削阶级"和家庭有政治历史的占有很高比例。因为家庭有政治历史问题者，很大一部分又属"剥削阶级"成分，可知上引2、3两个数据在某种程度上是重合的，因此不可以简单相加。

以上就是有关右派学生家庭出身的基本情况。综合上述因素，不妨作一个推测，即如果认为右派学生中至少有80%的人出身不好（包括其家庭因被归属"剥削阶级"而遭到清算的，家庭及亲属在历次运动中因各种政治历史"问题"而受到冲击、被"杀、关、管"的，以及因海外关系而受到株连的），应该大致不错。

这一估计，足以彰显历次运动对这部分家庭造成的伤害。正是这种伤害，促成这部分家庭的子女对当局产生某种程度的离心离德。他们在整风运动中提出的批评意见，在今天看来依旧是合理的。何况其中许多犀利的言辞和思想火花，迄今仍是鼓舞大陆知识精英追求自由民主的精神动力。但是在五十六年前，其言行却足以使他们被扣上"右派分子"的帽子，在政治上被打翻在地，并坠入万劫不复的深渊。

---

34 另据团上海市委《上海十九所高等学校学生右派分子的几点情况》称：上海高校中，"右派分子很大部分出身于剥削阶级，占47%；出身于工农家庭的占15.3%。"（载团中央办公厅编：《团的情况》第221期，1957年9月30日）。所称上海市高校右派学生47%出身剥削阶级的数据，低于正文所引全国右派学生59.81%出身剥削阶级的数据。造成差异的原因不明，有待日后深入分析。但各地各校统计数据存在一定差异，不足为奇。究其原因，一是各校学生成份不尽相同；一是各地各单位领导推进运动的力度、掌握政策的宽严有别；三是当事者调查的准确度不同。尤其在特定场合，有意无意夸大"敌情"的现象在所难免。如胡耀邦在讲话中提到：北京师范大学右派学生215人，其中家庭有政治历史问题的占54.8%，本人有政治历史问题的占42.3%。北京大学右派分子的核心——"广场"编辑部的15人中，剥削阶级家庭出身的11人，直系亲属被处死刑的6人（《胡耀邦同志在中共八届三中全会上的发言》，1957年10月9日）。按此说法，右派学生中家庭和本人有问题的几乎占百分之百。这类个案，显然不具有普遍性，但并不妨碍中共高层把它作为强化阶级斗争意识和贯彻阶级路线的依据。

## 红色教育（二）：中小学

1956年1月，中共中央书记周恩来在《关于知识分子问题的报告》中，曾给全国500万知识分子戴上"已经是工人阶级的一部分"的桂冠。但包括青年学生在内的知识精英在整风运动中的言论，显然出乎中共高层的预料。毛泽东原以为知识分子的思想已被彻底改造，没有想到会对党有如此多的批评，他大失所望，做出的反应因此更为强烈[35]。中共对知识分子的整体评价随即急转直下。

1957年12月，中国教育工会全国委员会主席吴玉章指出："由于他们（指知识分子）的家庭出身和过去所受教育的影响，他们的大多数在意识形态上还是资产阶级和小资产阶级知识分子。这一点，在过去我们是认识不够的[36]。"随着运动的深入，知识分子首先是高级知识分子被明确归入"资产阶级"范畴，而在知识分子中占多数的"剥削阶级子女"，也受到日渐负面的定性。在右派分子中，学生尤为大胆直言。这一点，给中共领导层留下了深刻的印象。共青团中央第一书记胡耀邦就说过："特别值得注意的是，青年中有些右派分子，反党反社会主义比社会上一般右派分子表现得更加'勇敢'……"。并指出：他们中的多数是两种人：一种是阶级敌对分子，对于党和劳动人民怀有深刻的仇恨；另一种是极端的资产阶级个人主义者[37]。

在整风运动以前，中共高层并没有预想到新中国培养起来的青年学生会"向党进攻"。事后总结经验教训，关键的一条，就是认为对学生进行阶级分析不够，没有重视家庭对他们的深刻影响。毛泽东在《事情正在起变化》中指出："他们（按指右派分子）又知道许多大学生属于地主、富农、资产阶级的儿女，认为这些人是可以听右派号召起来的群众"。胡耀邦作为共青团的最高领导人，讲话更有针对性："这次资产阶级右派向党进攻的重要特点之一，就是以高级知识分子为先锋，并且看重了知识青年这一对象，和我们党争夺对青年特

---

35 ［美］费正清、麦克法夸尔主编：《剑桥中华人民共和国史》第271页，王建朗等译，上海人民，1990年。

36 中央教育科学研究所编：《中华人民共和国教育大事记》（1949-1982）第208页，教育科学，1983年。

37 《胡耀邦同志在中共八届三中全会上的发言》（1957年10月9日）。

别是对知识青年的领导权……"中共领导层既从阶级斗争的角度总结经验教训,把问题的症结归结为高校学生的家庭出身,也就不足为奇了。共青团中央书记胡克实就曾明确表示:"要想一些办法使学生的成份有所调整。现在剥削阶级出身的学生,占的比例太大了,这是不利的。[38]"那么,他们设想的办法又有哪些呢?

## 二、阶级路线的贯彻

从反右运动后期起,当局即想出种种办法加强对教育界的全面控制。办法包括:从中央一级党政机关抽调高、中级党员干部,派往大、中学校,加强党的领导;建立党委领导下的校长负责制;在中学和师范学校设置政治课。随着学校进入"整改"阶段,北京、上海等地高等学校的一大批知识分子被下放农村[39]。1958年初,当局又在高等学校掀起以搞臭资产阶级个人主义,自觉革命,向"红透专深"前进为中心的思想批判运动,开展向党交心,"拔白旗、插红旗"等一系列"兴无灭资"的思想斗争[40]。在当政者采取的诸多办法中,影响最深、为害最烈的莫过于在青年中贯彻"阶级路线"。贯彻阶级路线,不是一句抽象的口号,而是辅之以一系列政策性规定,集中表现在几个方面:

### (一) 限制升学与"开门办学"

当局在高等学校招生工作中要贯彻阶级路线的提法,首见于1958年《中国青年》第8期的一篇署名文章[41]。具体则表现为相辅

---

38 《关于知识青年的思想政治教育和团的组织建设问题——胡克实同志在团省市委书记会议上的报告》,1957年8月26日。
39 中央教育科学研究所编:《中华人民共和国教育大事记》(1949-1982)第205页。
40 中央教育科学研究所编:《中华人民共和国教育大事记》(1949-1982)第220页。
41 宋诚:《高三同学怎样对待升学和劳动问题?》,《中国青年》1958年第8期。

相成的两项措施：一是通过加强政审，不断压缩出身不好的青年在新生中的比例；一是通过"开门办学"，为"工农子弟"进入大学打开方便之门。

1. 限制升学。1958年，中共中央在《关于高等学校录取新生政治审查问题的通知》中指出："在整风运动初期的鸣放中，暴露出高等学校学生中有一些思想极端反动的反党反社会主义的分子。这一方面说明过去高等学校对学生的政治思想教育工作做得不够；另一方面，是由于历年来高等学校招生政治审查不够严格，招收了一些政治上反动的分子。为了保证高等学校招收学生的政治质量，对今年招收的学生在政治条件上应当有更高的要求"。通知规定，除仍按国务院批准的《高等学校录取新生的政治审查标准》进行审查外，应该特别注意，对"反革命分子和坏分子""思想反动、坚持反动立场、反党反社会主义的分子""品质作风极端恶劣（例如，一贯偷窃、严重的流氓作风等）、屡教不改的分子"，均不应录取。与以往的政审标准相比，新标准的最大不同在于只有原则，却没有具体的、可操作的硬性规定。什么叫"反革命"，什么叫"思想反动"，什么叫"反动立场"，什么叫"极端恶劣"，对于这些政治污名，完全没有具体尺度可以考量。政审原则的难以把握，以及阶级斗争理论的强化，为政审人员发挥主观随意性提供了巨大空间。结果必然是，将政审重点落实到各类出身不好子弟的头上[42]。

2. "开门办学"。"开门办学"并不是中共在反右运动后提出的。早在1950年，中共就决定，所有高等学校对于工人、农民应降低录取标准。但实际录取的人数有限，只有400名学生。1952年初思想改造运动处于高潮之际，有1万名干部开始了为期六个月的预备课程。预科结束后，他们被高等院校录取[43]。1953年5月，中共中央

---

42 宋长琨：《文革前高考权利主体的演绎——1953—1965年的高考政审制度》，《中国考试》2009年第1期。
43 [美]费正清、麦克法夸尔主编：《剑桥中华人民共和国史》第218页。

提出"要特别着重培养工人出身的干部"[44]，使更多的工农干部进入大学，但他们入校后的状况并不理想。因为不是通过"择优录取"、公平竞争入学的，许多学生根本不具备大学生的基本素质：有些学生"在学习上困难重重，除了革命史之外其他课全听不懂"；有的学生以"大老粗"自居，政治领先，不尊重教授，被后者视为"白痴"，还被同学们讽刺为"靠党龄吃饭"的[45]。1955年，某矿业学院有一个班，从全国各地招收煤矿工人31个，据说都是"解放后"在党的培养下通过三四年的学习，"由文盲、半文盲达到高中水平"的，其中一部分人入学后跟不上学习进度，不得不退学或留级[46]。某大学突击招收的"工农学生""底子差，不会读大学"，一些人连课堂笔记都不会记。该校政法专业招收的一些工农干部，只有初中程度，仍认为"具备条件"，保送入学。其中实在跟不上的，只好退学[47]。

　　从这些零星记载不难看出，"开门办学"政策实施仅三四年，其弊端已暴露无遗。首先是高等教育的政治化倾向，牺牲了"择优录取"的基本原则，为少数学生提供了升学的特殊途径，对其他考生和在校学生而言，却是明显的不公。其次是这种"揠苗助长"的办法，不仅造成教育资源的极大浪费，且制造出大批不合格的教育"产品"。一旦他们进入社会精英阶层，担任领导工作，很难不造成误国误民的后果。当然，如果当政者在此后的年代中能顺应社会发展潮流，及时放弃这种"革命党"做法，走上教育正规化的道路，那它在建政初期对工农干部入学提供某些优惠也并非不能理解。但实际情况却是：当政者在教育领域实施的"开门办学"不仅没有改弦易辙，反而在更趋极端的道路上愈行愈远，以致在文革期间实施所谓"工农兵上大学、

---

44　中央教育科学研究所编：《中华人民共和国教育大事记》（1949-1982）第77页。

45　《一个工农学生的话》，载《拔白旗、插红旗——北京各高等学校双反运动大字报选》人民出版社，1958。

46　采55-2：《"关怀"与"照顾"》，载《拔白旗、插红旗——北京各高等学校双反运动大字报选》。

47　郭愈祥、韩雄华：《怎样培养工农学生》，载《拔白旗、插红旗——北京各高等学校双反运动大字报选》。

管大学"的方针。在将"开门办学"之类荒谬做法发挥到极致的同时，也给中国的教育事业带来灭顶之灾。

回到前边的话题。1958年初，各地高等学校在讨论向"工农开门"问题时，曾提出一系列具体措施，如扩大招生、优先录取、免试入学、加强对在校生的培养[48]。也就是从这一年起，工人、农民、工农速成中学毕业生以及干部，可以不经过任何书面入学考试，仅凭推荐保送就进入大学。在此之前，高等学校中工农出身学生的比例已逐年上升，从1951年的19%上升到1957年的36%。1958年实施新的招生办法后，他们所占的比例上升到48%，1959年至1960年则高达50%[49]。一些"大老粗"们，仅凭可靠的政治立场即可获得"优先录取""免试入学"的资格，他们是贯彻阶级路线中的受益者，理所当然要为这条路线大唱赞歌[50]。与此同时，越来越多的青年，不管他们的学业、人品多么优秀，多么积极进取，只要背负着出身"原罪"，难免不沦为阶级路线车轮无情碾压下的牺牲品，不仅教育权被限制，前途也一片渺茫。

六十年代初，当局鼓吹"阶级斗争"的调门越拔越高，阶级路线在招生工作中的贯彻益发变本加厉，限制范围不断扩大。1961年2月，教育部发出关于保证中小学师资质量问题的通知，规定各级师范学校招生，必须保证质量，特别是政治质量。从今以后，凡学生家庭五类分子的一般不予招收[51]。同年4月，中共中央批转教育部党组《关于一九六一年高等学校招生工作的请示报告》。批示指出：今年

---

48 中央教育科学研究所编：《中华人民共和国教育大事记》（1949-1982）第213页。

49 [美]费正清、麦克法夸尔主编：《剑桥中华人民共和国史》第448页。

50 如有人在大字报中宣称："应有效地将正确的坚定不移的阶级路线，切实地贯彻到工作中去，特别是在招生工作中应明显的体现出我们向工农开门的阶级路线，扩大工农学生人数的百分比，是第一步工作，也是最重要的一步"。刘占永等：《应怎样贯彻阶级路线》，载《拔白旗、插红旗——北京各等高校双反运动大字报选》的第六章《坚决贯彻向工农开门的方针》。

51 中央教育科学研究所编：《中华人民共和国教育大事记》（1949-1982）第289页。

高等学校招生工作可以而且必须采取比以往严格的措施,保证招收政治、学业、健康条件较好的学生入学。这一年,高中考生虽成绩合格却被剥夺入学资格的现象有了显著增长[52]。1963年,中共提出:高等学校招生除按上年规定进行政治审查外,对于思想反动而屡教不改的考生,一律不得录取[53]。同时,许多高校在招生中任意扩大"保密"专业范围,也起到限制这部分子女入学的作用[54]。

阶级路线在招生工作中变本加厉的又一表现,是政审范围由当初的高等学校进一步扩大到中等学校。以重庆市为例,1964年的中学政审文件是由教育局和公安局联合发出的。仅公安机关介入招生工作这一点,就足以说明政审工作已被赋予鲜明的"专政"意味。该文件把加强政审工作拔高到"巩固无产阶级专政"的荒诞高度来认识[55]。在这种观点引导下,招生人员只有对出身不好的考生进一步严格把关。

按照该文件的规定:学校应通过组织认真核实学生的家庭出身。有些学生生身父母是四类分子(指地主、富农、反革命、坏分子)的,即使已经随母后嫁,也要在政审表中写明。文件还规定,对家庭有"重大政治历史问题的"学生要进行重点审查,不仅要将相关情况填入初中毕业生的政审表内,还要把对他们的政审前推到高小阶段。

该文件除规定对保密专业要严格把关外,对报考高等学校一般专业的考生,也明确要求"五不取",即有反革命活动嫌疑的分子,不予录取;思想反动而屡教不改的考生,不得录取;品质十分恶劣、

---

52 中国青、少年报总编室编:《青运动态》第15期,1962年4月7日。
53 中央教育科学研究所编:《中华人民共和国教育大事记》(1949-1982)第333页。
54 如1961年8月,中共中央批发教育部党组《关于资产阶级子女升学问题的报告》指出:各地、各高等学校在招生工作中仍存在对资产阶级的中间派和右派没有区别对待,对学生本人的进步表现注意不够,很多学校规定机密专业的数量太大,范围太广,过分限制了资产阶级的子女入学。(中央教育科学研究所编:《中华人民共和国教育大事记》(1949-1982)第296页。
55 重庆市教育局、公安局:《关于1964年中等学校的政治审查工作的通知》,载邓鹏主编:《无声的群落》(续辑)《附录》,重庆出版社2009年版。

屡教不改的分子，不予录取；直系亲属因反革命罪行被处死（包括畏罪自杀的），或被判刑、管制的，不予录取；直系亲属在资本主义国家、台湾、香港、澳门等地，从事反革命活动的，不予录取[56]。文件虽然对"五不取"的条款附加了若干限制文字，如称"本人确已划清思想界限、拥护党和政府方针政策、表现进步的，可以录取"等，在空前严酷的政治氛围下，这些都不过是欲盖弥彰的空话。

文件特别规定：政审标准和做法，只能传达到学校党支部委员会、公安派出所，不得扩大范围，不得对外公布，理由是"防止造成紧张气氛。"这个理由显然难以成立，说明连政策的制定者们都深知，这种赤裸裸的歧视政策是见不得阳光的，因此只能背着广大师生、家长，由极少数人采取暗箱操作的方式。这样一来，每名中学毕业生尚未跨出校门，他们的档案上就已根据出身不同注有"可去机密单位""一般""不宜录取"等字样，招收单位主要参考这条决定弃取。大学招生，一旦考生档案上注有"不宜录取"，即使成绩优异，也只有落榜一途。本来浑然一体的学生群体，就这样被人为制造的阶级畛域划分为"敌""我"两个阵营。两个阵营的成员非红即白，非敌即友。学生原本享有的平等教育权利，随之被区分对待，或优先、或限制、或剥夺。

对于招生工作中出现的某些极端做法，中共高层也曾表态制止，如提出选择新生，应主要看本人表现，不搞唯成分论[57]，并采取发表社论、树立典型、政策宣传、领导提倡等措施，批评青年工作中"搞成分论"的倾向。1965年4月4日，《人民日报》在回答读者提出的"在学校中应该怎样对待地主、富农、资本家的子女"的问题时指出：判断一个学生政治上是不是进步，主要应该看他本人的实际表现，不能以他的家庭出身作为主要根据。同年7月，官方媒体大张旗鼓地宣传周恩来、陈毅视察新疆生产建设兵团时接见上海知青卓爱

---

56 重庆市教育局、公安局：《关于1964年中等学校的政治审查工作的通知》，载邓鹏主编：《无声的群落》（续辑）《附录》，重庆出版社2009年版。
57 中央教育科学研究所编：《中华人民共和国教育大事记》（1949-1982）第296、310、380页。

玲等人的讲话。周恩来告诉大家：出身于剥削阶级家庭和有复杂的社会关系的人，都要看他现在的表现和立场。一个人的出身不能选择，但前途是可以选择的[58]。随即，《中国青年报》发表了《重在表现是党的阶级政策》的社论，要点是：首先，不能忽视一个人的出身；其次，绝大多数剥削阶级子女是可以改造的；第三，要"重在表现"。这就充分说明，即便是在纠正偏差的场合，当局也是把青年的家庭出身而非本人表现放在第一位的。至于公开提出"绝大多数剥削阶级子女是可以改造的"，更是将这部分人群置于明显低于其他同龄人的屈辱地位。可见，这类宣传所产生的实际效果，与其说是缓解了贱民子女承受的政治压力，还不如说是在他们与其他青年之间划出了一道更为深峻的鸿沟。

因此，也就不足为奇，当局何以一方面表示对青年要"重在表现"，同时却又制定一套绵密的制度，以确保"阶级路线"的实施。1965年有关高等学校招生工作报告明文规定：对于条件合格的考生，实施分段择优录取；在每一分数段里，首先要挑选政治条件好的学生；对政治思想好的工农和烈士子女及学生干部，在其考试成绩与其他考生接近时，优先录取[59]。一是实施分段录取，一是在每一分数段实行"政治优先"。有此两条措施，所谓"不搞唯成分论"的说教无异于掩耳盗铃。实际情况是，到1966年文革前夕，在大学首先是重点大学的招生中，"黑五类"子女基本不收[60]。

当政者之所以在招生工作中大力贯彻阶级路线，有两个因素必须考虑：

首先，六十年代初，升学压力急剧增大。因最高领导人一系列倒行逆施所导致的"三年困难"（1959-1961），将国民经济推到崩溃的

---

58 《周总理和陈毅副总理在新疆鼓励知识青年》，《中国青年》1965年第16期。
59 中央教育科学研究所编：《中华人民共和国教育大事记》（1949-1982）第380页。
60 毛泽东的侄女王海蓉，先后就读北京师范学院、北京外国语学院。1965年，她在与毛的一次谈话中说："我们学校里贯彻了阶级路线。这次招生百分之七十都是工人、贫下中农的子弟，其他就是干部子弟、烈属子弟等。"见《毛主席教育文选》，第214页。

边缘，也严重殃及教育事业。六十年代初，各地对各级学校进行调整精简工作。至1963年，全国高等学校已由1960年的1289所调整合并为407所（其中本科359所），在校学生由1960年的96万人，压缩到75万人。中等专业学校由1960年的6225所，裁并为1355所，在校学生由1960年的222万6千人，压缩到45万2千人[61]。在升学竞争迅速升温的情况下，越来越多的高中毕业生不能升入大学，限制、剥夺出身不好考生的教育权，就成为"阶级斗争"倡导者顺理成章的选择。

其次，六十年代初，毛泽东发出"以阶级斗争为纲"的号召，开展阶级斗争成为各领域首要的任务。1963年至1966年，部分农村和少数城市的基层开展了社会主义教育运动（简称"四清运动"）。同时，在各级学校广泛开展访贫问苦，请"三老"（老贫农、老工人、老红军）作忆苦思甜报告，通过社会调查后写村史、家史、社史、厂史等活动，向学生大力灌输阶级斗争的观念。在阶级斗争的风暴席卷下，对政治贱民及其子女的歧视也愈演愈烈了。

### （二）限制申请助学金

助学金是中共建政初制定的一项以家庭困难的大中学生为对象，通过提供一定补助，以助其完成学业的政策。最初，对入校生均给予少量补助。1955年后，除高等师范学校外，全国高校学生助学金由全体发给改为部分发给，即凡家庭富裕能自费者，不发给助学金；凡能自费半数或三分之一伙食费者，发给所缺部分；完全无力负担者，发给全部伙食费。对革命烈士子女学生、少数民族学生、归国华侨学生，在和一般学生同等经济条件下应优先给予照顾[62]。其时，中共通过农村土改运动和城市"工商业社会主义改造"运动，从经济上剥夺了地主、富农、资本家阶级。往往由几代人积累起来的家业由

---

[61] 中央教育科学研究所编：《中华人民共和国教育大事记》（1949-1982）第319页。

[62] 中央教育科学研究所编：《中华人民共和国教育大事记》（1949-1982）第139页。

此凋零,一部分子女上学遇到了困难。贯彻阶级路线以后,他们申请助学金的资格受到日益严格的限制乃至被剥夺。以杭州一中为例,1957年,享受助学金的有677人,占总人数的27%,其中工农子女394人,小资产阶级家庭出身的250人,剥削阶级家庭出身的33人。1958年,重新评定助学金,剥削阶级家庭或反革命分子子女(60人)的助学金被全部取消。由于经济窘困,有学生已读到高三,仍不得不退学[63]。北京某高校的助学金,原实施均分基础上的重点补贴,即新生入校后,一律每月发给12元5角伙食费,对其中家境困难的,再酌情发给2-4元的生活补助费。反右运动后,重新审查助学金的使用,将助学金改为申请制,分成等级,工农子女普遍优先。这一改变,被说成是"对工农开门"政策的措施之一[64]。在中学,发放助学金,本来就有对工农学生优先照顾的政策。不少学校仍不满足,公开宣布:"地富子弟一律不能享受助学金[65]"。这样一来,本来以济弱扶贫为宗旨的助学金制度,就蜕变为当局贯彻阶级路线的一种手段,即阶级斗争的一种工具。

## (三)限制入团

如前所述,中共建政初期,对出身不好青年入团尚少政策限制。反右运动后,中共要求:在团的组织建设方面,必须坚决贯彻主席所指示的紧一点和严一点的方针。今后发展团员,必须强调政治思想条件,对剥削阶级家庭出身的青年要有严格的考察[66]。这条规定,主要是针对城市共青团组织来说的。因为单就农村而言,早在1955年合作化运动高潮时期,已实施停止接收地、富、反、坏、右分子子女入

---

63 团杭州市委:《杭州一中全部取消剥削阶级家庭子女的助学金》,团中央办公厅编:《团的情况》第259期,1958年4月17日。

64 刘占永等:《应怎样贯彻阶级路线》,载《拔白旗、插红旗——北京各高等学校双反运动大字报选》。

65 团中央学校工作部:《中学和小学贯彻阶级路线有简单化、绝对化的现象》,团中央办公厅编:《团的情况》第55期(黑体字),1959年7月21日。

66 《中共中央批转共青团中央"关于整顿和加强团的干部队伍的请示报告"》,1957年12月25日。

团的方针。1960年初，团中央提出，对富裕中农和城市小资产阶级家庭出身的青年申请入团，"要适当地加以控制，审查更严格一些"。这样，就把限制入团的范围进一步扩大了。

在一些基础组织中，就连中农子女、城市手工业主（小业主）子女、高级知识分子子女、华侨子女都遇到入团难的问题。有些基层组织规定"几不发展"，即家庭关系比较复杂的不发展；五类分子子女，无论本人表现如何，一律不发展；归国华侨不经过长期考验的不发展（其他无关阶级路线者从略）[67]。1961年，共青团中央书记路金栋批评这种做法过于简单，但他同时又肯定了在发展新团员工作中贯彻阶级路线取得的成绩。他归纳新团员的特点，特别强调的一点：就是"阶级成分好"。不难看出，在共青团领导者的观念中，已经完全把"家庭出身"和"家庭成分"两个截然不同的概念混为一谈。而这种混淆，在六十年代初的官方讲话、文件、传媒中比比皆是。在新发展的团员中，工人、贫农、下中农家庭出身的青年占到80%以上[68]。这与1957年前的团员结构形成了鲜明反差。说明中共在"阶级斗争"理论下推进的改变团员结构的努力获得了成功。1964年，路金栋强调，为了贯彻阶级路线。对于剥削阶级家庭出身的青年入团，必须掌握从严。新措施之一，就是吸收他们入团，一定要征求贫下中农组织和党支部的意见。[69] 总体来看，至文革前，共青团组织的新成员堪称纯上加纯。家庭出身不好的子女，基本被排斥在团组织之外。正是其政治地位每况愈下的一个突出反映。

### （四）限制就业

当这部分青年的境遇每况愈下时，就业之门也对他们越来越严

---

67 《共青团中央批转团中央组织部〈关于一九六二年接收新团员工作的意见〉》，1962年4月2日。

68 《共青团中央批转团中央组织部〈关于一九六二年接收新团员工作的意见〉》，1962年4月2日。

69 《共青团中央批转团中央组织部〈关于加强接收新团员工作意见的报告〉》，1964年11月26日。

苛。这种严苛，有时是打着"政审"的幌子，但更多场合，则是招工部门和人员在贯彻阶级路线口实下的主动选择。用工单位挑人，没有不挑出身好的。所以，不被学校录取而在街道求职的青年，积年沉淀下来，大多出身不好[70]。1965年，成都市有七千余名未升学就业的社会知识青年，其中剥削阶级子女约占70%左右。团市委为了加强对这部分青年的工作，协同安置办公室办了两期训练班。参加学习的青年516人中，出身剥削阶级家庭的占79%，直系亲属被杀关管的占62%[71]。1965年，天津市应届毕业生中有2千名未分配出去，其中家长有政治历史问题的就有707人，占35%。在文化高的青年中，出身不好的为数更多。该市西南角街71名初中毕业以上学生中，四类分子子女30人，资产阶级子女18人，合占70%[72]。这种现象，在各地城市中都很普遍[73]。

### （五）歧视的蔓延

阶级路线在青年工作中的肆虐，既表现为官方政策的制定与强化，也表现为各级工作人员的随意发挥。何况，为当局大力提倡的"阶级斗争"理论和阶级等级意识，已深深毒害众多出身良好的普通群众。他们上下呼应，推波助澜，使对这部分青年的歧视在全社会迅速蔓延，一是歧视现象由少数领域向更多领域扩展；一是影响烈度不断加强，集中反映在几个方面：

1. 政治歧视由大学扩展到中学。在相当长一段时间，中小学均属普及教育，对入学者并没有政审要求，出身不好的学生不仅可以入

---

70 北京家庭出身问题研究小组：《出身论》，《中学文革报》创刊号，1967年1月18日。

71 团成都市委的报告：《团成都市委举办社会青年训练班对剥削阶级子女积极进行工作》，团中央办公厅编：《团的情况》增刊第15期，总第152期，1965年5月13日。

72 《部分招工单位缺乏统筹兼顾观点》，团中央办公厅编：《团的情况》第5期，总第187期，1966年2月18日。

73 参见拙文：《"血统论"重压下的下乡知青》，金大陆、金光耀等编：《中国知识青年上山下乡研究文集》。

学,还可以出任班干部、加入共青团。但是在当局贯彻阶级路线以后,这部分学生开始受到孤立、排斥、打击。有些中学提出:"依靠工农子弟,团结改造非工农子弟"的口号[74]。云南盐兴中学把同一个班的工农学生和地富学生分成两班上课。教师授课,对前者讲得特别详细,对后者却敷衍了事。地富子弟到工农班偷听课,发现两个班讲得不同,质问老师。老师却说:"你们的任务主要是改造思想"[75]。1958年,贵阳市为招收的剥削阶级子女,单独成立了三个中学。苏州市公安局在苏州农专把家庭出身不好的学生(占全体学生的9.5%)统统划归为"新生长反革命的社会基础",提出在各班成立治安保卫小组,加强对他们的"教育"和控制。河北昌黎一中的地富子女偶尔参加工农学生辅导课,事后班主任召开"贫农学生会议""中农学生会议",提出"不让地富学生与我们争地盘"。武汉市一中有教师在评分时,把地富子弟应得五分的考卷,压为四分或三分。四川资中县二中一个班主任,给一个剥削阶级出身学生的评语是:"该生曾被评为勤工俭学积极分子,但因出身剥削阶级家庭,操行应得丙等"[76]。在政治上和生活待遇上,也有诸多歧视性规定:如凡是五类分子家庭出身的学生,一律不许担任团、队、学生会干部,已经担任干部的全部撤换。辽宁省安东县二中等学校对这部分学生规定了"几不准":一不准当干部,二不准领助学金,三不准参加青年团,四是无论做了什么好事,不准表扬。即使是上海这样具有深厚工商业传统、曾洋溢现代文明的大都市,也无力抵制极左思潮的涤荡。1962年,淮海中学高三(四)班团支部在组织学毛选学习小组时,按家庭成分,分别把工农子弟和资产阶级子弟编为两个组。大同中学高二(一)班班主任

---

[74] 团中央学校工作部:《中学和小学贯彻阶级路线有简单化、绝对化的现象》,团中央办公厅编:《团的情况》第55期(黑体字),1959年7月21日。

[75]《有些学校政治思想工作简单化部分学生精神沉闷不讲心里话》,团中央办公厅编:《团的情况》第31期(黑体字),1959年5月16日。

[76] 团中央学校工作部:《中学和小学贯彻阶级路线有简单化、绝对化的现象》,团中央办公厅编:《团的情况》第55期(黑体字),1959年7月21日。

把班上的干部子弟抽出来，成立了一个"干部子弟小组"[77]。以上所举虽然都是各地发生的一些极端现象，却足以彰显政治歧视现象在教育领域中的滋蔓和产生的恶劣影响。

政治歧视由高中进而弥漫到初中。一些地方的高中拒绝招收"黑五类子女"。有的农村甚至连小学升初中也规定：出身占 60 分，表现占 20 分，学习成绩占 5 分，其他占 15 分[78]。阶级路线的所向披靡，使一部分学生颜面扫地，丧失做人的基本尊严。一提到家庭成分，连初小一、二年级的学生，也感到抬不起头来[79]。

一旦面临初、高中的升学问题，这部分学生就遇到明显障碍。1959 年 6 月，沈阳团组织的一份报告称：毕业前夕，五类分子子弟普遍为前途担忧，消极悲观，"读书无用"的思想蔓延。沈阳四中高三班有 4 名学生因此退学，该班还有 3 名家庭是地主成分的学生也想退学。沈阳四十一中学初三（五）班有 8 名地富子弟担心升不上大学，念高中白费，有 6 名报了中专。沈阳四中高三（三）班有 3 个地富子弟退学。有学生请教师劝他们返校。教师却说："他们的成分不好，反正考不上大学，退就退吧！"[80] 最初，这些极端事例可能还是点滴存在，以后在局部地区蔓延开来，再以后泛滥为全国城乡的普遍现象。

2. 政治歧视由城市泛滥到农村。阶级路线的贯彻，最初着力在升学、就业压力较大的城市中，但是随着阶级斗争席卷广大农村，地富子女遭受灭顶之灾。司空见惯的现象是：他们的劳动工分被克扣，被强制出义工；被当成地富分子看待，不准参加社员大会；被勒令参加四类分子会议，陪父母挨斗。一些基层干部，禁止团员、青年与他们

---

[77]《有些中学在阶级教育中出现简单化的苗头》，团中央办公厅编：《团的情况》增刊第 2 期，总第 139 期，1965 年 1 月 22 日。

[78]《共青团中央批转团中央组织部〈关于一九六二年接收新团员工作的意见〉》，1962 年 4 月 2 日，第 131 页。禁止出身不好青年入团的现象，参见中国青、少年报总编室编：《青运动态》第 15 期，1962 年 4 月 7 日。

[79] 中国青、少年报总编室编：《青运动态》第 15 期，1962 年 4 月 7 日。

[80] 团沈阳市委学校工作部：《中学毕业生中的五类分子子弟有不少人为前途担忧》，团中央办公厅编：《团的情况》第 338 期，1959 年 6 月 25 日。

接近。更有甚者，限制其行动自由，监督其劳动，对他们的恋爱结婚横加干涉[81]。山东淄博回乡知识青年李辉三出身不好，与一出身贫农的回乡知青结婚，两年后被大队书记强迫离婚，书记威胁女方："不离婚就要扣上四类分子的帽子"。河南宜阳回乡知青白麟昭出身地主，与本公社某女青年订婚，女方所在生产队干部强迫她退婚，理由是"和地主子弟结亲，就是走地主路线"。女方被迫退婚。甚至有干部上纲上线，恐吓女方说："与地富子女恋爱，就是和老虎睡觉，为他们接子续孙""和地富子女恋爱结婚就是政治上四不清"[82]。发展到文革时期，几千万地富子女（首先是男性青年）几乎都成了婚姻的"老大难"。他们性本善良，却要为父辈、祖辈背负莫须有的"罪恶"，以致被褫夺了恋爱婚姻的权利，乃是尽人皆知的事实。

地富子女受到严重歧视，与中共"阶级斗争"的调门越拔越高有着直接关系。官方媒体公开宣称："当前中国社会上出现了严重的尖锐的阶级斗争情况"；并且大肆渲染敌对阶级"煽动和拉拢青少年组织反革命集团""向子女灌输复仇意识"；地富分子通过"变天账"、留遗嘱、上祖坟、看血衣、看地界等方式向子女"传仇"[83]。如此耸人听闻的煽惑，不能不加深部分贫下中农对地富分子的猜疑、仇恨，包括对其子女的歧视。有的农村干部说：阶级斗争永远没有完，地主死了，会把仇恨传给子孙，"老猫房上睡，一辈传一辈"。甚至认为：地富子弟和地富分子没有区别，狼坏狼崽子也坏[84]。如果说城市中的出身不好青年，为摆脱家庭出身的阴影，尚有上山下乡的道路可以选

---

[81]《对待地富家庭出身的回乡工人、干部、学生的一些政策性问题》，中国青年社编：《内部情况》第143期，1963年7月19日；《地富家庭出身的知识青年回乡后被当成地富分子看待》，中国青年社编：《内部情况》第22期，1961年7月8日；《读者反映基层单位没有很好贯彻重在表现》，中国青年报编委办公室、中国少年报总编室编：《青运动态》第181期，1965年10月27日。

[82]《某些基层干部随意干涉禁止青年同地富子女通婚》，团中央办公厅编：《团的情况》增刊第7期，总144期，1965年3月22日。

[83]《杨海波同志在团中央宣传工作座谈会上的总结发言》，1963年8月4日。

[84]《关于阶级立场、阶级观点的一些情况》，中国青年出版社：《青年思想情况资料》第28号，1964年5月30日。

择的话，地富子女"头枕黄土背朝天"的宿命，以及人民公社制度对人身的严格束缚，却注定使他们无法摆脱家庭的羁绊。农村中弥漫的封闭、愚昧、保守、重血缘的氛围，为"血统论"的肆虐提供了适宜的土壤，也加剧了他们处境的险恶。在几千万贱民子女中，地富子女无疑是为数最多，遭受歧视最重，处境最悲惨的一部分。

3. 政治歧视由"黑五类"株连更多无辜。许多地方把凡是非劳动人民家庭出身的青年——民族资本家、高级知识分子、统战对象、侨眷子女——不加区别地视为"剥削阶级家庭子女"，使歧视范围进一步扩大。

在城市，高级知识分子（高级工程师、教授）家庭的青年，被视为"资产阶级家庭出身"，认为他们过得是"资产阶级生活方式"，灌输的是"资产阶级思想"，官方号召他们要"从思想上与家庭划清界限"。

华侨子弟也普遍受到歧视。1958年，华侨子弟郑召达高中毕业，到北京市南苑公社槐房大队插队。一同下乡的二百多名同学陆续返城，他一直坚持在农村。修建密云水库时，他作为"十八勇士突击队"队员，被通报嘉奖。尽管八年中表现积极，仍备受歧视，关键就是他有"海外关系"。1965年8月，他将八年来的遭遇写为长信寄给团中央。信中列举的问题包括："写了十三四份入团申请书，始终入不了团""无端地被怀疑是反革命""经济上受到不平等的待遇"。1958年公社实行工资制，连妇女都评为一二级工资，他却被评为三级。1961年粮食紧张时，全队只有他和一个老雇农没偷过队里一粒粮食，很长时间每天只吃一顿饭，他要求队长给点机动粮，队长却骂他反对党的粮食政策。1964年年终评粮食定量，他作为一级劳力，却按地主对待，只给二级定量。社会活动不让参加，合理建议得不到支持，生活困难无人过问[85]。

在农村，许多中农、上中农子女被视同地富子女。一些地方规定，

---

[85]《华侨子弟郑召达下乡插队八年遇到的问题》，团中央办公厅编：《团的情况》增刊第34期，总第171期，1965年10月14日。

中农出身的团员不能评五好社员,也不能担任团干部。一些县城中学不录取地富子弟,中农子女就成了学生中"成分"最高的,因此受到歧视[86]。

各地城乡在划分"黑五类子女"范围时,普遍流行"查三代"(即祖辈、父辈、本人)现象,以致发生令人啼笑皆非的情况。1965年,共青团组织的一份调查报告透露:在青海西宁,许多中、小学都把学生家长的家庭出身作为学生本人的家庭出身。不少学生的家长本来是革命军人、革命干部、教师、职员,学生是由这些家长直接抚养长大的,但学生的家庭出身却被填成地主、富农、资本家。省工会主席刘力彬,一九三九年参加革命,其子刘志安(十三岁)、刘志宁(十一岁)、刘志海(九岁),家庭出身都填为地主。省劳动局代局长陈泽民的儿子陈延生(在延安生的),家庭出身填为富农。报告称,这种情况在西宁地区由来已久,许多街道派出所的户籍人员,在户口登记簿上就是这样填写的,学校历来都根据户口簿填写学生家庭出身。也有些学生户口本上原来没有那样填,但强调贯彻阶级路线以后,有的学校通过查问学生祖父的成分,把学生的家庭出身改了过来。问题是,既然如此荒谬,为什么还要实行"查三代"?为什么还要按祖父而非父亲成分来填写本人家庭出身呢?答案很简单,如果不按土改时祖父的家庭成分填写本人出身,阶级斗争将很快失去对象,就会出现某些人所担心的结果:用不了多少年,大家出身都是好的了,就会像苏联那样,模糊了阶级界限[87]。这说明,阶级斗争的极端化,始终是"查三代"现象泛滥全国的根源。

## 三、阶级路线的影响

当局贯彻阶级路线前后持续二十五年之久。1958年至1966年,

---

[86]《对待中农、上中农家庭出身的青年的一些问题》,中国青年《最近读者来信选编》第110期,1965年11月4日。
[87]《西宁一些干部子女的家庭出身被填为地主富农》,团中央办公厅编:《团的情况》增刊第20期,总第157期,1965年7月6日。

前后八年，为第一阶段，即文革前阶段；1966年至1976年，前后十年，为第二阶段，即文革中阶段，也是为害最烈的阶段；1977年至1983年，前后七年，即文革后阶段，也是阶级路线逐渐退出历史舞台的阶段（以1977年恢复高考、1979年为地富、右派摘帽、1983年为剩余"四类分子"摘帽为基本标志）。由此构成阶级路线由兴到衰的完整过程。贯彻阶级路线影响深远，有必要加以认真梳理，具体到本文所考察的文革前阶段，主要有三个方面：

## （一）造就了世袭性贱民阶层

五十年代以后，政治运动前后接踵，每一场运动都制造出一批政治贱民。随着阶级路线的贯彻，政治贱民的子女广被株连，世袭性政治贱民的队伍不断扩大。

贱民阶层的主体是"黑五类"分子。其中，"四类分子"的人数，只有大概的估计。1962年，毛泽东在七千人大会上明确指出："人民民主专政要镇压的是地主、富农、反革命分子、坏分子"，这些人"大约占全人口的百分之四、五"。其实，中共在建政初期，也曾有过若干年后消除阶级畛域和阶级成分的设想。

1950年政务院《关于划分农村阶级成分的决定》中，即有土改完成后，在一定条件下，地主五年、富农三年改变成分的规定[88]。但随着最高领导人号召一切工作皆"以阶级斗争为纲"，阶级成分不但没有废除，反而呈现世袭化态势[89]。

1979年官媒披露：土改时期的地主、富农分子，大约有百分之

---

[88] 薄一波：《若干重大决策与事件的回顾》上卷第399页。

[89] 1964年，团中央办公厅编：《团的情况》第17期载短评：《依靠老贫农下中农的阶级力量培养教育青年》，文中称："依靠贫下中农，是党在农村中长期实行的阶级路线，不是只依靠一代人、两代人，而是要依靠五代、十代人。"在同年11月27日《共青团中央关于在农村社会主义教育运动中发动和依靠贫下中农青年问题的批示》中，有相同内容的表述。足见阶级路线要贯彻十代的观点，代表了中共高层的观点，这也是中共关于家庭成分（包括家庭出身）世袭化最明确的表示。

七十左右已经老死；又说，"我国还有地富分子六百多万人"。[90] 按此比例推测，五十年代初期，地主、富农分子至少有近两千万人。加上为数众多的"反革命分子""坏分子""四类分子"的总数超过二千万应无疑义。这与"建国以来 2000 多万名四类分子"的说法相吻合[91]。至于其子女人数，如以"四类分子"二千万人为基数，按一比三的比例估算，应有六千万之多。此外，资本家子女约有二百万[92]；右派分子五十五万余[93]，子女如按同样比例推算，至少也有一百六十余万。以上只是字面上的估算，未必准确。实际上，随着一场接一场政治运动的扫荡，越到后来，遭受政治迫害和株连的人越多，其在人口中所占比例也就越大，早已不是那个策略性的"百分之四、五"了。因此，在阶级路线的扫荡下饱受摧残的贱民子女超过六千万的观点，是没有问题的[94]。

## （二）为上山下乡运动造就了大批后备军

知识青年上山下乡运动自五十年代掀起初澜，到 1962 年正式列入国家计划。截至 1966 年，全国约有 129 万城镇知识青年上山下乡，加上为数众多的回乡知识青年，总数约有 1 千万人[95]。当局在城市中实施阶级路线，为上山下乡运动准备了大批后备军。

六十年代初期，当出身不好青年的升学、就业之途变得日益狭隘时，另外一条据称可以使其"革命化"的"光明大道"摆在他们面前，

---

90 宣哲：《怎么看给地富分子摘帽，给资本家发还定息》，《中国青年报》1979 年 9 月 8 日。

91 《中国国情总览》第 225 页，山西教育出版社，1993 年。

92 "资本家子女在资产阶级人口中要占一半以上。其中的青年和少年，约有二百万左右。"《中共中央专发青年团中央书记处"关于私营工商业改造中的青年工作情况和今后意见的简报"》，1956 年 1 月。

93 秦相启：《摘"帽"》，《党史博览》2001 年 1 期。

94 有研究者推测，黑五类的子辈和孙辈是黑五类的 5—6 倍，因而受其株连的人数超过 1 亿，占当时总人口的 15%。见李若建《四类分子有多少》，载焦国标《黑五类忆旧》第 1 期（网络版），2010 年 8 月 1 日。

95 拙著：《中国知青史——大潮》第 36-37 页。

那就是上山下乡。1965年，中国青年出版社出版了一本发行量很大的小册子——《重在表现是党的阶级政策》。宣教对象是为数众多的出身不好的青年。书中收录了几位出身不好，但"选择了革命道路"的青年典型撰写的自述性文章。耐人寻味的是，他们所选择的"革命道路"都是上山下乡。这就给读者一个明确启示，出身不好的青年只有走上山下乡的道路，才能与"反动"的或者剥削阶级的家庭划清界限，才能实现"脱胎换骨"的改造，也才能有"光明的前途"。共青团中央领导人号召说："特别是生在剥削阶级家庭的青年，吃的是剥削饭，穿的是剥削衣，现在在背叛本阶级到农村去，走与农民相结合的路，依靠自己、自食其力，更是革命的行动[96]。"为此，还树立了若干家庭出身不好的知青典型（黄桂玉、鱼珊玲、孙云杰、董妙玲、陈国基）。但事实依旧是，许多出身不好青年要求下乡并非出于什么"革命觉悟"，而是走投无路之余的选择。有知青一针见血地指出："农村只不过是一个大垃圾箱，它容纳着各部门不需要的'废品'"[97]。这些青年在学校和街道饱受歧视，上山下乡成为摆脱出身枷锁的唯一选择[98]。一旦下到农村，却难免大失所望，政治歧视往往如影随形，处境比在城市时更加险恶。有青年致信《中国青年报》，信中质问说："上山下乡是一项光荣的革命道路，到底光荣在哪儿？剥削阶级出身的青年有无前途？我越来越清楚地看到，这条所谓光荣的革命道路上挤满了一些剥削阶级家庭出身的青年，或者是一些犯了错误的青年。总之，在别的地方找不上工作的青年人，只要你愿意到农村去是完全可以的。由此看来，农村不是什么革命熔炉，倒像是一个收拾'破烂'的地方。剥削家庭出身的青年，他们总是没有任何权利……所以也只好去农村。党不止一次地讲什么'重在表现'。但是，在今

---

[96]《路金栋同志在团中央青农部在苏州召开的动员城市知识青年上山下乡工作汇报会上的总结发言》，1963年11月15日。

[97]《一个农村知识青年对回乡生产表示不满》，中国青年社《内部情况》第74期，1965年1月10日。

[98]《知识青年对上山下乡的反应》，《思想情况汇集》，1965年7月13日。

天就是表现得再好也是无用，到了关键时刻总是被一脚踢开。[99]"这段话说得相当尖锐，却反映了一部分青年的心声。说明早在上山下乡运动兴起初期，当局有关这场运动冠冕堂皇的说教，已无法掩饰深藏其后的社会矛盾。在严酷的现实面前，一部分出身不好的知青率先觉悟，文革初因撰写"出身论"而在青年中引起强烈反响，也因此惨遭杀害的遇罗克，就是他们的代表[100]。

在文革前下乡的知识青年中，出身不好者占据了大多数。这一点，与文革中的上山下乡知青相比，是有明显不同的。如果说"一颗红心，两种准备（指升学或者下乡）"的号召对其他青年学生尚可适用的话，对出身不好的青年而言，除下乡外罕有其他出路。他们在不平等竞争前提下被淘汰出来，走向农村、边疆，很难说是"自觉自愿"。正是因为阶级路线的贯彻，造就了城市中一大批无学可上、无业可就的贱民子女，从而为方兴未艾的上山下乡运动，输送了源源不断的后备力量。

## （三）为文革浩劫准备了思想、政治、组织条件

阶级路线的贯彻，在蹂躏、践踏、剥夺这部分青年权利的同时，又给另一部分青年实行"优先"。不过，在享受"优先"的工农子弟中，实际享有的权益却大相径庭。由于政治等级的发达以及特权的高扬，使红色阵营内部的"工农优先权"日益转化为干部子弟的优先权。在大城市，干部子女集中在那些办学条件好、教学质量高的重点学校[101]。"血统论"意识在干部子弟中迅速发酵、膨胀。1966 年文革爆发后，以干部子弟为主体的"红卫兵"以"血统论"作为自己的组织理论，公开宣扬"老子英雄儿好汉，老子反动儿混蛋"，绝不是偶然的。首都北京成为"红卫兵"运动的策源地，也是"西纠""联动"等学生极端组织制造"红色恐怖"的重灾区。1967 年，在北京大兴

---

99 《一剥削阶级家庭出身的青年来信发泄对党不满的情绪》，载中国青年编：《最近读者来信选编》增刊第 14 期，1965 年 10 月 23 日。
100 拙著：《中国知青史——大潮》第 38 页。
101 杨东平：《中国教育公平的理想与现实》。

县、湖南道县等地发生的对"五类分子"及其子女的屠杀，惨绝人寰，是长期鼓吹阶级斗争的必然结果；与文革前阶级路线在城乡的全面贯彻，也是分不开的。

时至今日，臭名昭著的"阶级路线"早已退出历史舞台，但它的变种并未消弭。只要公民权利并未真正张扬，只要践踏人权的现象依旧存在，认真回顾"阶级路线"酿成的恶果，深刻吸取历史的教训，全面提升全民的民主意识、平等意识、权利意识、法治意识，就有着重要的现实意义。

选自《记忆》第 110 期。

# 略论文革前"老三届"的思想政治教育

马昌海

通常所说的"老三届",是指本应于1966—1968年初中和高中毕业的学生,绝大多数出生于1947--1952年间,1963—1965年进初高中学习。他们是在新中国的红旗下成长起来的,从小就受到革命传统的熏陶和前辈英雄业绩的感召,热爱党,热爱祖国,热爱领袖,热爱社会主义。很多人树立了为共产主义事业奋斗的信念,有以天下为己任的历史使命感和责任感。另一方面,由于文革前的青年人基本不了解外部世界的状况,相对封闭的社会环境和学校教育中存在的种种弊端,也给这一代青年人的成长带来了致命的弱点。其中的一些人在文革之初甚至成了政治及人身迫害的工具,其暴力行径更是越过了人类文明的底线。

文革初期的一些中学生,为什么成了类似希特勒第三帝国纳粹少年冲锋队一般的人?当打人和暴行成为一种时尚、一种标志、一种光荣、一种仪式、一种特权的时候,对这些施暴者所受的教育是有必要认真反思的。

这一代"老三届"(1966—1968)中学生是文革前思想政治教育成败得失的具体体现者。在他们身上,这种教育中积极进取的一面,与盲从、狂热、偏执、狭隘的一面,都表现得非常鲜明,并在文革中以夸大、扭曲的形式表现了出来。

1957年2月,毛泽东在《关于正确处理人民内部矛盾》的讲话中明确提出要加强青年学生的思想政治教育,并要求全社会都要来抓学生的思想政治工作。而后,共产主义价值体系成为学校思想政治教育的核心内容。1957年反右派斗争及而后的"大跃进"和"教育革命""反右倾机会主义"斗争,左的指导思想使学校思想政治教育也受到了严重影响。国民经济调整时期开始以后,以贯彻"调整、巩固、充实、提高"八字方针和《全日制中学暂行工作条例(草案)》为标志,中学思想政治教育中左的倾向开始有了一些调整,在"三好"(身体好、学习好、工作好)教育的基础上贯彻了以教学为主的原则,提出"向科学进军";在德育工作中既重视共产主义理想教育、榜样教育、劳动实践,又加强了以学生守则为中心的道德品质教育。在继续发展并逐步完善校内各教育阵地的同时,也开始重视校外教育,并逐步形成了较完善的思想政治教育工作体系。在此前后,"老三届"学生陆续进入中学就读。

1962年中共八届十中全会强调以"阶级斗争为纲",对学校思想政治教育再次产生了左的影响。以1964年2月13日"春节谈话"为始,毛泽东就教育问题发出了一系列指示:"学制、课程、教学方法、考试方法都要改。"考试是用对付敌人的方法,实行突然袭击。"摧残人才,摧残青年。""课程可以砍掉一半,学生要有娱乐、游泳、打球、课外自由阅读的时间。"7月5日,毛泽东对毛远新说:阶级斗争是你们的一门主课。"阶级斗争都不知道,怎么能算大学毕业?"首次提出学生要到课外去从事阶级斗争。[1]

伴随着中苏分裂和美国的"和平演变"战略,毛泽东日益重视"反修防修"。在此背景下,毛泽东提出要"培养无产阶级革命事业接班人",同时在城乡社会主义教育运动的影响下,思想政治教育更强化了八届十中全会以后的阶级斗争意识。1964年8月全国高、中等学校政治理论课工作会议以后,阶级斗争教育成为政治理论课的主要内容,伴随着全国人民学习解放军,搞"四个第一""突出政治""活学活用"毛主席著作运动,中学思想政治教育逐渐陷入了以"阶级斗争为纲"的误区。

"教育为无产阶级政治服务,教育与生产劳动相结合"是当时的

---

[1] 毛泽东:《春节对青年的指示》,1964年2月;《同毛远新同志的第一次谈话》,1964年2月;《关于学校课程和讲授、考试方法问题的批示》,1964年3月10日。见《学习材料》第99页,100页,101—102页。

教育方针，这是一种典型的政治化革命化的教育。经过建国以后十几年的实践，这种教育日渐系统和完备。它包括经常的政治学习，听报告，上团课，参观，请"三老"（老贫农、老工人、老革命军人）做忆苦思甜和英雄事迹报告，访贫问苦，"牢记阶级苦，不忘血泪仇""警惕和防止资本主义复辟"，开展"四史"（村史、社史、厂史、家史）教育，下乡劳动，军训等多种多样的活动形式。还有许多歌颂党和毛主席，赞颂革命和社会主义建设的回忆录以及文学、音乐、电影、戏剧、美术等文艺作品。青年学生从小就受到英雄事迹的感染和熏陶，为伟大崇高的共产主义理想而献身是那个时代的最强音。在如此浓烈的政治气氛下，青年学生们普遍具有神圣的使命感和政治参与意识。[2]

这种教育还特别注重培养集体主义精神。国家是大集体，学校、班级，少先队中队、小队，团支部、团小组，都是小集体。在这种教育下，不仅个人利益要服从集体利益，甚至个人的爱好兴趣，也要服从于集体的纪律。于是，万事依靠集体、服从集体，唯恐被集体所不容，甚至担心被集体所抛弃，就成为这代人所具有的鲜明特征。正如一位女知青作家所说的："我们失去了个性，我们变成了群体，一片忠贞不贰。我们的幸福观、理想观、是非观失去了一切个性特征，这就是毛泽东的孩子们最统一的素质。"[3] "这一代人的社会化，已经无可挽回地朝着团队精神的方向演进，他们之中每一个人的命运，都同自己一代人的命运相关联。一代人的命运就是一个人的命运，一代人的缺陷就是一个人的缺陷。作为个人，这种定向的社会化过程留给他们发展独立人格的余地是如此之小，以至于他们自己在今天都不得不承认，这就是他们为成长所付出的代价"。[4]

我们儿时曾唱过这样的歌："准备着，准备着，时刻准备着，做革命的接班人。准备着，准备着，时刻准备着，为共产主义而斗争。

---

2 定宜庄：《中国知青史》中国社会科学出版社1998年，第430页。
3 张蔓菱：《并非丑陋的一代》，《苦难与风流》，上海人民出版社1994年。
4 张永杰：《成长与代价》，《苦难与风流》，上海人民出版社1994年。

革命的火炬，照耀我们前进的路程；红色的后代，从小培养革命的精神。学黄继光那样勇敢，学刘胡兰那样忠诚，学刘文学那样坚强，学雷锋那样全心全意为人民。爱祖国爱人民是我们的责任，爱学习爱劳动是我们的本分。前进吧，小伙伴们，前进吧，革命的接班人。祖国万里河山在等着我们，世界革命人民在期望着我们。前进吧，革命的接班人。祖国万里河山在等着我们，世界革命人民在期望着我们！"

唱到最后一句，往往使我们不禁热血沸腾。关心国家大事，富于献身精神，渴望为革命建功立业，不怕流血牺牲，认真负责、积极进取、勤奋好学、吃苦耐劳，组织纪律性强，革命理想主义，英雄主义，集体主义等积极进取的优良品质，渐渐在一代人身上成为了现实，"被铸进了剑身"，在而后通过"革命崇拜"培育以及忠诚盲从教育、仇恨教育和"接班人"教育等一系列常年的嫁接和转换——这就是许多亲历者所说的，为文革做好了准备，在文革中结下了丰硕的果实。

文革前各类学校都是强调思想政治教育的，对资产阶级"人性论"的批判也从文艺界延伸到教育领域。1963年10月，《人民教育》杂志发起了对"母爱教育"的批判，强调要对学生进行阶级斗争观念的灌输，指出阶级的爱、革命的爱和对领袖的爱绝对要高于亲情和师生、同学之间的爱，并且把人性爱的教育扭曲成了仇恨教育。一年之后，《人民教育》围绕这次"母爱教育"的讨论发表综述："同伟大的无产阶级的爱比较起来，母爱只是渺小的，而绝不是什么伟大的。"在这样的一种教育氛围中，一些十几岁的中学生们开始形成日后红卫兵缺乏人性的情感模式：无情被视为革命的坚定性，野蛮被看作革命者应有的勇敢。当这样一种情感和道德观念形成之后，他们便满怀着对革命的渴望和"砸烂旧世界"的豪情壮志及建立新世界的崇高理想，顺理成章地走向了文革造反的前列。

文革前青年学生的头脑中普遍存在的"革命崇拜"包含了极其丰富的内涵：①它确定了共同的理想和奋斗目标。②强烈的政治参与意识。③鄙视人权、人性和个性自由，个人必须绝对服从整体利益。④颂扬暴力、鄙视温和改良与妥协。⑤党和毛主席就是革命的象征。⑥毛泽东思想（包括毛泽东晚年在无产阶级专政条件下继续革命的理论）就是绝对真理。⑦普遍缺乏民主与法制的观念。⑧中国是世界革命的中心。生活在毛泽东时代是最幸福的，世界上还有三分之二的劳苦大众生活在水深火热之中，解放全人类是我们青年一代神圣的历史使命。

1969年夏，我们这一代同龄人臧平分写的一首著名的反理性的义和团情结诗篇：《献给第三次世界大战的勇士》，淋漓尽致地描绘出了这种世界革命战争的情怀：[5]

摘下发白的军帽，献上洁素的花圈，轻轻地，轻轻地走到你的墓前；用最挚诚的语言，倾诉我那深深的怀念。北美的百花盛开了，又雕残，我们在这里战斗了一年又一年。

我们曾饮马顿河水，跨进乌克兰的草原，翻过乌拉尔的高原，将克里姆林宫的红星再次点燃。我们曾沿着公社的足迹，穿过巴黎的大街小巷，踏着《国际歌》的鼓点，冲杀在欧罗巴的每一个城镇，乡村，港湾。我们曾利用耶路撒冷的哭墙，把基督徒恶毒的子弹阻挡。瑞士的湖光，比萨的灯火，也门的晚霞，金边的佛殿，富士山的樱花，哈瓦那的炊烟，西班牙的红酒，黑非洲的清泉，这一切啊都不曾使我们留恋。因为我们都有钢枪在手，重任在肩。

多少个不眠的日日夜夜，多少个浴血的南征北战。就这样，我们不可战胜的队伍，紧紧跟着红太阳一往无前。

毛泽东的教导，伊里奇的遗训，马克思的预见，就要在我们这一代中实现。安息吧！亲爱的朋友，我明白你未完的心愿。辉煌的战后建设重任，有我们来承担，共产主义大厦，有我们来修建。安息吧！亲爱的朋友。白云点点，为你结花织环；微风阵阵，把你轻声低赞。

1964年毛泽东提出的无产阶级革命事业"接班人"的五条标准

---

5 有研究者分析说，这首诗集中表现了整个红卫兵群体在1968—1969年间的一种心境：冲动、浮躁、渴望奉献与自我升华，期望从运动困境中解脱。它是红卫兵运动终结时的一种政治梦想，也反映了他们对文革现实环境开始产生了一种焦虑和拒绝。尽管整首诗充满了浪漫主义的憧憬，但从头至尾渗透着悲凉的情绪。

全是政治标准，没有业务标准；真正的马克思列宁主义者；全心全意为世界绝大多数人服务的革命者；能够团结绝大多数人的无产阶级政治家；民主集中制的模范执行者；谦虚谨慎、戒骄戒躁，富于自我批评精神，勇于改正自己工作中的缺点错误。[6]

显然，按照毛泽东 1965 年 6 月 16 日在中央政治局常委和中央局第一书记会议上进一步的具体解释，"接班人"并不是指一般的"革命青年"，而是指从中央委员到支部书记的各级领导干部。有权或有条件搞"一言堂"的也只能是领导干部，普通老百姓恐怕只可能对自己的子女搞"家长作风"，还不一定能奏效。一般的老百姓即便是自以为是，和地球转不转也没什么关系。

虽然各行各业都有接班的问题，但在文革前后的这段时间里，"接班"这两个字却是指被提拔当干部。在 20 世纪六十年代以后，这几乎成了一部分人的专利：先进典型可以出自于不同的家庭，而革命接班人却几乎只能从出身于"红五类"（工人、贫农、下中农、革命干部、革命军人）家庭的青年中选拔。

"接班人"的首要标准是"反对修正主义"，这就必然将青年导向了阶级斗争的行列。在中国共产党的第一代领导人中，很少有人读过恩格斯去世前不到五个月，即 1895 年 3 月 6 日发表的，其晚年最重要的著作《〈法兰西阶级斗争〉导言》，这实际上是恩格斯最后的政治遗嘱。这本书 1956 年才在中国出版。恩格斯期待欧洲工人阶级能够通过合法的议会斗争取得政权，在保留资本主义生产方式的条件下和平过渡到社会主义，肯定了议会斗争的必要性、合理性。考茨基、伯恩斯坦等人坚持了恩格斯的本意，坚持走上了民主社会主义的道路。而列宁却提出：不管处于何种生产力水平的社会，只要凭借革命暴力，就可以创造出一个没有剥削和压迫的新世界，因而提出了在落后的东方国家"一国建设社会主义"的理论。1919 年，列宁在莫斯科成立共产国际（第三国际）以领导全世界的革命斗争，从而分裂

---

6　毛泽东：《无产阶级革命事业接班人的条件》，1964 年 7 月 14 日，《学习材料》第 122—123 页。

了国际工人运动。斯大林等人摈弃了恩格斯的最后遗言,仍将"1948年的斗争方法"当作旗帜,从左的方面修正了马克思主义。

对青年学生的革命化思想教育,在提出"接班人"教育后达到了高潮,培养接班人活动与青年学生在文革中的思想行为关系极大。它的直接后果是将学生导向了政治目标,并加重了只看家庭出身的"血统论"倾向。"接班人"这个概念和封建时代的权力继承毕竟有相通之处,即"父权子承"。事实也是如此。它还引发和强化了学生中的权力意识和激烈竞争。当"革命青年"是没有名额限制的,而接班人只限于极少数出类拔萃之辈。革命青年是一种称号,而接班人却是一种政治地位(掌权者)。这种竞争有时变成了倾轧,且特别激烈。[7]

老一辈革命家们"自信已经建立了千年帝国,其合理性和合法性都不容置疑。包括他们子女在内的下一代人的使命,只是做一个合格的接班人"。[8] 也就是做一个"党叫干啥就干啥,放在哪里哪里亮"的驯服工具,一颗"永不生锈的螺丝钉"(雷锋)。

为什么文革初期"出窝黄蜂的第一群是青年学生"?中国社科院近代史所的定宜庄在《中国知青史》(中国社会科学出版社 1998.1)的最后一章,《人民日报》文艺部的李辉在《中国文人的命运》(郑州大学出版社 2006.1)一书中,对此都有过精辟的分析。罗点点的《红色家族档案》(《当代》1998 年第 4-5 期),描述文革前对中学生的思想训练,革命理想高于生命价值和个人尊严、高于个人自由及权利的人生观教育,使中学生们"像吃错了药一样上瘾"。

顾准先生曾问道:为什么播下了浪漫的、生气勃勃的革命理想主义的种子,千百万人为之奋斗牺牲,却得到了林彪、四人帮封建法西斯主义的结果?"播下的是龙种,收获的却是跳蚤"(马克思)。顾准说:"我对斯巴达体系怀有复杂的感情。平等主义、斗争精神、民主集体主义,我亲身经历过这样的生活。我体会,这是艰难环境下打倒

---

[7] 徐友渔:《文革的起因》,《自由的言说》长春出版社 1999 年,第 147 页。
[8] 罗点点:《红色家族档案》,南海出版公司 1999 年,第 124 页;《当代》1998 年第 4-5 期。

压迫者的运动所不可缺少的。但是斯巴达本身的历史表明,借寡头政体,严酷纪律来长期维持的平等主义、尚武精神和集体主义,其结果必然是形式主义和伪善,是堂皇的外观和腐败的内容,是金玉其外而败絮其中的;相反,还因为它必定要'砍掉长得过高的谷穗',必定要使一片田地的谷子长得一般齐,他又不经心选种,不断向上,却相反要高的向低的看齐。它自己在文化和学术上什么都没有留下"。[9] 已被当代西方抛弃的斯巴达精神,确是苏俄和中国极左路线的重要文化支持。正是这种集体英雄主义在革命胜利后,形成了专制独裁的独特温床。1949年毛泽东的《丢掉幻想,准备斗争》,已经不恰当地将"人民民主主义"定义为"民主集体主义"或"民主集中主义",或"集团英雄主义",与文革理论有着前后联系。对于昔日将集体英雄主义强调过头的中国,应该提倡和弘扬合理的"民主个人主义"。

顾准在20世纪五十年代就已经指出:对毛泽东的个人崇拜,已成了一种宗教现象,这种宗教现象在文革中达到顶峰。一些红卫兵的胡作非为,与这种个人迷信有着密切的关联,这一代人的忠诚实际上是一种盲从,是在缺乏先进观念和相关知识的前提下,丧失了正常的思考和判断力的结果。许多同辈人都痛感:我们这一代人从小到大,最陌生的情感就是怀疑。如果当年有人告诉我们:知识分子是社会的良心,他们的责任是维护人类的基本价值观念;知识分子的灵魂就是独立思考,是怀疑和批判精神。这肯定会被当作大逆不道。"推行盲从教育,使每个人忘掉个人的自由和权利,这首先是歌颂领袖的绝对正确,同时也是要求人们彻底忘掉和抹杀自我,绝对顺从。就同一种族和传统而言,红卫兵运动与19世纪末的义和团有相似之处:同样地狂热和盲从。尤其他们都认为自己掌握了某种咒符而战无不胜,并且都盲目排外,在使馆区闹事,毫无法制观念。义和团的农民是因为无知而被满清皇室所利用,而红卫兵则恰恰是因为受了教育而造反"。[10] 这种对党和毛泽东的忠诚和服从以及强烈的集体意识,是这

---

[9]《僭主政治与民主》,《顾准文集》中国市场出版社,第158页。
[10] 徐友渔:《文革的起因》,《自由的言说》长春出版社1999年,第139页。

一代青年人满怀理想主义并满腔热情地投入文革，并在文革中成为冲锋陷阵先锋的思想政治基础。总之，对于文革中红卫兵由于狂热、愚昧而对整个国家民族在政治、经济、社会、文化各方面所造成的严重的不可弥补的损害，文革前的17年教育是难辞其咎的。正如同定宜庄等学者所分析的那样，文革之初红卫兵的出现并不是突然的，他们正是文革前17年教育的结果，也只有这样的教育，才能结出这样的果子。这种教育使被教育者存在着严重的人格缺陷，对领袖的盲目崇拜，使他们将领袖的话作为判断是非善恶的唯一标准。除此之外，还盲从群体，盲从"形势"，由盲从发展而来的，就是文革时的狂热。他们高喊着大批判，却对是非缺乏最基本的判断能力，对流行的理论和口号缺乏批判精神（少数思想探索先行者除外）。他们所使用的批判标准只是毛主席语录，而不是实践和真理。他们用简单的、一元化的标准来衡量一切："不是无产阶级的，就是资产阶级的，而二者之间没有中间道路可走"；他们批判过"不好不坏、浑浑噩噩"的"中间人物"文学理论；在他们的心目中，不是同志，就是敌人；同志就要"高、大、全"，达不到这个标准的，即便是他的师长、同学、亲友，甚至亲生父母，也是敌人，由此便发展出了他们的偏执。对待坏人坏事，对待一切"封资修"的东西，这种教育只教他们去仇恨、去打倒。于是他们认为：只要是对敌人，无论怎样残忍都不过分，甚至唯恐自己不够残忍。他们以为不残忍就是对敌人恨得不够，就是缺乏阶级感情的表现，就是对革命和领袖的不忠。

正是这种缺乏科学内容的简单的仇恨教育，与忠诚盲从和个人迷信掺合在一起，除了培养出疾恶如仇的品质，"对待敌人像严冬一样地冷酷无情"；还驱使老红卫兵们满怀深仇大恨，对眼前的"阶级敌人"做出种种惨无人道的行径，在越过了人类文明的底线之后，反而获得了以折磨人为乐趣的快感。当然，新中国的阶级敌人并不限于地主、富农、反革命、坏分子、右派、资本家、国民党、叛徒、内奸、工贼、特务，还有国际上的帝国主义、修正主义、各国反动派。后来又加上了走资本主义道路的当权派和反动学术权威。

由于先天教育的缺陷，这一代青年人的国学基础薄弱，批判封建主义使他们不懂传统文化,不知民族精神的家园在何方;他们对西学一知半解,批判西方资本主义割断了他们与西方文化和现代文明的联系,使他们难以融入世界文明的海洋;他们只能教条地理解"老三篇""老五篇""毛主席语录",形成了畸形的斯大林主义政治文化心理和民粹主义的道德伦理心态。[11] 不懂得人类优秀文化的红卫兵们,怎么可能会具有独立思考的能力和科学的批判怀疑精神?盲从产生的原因是封闭环境下知识和精神的匮乏,这不仅仅是一代人的缺陷。教育本身是具有连续性的,这一代人的缺陷,正是上一代人教育的结果,结果是作为教育者的老师们首先尝到了这种教育的苦果。红卫兵们肆无忌惮地打、砸、抢、烧,捣毁一切与"革命"不相容的文物、书籍,毫不留情地揪斗自己的长辈和老师,批判自己亲密的伙伴,却忽视了对他人所造成的伤害。人们只能热爱党和毛主席,还有同志之间的阶级友爱,这是绝对高于亲情和友情的。至于同情、怜悯、温存、宽容大度,则一概被视之为"小资产阶级情调"而属于被人唾弃之列。

这一代人从未接受过现代"公民"教育和民主法制教育。中国没有经历过思想启蒙的历史阶段,缺乏人权和法制观念,也缺少人道主义的人性观念。在很长的历史时期里,国际社会通用的国家公法中最基本的"公民"概念,在中国的政治和社会生活中是一个缺席的空白。在中国的传统文化中,本来就没有"公民"这个词组。所谓"国家",是以家族结构为本位的"家""国"两者同构体系。中国的传统文化中的"民",当然不是"公民",而是子民、黎民、草民、刁民、暴民。公正、公平、公理、"天下为公"中的形象鲜明的"公"字,与卑微卑贱的"民"字,在古老的汉语中始终难以携手。中国"公民"意识的缺位,来自我们传统文化中沿袭千百年的既定观念。虽然"公民"一词早已进了《中华人民共和国宪法》,但却始终没有真正进入人们的社会生活。这一步看似近在咫尺,却历经半个世纪仍然步履艰难。

---

[11] 王东成:《老三届的文化历史命运》,《中国青年研究》1994.3。

"公民"的概念来自古希腊城邦制,公民相对奴隶而言,享有自由的权利。每一个具有政治、经济、法律、社会身份的独立"自由民"都是"国家公民",在履行公共责任和义务的同时,具有表达个人意志,参与公共事务的权利。并具有法律和合作意识。

"公民社会"的公民在政治上是具有监督公共权力的人;在法律上享有私人财产、个人尊严、言论(发言权)、出版(表达权)、结社、集会、知情权、参与权等宪法规定的权利;在经济上,公民是国有资产的"股东",共享国家的公共资源。而政府只是公民所委托的,可以依法撤换的国家机构和国有经济的管理者。公民是具有理性、独立人格、公共责任和公共精神的现代人。因此,"公民"兼有政治和法律的双重身份,是民主社会的基础。只有确立公民意识,它的对应物"公仆"一词,才会名副其实。它是由那些与国家的前途命运紧密联系起来的、一个个享有平等的权利和义务的国民集合而成的。

文革使人性中最卑劣、最丑恶的一面恶性膨胀。无情的践踏、摧残人的自尊、良知、诚信、道义等处身立世的原则。这其中的渊源除了社会、历史、文化因子外,在革命队伍内部,经过多次的党内斗争和多次政治运动的不断强化,到文革时发展到极致。这种"残酷斗争,无情打击"的行径、表面上是从斯大林的"肃反"扩大化移植而来,其实还加上了富于中国特色的流氓无产者"国粹"。

对很多青少年来说,当时整个学校和社会的生活是比较枯燥压抑的。当最高统帅一声令下,说可以不用上课考试上街玩了;可以免费去北京、上海;去冰城哈尔滨和南国广州;可以去井冈山、延安;去山水甲天下的桂林、西子湖畔的杭州;去古城西安、山城重庆;可以去海南岛的天涯海角甚至神奇的新疆、西藏……,这样的一种痛快淋漓的感觉是前所未有的,没有很多人会自觉地抵制文革。

据官方统计,仅 1966 年 8~9 月的北京,就有 1772 人被红卫兵打死,其中绝大部分是教师。作家王小波的一位曾任北京工读学校校长的世伯,文革前曾在学校大讲"二十四孝"之"卧冰求鲤",听的学生毛骨悚然。文革中,学生们强迫这位校长赤身裸体地长时间趴在冰面上,落下了终身病痛。王小波说,这是他"吃了自己的屎""幸运的是他还未讲过'割股疗亲',因而幸免于被刀片割肢"。

有些老红卫兵不仅打校长、老师,打社会上的"牛鬼蛇神",还打自己的同学,而且下手十分狠毒。有的人还到各机关、学校、企事业单位和居民区去轮番打人,甚至跑到农村去殴打地主、富农、反革命、坏分子等"四类份子"。在1966年的"红八月",王府井吉祥戏院甚至设立了一个专门打人的群殴集会,一些老红卫兵天天聚集在那里打人。从北京市各处被送到那里的"牛鬼蛇神"们,个个被打得遍体鳞伤,许多人死于非命。行凶者尤其凶悍的,是一群女生,自恃血统高贵,便剃个光头且出言污秽,下手狠毒。罗点点的《红色家族档案》与陈凯歌的《少年凯歌》(人民文学出版社2001.6)都特别描绘了一些女红卫兵的凶悍残暴:一个十五六岁的女孩,将手指伸进一个地主婆口中用力撕扯,因为对方拒绝呻吟,反倒使女孩陷于歇斯底里的狂怒状态,手上沾满了受害人的鲜血。

一些男女红卫兵们还在北京火车站外几百米一字排开,站两行,手持皮带、木棒任意殴打。抄家之后被逼返回原籍的"剥削阶级们",在进入车站之前须首先在这两条长龙之间通过,作为回乡前的洗礼。北京六中的老红卫兵更建起监狱,昼夜拷打,刑罚名目之多,暴行之烈,冠绝一时。他们蘸着牺牲者的鲜血在墙上写下了"红色恐怖万岁!"

在新中国前30年残酷的阶级斗争中,产生了两个被剥削被压迫阶级,一个是被称为"地富反坏右"的"黑五类"贱民(文革期间又加上了"叛徒""特务"走资本主义道路的当权派和反动学术权威),他们被踩在社会最底层,连同他们的子女,在升学、就业、参军、婚姻、外出等社会生活中,处处受到歧视欺凌;稍有风吹草动,就会在"阶级斗争新动向"的名目下被拉出来批斗凌辱。另一个是八亿"人民公社"社员,毛泽东一度还让城市青年去接受他们的再教育。他们不但被剥夺了土地所有权,而且还丧失了劳动自由、交易自由和人身自由等等基本权利。这个八亿人的群体是新时代的农奴。新中国前三十年的阶级斗争,主要就是在占据政治统治地位的官僚特权阶级和贱民阶级、农奴阶级之间展开的。前者利用手中掌握的政治权力,剥削压迫后者，无法无天，无理无情；而后者却毫无还手之力，只能俯首帖耳地忍受剥削和压迫，甚至默默地饿死、冻死、累死、被打死，从人间蒸发。这就是新中国前30年阶级斗争的基本态势（茅于轼）。

文革的极度政治化把对家庭本体价值的伤害推向极致：只要家里有了政治运动的对象，其家庭就会被污名化，家庭成员就要被迫与其划清界限。这就意味着要割断家庭成员心灵深处的情感联系，家庭关系完全异化。划清界限的具体标准是：一是要揭发其罪行；二是视之为仇雠，上纲上线批判。在那个愚昧、荒唐、悲惨的年代里，兄弟阋墙、夫妻反目的亲情悲剧比比皆是。譬如老鬼在《血色黄昏》中对自己与母亲杨沫、父亲马建民关系的描述，还有李南央《我有这样一个母亲》（上海文艺出版社 2002 年）中对自己与父亲李锐、母亲范元甄关系的描述。那真是"一段家庭裂变史，椎心泣血"。[12] 影片《归来》就描绘了女儿为了出演女主角而出卖父亲的情节。这样的事在文革前屡见不鲜，在文革中更变本加厉。那时确有一种引导、纵容、鼓励、挑唆儿女仇视异类父母的社会氛围和意识形态。

年仅 14 岁，原本没有打人资格的陈凯歌，在从众心态的驱使下，为了表明自己的政治态度，为了向别人证明自己是"自己人"，为了摆脱被逐出人群的孤独和恐惧感，于是打了人。他打的第一个人正是自己在批斗会上的父亲，却博得了众人的喝彩！1966 年 8 月，北京的一位高中男生，在一群外校同学的逼迫下，将烧红的烙铁杵在父母的身上，以便能够通过对党、对革命、对毛主席是否忠诚的严峻考验，能否大义灭亲？！其父母当夜双双自杀，其妹随后精神失常。伤害父母和妹妹的巨大阴影伴随了他的一生，导致其漫漫 20 余年的寻仇之旅。更有甚者，还有儿女亵渎父母、坚决不给冤死的父母收尸，儿女还要上前踢父母尸体几脚等等触目惊心、丧尽人伦的可怕情景。[13]

---

12 单少杰：《亲情文化的个案研究》，《社会科学论坛》2002 年第 2 期。
13 刘君达：《试论中华民族孝的传统美德的批判与继承》，《学术论坛》1984 年第 5 期。

作家老鬼在其自传体小说中也真诚坦率地描述了自己对家庭、对两个姐姐特别是对其母亲——小说《青春之歌》作者杨沫的造反行为。这位当年北京 47 中的初三学生忏悔道："用打击母亲来表现自己革命，用打击母亲来开辟自己的功名道路，用打击母亲来满足自己对残酷无情的追求。不知道一只小狼会不会在它妈妈被猎手追捕时，从背后咬妈妈一口，可我却利用了'文化大革命'之机，狠狠捅了自己母亲一刀。"这些亲情悲剧对家庭本体价值的伤害，其范围之广、创痛之巨，为亘古未有。它构成了我们中华民族当代创伤性记忆的一个主题。

罗点点以罗瑞卿将军所遭受的迫害为名，谴责人世间所有的暴力和恐怖，摈弃鲜血培养的花朵。我们对待毫无忏悔之心的恶人，难道不应该以牙还牙，以血换血吗？！中国人缺少宗教忏悔的因子，比如 1966 年 8 月北京大兴县和湖南道县集体大屠杀的某些参与者们。张贤亮在小说《青春期》(载《收获》1999.6)中提到过这一点，很多人都谈过这个问题。当年的打手、凶手们，有几个能"在审判台空着的时候自己走上去"呢？"文革中千千万万屈死的人，都只能使用一个没有'主语'的奇怪字眼——'迫害致死'。这是到目前为止有关逃避法律最伟大的文字创造"。14 对当年那些老红卫兵们无法无天、丧失理智的违法行为，在今天已很难再追究其法律责任了。

前些年《南方周末》有篇回忆思想解放的先行者遇罗克被害的长篇通讯中，提到过一个神秘的关键人物：片警（户籍警察）。当年的一些老红卫兵们四处抄家打人，把人送进北京一中劳改队和北京六中监狱，或遣送回原籍，是谁奉公安部部长谢富治的指示，向不知情的红卫兵们提供了具体而准确的住址和姓名？就是那些躲在一旁未露面的片警！不然老红卫兵们怎么会知道这些素不相识的"坏人"？老红卫兵们之所以能够顺藤摸瓜、熟门熟路地四处抄家打人，这些片警实在是功不可没。这些老户籍警如今早已安度晚年，许多前辈在历次政治运动及文革中的所作所为，又有多少曾被公之于众？文革是

---

14 罗点点：《红色家族档案》，南海出版公司 1999 年，第 223 页。

亿万中国人的集体作品，其发生有着历史的必然性。

还有一个不能回避的严峻问题：在当时冠以"红色恐怖"的暴行之下，有多少人避之唯恐不及？很多人表现出一种冷漠和麻木，对邪恶事不关己的旁观态度；在面对不公正和违法行为之时，不敢或没有出面去保护少数人的权利。公共生活要求我们，在非正义行为发生时，即使看上去与我无关，也要有所行动，否则就如同吉森（Bernhard Giesen）所说的："尽管没有积极参与罪行，却没有防止那些以群体名义犯下的罪行"。在国家之罪发生的时候袖手旁观，在现代法制社会是一种集体政治罪过。强调这一点的目的不在于"定罪"，而在于要求"忏悔"。承认集体政治罪过的忏悔，需要借助某种公开承担的仪式，成为一种公开表态和宣誓，而不只是一种某些"老红卫兵"们私人性质的良心负担和道歉。

当年那些激情满怀却演出了种种暴行的青年学生，在文革初期就这样成了一批只会进行丑恶地盲目破坏而不会从事新建设的匆匆过客。事实上，到了红卫兵运动后期，许多人就已深陷于帮派斗争，嘴里说的是保卫党中央和毛主席，实际上却是在维护山头利益和个人得失。更有一些红卫兵组织不忠实执行毛主席"复课闹革命"的指示，依旧闹派性、搞武斗、制造事端，并非都是那么简单的上当受骗。有些人对政治斗争日渐厌倦，当了"逍遥派"，游离于帮派斗争之外，寄情于读书、养鱼、编织、郊游和制作半导体收音机的乐趣之中。还有的人整日游手好闲、无所事事，甚至成群结伙打架斗殴。此后，这些年轻的红卫兵便很快通过"上山下乡"而被融入了中国农村的汪洋大海之中。

事实上，红卫兵性格绝不仅仅只属于那一代青年，作为一种历史的存在，它是整个民族精神缺陷的一种体现，与其父辈兄长的生存方式及处世哲学密切相关。同时，红卫兵性格作为一个时代的特殊产物，作为历史精神的折射，已经成里历史的积淀，它甚至会或多或少地继续存留，并以不同的方式影响着后人。譬如偶像崇拜，诚信道义良知和民主法制概念的缺失，对人权、人性和个性自由的冷漠轻视，缺少宽容大度与同情之心等等。现今一些缺少社会公德的现象，其粗暴无礼也与红卫兵性格不无关联。今天，我们仍不能忽略这种精神的缺陷，不能让历史的阴影来遮掩住我们审视现实的目光。

**参考书目：**

1. 定宜庄：《中国知青史》，中国社会科学出版社 1998 年 1 月。
2. 李辉编著：《残缺的窗栏板——历史中的红卫兵》海天出版社 1998 年 7 月。
3. 徐友渔：《直面历史——老三届反思录》，中国文联出版公司 2000 年 2 月。

选自《记忆》第 215 期。

# 从左向左：十七年教育指导思想浅论
## ——以中学政治课的调整为例

潘祛病

1949 年起，在中国大陆地区接受过初、中等教育的国人，基本都学习过"政治"这门课程。这是中共建政前后，即由政府主管宣传和教育的部门为全体国民，[1] 特别是学龄儿童、少年和在校青年特设的一门课程。[2] 这门课程随着受教育者在校年级不同，分别安排了政治常识，辩证唯物主义和历史唯物主义常识，马克思主义政治经济学等。政治课是政府为培养国民树立以党的意志为核心的人生观、世界观，提供给学校教育的课程。

关于十七年初中等学校政治教育的分期，学界大致有二阶段、四阶段和五阶段三种观点。无论怎么划分，它们的基本点都是将 1952 年底前作为学校政治教育的第一个阶段，即所谓新民主主义教育阶段。论者在考量初中等教育设立政治课的作用时，基本肯定其政治正确，认为政治课的教学实施，对学生人生观和世界观的形成起到积极作用，虽然中途有过左倾激进的倾向，但总体是好的。

纵观中共对学校教育政治课指导思想的发展史，笔者认为，以政治课代替国民政府的"修身""公民"教育的举措，就证明了新民主

---

[1] 1949 年后，除了全日制学校的学生政治课本外，还有针对工人、小手工业者的政治教材，如 1954 年，天津通俗出版社出版，侯德章、金告编著《手工业政治课本》，和 1958 年山东人民出版社出版，中国人民解放军济南军区政治部编写《民兵政治课本》等。

[2] 笔者将这个时间特地定义在 1949 年前后，是因为在 1948 年，中共即确立了对新解放区学校教育的政策，此政策到中共建政后得以延续贯彻。

主义教育不过是论者的一厢情愿，而学界公认的，十七年的政治教育对学生人生观和世界观的形成有着积极作用的观点，也大可商榷。

笔者认为，十七年的初中等教育中的政治课设置，应该分三个阶段：

第一阶段：1950年以前，主要是在中学教育中设立政治课；

第二阶段：1951年至1957年2月，中学政治课课时、教材等调整阶段；

第三阶段：1957年至1963年，确立政治课在中学教育中的首要地位。

以下试就这三个阶段的演化做一浅释。

## 一、1950年以前：政治课设立阶段

在初中等学校中设立政治课并非始于1949年。1945年日本无条件投降，中共就在东北解放区的中小学校中开设过此课程。由于战争，中共无暇提供专门的教材，《新民主主义论》《论持久战》《论联合政府》《论解放区战场》等朱、毛的著作成为政治课教材。[3]

这并不是中共对战时学校教育的临时性举措，而是中共一以贯之的教育理念。早在1939年，毛泽东就提出："青年应该把坚定正确的政治方向放在第一位"；[4] 同年他对教育又有更进一步的阐释："学校的一切工作都是为了转变学生的思想，政治教育是中心的一环……"。[5] 可以说，毛和他的同事们在夺取全国政权之前就预设了他们的政权和教育之间的关系，期待培养年轻人的工作可以给自己政权的建立、巩固和长治久安起到推动作用。到中共建政前后，按照毛的思路，将政治课正式列入所有中共建立政权地区的学校教学计划中，就成了顺理成章的事情。

---

3 在王广宇先生回忆录《青史难隐》（自印书）中，曾有自己在东北上中学期间，政治学习的叙述。《青史难隐》，第224页。

4 《在模范青年发奖大会上的讲话》，《新中华报》，1939年6月6日。

5 《中共中央军事委员会关于整理抗大问题的指示》，1939年7月。

红色教育（二）：中小学

1948年6月，中共针对新解放区的学校教育出台规定："在课程方面，开始时可取消'公民'课，其余课程照旧，然后供给新的政治、国语、历史课本，其余的照旧"。[6] 此时距中共宣布夺取全国政权近在咫尺，能够提出"新的政治"（教材、教程），是此时中共的教育部门已经具备条件，为新解放区学校提供满足其政治需要的宣教材料。

1949年12月，中央人民政府教育部在北京的全国教育工作会议，是中共建政后第一次全国性的学校教育工作会议。会上正式提出"有计划有步骤地在教师和青年学生中进行政治与思想教育，逐步建立革命的人生观"，[7]"新解放区的中学按照老解放区的经验设置了政治课。"[8] 这应当是政府正式提出政治课教学对新中国发展的作用，并准备具体实施的第一个重要节点。

"1950年8月1日，教育部颁发了《中学暂行教学计划（草案）》的说明中指出，除各科均应贯彻政治思想教育外，初高中各学年均设政治科目，以期加强中学政治思想教育。"[9] 已经是中国教育行政主管部门正式对政治课教材和课时做全面、具体的部署和安排了。

此时已经陆续有各级次的政治课本提供给各地中小学校，如武纤生的《高级小学政治课本》（第一册），[10] 程今吾编著的《初级中学政治课本·青年修养》；[11] 薛暮桥的《高中一年级第一学期政治课本·政治经济学》等。[12] 华北专科以上学校必修政治课为《新民主主义论》，用以取代国民政府时期的"党义""公民""童子军""军事训练"

---

6 《中央宣传部关于对中原新解放区知识分子方针的指示》，见《中共中央文献选集》（14），中共中央党校出版社，1987年，第180—181页。
7 《中国教育年鉴》编辑部编：《中国教育年鉴1949—1981》，页436，中国大百科全书出版社1984年版。
8 《中国教育年鉴1949—1981》，页433，《中国教育年鉴》编辑部编，中国大百科全书出版社1984年版。
9 《中国教育年鉴1949—1981》，页433，《中国教育年鉴》编辑部编，中国大百科全书出版社1984年版。
10 武纤生编著，上海临时课本编审委员会改编，人民教育出版社1950年7月版。
11 程今吾编著，新华书店出版，1949年8月版。
12 薛暮桥编著，新华书店1950年1月修订再版。

等课程。[13] 新政府正在用自己的意识形态来替换另一种意识形态，并把它灌输给青少年。

此时，百业待兴，政府部门配置亦不见得齐备，但对全民各阶层行业的政治教育却迅速全面地铺开。这时不仅对工人、手工业者有专门的政治教材，对革命事业接班人的青少年进行必要的政治灌输就更有些时不我待的紧迫。

当年教育部门对政治课程的计划和安排，是放在一个高于其他文化课程的位置来对待的。《中国教育年鉴1949——1981》中把"大、中、小学的政治思想教育"作为独立的第一级目录，[14] 与小学教育、中学教育、师范教育、特殊教育等各类别教育平行排列，凸显出政治教育有别于其他科目，强调了政治灌输与学习的重要意义。

在1949至1951年间教学计划中，初、高中的政治课教学，每周均设立为2课时，占比总课时7%弱。从课时比看，政治课教学占总授课时数的比例并不是很高，但此时的语文、历史等教学，均采用苏联或老解放区的课本来替代前国民政府时期学校使用的比较成熟的课本，[15] 有意识深化了执政者意识形态对青少年的教化作用。

在1950年2月举行的团中央第一次学校工作会议上，当时的团中央副书记蒋南翔提出：学校教育目的，是培养学生唯物主义世界观和历史观。[16] 这样提倡加深了学校政治教学的目的倾向，试图以一种新的世界观来占据青少年的头脑。当然在当时的历史条件下，执政者没有意识到他们在此问题上揠苗助长的长期效果。附加在政治教学之外，诸如对《共同纲领》的宣传，肃清恐美、慕美思想等，对政

---

13 《中华人民共和国·教育大事记1949—1982》，中央教育科学研究所编，教育科学出版社出版，1984年1月第一版，第9页。

14 《中国教育年鉴1949—1981》，《中国教育年鉴》编辑部编，中国大百科全书出版社1984年版，第5页。

15 1950年7月5日，教育部、出版总署联合发文《一九五零年秋季中小学教科用书表》，小学政治、语文、史地等沿用老解放区教材。

16 《中华人民共和国·教育大事记1949—1982》，中央教育科学研究所编，教育科学出版社出版，1984年1月第一版，第15页。

治教学起到了辅助作用。学生在主动或被动接受新意识形态的过程中，逐渐疏离了以前的"修身"或"公民"课的影响。民国22年（1933年）出版的"公民"课本，开篇题字"我不盲从，不随声附和"，它所倡导的独立思考能力，是社会思想进步的表现。[17] 但在建国后学校教育中武断地摒弃"公民"教育，用"政治"课取代。实际是取消了对学生独立思考的培养。这是学校教育左转的起步。此时，中国学校教育的这种转变将会给整个社会进步带来什么样变化，虽不能有一个明确的答案，但左倾的趋势已经非常确定。

## 二、中学政治课课时教材的调整阶段

（1951年至1957年2月）

以1951年3月教育部第一次全国中学教育会议是一个标志，表明初中等教育政治课，进入频繁调整阶段。

1951年3月、6月、11月，全国教育最高行政机构分别出台过政治课课时和课程内容的调整方案。大致是对初中、高中学生加强政治时事教育，弱化或取消初中一、二年级的政治课。[18] 同时加强对初三和高三学生政治学习的强度，增加时事内容的学习，如《共同纲领》等。当时新中国建设很缺乏有知识的人力资源，在国家一时不能增加更多对教育投资，不能满足大多数初中和高中毕业生继续升学要求；这部分不能再继续学业的学生即将成为社会劳动力的生力军。

---

17 转引自章依诗文章《一位民国官员编写的教材》。"《徐氏公民》于1931年由著名民营出版机构世界书局出版，当时的徐逸樵，任国民党中央总部训练部总干事，并兼任国民党军需学院教授，以这样的身份编写的公民教材，自然值得令人关注。笔者手头有一册《徐氏初中公民》，是1934年9月第10版，而初版日期是1933年7月，短短一年多时间里已出到10版，足见此书受欢迎的程度。"（注释出自章依诗文）

18 首先是北京市1949年下半年，取消了小学的政治课。原因是学生难以理解革命理论教育。见《北京市普通教育年鉴 1949—1991》，北京市教育志编纂委员会编，北京出版社1992年8月版，第4页。其后1951年，国家教育部取消初中一、二年级政治课。但政治课中的内容要由语文、历史、地理等课程承载。

从政府角度看,加强即将毕业学生政治学习,尽快使他们树立符合执政需要的世界观和人生观,使之一步入社会,就能够坚定地站在执政党所指引的方向上,成为执政党国策的坚定支持者。毕业班的政治课势必成为当时学校教育中比较紧迫的任务。对于非毕业班来讲,把时事教育作为所有中学生必须掌握的一部分知识,只是政府对教育的常规性期待。并不十分紧迫。初中一、二年级除了每周一课时的时事学习,政治课也就可有可无了。

1953年发生了具有较大影响的政治事件,如3月份,斯大林去世;开展农业集体合作化运动;6月份,中美就朝鲜战争准备停战谈判;毛在政治局会议上宣布过渡时期的总路线和总任务等,都不可避免地要对学校政治教学产生较大影响。到1953年7月,教育部在颁布下一年度《中学教学计划》(修改草案)时,又将中学所有年级的政治课恢复为每周2课时。这次调整隐约体现出一种临时安排的随意性。

到了12月,传达《关于党的过渡时期总路线的学习和宣传提纲》,给中等以上学校重新吹响加紧政治课学习的集结号。1953年,是由整个社会政治经济环境相对宽松的所谓新民主主义时期,转型进入社会主义计划经济时期的重要转折点。此一阶段,政府期待其推出的政治经济举措能够尽快取得社会更广泛阶层认可、接受,当时来自社会各阶层的初中学生被认为是"小知识分子"。给他们宣讲过渡时期总路线,凸显出必要性。初中等教育,是学生学习自然和人文科学的重要时期。但教育当局将社会转型的希望和任务,寄托于还在成长中的青少年,似乎有些委以重任的味道,但同时学生又被剥夺独立思考能力的锻炼。这样的教育隐含着一种不能自我化解的悖论。

1954年,中共颁布了建政后的第一部宪法,中等学校的学生除了学习过渡时期总路线外,又增加了宪法课。这部实际宣告中国彻底告别所谓新民主主义革命的课程,从字面上理解,可以认为是使学生能够掌握法律知识,了解公民的权利和义务。但实际上,这部宪法第一次提出中国共产党的领导这个概念，[19] 实际上是宣告党独断专行的开始。这样的宪法，是在学生头脑中持续强化党的领导这个概念，是教育左转的继续。

1954年4月，政务院《关于改进和发展中学教育的指示》，明确提出："政治思想教育的任务，是树立社会主义的政治方向，培养辩证唯物主义世界观的基础和共产主义道德。"[20] 自此，教育部门更像是为毛式社会主义生产"新人类"的巨型机器。

但这一时期，由于政治斗争形势变化，政治课在学校教学中的要求并不很紧迫，甚至有些松懈的感觉。从1953年开始，到1957年的4年之间，初中一、二年级没有设立政治课，甚至连高中一年级的政治课在也被取消了。由于档案不开放，原因不详。但1954年7月，教育部《关于中学部分学科的设置、授课时数的变更及政治教材的通知》中提到："中国革命常识科因无适当教材，现决定暂不开设"，[21] 并用"卫生常识"课替代"中国革命常识"。[22] 本来已经有正在使用的"中国革命常识"课本授课，为什么突然成了"无适当教材"？据笔者估计，建国后形势日新月异，党内斗争接连不断。高饶事件、斯大林去世所引起的动荡风波、所谓新民主主义社会向社会主义社会急速过渡，这些都可能会对"革命常识"的阐释产生阻碍。在政治课教授内容一时无法调整到位的情况下，暂时停课可能是最好的办法。

此后政治课停停改改，到了1956年8月，教育部索性发文"暂行停授中学政治课"。[23] 此时除了高中三年级还有每周1课时的宪法

---

19 这是人民大学党史系辛逸教授提出来的观点。

20 刘英杰主编：《中国教育大事典 1949—1990》，浙江教育出版社，1993年6月版，第390页。

21 刘英杰主编：《中国教育大事典 1949—1990》，浙江教育出版社，1993年6月版，第390页。

22 1954年，教育部下发《关于中学部分学科的设置，授课时数的变更及政治课教材的通知》。《中国教育年鉴 1949—1981》，《中国教育年鉴》编辑部编，中国大百科全书出版社1984年版，第434页。

23 刘英杰主编：《中国教育大事典 1949—1990》，浙江教育出版社，1993年6月版，第390页。

课外，政治课几乎要见到消亡的趋势了。

其实在将 1951 年到 1957 年 2 月划分为 17 年初中等教育政治课教学调整的第二阶段时，笔者也曾有过其他考虑，如新民主主义革命时期和社会主义革命时期的分界、过渡区段等。但在学校教育中，根本没有这样区段的明显区分。在 1949 年 10 月发布的《共同纲领》第五章"文化教育政策"中明确提出过："肃清封建的、买办的、法西斯主义的思想，发展为人民服务的思想为主要任务""提倡爱祖国、爱人民、爱劳动、爱科学、爱护公共财物……"等；[24] 在 1954 年 4 月政务院发出的《关于改进和发展中学教育的指示》中又提到："政治思想教育的任务是树立社会主义的政治方向，培养辩证唯物主义世界观的基础和共产主义道德""政治思想教育，应根据学生现存的思想状况，继续努力培养爱祖国、爱人民、爱劳动、爱科学、爱护公共财物的国民公德"。这两个从文字上都很近似的概念，虽然颁布时间相隔 5 年，但它们的思路一脉相承，没有本质的区别。[25] 初中等教学政治教学中，也是按照这样方针执行的。所以在教育方面做所谓新民主主义和社会主义的区分，实际意义不大。

在第二阶段将近 6 年的政治课课时和课程内容调整阶段，授课内容从初中到高中基本是"中国革命常识""社会科学基础知识""经济建设常识读本"，没有大的变化；唯一经常被调整的是"政治时事"。这个科目按照政府政治方向的左转路径，从"时事政策"，到"共同纲领"，到"过渡时期总路线"，再到"宪法"。中间由于前面所述原因，有些微调，课时加加减减，总体来说，政治课在 1956 年竟有了走向末途的征兆。在这 6 年中，教育部竟没有将政治课教材进行系统编辑。不仅如此，从 1951 年开始，历经 1954 年，1956 年，教育

---

24 中央教育科学研究所编：《中华人民共和国·教育大事记 1949—1982》，教育科学出版社出版，1984 年 1 月第一版，第 3 页。
25 刘英杰主编：《中国教育大事典 1949—1990》，页 389—390，浙江教育出版社，1993 年 6 月版，第 389 至 390 页。

部三次提出削减甚至取消政治课。[26] 这几次停授部分或全部初中等教育的政治课的动因虽不尽相同，但基本是一种在强势激进的社会政治形态下，教育主管部门考虑到学生对政治接受程度，调整学校政治课教学，使之相对比较平和的阶段。但这并不是就可以得出结论，那个时期对学生的政治思想教育，落后于整体社会的左转方向。因为学校的政治教育不仅仅依靠政治课这一块，它渗透到教学和育人的方方面面，几达无孔不入的地步。

有老教师在回顾起那时候的学校生活时，并不认为当时的学校教育有过左倾向，相反是"相当地温馨"。[27] 笔者理解，这种"温馨"是比照阶级斗争观念进一步加强和文革开始后的血腥斗争而言，出现的一种感受反差造成的。在1953年迅速土地国有化进程后，社会主义过渡时期总路线的全面贯彻实施，已在经济上夯实了意识形态领域进一步左转的基础。随之而来的批《红楼梦》研究、批胡风、批胡适、肃反等等，就是在文化思想领域大踏步左转。学校教育，是文化思想领域寸土必争的政治阵地，不受时局影响几乎是不可能的。

至于为什么相对于当时的政治形势，政治课的调整阶段会出现逐渐弱化的倾向，是国家最高教育管理机构的问题，还是确实如文革时期所批判的，主管教育部门的领导指导思想本来就与更高层的国家管理者有差异，是所谓修正主义的，甚或是没有上级的表态，怕犯错误，索性不作为？这要具体到对教育部主管人员工作状态的研究

---

26 1951年6月，教育部发出《关于改定中学政治课名称、教学时数及教材的通知》决定："为了有系统地通过各科教学进行爱国主义的思想教育，原教学计划中所列政治一科名称，应予取消"。
1954年7月《关于中学部分学科设置、授课时数的变更及政治教材的通知》提出："中国革命常识科因无适当教材，现决定暂不开设"。
1956年8月27日，教育部发出暂行停授中学政治课的电报通知。
以上三点详见刘英杰主编：《中国教育大事典1949—1990》，浙江教育出版社，1993年6月版，第389至390页。

27 笔者曾就这个论题采访过北京男三中政治课教师袁俊慧先生，她认为上世纪1950年代的学校教育充满了温馨，回忆时感觉很温暖。

时，才能有更充分的阐释。

## 三、政治课在中学教育中的首要地位的确立

（1957年3月至1963年）

但是政治课课时和教材调整的小阳春气候并不很长，1957年3月17日，毛泽东批示：

恩来、陈云、彭真、定一同志：

大学、中学部要求加强思想、政治领导和改进思想、政治教育，要削减课程，要恢复中学方面的政治课，取消宪治（法）课，要编新的思想、政治课本，要下决心从党政两系统抽调几批得力而又适宜于做学校工作的干部去大、中学校工作。要赋予高等教育部和教育部以领导思想政治工作的任务。以上各点，请中央讨论一次，并作出决定。我已到天津。

毛泽东
一九五七年三月十七日

1957年3月18日，即在毛批示下达的第二天，教育部召开了第三次全国教育行政会议，指出："忽视政治、取消政治课，设立宪法课都是以苏联为蓝本，机械搬用，是没有研究自己的情况。"[28] 此时，虽然全国最高教育管理部门急于贯彻毛泽东的指示精神，但给正在学期中的学生开设政治课是来不及了。6月8日教育部下发《1957—1958学年度中学教育计划》，在初中等教育中重新增设政治课。教材还是由各地自行编写，教育部只给了讲授要点。

政治课整改是个系统工程，在1957年政治气候一天三变的情况下，要很快拿出成型的教材的确不现实。在1957年9月份新学期，除了初中二、三年级学生开设每周1课时的"青年修养"和"政治常

---

28 刘英杰主编：《中国教育大事典 1949—1990》，浙江教育出版社，1993年6月版，第390页。在此之前，同年2月，教育部已经紧锣密鼓地不断有与政治课增加趋势相关的会议。在此不多赘述。

识"外，中学的另外四个年级统统开设每周 2 课时的政治课。不仅如此，1957 至 1958 年度上学期的政治课居然要以反右派斗争为中心，"着重解决当前学生政治思想上的主要问题"。[29] 在这个文件中还有这样的表述："在中学和师范学校的学生中，一般不开展反右派斗争，不给学生划分左、中、右，不开斗争会，不出大字报"。这个通知的表述已经使中学的政治课内容发生了质的变化。虽然文件表述是在学生中划分右派，但还是在无形中引导学生开始从学习政治向应用政治转变，斗争的味道开始浓厚起来。而且这种斗争有可能近在同学之间了。

是年 11 月，教育部下达了《关于中学和师范学校社会主义教育课教材目录及说明》，使政治课的教学转入了更窄更急速的左转轨道。文件指示政治课要以毛泽东的《关于正确处理人民内部矛盾的问题》为中心，选取有关文件和人民日报社论为教材，政治课学习已经紧密地与社会上的政治斗争联系在一起。1958 年 3 月开始，中学所有年级的政治课均被改为每周 2 课时，政治课名称也被统一改为"社会主义教育"课程。

大跃进期间的教育工作会议上，更是确立了"我们要用阶级观点、群众观点、劳动观点（生产观点）、唯物和辩证观点、集体观点教育学生。"[30] 中学被要求每周开设 2 到 6 课时的社会主义教育讲授、报告、讨论和辩论。政治课的地位大跃进式地凸显了出来。1959 年 7 月，教育部第一次颁发《中等学校政治课教学大纲》（试行草案）规定政治课的地位和任务。[31] 教学内容包括：社会发展常识，政治常识，经济常识，辩证唯物主义常识，党的方针政策等内容。[32] 教材亦

---

[29] 1957 年 8 月 27 日，教育部、团中央联合发文《关于对中学和师范学校学生进行社会主义思想教育的联合通知》。

[30] 1958 年 4 月 15 日至 24 日，中共中央在北京召开教育工作会议。

[31] 《中国教育年鉴》编辑部编：《中国教育年鉴 1949—1981》，中国大百科全书，1984 年，第 433 页。

[32] 同上。

逐步统一由人民教育出版社组织中学政治教材编辑组编辑出版。[33]

此后三年间，各省也采用过其他教材。[34] 在此阶段，政治课教材出现搁置编辑出版的现象。这恰巧是三年困难时期。就是说政治课不能继续紧锣密鼓地左转，原因在于大饥荒。学生连正常的学业课时都无法保证，政治课教学的冲锋陷阵也就只能靠后了。[35]

1963年至1964年，随着经济复苏，有关部门又增加了政治课本的内容，这次调整可以被看作1959年教育部系统整编政治课教材的继续。1963年7月，教育部《关于实行全日制中小学新教学计划（草案）的通知》中规定，中学的政治课按年级从低到高分设：道德品质教育，社会发展简史，中国革命和建设，政治常识，经济常识，辩证唯物主义，时事政策教育。紧接着，1964年，人民教育出版社出版，中学政治教材编辑组统编的教材出炉。[36] 值得一提的是，此时还增加了《毛泽东著作选读》（乙种本）主要提供给高中二年级使用，同时"高中三年级和初中三年级主要学习毛泽东著作"。可以说这次调整主要突出了学毛著。至此政治课已毫无悬念地成了毛泽东思想教育课。这一课程为个人崇拜和两年后的文革做了部分思想上的准备。

---

[33] 这次调整后的政治教材包括：人民教育出版社出版，教育部编《中等学校政治课教学大纲》，1959年；河北人民出版社出版，河北省教育厅编，1959年，《高级中学各年级用·政治常识讲义》；人民教育出版社编辑出版，《初级中学 一、二年级·政治常识（代用教材）》，1959年；人民教育出版社编辑出版，《初级中学三年级·政治常识（代用教材）》1959年；人民教育出版社编辑出版，《中专、师范、高中·政治常识（代用教材）》，1959年；人民教育出版社出版，中学政治教材编辑组编，《中学政治课本·辩证唯物主义常识（试用教材）》，1961年；人民教育出版社出版，中学政治教材编辑组编：《中学政治课本·辩证唯物主义常识（试用教材）》，1961年，等。

[34] 人民教育出版社出版，《中学课本·道德品质教育（试用教材）》，1961年；人民教育出版社出版，《中学课本社会发展简史教学参考资料》，1961年；人民教育出版社出版，《中学课本·社会发展简史》；《中国革命和中国共产党》，1961年。

[35] 2014年元月4日，师大女附中文革反思会，刘进发言，提到困难时期，她在河南上中学，每天只有2两粮食，饥饿到无力上学的地步，一个学期，学校只上了2个月的课。其父刘仰峤此时为河南省委书记。

[36] 《中学政治课本·我国社会主义革命和建设（试用教材）》；《做革命接班人》《社会发展史》。

文革期间,学校停课期间的乱象不用提,即便复课闹革命后,政治教学也主要以学习和背诵《毛主席语录》为主,中途还夹杂着密集的大批判内容。直到 1977 年,在中学教育中才大致开始恢复 1959 年定下的政治课教材模式,但内容受历史变化的局限,虽多少有些调整,主旨并没有太大改变。

## 小 结

由政治课确立的时间,可以看出,中国至少有两代人,甚至三代人,都被上述意识形态"洗过脑"。

在所谓新民主主义革命时期,中共的政治教育在进步青年思想上产生过正面效果,为中共建立政权发挥过积极的推动作用。但中共建政后,政府急不可待地将执政者的政治理念作为教育的一门课程推展至全国,推向中、小学校,试图用马恩列斯毛的理论,以及符合执政党政治期待的思想植根于幼小的心灵。

回顾至今已经超过 60 年的学校政治课教育,20 世纪 30 年代以后出生的国人,基本都接受过被政府执意设置的一种哲学思想的灌输洗礼。政治课在推动社会进步上,究竟是否起到过积极作用,这不是用一个简单的正面评价就可以了断的。这种以学生作为执政党意识形态传承工具的做法,从几十年的实践来观察考量,已经可以审慎结论:这是危险的,不可再继续坚持的意识形态教学。这样的教育会给小到个体人生观、世界观,大到国家、民族的命运带来什么影响,值得仔细梳理。正可谓从左向左,歧途加速,欲往何方?!

选自《记忆》第 110 期。

# 十七年教育与学生暴力

## 吴 迪

今天上午的主题是"八五事件"。冯敬兰做了综述,叶维丽谈了她的研究,李红云讲了她的论文,宋彬彬和刘进做了反思,罗治介绍了给卞校长塑像的过程。可以说,这是一个三维立体的呈现和探讨,使"八五事件"的经过、原因、教训更加清楚了。这个座谈会的意义也正在这里。

叶维丽说天下大乱、失序、无人管是理解"八五事件"的一把钥匙。很多人,包括一些学者都忽略了这把钥匙,有的研究者,甚至故意对它视而不见。不过,失序、无政府、没人管只是为"八五事件"创造了外部条件,如果没有学生的施暴心,"八五事件"也不能变成现实。换句话说,理解"八五事件"有内外两把钥匙,叶维丽说的是外因,我这里说说内因。

这把打开内因的钥匙,就是十七年的教育——我说的教育是广义的教育,不仅是学校教育,还有社会教育,家庭教育。它在课堂上,在课外活动中,在报纸上,在广播中,在剧场、少年宫和电影院里。总之它遍布社会各个角落,深入到生活的每个细胞。对于学校来说,这种教育,主要是思想政治教育。它教给学生的不是知识,不是获得知识的方法,而是一种立场(政治的、阶级的、路线的),一种观点(世界观、人生观、价值观),一种方法(阶级分析、非此即彼)和一种感情(忠君爱党)。

女附中的老师们普遍认为,学生施暴于老师,不能归咎于十七年教育。因为"我们从来没有教学生打老师。"相信绝大部分当年的教育工作者都会持这种观点。是啊,世界上没有哪位老师教导学生去侮辱自己,也没有哪种教育怂恿学生打杀师长。可是,卞仲耘死在女附中的操场上，胡志涛被她的学生打得伤痕累累。1966年的"红八月"仅北京就打死了1772人，其中有很多是中学的老师、校长。

这怎么解释？

唯一合理的解释：在十七年的教育中藏有貌似真善美，实际是假恶丑的毒素，这些东西蒙蔽了所有国人，教育工作者自在其中。他们自己先中了毒，又诲人不倦地把这些毒素灌输给学生，平时看不出来，一旦时机成熟，毒素就会在学生身体内发作，打杀师长的事情就会发生。

那么，这些毒素是什么呢？

首先是阶级斗争教育。在发言中，大家都提到了1963年以后的阶级斗争教育，说它是造成"八五事件"的罪魁祸首。我赞成这个观点，但是，我想追问一句，阶级斗争教育与暴力心理之间是什么关系？为什么阶级斗争教育就会造成对人权对生命的漠视？

我的看法是，阶级斗争教育灌输的是反人道意识、等级观念和危机感。

一般认为，阶级斗争教给了人们仇恨。其实，在仇恨的后面是反人道。叶维丽有一个重要观点：阶级斗争为纲提出来之后，教育界出现过一个否定过去教育路线的思潮。1962年以前的教育被重新审视评价，凡是具有普世价值和共同人性的教材、教法、教育思想都受到了批判。一个典型的例子，六十年代初，南京出了一位好教师，用现在的话讲，就是"最美"教师——斯霞。这位师范附小的老师，不但把孩子们当成学生，而且当成自己的儿女。她告诉人们，教师不但要像一个辛勤的园丁，"给我们的幼苗带来温暖的阳光，甘甜的雨露。"还要像孩子一样，保持一颗童心，"以童心爱童心"。[1] 1963年5月，《江苏教育》宣传斯霞的事迹和教育思想，1963年5月30日《人民日报》发表《斯霞与孩子》一文，赞扬斯霞，肯定"母爱"教育。

斯霞说的对不对？"母爱"教育好不好？媒体赞扬这种教育思想错不错？如果你这样问80后、90后，人家会毫不迟疑地告诉你："我

---

[1] 《育苗人》，载《江苏教育》，1963年5月号。

靠,这还用问吗?你的脑袋是不是进水了?"

那时候,国人的脑袋确实进水了,而进得最早,进之最多的是那些决策者的脑袋。1963年月10月,《人民教育》连发三文[2],异口同声说斯霞的"母爱"教育是资产阶级"爱的教育"的翻版,说她的教育思想关系到教育是否有阶级性,是否要坚持无产阶级方向,是否要对孩子们进行阶级斗争教育,是否要在他们的思想上打上阶级烙印等大问题。

十个月之后(1964年8月),经过一番早有了结论的讨论,《人民教育》以评述的名义,告诉人们"这场讨论揭露了教育战线存在着严重的阶级斗争,是教育工作上两种思想、两条道路斗争的反映,是教育战线上社会主义革命的继续,是和几千年来一切剥削阶级的教育思想,特别是和资产阶级教育思想决裂的序幕,还要有更大的主力战在后头。"这是国家教育最高权威发出的声音,它昭示人们:斯霞是错的,因为她不讲阶级。"母爱"教育是坏的,因为它不分阶级。媒体赞扬爱的教育,是资产阶级人道主义。"天下没有无缘无故的恨,也没有无缘无故的爱"对阶级敌人的任何同情怜悯,就是对革命的背叛。……阶级斗争的教育将母亲变成了狼外婆,将母乳变成了"狼奶",将普世之爱变成了阶级之恨。在这种教育思想指导下,不反人道才是怪事。

在灌输反人道意识的同时,阶级斗争教育还把人划成了不同等级。它告诉人们,不同的成分和出身对革命的态度不同。1963年以后的文艺作品为此做了大量的功课,其中的反面人物全是地富反坏右,正面人物全是贫下中农。《槐树庄》里面的地主崔老昆藏着一本变天账,他的儿子崔治国面对分他家的地和浮财的贫下中农恨之入骨,理所当然地成了右派分子。《箭杆河边》中的地主佟善田为了掩盖他13年前杀死了贫协主席的罪行,向老贫农下毒手。而他的儿子则是其变天账的继承者。《夺印》中的阶级敌人陈景宜篡夺了小陈庄的大

---

[2] 这三篇文章分别是:《我们必须和资产阶级教育思想划清界限》《从用"童心"爱"童心"说起》《谁说教育战线无战事?》

权,他的老婆处心积虑拉拢干部下水。这些文艺作品,更准确地说,这些文艺性的宣传品千万遍地重复着一个"真理"——黑五类要翻天,要杀人,要进行阶级复仇。

有了红五类是革命的主力军,黑五类是革命的对象这样的政治逻辑,这两种出身也就带有了革命与不革命或反革命的遗传基因。成分和出身成了衡量好坏善恶的最重要的标准,红五类出身的优越感随之而起,黑五类出身的自卑感油然而生。社会分成了两个对立的阶级,具有中国特色的"雅利安人"和"犹太群体"就此形成。宋彬彬发言中提到的,她原来没有出身意识,跟同学的关系很融洽,阶级斗争来了,要在同学中划分三六九等,让她感到很别扭。刘进的发言中,谈到了文革前的阶级斗争教育使学生分化,文革一来,就发生了学生斗学生的事。

阶级斗争教育还给人们带来了巨大的危机感——刘进谈到,文革前夕,女附中做政治报告,报告里提出,要保卫党中央,保卫毛主席。保卫社会主义,捍卫毛泽东思想。这在当年是极其普遍的提法,但是这些提法极其荒唐可笑——你有国家机器,有几百万军队,有无产阶级专政,建政以来,你镇反肃反整风反右拔白旗插红旗反右倾反苏反修反帝,随心所欲,想反谁反谁。而所谓的阶级敌人黑五类只求苟且偷生,不敢乱说乱动。你跑到中学煽动学生保卫党中央,保卫毛主席,这是干什么?这不是自欺欺人,大忽悠吗?可在当时,从上至下,千真万确地认为,党中央毛主席社会主义红色中国处在极度危险之中。这种危机感来自于方方面面,从政治课到电影院都不断地提醒人们,阶级敌人正在磨刀霍霍,他们藏着变天账,做着翻案梦,念着剥削经,企图以十倍的疯狂,百倍增长的仇恨夺回他们失去的天堂。资本主义复辟就在眼前,马上就要人头落地,帝修反亡我之心不死。

在米鹤都编的回忆与思考里面,记载了这样几件事,1966年开始八中陈小鲁,就感觉到阶级斗争的火药味越来越浓。[3] 四中的秦晓,

---

[3] 米鹤都编:《回忆与反思:红卫兵时代风云人物——口述历史之二》页22,中国书局有限公司,2013。

觉得江青在北大的讲话,"就好像在进行战前动员。"[4] 女附中的罗治听到夏青广播的人民日报社论,"立即心跳加速,头皮发紧",感觉"好像战争发生了。"[5] 天津一中的学生王端阳在日记里暗下决心:"我虽出身于革命干部家庭,但是并没有经过革命的暴风雨。这次历史上最大最深入的大革命赶上了,一定要投入进去,捍卫党中央,捍卫毛主席。"在日记的最后,他模仿高尔基笔下的海燕,向战斗发出热情的呼唤:"暴风雨,来得更猛烈些吧!"[6] 1985年整党时,刘进分析自己:"……在当时防修反修的教育中,听到有赫鲁晓夫式的人物睡在主席身旁,真恨不得赶快把这个坏蛋揪出来,保卫毛主席。"这是真实的心情。当时的中学生,尤其是被视为革命事业接班人的干部子弟,危机感更严重。

反人道是暴力心理的培养基,它跟"革命就是暴动,是一个阶级推翻另一个阶级的暴烈的行动"的说教一结合,骂人打人就不可避免。等级意识使人群分化,出身不好的要么甘当政治贱民,要么拼命表现自己,用过激的行动表现自己革命。出身好的则很容易成为"血统论"的信奉者。"老子英雄儿好汉,老子反动儿混蛋",社会分成了对立的两个阶级,英雄好汉镇压反动混蛋是合乎逻辑的。危机感是暴力心理的助燃剂——资本主义眼看要复辟了,我们的手还能软吗?

阶级斗争教育之外,还有一个榜样教育。我们的榜样教育源远流长,五十年代学的英雄,卓娅、舒拉、马特洛索夫、保尔·柯察金、黄继光、董存瑞、邱少云、刘胡兰。学的是他们英勇战斗,不怕牺牲的精神。到了六十年代,榜样教育有个明显的变化,这时的英模王杰、雷锋等等有三个共同点,一是苦大仇深,二是狠学毛著,三是特别热爱写日记。苦大仇深是阶级出身,狠学毛著是思想觉悟,写日记是献忠心。这种榜样教育与等级观念合流,它告诉人们,当英模必须出身好。出身不好的,别想出人头地。显而易见,这种教育强化了以

---

4 同上,页101。
5 罗治日记,1966年6月1日,未刊书。
6 王端阳:《一个红卫兵的日记》1966年6月4日,页5,自印书,2007。

出身为标准的等级观念,弘扬了红五类的优越感,为"血统论"的盛行打开了方便之门。

这种教育提升了两个传统,一是神化领袖,神化领袖思想,二是教育大家盲从,做一颗螺丝钉。神化与盲从是一个硬币的两面,领袖高高在上,是因为我们匍匐在地。领袖英明天纵,所以,我们就得把头脑收起来,一切都听毛的。领袖成了神,人民就成了物,就成了钉子。

榜样教育面对的是全体学生,还有一种教育面对的是少数学生。这就是1964年开始的"接班人"教育。它的大背景是毛泽东对"和平演变"的担忧。[7] 在叶维丽的著作中,在女附中的发言里多次提到当年学校专门为干部子女开会,抗日战争时期就参加中共的老干部,副校长胡志涛做报告,强调"干部子弟比一般人担子更重,老子打江山,要靠你们来接班。"[8] 这种教育有两个理论支撑,一是"反修防修",一是"阶级出身",它在提高干部子弟的社会责任感的同时,与上面所说的等级观念一道,强化了干部子弟的优越感和特权意识。可以说,接班人教育是"老子英雄和好汉,老子反动儿混蛋"这个"血统论"对联的催生婆。正因为"'阶级出身论'和'阶级血统论'有着共同的思想基础,"所以前者才能在文革中顺利地完成向后者的转换。[9]

这些教育并没有直接宣扬暴力,它只是通过各种方式告诉学生,人生下来是不平等的,有高低贵贱之分,高贵者有责任教育、管理低贱者。这些教育没有说可以打骂老师,它只是说,对待阶级敌人要

---

[7] 1964年7月14日,《人民日报》发表《关于赫鲁晓夫的假共产主义及其在世界历史上的教训》一文,毛泽东亲笔加了一段话:"这是关系我们党和国家命运的生死存亡的极其重大的问题。这是无产阶级革命事业的百年大计、千年大计、万年大计。帝国主义的预言家们根据苏联发生的变化,也把的希望,寄托在中国党的第三代或第四代身上。我们一定要使帝国主义的这种语言彻底破产。我们一定要从上到下地、普遍地、经常不断地注意培养和造就革命事业的接班人。"

[8] 叶维丽、马笑冬口述,叶维丽撰稿:《动荡的青春:红色大院的女儿们》页86,新华出版社,2008。

[9] 高华:《在历史的风陵渡口》页334,香港时代国际出版有限公司,2005。

恨，而最高的恨，就是打骂他们，杀死他们。因此，制止打骂就成了对敌人的同情，对革命的不忠。换句话说，它为人性恶者提供了作恶的理由，为人性善者提供了对恶不闻不问的避难所。

学生打老师是一个潜移默化的过程，是各种因素加在一起的结果。它们加在一起，才能唤起人性之恶。换句话说，这些东西配在一起，才构成所谓的狼奶，才能使人中毒，年轻人抵抗力差，中毒得更快更严重。中了毒，看不出来，当社会失序没人管的时候，它就会发作。

上述三种教育，除了接班人教育是六十年代新增设的项目之外，其它的两种都是传统节目。阶级斗争教育的理论基础是"阶级出身论"。此论是中共在夺取政权时进行社会动员的最重要的武器。六十年代的阶级斗争教育之所以一马平川，畅通无阻，原因之一是，它早就存在于五十年代的教育思想之中。换句话说，阶级斗争教育中的非人道意识和等级观念源远流长。

高华对此有精辟的分析："'阶级出身论'在新中国的兴起与发展是有其深刻的社会历史根源的，它的思想背景是马列的阶级斗争、暴力革命和无产阶级专政的学说，但是'阶级出身论'并不是一套完整系统的理论，甚至不符合原典马克思主义，事实上它更接近于中国历史上的'父债子还''株连九族'的传统。"[10]

阶级斗争是要消灭封资修，因此"兴无灭资""反封反修"就成了十七年教育的主要内容。而什么是封建主义，什么是修正主义，什么是无，什么是资，整个毛泽东时代非但稀里糊涂，而且好坏颠倒。许多现代文明，传统美德都被当作封资修而批倒批臭。连党内知识分子出身的高级干部都是如此。1957年，江西省长邵式平给周恩来写信。对中学语文教材提出批评：古典文学太多，解放后的作品太少。反映革命传统教育、劳动教育的也太少。这位当年北师大史地系的高才生，忧心忡忡地告诉总理："柳永的《雨霖铃》《八声甘州》文辞很美，但内容上却充满了小资产阶级知识分子多愁善感的情调。这同我

---

10　高华：《在历史的风陵渡口》页 332，香港时代国际出版有限公司，2005。

们今天教育青少年要树立社会主义的人生观,自觉的革命纪律性、准备随时响应祖国的号召,投入到社会主义建设的火热斗争中去的要求相差多么远啊!"[11] 因此,他强烈要求将毛主席著作收入教材。

榜样教育堕落成神化领袖和歌颂盲从,固然与毛林联手大搞个人崇拜有关,但是,从根源上讲,神化领袖和歌颂盲从早在延安时期就开始了。有了"东方红,太阳升",才会有"大海航行靠舵手""四个伟大""一句顶一万句"。有延安整风才有了后来的兴无灭资、思想改造和思想革命化。神化领袖和盲从教育使领袖的权威性高于道德伦理,高于法律法规。由此一来,就会产生一个意想不到,又无可避免的结果,领袖的一句话,即使是毫无道理的昏话,也足以让人们失去思考能力。

最近,我看了一本书《红色青春——建国十七年中学思想政治教育》(东方出版中心,2011),作者是副教授,法学博士。此书是他的博士论文。这本书让我再次领教了当今人文学科,尤其是当代国史研究的"犬儒化"——作者回避了十七年教育中的真问题,没有一点独立见解,完全按照官方调子说话。叶维丽刚才发言提出的"为什么在和平时期成长的一代人会那么迅速地'拥抱'暴力?"等问题,在这本最应该面对的学术著作中,没有一句靠谱的回答。我曾就这个问题请教过党史系教授。从他那里,我再一次看到了研究者的无奈,看到了当代学界普遍存在的两面性。

选自《记忆》第 106 期。

---

11 《邵式平书信集》,江西教育出版社,2000,页 35。

# 第二辑　理想主义与"仇恨教育"

## 关于"共产主义理想"的回顾与再思考

方延曦

共产主义,在我们那代人的心目中,曾经是一个无比崇高、神圣的字眼。几乎从我们记事起,这个概念就开始深深植根于我们的灵魂中。我们所能接触到的一切文艺作品,从教科书到小说、电影,无一不贯穿着"为实现共产主义理想而奋斗"的精神。如果说教科书上所写对于一个孩子来说尚嫌抽象的话,那电影中的形象就具体生动多了。在《上甘岭》等电影中,革命战士在激烈战斗的间隙中,往往聚在坑道里,满怀深情地憧憬共产主义的未来美景,每个人的脸上都充盈着无比幸福的神情。在我们幼小的心灵和懵懂的头脑中,很早便刻下了这样一个深刻的信念:为建立一个没有人剥削人、人压迫人的理想社会而奋斗,这样的社会就是共产主义社会。稍大一些,上初中时开始接触苏联文学,也能看到一些西方批判现实主义作家反映资本主义社会的作品,两相对比,更加觉得社会主义好,资本主义不好,美好的社会主义社会一定会代替万恶的资本主义社会。

我出生于1946年,正是抗日战争胜利后的第二年。这一年,国民党与共产党之间的内战开打,仅仅三年之后,共产党即打败了拥有800万军队的国民党,夺取了中国政权。中华人民共和国成立时我刚刚3岁,显然还不记事。又过了一年,1950年6月,朝鲜战争爆发,同年10月,毛泽东派出志愿军入朝参战,刚刚4岁的我开始记事。最早的记忆是大喇叭里广播的歌曲"雄赳赳,气昂昂,跨过鸭绿江……"和"王大妈要和平,要呀么要和平……"还有什么"活报剧":有人穿着奇怪的后边开衩的黑长衫,长大以后才知道那叫燕尾服,头上戴着高高的圆筒帽子,身上写着洋文,被一群端着枪穿着黄色军装的人赶得抱头鼠窜,狼狈不堪。这是跟着妈妈到她任教的苏州胡同小学时看到的。其实,一个才4岁的孩子懂什么?不过跟着看热闹而已,尽管如此,仍然留下了很深的印象,特别是围观的众人呼喊的口号:"打倒美帝国主义!""打倒杜鲁门!""打倒李承晚!"……想想看,光阴已经走过了60多年,这个杜鲁门、李承晚仍然记忆犹新,这可能是我最早知道的外国人名了,还记得一首童谣:"一二三四五,上山打老虎,老虎不吃人,专吃杜鲁门!"多么好笑!

再大一点儿,就记得那个"毕加索的和平鸽"了,我是1952年6岁不到上的小学,《毕加索的和平鸽》是我看的小人书,当时还不认字,是听大人说的,但那一笔画出的和平鸽的图案十分独特,因此对和平鸽与毕加索这个洋名印象都非常深刻。

1953年春天,此时我6岁半,刚上小学一年级,遇到一件记忆深刻的大事件——斯大林逝世。知道斯大林是苏联的领导人,是个了不起的大人物,除此之外,什么也不懂,但是看到大人们胳臂上佩戴黑纱,表情悲痛,还有不少人甚至痛哭流涕。

伴随着这段历史,记忆最深刻的是"苏联老大哥"这个称呼,若干年后,看到奥威尔的小说《1984》,里边有"老大哥"的称谓,感慨良多。还有当时广播中几乎天天听到的《莫斯科——北京》的歌声,节奏铿锵有力,旋律完全不同于中国音乐的风格。60多年过去,歌词大半忘了,可旋律依然唱得出来。还有一首歌,同样记忆犹新,那是杜那耶夫斯基作曲的苏联国歌:"我们祖国多么辽阔广大,它有无数田野和森林,我们没有见过别的国家,能够这样自由呼吸。"当然事实完全不是这样。上高中后，读到屠格涅夫斯基的作品：《在俄罗斯谁能快乐和自由》，那是抨击沙皇俄国专制主义的，可是比起后来取而代之的苏联，其专制程度简直不可同日而语。

我所上的史家胡同小学，位于北京市东城区史家胡同59号。其校址据说是明末抗清名臣史可法的家祠，就是个有几进的陈旧四合院，条件挺简陋，冬天上课还要生煤炉子。这条胡同住过的名人有：华国锋、荣毅仁、王炳南、李天佑等，在这里的单位有中国妇女杂志社、武警招待所等。

60年过去后，我曾去寻访过旧地，可惜已经面目全非。在网上看到网友留言："半个世纪前高低年级一起，是一所完全小学，就近入学而已，没有什么赞助费一说。""名牌学校，进去也难，不仅靠钱，还有其他……""好难进的学校哟，同学的孩子想交赞助费进去，愣是没成功。"这附近的学区房，房价已高达每平米10万元。

其实，我是转学到史家胡同小学的。我最初上的小学是观音寺小学，大概位置在后来建成的北京火车站北面。姥姥送我去上学时，总要经过一段城墙，隔着马路，能看到城墙上立着一些金属架子，后来知道那些东西是观天象的仪器，那个地叫古观象台。那时，我家已经从南河沿搬到了东裱褙胡同，多少号不记得了，一个小门楼，进门是一条甬道。我家住的房子据说是日式的，一层上边还有个平台，南窗外是一个东西走向的狭长小院，种着两棵已经长得很粗壮的紫藤，枝条弯弯曲曲一直爬到房顶平台上。这个小院是我平日玩耍的地方。记得我曾用泥巴捏了一些小飞机、小坦克，放到哪里呢？我就踩着藤枝往上爬，把这些不像样子的小物件放到平台上。搬家转学就是因此而起。我的姥姥生病时躺在床上，隔着窗玻璃看见我手托小物件，颤颤巍巍地顺着藤枝往上爬，担心我摔下来急得要命。为了我的安全，父母做出了一个决定：搬家！

搬家搬到了什么地方呢？东城区干面胡同35号，这里原来叫吉林会馆，是当年吉林士子们进京赶考时落脚之处。现在变成一个三进的大杂院儿，住有几十户人家，称得上三教九流，各色人等，操着各地方言，干着各种职业。我记得有教师、中医、律师；还有手工艺人、洗衣女工、木匠，……等等。那个律师，后来赶上肃反被抓进了监牢，在那个年代里，一听律师这个名儿就不是什么好东西。我家住在第二进院子，一溜五间大北房，我家住中间那一间，也就 20 几平方米，用隔断隔成两间，里间是睡觉的地方。一大家子八九口人，人均也就两平方米多一点，现在看来未免太拥挤了，可是当时整个社会住房状况就是那样，所以也没觉得有多么难受。

　　搬了家，上学怎么办？干面胡同北面紧临的一条胡同就是史家胡同，史家胡同小学在当年就已经很有名了，我是怎么进去的呢？原来我母亲有个叫唐贵琳的师大同学刚好在史小任教，我母亲为此求到唐。当时我 6 岁刚过，个子又小，唐看到我皱皱眉说："孩子放在这儿，我先给你看着，不行，你再带回去。"就这样，我进了史家胡同小学，刚开始真是懵懵懂懂，看见老师能叫出"妈"来。没过多长时间，我就跟上了，而且学习不费劲，我就这样在史小上到了毕业，成绩一直很好，这一点连老师们都有印象。如何证明这个说法呢？我的弟弟只比我小一年五个月，但上学晚，我上四年级时，带他去史小报名上一年级。他有点贪玩，成绩不太好，在他要升六年级时，我在北京二中该上初三，他的班主任、曾经教过我的朱老师把我找去了，说："你弟弟能不能升级，我想听听你的意见。"在那个年代，留级是个挺大的事情，我怎么能眼看着弟弟要留级而不管呢？何况老师又这么拿我一个初中还没毕业的学生的意见当回事。我对朱老师说："给他个机会吧，我想他会努力跟上的。"后来弟弟果然没有辜负这份期望，顺利考上了初中，初中毕业时，不知为什么，一心想当火车司机，报考了铁道学院附中并且被录取了。其实他根本不知道，铁道学院不培养火车司机。他上到高二，赶上文革，大学上不了了，1968 年冬，他和大批老六届学生去了陕北插队，后来转到内蒙莫利达瓦旗，两个地方收入差距太大。10 年以后，他病退回北京，在一所中学当了老师。

　　俗话说 3 岁看大，7 岁看老，我觉得真是有道理。我从小脾气很倔，认死理，一就是一、二就是二，黑就是黑，白就是白，黑白分明，一辈子都改不了。当时规定 7 岁上小学，我当时还刚 6 岁，一般学校不收。大人叮嘱我，老师问你几岁了，你一定要回答：7岁。可无论别人怎么问，我的回答总是：6岁。我还清楚地记得，我曾为一个被年龄较大的学生欺负的小同学打抱不平，全然不想自己也可能挨打。性格决定命运。信奉"行得端、坐得正"的我，成年以后，疾恶如仇，眼里不揉沙子，所以文革才会遭难，但也正因为这样，最终还是逃出了劫难。

小学生活中留下印象最深的应该还是老师。我从一年级到四年级的班主任都是唐贵琳老师，她个子不高，说话很快，笑起来很爽朗，动作很麻利。这位唐老师是西城区人民代表，中年以后患了癌症，终生未婚。

还有一位印象深的应该是姓刘的历史老师，中等个儿，圆团脸，短头发，肤色较黑。上课之余，他竟带着我们寻访了府学胡同小学里文天祥被囚的院子和位于北京南城袁崇焕的墓，以及日坛公园里中共早期领导人马骏的墓。说起后两位历史人物，恐怕现在好多大学生都未必知道。我的印象深和这样的教学方式应该说分不开。

还有一个老师，对我影响很大，这就是史家胡同小学的少先队辅导员康文信。康辅导员只比我们大10岁，年轻，有朝气，会弹钢琴，会唱歌。电影《柳堡的故事》刚上映，校园里已经听到他在唱"九九那个艳阳天来哎哟……。"

在康辅导员那里，我看到了《红旗飘飘》，看到了《长征回忆录》。还有两本书，书名和作者我至今还记得，一本书是《我跟父亲当红军》，作者吴华夺，建国后成了将军。另一本书是《悲壮的历程》，作者是程世才，写的是红军西路军血战河西走廊全军覆没，只剩八百人由李先念等率领逃到苏联境内，后从西伯利亚辗转回到中国的事迹。

对我影响最大的书，应该是方志敏的《可爱的中国》和《革命烈士诗抄》等，还有那些已经记不住名字的电影，关于共产主义的理想与信念的树立跟这些红色书籍与电影的影响显然是分不开的。在我脑海中是这样一串清晰的画面：施洋大律师在军阀的法庭上为工人辩护慷慨陈词，季米特洛夫在纳粹的法庭上痛斥国会纵火案的制造者，卡斯特罗在独裁者的法庭上自豪地说："历史将宣判我无罪！"……共产党人的高大形象与动人风采从小就扎根在我们心里。

上五年级时，赶上中法合拍电影《风筝》要挑选小演员，康辅导员把我和另一个男孩子推荐去了。现场还有其他一些与我们差不多大小的孩子，但我们显然不如人家活泼外向，到了这种场合不知道该说什么，只能做个旁观者，结果当然是落选了。拍放《风筝》的电影，当然要拍手的特写镜头，有一个小朋友伸出手来，6个指头，当场淘汰。

也是上五年级时，学校里举办了一个展览，主题是宣传伟大祖国的建设成就，我担任了一个部分的讲解员，其内容是中国的铁路建设。我要面对中国地图，把所有的铁路线给听众讲述一遍，这让我知道了许多陌生的地名，比如青海的格尔木，现在可能不少人知道它，可那时候没人知道。还有德令哈、冷湖、芒崖，……这些地名就是现在也未必有多少人知道。这样的活动使我受益很大，至今我还保留着爱看地图的习惯。文革受难时，我们不少同学毕业后都选择了去祖国的大西北，去青海。

我上高中时康老师因工作出色被评为全国优秀少先队辅导员，后来调到中国少儿出版社下属的《辅导员》杂志当编辑。康老师后来娶了一位军队高级干部的女儿，住在北三里屯26号楼，这座楼被称为"将军楼"，而这座楼北面不远的一座楼——南30号楼就是文革后中国青年杂志的办公楼，我平反后就在这里上班。你说这事有多巧！

文革刚开始时我去过康老师的家，当时抄家成风，我有几个笔记本写了些完全无关政治的东西怕被抄走，想在他家里存放一下，没想到被拒绝了。为此事我很长时间有想法，心想：又没有什么犯禁的东西，怕什么呢？后来我听说，康老师家庭出身好像也有问题，他当时自身难保，其态度也属情有可原，我因此很长时间为自己对别人体谅不够而感到自责。

1958年夏天我小学毕业。这一年春天我们——不对，不仅是我们，应该说是全国人民——干了一件大事情，什么大事情？消灭麻雀。外地怎么干的不清楚，我们北京是这样，老百姓全体总动员，连我们这些孩子，都参加打麻雀。怎么打呢？那些办法你无论如何想象不到。大树小树上都拴上铃铛，人在树下抓着绳子拼命摇；大人、小孩都上房，拿上脸盆、锅盖等一切能发出响动的家伙拼命敲，……麻雀就像陷入了人民战争的汪洋大海，飞到哪里都不敢落，只有不停地飞呀飞，最后实在飞不动了掉到地上，生生给累死了！当时我们小孩子觉得挺好玩儿，后来知道这不过是从上到下干的诸多蠢事当中的一件。

1958年9月，我考上了初中——北京市男二中。

北京二中，位于北京市东城区内务部街15号，即段祺瑞政府内务部公署所在地。其前身为清朝左翼宗学，始建于公元1724年，即清雍正二年。升学率100%，每年超过90%的毕业生考入第一批重点大学。叫男二中，因为确实只有男学生。

上中学后，增加了政治课，主要内容是讲"人类社会发展的必然规律"，讲五种社会形态，从原始社会，经历奴隶社会、封建社会、资本主义社会到共产主义社会，结论是斩钉截铁、不容置疑的："资本主义必然灭亡，共产主义必然胜利"。此时开始接触马克思主义的基本理论。本来理论的东西是很难懂的，然而由于开始阅读西方十八世纪批判现实主义作家如巴尔扎克等人的作品，对资本主义的残酷有了文学形象的佐证。

在学校里，我们除了上正课，还要上另外一种课："全民大炼钢铁"。此时，毛泽东已经提出了"三面红旗"：即总路线、大跃进、人民公社。总路线的简要表述是：鼓足干劲，力争上游，多快好省地建设社会主义！时至今日，我仍然可以一字不差地背出这些字句。一个只有小学六年级的12岁少年，竟然也能自觉地参加到宣传总路线的时代大潮中。多年后，我从母亲口中得知这样一个故事，是她的一个姑姑、我的姑姥姥告诉她的：有一天，这个姑姑走在大街上，看见一大群人围在一起，挤进去一看，只见一个戴红领巾个头儿很小的男孩儿正在对围观的群众大声宣讲总路线。她对我母亲说：那个男孩儿就是你的儿子。

可能真的是"初生牛犊不怕虎"，事隔多年提起此事仍然觉得不可思议,一是为这么小的孩子竟能如此勇敢、不怯场,二是为这么小的孩子也能被裹挟到政治大潮中。其实想想也不奇怪,那是一个什么样的时代?在那时孩子们心目中的英雄不仅有董存瑞、黄继光,还有刘文学。刘文学就是四川一个只有十来岁的小学生,据报道是因为勇斗偷人民公社东西的地主而牺牲的。刘文学是个少先队员,少先队员的脖子上是要戴红领巾的。红领巾的意义可是太宏大太崇高了,它是用革命烈士的鲜血染成的,它代表了国旗的一角。按当时的规定,孩子7岁上小学,9岁可以加入少先队,其全称是:中国共产主义少年先锋队。我上三年级时已经9岁了,却没能加入少先队,原因不知道。我是在上了四年级以后被批准加入少先队的,五年级时还曾当过中队委员,胳膊上戴一个豆腐干儿大小的白布块儿,上边有两道红杠,这是中队长或中队委的标志,小队长是一道红杠,大队长是三道红杠。平时称呼往往简化为某某是两道杠,某某是一道杠,大家都明白是什么意思。胳膊上能戴红杠的孩子往往是班里学习成绩与品行都比较出众的,否则老师不会指派你,同学们也不会服你。在那个年代,"听话"是个非常突出的特征,人人思想都很简单,更不用说孩子了,组织(领导)说什么就是什么,少有不服从,更不用说反对了。对于学生来说,都很守规矩,打架、骂人那是大错,轻则找家长,重则记过;考试作弊或偷东西更是不得了,一经发现,往往会开除。

哪里像现在啊,没有作过弊的学生就不叫学生!整个社会,上上下下人人作假,学生考试作弊根本就不算什么事儿!就有这样的真实案例:有大学生考试作弊被发现,学校给予除名处分,让人匪夷所思的是,这些学生竟然能告到法院,而法院竟能判学校败诉!还有比这更荒唐的吗!在我看来,这就是整个社会的堕落,是很可怕的一件事。我曾问过在大学里当过院长、教务长的同学,他们对此往往也表现得很无奈。据他们说,这种现象实在是太普遍了,校方处理时十分"谨慎"——其实就是睁一眼闭一眼,大事化小、小事化了。世风如此,没有人愿意缠到这样的"罗罗纲"里去。中国古语有云:法不责众嘛!

话头好像是扯远了。

全党、全民高举三面红旗的结果怎么样呢？凡是经历过那个年代的人都忘不了随后接踵而至的就是全国大饥荒。

我们住在北京城里，很少到郊外去，更不用说北京之外的广大农村了。当时中国大地上究竟发生了什么？城市里的居民绝大多数根本不知道。那是因为传媒的落后，更是因为当局的封锁。即便如此，我们这些住在"皇城"里的首都居民很快也便尝到了挨饿的滋味：一个是粮食定量骤减，一个成年男人一般只有不到30斤的定量，要用粮票去买，粮票每月发一次。粮食中80%是粗粮，即玉米面儿，北京人管那叫"棒子面儿"，都是仓库里放了不知多少年的陈粮，吃的时候感觉辣乎乎的呛嗓子。剩下几斤是所谓"细粮"，即大米、白面；大米是糙米，北京人叫"机米"，白面是看上去不太白的所谓"标准粉"，特别白的面粉叫"富强粉"，只有逢年过节才能按户口本每户供应那么一两斤。

现在回想起来，这样的主食构成实在太符合时下倡导的"粗粮为主，细粮为辅"的最佳结构了。那么副食如何呢？一人一个月凭票供应半斤油、半斤肉。一个月30天，分摊到每一天能有多少？蔬菜呢，夏天尚好，品种较多有的选择，到冬天，只有土豆、萝卜、大白菜这么几种可吃了，本来细菜品种就少，到了冬天价格太贵，大多数人家根本买不起。

说起大白菜，那可真是有的可回忆，绝大部分北京人冬天吃菜全靠它。那时每年一到10月底、11月初，你就看吧，满大街的路边儿大白菜堆得像小山儿，家家户户都得派人出来排队买大白菜。只见男女老少个个穿着臃肿的棉衣，缩着脖子，抱着膀子，冒着凛冽的西北风，两脚来回倒换着等着轮到自己。好不容易排到了，一买就是几百斤。北京的冬天从10月下旬开始到来年3月末，长达4个多月，100多天那，平均每个家庭差不多都有七八口人，没有几百斤菜怎么能熬到来年开春儿？买到了大白菜就是大人、小孩齐动员往家里搬大白菜，家家户户的屋檐下、墙角边都码放着一堆堆的大白菜，相映成趣的是，旁边往往还堆着一些黑乎乎的东西，那是煤球儿或蜂窝煤，生炉子用的。一黑一白，这就是那个时代有名的"煤球炉加大白菜"经济。

生活再困难，我们毕竟有幸生活在首都北京，虽说过来人也都有饿肚子的经历，但饿死人的事还没听说过，可是外地呢？改革开放后，尘封的历史的某些角落被打开，人们这才知道，竟有几千万人在和平年代被活活饿死！这样惨绝人寰的悲剧就发生在"高举三面红旗，跑步进入共产主义"的口号喧嚣声中！

我的姥姥就是在1960年的冬天去世的，当然，生活在北京的她并不是饿死的，但因为半身不遂瘫痪在床上已四年的她也是经常喊饿。死的那天晚上要吃棒子面窝头，后半夜要解大便因为便秘解不出来，导致脑溢血而去世。那年我刚上初三。

我是姥姥一手带大的，父母都上班，当时所谓的"双职工"，一个家庭里若没有老人实在不可想象。我这个姥姥没文化有旧思想，重男轻女，她偏疼我这个大孙子，对我上边的姐姐不太喜欢，所以我母亲经常上班时还要带着我姐姐。姥姥对我确实偏爱，我的兄弟姐妹都上过幼儿园，只有我没上过，说是舍不得。每天早晨上学时，姥姥会悄悄塞给我一个五分硬币，这五分钱刚好可以买一个烧饼，一根油条。这个待遇好像只有我一个孩子有。夏天天气热，中午睡午觉时，姥姥就坐在一旁给我扇扇子，赶蚊虫。有一次玩儿疯了，天已黑要睡觉了才想起功课还没做，我没道理地埋怨姥姥。姥姥则陪着我做作业，还不紧不慢地对我说：手是好汉，眼睛是懒蛋。现在想，这道理是多么通俗而质朴。

姥姥是从东北农村出来的，才20出头就守寡。原来说家里有点儿地，但我的姥爷刚结婚没两年就去世了，算不算地主我不知道，也从未问过。姥爷本来不是车把式，但要去赶车，不料马惊了把他摔下车，又拦胸轧过去。他爬起来去追车，结果吐血而亡。人家说，要命的就是这个追车，如果不追还不一定死呢。

我母亲十几岁时就因"9.18事变"跟着东北流亡学生跑到北平，一直在北平念书，姥姥则一直跟着我母亲在北平寄人篱下。这些亲戚当中有一个舅老爷很有点来历，名字我始终没问过，但据说他曾是周恩来的同学，"9.18事变"时他在辽宁的新民县当县长，日本人来了，他死活不肯挂白旗，看来还是蛮有民族气节的。后来逃进关内，又当了河北省的民政厅长。解放前夕，同乡阎宝航——就是那个潜伏在国民党内部的中共高级特工——策动他起义，他竟不从，看来反共又挺顽固。结果，"肃反"时被关了进去。还好，关了几年又放了出来，看来还不算"罪大恶极"。我就是跟着姥姥坐三轮车去看过这位舅老爷，他看上去已经很老了，穿一袭黑灰色的长衫，手捧一只水烟袋，呼噜呼噜地吸。他住在离赵家楼很近的后椅子胡同，那里离北京站不远。

1962年我正在北大附中上寄宿高中，家里通知我，说这位舅老爷去世了，他留下了许多书要处理，让我去挑点有用的。亲戚朋友都知道我爱读书，所以才有这样的动议，但是我只象征性地拿了一两本线装书，为什么呢？一个是不好意思，一个是我当时刚上高一，什么都不懂，不知道什么书有价值。现在回头想想那些古书就那么处理了也真可惜。

到了60年代初，中苏交恶，中共连续发出著名的"九评"，批判所谓的"苏联现代修正主义"。这时候知道了赫鲁晓夫反斯大林的"秘密报告"，知道了苏联30年代的"大清洗"，知道了"匈牙利事件"，然而这一切都离我们太遥远，没有也不可能有切身体会。其实，"匈牙利事件"发生于1956年，但由于当时传媒的落后及当局的强力封锁，何况那时的我还只是10来岁的三年级小学生，对这些政治上的大事件根本不懂，因此没留有任何印象。直到上了高中，还没有将苏联发生的事件与中国的现实联系起来，还天真地相信报刊、电台上所说的，苏联共产党"修"了，只有我们中国共产党在坚持共产主义的伟大理想。这段时期的宣传品与文艺作品中充斥着这样的口号和说法："打倒帝修反！""解放全世界三分之二受苦受难的阶级兄弟！"

半个多世纪过去了，中国人的生活发生了翻天覆地的变化，这些变化从吃穿住行等各个方面都有显著的反映，而所有这些变化都是从意识形态、思想观念的"离经叛道"开始的，阶级斗争与无产阶级专政不再讲了，从上到下关心的都是经济基础的发展。从虚妄的政治的天空坠落到真实的物质的大地，这的的确确称得上是中国社会的真正进步。应了那句哲语"理论是灰色的，而生活之树常青。"邓小平应该称得上老牌的共产党人吧？正是他在其晚年终于说出了"贫穷不是社会主义"的名言，简单而深刻，一语中的。

此时再来回顾曾经的"共产主义理想"，说"恍如隔世"绝不过分。我明白了一个道理：用鞭子赶着人们进入的绝不可能是天堂。如果理想本身是虚妄的，它就经不起生活的检验，它的最终被丢弃就是必然的，不值得为之惋惜。

我常常为自己的后知后觉感到惭愧：你怎么愚钝到人生快落幕的时候才看清楚、想明白这些道理？但同时我又为自己最终能不把愚昧带到另一个世界感到庆幸。我钦佩写出了那份著名《遗嘱》的普列汉诺夫，钦佩写出了《我的根本意见》的陈独秀，钦佩写出了《1984》的奥威尔，钦佩写出了《新阶级》的德热拉斯，钦佩写出了《钢铁是怎样炼成的》而在人生的终点说出了"我们所建成的社会与我们想建设的社会不一样"的奥斯特洛夫斯基，……他们都称得上是"先知先觉"的预言家。尽管跟这些大智慧者无法相比，但我还是想说，虽然付出的代价委实大了一些，但我终究还是活明白了——用自己坎坷而真诚的一生。

选自方延曦著《古稀回望人生路》美国华忆出版社，2021年。

# 马笑冬，你的话对谁说？[1]
## ——老三届理想主义祭

叶维丽

2008年夏天，我去看望住在上海的马笑冬，看护她的秀花姐告诉我，她在撕照片呢，随后拿来一只小竹篮，我一看，不是撕，是把照片攥成一个个团儿，总之是毁了，但也有几张完好的，其中一张是她和牛牛在美国波士顿家中，看起来六七岁的牛牛扭头对着相机乐，系着围裙的笑冬笑眯眯地看着孩子，桌子上有盘切开的蛋糕，是在给牛牛过生日吧？

那年去上海时，我和笑冬共同做的口述对话成长史（中文版）《动荡的青春》即将出版，书的扉页上将印出这样一段话："希望圆圆（叶维丽之子）、牛牛（马笑冬之子）能够懂得一点他们的母亲们及她们那一代人。"我的母子照已经交给了出版社，正需要一张笑冬的，这张照片及时收进了书里。那段话是我写的，后面还有一句："并以此书献给挚友马笑冬---从她身上可以看出一代女性的身影。"

一

1994年我和马笑冬头一次见面，当时和她在一起的还有她的一

---

[1] 作者按：1980年代初，"潘晓讨论"轰动中国，马笑冬是潘晓之文的责任编辑。1988年夏，她携子赴美，拿到博士学位后于1999年秋到上海工作。90年代中期我与她在美国波士顿相识，共同做口述成长史，我们的书《动荡的青春》2008年在北京出版。马笑冬生命的最后十多年是在病中度过的。她在冬天出生，"刚出生就会笑"，故名"笑冬"，她也是在冬天走的——2019年11月29号逝于北京，年69岁。

位中学同学。听口音都是北京的，打量一下年龄相仿，最重要的是几句"接头"式的问话：哪一届的？插过队吗？一旦"接通"了，我们几人异口同声：咱们都是老三届的！

我当时正处于"认同危机"中。生活在90年代"冷战结束"后的美国，耳边不断响着"历史终结"和资本主义制度全面彻底胜利的欢呼，而其他的经验和探索都被认为是毫无价值和完全失败的。此时英语读书界正流行着几本中国大陆的人写的书，作者是五六十年代中国政治运动的受害者或家属，以张戎的《鸿》为代表。因为从小目睹近亲长辈受难，我明白书中的内容仅是当年实况的一角，写下来无论对个人还是对历史都是交代。但同时，这类书籍形成一种话语"尺度"或曰霸权，如果用它来衡量我自己的历史，令我珍视的一些经历将无处置放。我陷入了说不清"我是谁""我从哪里来"的困境，由此冒出回顾和反思我本人和我们这代人成长历程的想法。但我本人的经验太过单薄，加上读过国内三位学者梳理20世纪中国文学史的对话录，觉得对话的形式很有意思，恰在这时我认识了马笑冬和她的朋友，第二次见面就对她们说了我的想法，她们欣然同意。于是，三个同在波士顿的中国女性，周末轮流去一家，坐下来对着一个小录音机，开始了我们的对谈。带着成年人审视的目光，我们力图重拾少时的记忆，认真清理品味。

我们意识到自己的生命轨迹与国家民族的命运密不可分，我们的经历既是个体的，也可以看作一代人的几个成长个案，要梳理它们，就不能不讲五六十年代的中国社会，不能不讲"毛泽东时代"，不能不讲"革命"的意识形态，更不能不讲文化大革命。我们面临着双重的挑战：一方面我们质疑对一个复杂时代非黑即白的叙述，另一方面我们须直面那个时代的严重问题。

我读国内"老三届人"的回忆有个印象，即我们的同龄人偏爱上山下乡的"峥嵘岁月"，而对文革往往语焉不详，令一代人的"青春记忆"存在着巨大的遗漏。对话中我谈到文革初期卞仲耘校长之死，这是我近三十年来头一次认真地讲述那件对我刺激极深的1966年8月5号发生在我中学校园的暴力事件（北京师大女附中"八五事件"），我说了很多……。我们对话的氛围是友善、宽松、坦率和互信的,这让我愿意说。

马笑冬也开口了,我至今记得她开始时语调中的迟疑和表情的不自然。她讲了1966年8月下旬参与动手打一个女"阶级敌人"的详细经过,然后说,"这么多年来,我一直无法安心""今天是我第一次把它说出来"。当年打人的人不是一个两个,后来主动承认的有几人?我佩服马笑冬的勇气和真诚,她完全可以什么都不说。

与同龄人共同正视一页不堪回首的往事对我们是有意义的。数年后我开始调查"八五事件";马笑冬则从自己家做起。她的母亲文革前是北京一所女中的党支部书记,文革爆发后挨学生批斗、被剃"阴阳头"。事发后少年马笑冬依然积极革命,心里说服自己不能与群众对立。母亲在文革结束不久后即去世,弥留之际说的是那天挨斗事。马笑冬并不知当日详情,更不知父母的真实反应,以为他们就像她那时看到的一样,"和平常差不多"。因为做口述史,笑冬决意去问父亲,让她没想到的是,父亲立刻拿出他对当时情况的详细记述,就好像它一直就放在他的枕边。三名子女中,只有笑冬终于想要知道。书中这一段笑冬的叙述极为感人:她讲到父亲为挨打后的母亲揩伤时"泪如泉涌",也讲到她读父亲叙述时"几次泣不成声""艰难地、分了好几次才读完"。我在书中此处发了一点感慨:做历史的人记述事件时往往忽略"感情层面的东西",而那"才是有血有泪的活历史"。今天重读那几页文字,仿佛再次面见笑冬。她情感充沛,做人做事带着真情善意,和她做朋友是件很容易,也很自然的事。

成长在大力宣传"男女平等"的五六十年代中国,又在"性别意识"敏感的美国生活了多年,该如何看待我们那一代女性走过的道路?这是我们的一个话题。笑冬的经历和感受可圈可点。她说起第一次来例假对她的强烈冲击,因为从心底不能接受男女生理上的差异,还说起在云南兵团时对此的"反抗":从不因来例假歇工,哪怕是冰凉的水田也照样往里跳……。笑冬从小就争强好胜,处处拔尖,用她的话讲:"我一直把自己看作一个特殊的女人,男人能做的事,我也能做,我不能接受一般女人的命运。"

笑冬对"一般女人的命运"是敏感的：她的姥姥在得知丈夫"另有新欢"后，在女儿（笑冬母亲）刚满月时"即衔恨而绝"。懂事之后，笑冬的母亲终生拒绝与生父联系。笑冬的两个叔叔"参加革命"后"自由恋爱又结了婚"，乡下的两位婶娘一辈子守活寡……。母亲的身世对少女笑冬是个谜，成年知情后她每一想起"就感到痛楚"；谈到婶婶们的遭遇时，她语调中充满了同情。

对话中笑冬说她"从小就对男女不平等特别敏感"，我问她这与她母亲在家中的地位有关系吗？她说，"在潜意识里有"，并说，"不想做我妈妈那样贤妻良母型的女人"---在学校担任领导工作的母亲在家里甘当配角，笑冬父亲则"很有些家长作风"。也许这在"潜意识"里为少女时代的笑冬埋下了反抗的种子。她的理想是当女兵，不是一般的女兵，而是像电影《战火中的青春》里女扮男装的高山，能把一个排的男兵管得"服服帖帖"。上中学时笑冬把头发剪得短短的，"就是为了像个女战士"，还特别喜欢军装，"想要一套都快想疯了"。

笑冬崇拜英雄，尤其是保尔和牛虻---我们这代人的共同偶像。笑冬解释说，打动她的是"性格坚韧、有献身精神的人"，是"特别能忍受磨难""又不诉苦的人"，并说，"这样的人就是革命者的典型"。在对话中，她多次谈到此类英雄对她的人格感召。

笑冬病倒后，我会琢磨她的性格：她太崇尚英雄式的"坚忍"了！人在生活中难免有"苦"，我向她诉过很多苦，她没有向我诉过苦，有时说起一些事，口气是轻描淡写的。一个女性，敏感、浪漫（比我浪漫多了），有着强烈甚至激烈的情感，如何处置几乎人人都会遇到的不顺心、不痛快？不和朋友唠叨唠叨吗？难道就是一味地"坚忍"？那要怎样的忍？

笑冬"一生中最辉煌的时刻"是为"潘晓""催生"：她是1980年《中国青年》杂志发起的"潘晓讨论"的责任编辑。世上本无"潘晓"其人。改革开放伊始，《中国青年》的编辑们敏锐地注意到旧有的意识形态说教已行不通，青年人中多有困惑和苦闷。杂志社通过在学校、工厂和街道召开的座谈会，发现有两个人的情况很具代表性，就请他们把自己的经历和想法分别写下来，两人一个叫潘祎（男）另一个叫黄晓菊（女）。马笑冬负责联系黄晓菊，她也是将潘、黄的文字"揉"成一篇的人。《中国青年》发表时，以黄晓菊文中"人生的路啊，怎么越走越窄"的问句为标题，取两人名中各一字，以"潘晓来信"的名义登出。笑冬说，"两人原来的文章都很长，我把问题的结构设计好，汲取了原文最精彩的部分，也保留了它们的感情色彩。……我把文章编辑好给黄晓菊看，她说，'你真下了功夫。'"这篇文章发表后，"一石激起千层浪"，造成轰动整个中国社会的反响，开启了"人生价值的大讨论"，成为80年代中国思想解放史上的一件大事。在书中笑冬详细地讲述了当年的情况，并说，"在参与'潘晓讨论'的工作中，我自己也受着教育，我过去很多习以为常的观念，也在这个过程中受到挑战，我的思想也在发生变化。我那么投入地做这件事情，也是因为我本人和这个讨论有深深的共鸣。"

80年代中国的"思想解放运动"带动了中国人的"形象解放"，尤其是女性形象，在这方面《中国青年》也走在了前面：一反以往只登"女劳模、女民兵、女战士"照，杂志的封面上登出一帧"留着披肩发，充满青春气息"的年轻女性头像。马笑冬与她站在改革开放前沿的杂志同步，她本人的"思想解放"也伴随着"形象解放"，在对话中她饶有兴味地说起经历"女性美觉醒"的过程，头一次在镜中看到上淡妆的自己时，怎么"一下子愣住了"。其实笑冬从小就爱美，文革前夕她才变得"不爱红装爱武装"。

《中国青年》社记者马笑冬十分活跃，写了不少有社会影响力的报道，涉及了包括"家庭、婚姻、爱情和性"等方面的话题，也开始关注农村问题和贫困问题。对话中她讲述了对陕北安塞一所农村中学的采访：她进了学生们的窑洞宿舍，里面是"一条从门口到洞底的长炕"，每个孩子有只"比书包小一点"木箱。当日天色已暗，什么也看不清，孩子们"争先恐后"地打开小木箱让笑冬摸，"好像要展览自己的奖状"，笑冬"摸来摸去，没有摸到比二面馍更好的东西"。最后笑冬说了这样一段话："告别了孩子们，我心里不知道是什么滋味。我一直想把自己的感受告诉儿子，但因为陕北农村和他后来在波士顿的生活环境差距太大，我怕他完全不能理解……只要想起那些孩子，我就像在他们中间看到了我自己的儿子。有时我甚至想，我今天做咱们这个成长史，就是为了有一天能让牛牛看到。"

## 二

　　1987年笑冬带着牛牛来到美国，家庭团聚。她不是来陪读，而是自己也读起了研究生。我90年代中期认识她时，她正在东北大学攻读社会学博士学位。熟识了之后，她偶尔会把论文稿拿来请我提意见。文革前笑冬是初中生，后来的经历与英语毫不搭界，她能够在美国啃社会学，令我惊讶。我勉强可算英文科班出身，但用英语读书和写作的过程绝不轻松。每次读她的论文稿我都会说，如果我是你，写不出这样通顺的文字。中国人在美国写人文和社科类博士论文，挑战的不只是语言，更有理念和"框架"，马笑冬付出的汗水和心血可想而知。别忘记，她还是家庭主妇，操心着柴米油盐，更重要的，是她拉扯养育着一个在美国文化中长大的中国男孩。牛牛的父亲拿到学位后到别处就职，有几年她一个人带着孩子，个中的挑战和甘苦只有自知。每一个在美国读学位的中国母亲都有自己的故事。

　　在美国读书的那些年，马笑冬进入了与女性研究有关的领域，她在对话中说，"在妇女领域可以大有作为，可以做很棒的事。我这些年的研究一直和农村妇女有关。"她的博士论文是关于改革开放之后江苏某地农村妇女状况的，她的一个精彩观点，是认为中国农村的婆媳关系正在发生根本性转变，传统意义上的"婆婆"即将绝迹，马笑冬称她们为"最后一代婆婆"。这个观察至今为国内女性研究界的朋友称道。

　　再回到我们的成长史。做完口述后，我知道整理拉拉杂杂说了一年左右的口述材料是我的活儿。这时前面提到的第三位参与者表示要撤出。马笑冬在做博士论文，快到冲刺阶段了，我问她是愿意留下还是也撤？她说留。于是我把原本是"三条腿"的对话修成了"二条腿"———删除了那位朋友的材料，只剩下笑冬和我的。九十年代末我开始做我们成长史的中英文版。笑冬拿到博士学位后很快回国，去上海复旦大学工作。偶尔，我会请她给我发来补充材料，前面提到的笑冬父亲文革记述的那段就是她回国后寄给我的。

## 三

2001年夏末我去上海找笑冬。那年我休学术假,可以在国内待一年。我手头已经有了中英文两个书稿,读来觉得笑冬的材料少了些,去上海请她先过目,再添些东西。我在她家住了二十多天,朝夕相处。在这段时间里,我注意到笑冬的记忆力有些问题,刚刚发生的事她就忘了,提醒她,她说小事不重要,大事从来不忘,几次三番提醒后,我不知再该怎么说。最后告别时,我想对她说是不是去看看病?话到了嗓子眼,又给咽回去了。后来多次责备自己,当时怎么没有说!

笑冬看了书稿,表示充分肯定,让我挑选可在将来用于书中的她本人的照片,却没有对稿子加一句话。事后我回想,也许那是她脑子出问题的征兆。那年笑冬还不满51岁,太年轻,我也太缺乏医学知识,在日常生活中她除了记忆有时"短路",其他一切正常,我没有想得太多。她和婆婆住在一起,请了一位保姆照料已经完全不能自理的老人,婆婆的房间最敞亮,阳光充足。笑冬的父亲在北京,她的熟人朋友都在北京。她告诉我,所以到上海来,是为了照顾婆婆。在上海她似乎没有什么朋友,平常和她做伴的,就是保姆吴阿姨。

九月底我们在上海分手,我回北京,她去西安。如果记得不错,那一年的中秋和国庆正好在同一天,我回京和老父亲团聚过节,她是去陕北她的一个"点",她说回国后她差不多每年的年节都在"点"里和老乡们一起过。她的研究方向是贫困地区妇女婚姻和生育健康,在安徽和陕北都有"点"。陕北那个"点"她80年代当记者时去过,如果我记得不错,就在安塞,那个在小木箱里放着二面馍的孩子们的地方。

笑冬告诉我,因为她总往贫困地区跑,不好好在上海待着,她复旦的同事们很不理解。

写到这里,我想起她从云南兵团返回北京上了工农兵大学,1976年毕业后再次下乡、去黑龙江莫力达瓦旗插队的事,当时也让周围人很不理解。那时候她二十几岁，这时她早已人到中年。

在上海的那些天，笑冬不止一次跟我说，她在陕北老乡中间感到"自在"，说起那里的婆姨娃娃，她眼睛发亮。她告诉我，她正着手写一篇关于陕北的文章，题目叫"黄土地，我对你说"。

好棒的题目！我连声称赞，"黄土地"仿佛有了灵性，而"我"对那块土地和那里的人们满怀深情。笑冬学中文出身，据一位她云南兵团时代的朋友说，当年她报大学专业时写下了四个字："立志学文"。1978年她在《北方文学》上发表过一篇题为《四月》的小说。80年代在北京当记者时，她的文采在同行中当属上乘，由她执笔"揉"出"潘晓"，应该不是杂志社的随意决定。多年后，时任《中国青年》编辑部主任的彭明说，"经马笑冬编辑的这封信是超标准地合格"。

90年代末马笑冬回国后，很快融入国内女性研究的群体，参与相关的学术活动。2000年2月她在《读书》杂志上发表了一篇文章，题为《也谈小脚美丑 男权女权》，文字晓畅，观点犀利，读时我想，80年代以记者身份驰骋首都新闻界的马笑冬，经过在海外的"十年磨剑"，现在以学者身份亮相了。作为朋友，我为她高兴，对她充满期许。

## 四

我知道笑冬被诊断为"早老性老年痴呆"应该是在2003年。那年夏天回国，我又打算去上海，请笑冬给书稿加材料，因为还是觉得她的东西少，两人的分量不平衡。给马笑冬家打电话，吴阿姨告诉我，她去北京看病了。我马上去她北京父亲家中探望，笑冬的态度是拒绝接受医生诊断："不可能"，她说。记得当时我在心里算了一下笑冬的年龄，尚不满53岁。

从2003年到2019年，生病的马笑冬活了16年，前六年左右在上海家中，由秀花姐照料；后十来年回到北京住在一家养护院。十几年来，只要有可能，我每次回国都会去看她，向照顾她的人了解情况，应该说，我对她晚年的基本情况是知晓的。

2006年春天我在国内，去上海看笑冬。她外表看来还好，我问她每天做些什么，她说捏泥人儿，我听了高兴，她拿来泥人儿让我看，我一摸，硬邦邦，不是新捏的，这时秀花姐一个劲向我摇头。我明白了。在波士顿时，为了补贴家用，笑冬教过美国小学生手工，用彩色橡皮泥捏小泥人和花草，我见过，夸她心灵手巧。笑冬错把当年作今日，确实糊涂了！眼前的小玩意一个个栩栩如生，我爱不释手，很想要一个做纪念，但又想，还是都留给牛牛吧！我拿起一小盆泥捏的红花，请秀花姐的孙女为我和笑冬照张合影。相片印在了我们书的封背。不知那些花草泥人今在何处？

2007年我去看她，她的背明显地驼了。我们俩到离她家很近的一家小饭馆吃饭，我得把几样菜轮流摆在她眼前，否则她只知吃最近的那盘，也不太会给自己夹菜了。

2010年底或是2011年初，我得知马笑冬回到了北京。她入住的爱晚养护院地处大兴，是由废弃的生产队养殖场房改建的，硬件条件实在不算好，但从院方到护工对笑冬都很呵护，开始的几年，护工称她"马老师"。我想，无论怎样，这个地方有人情味儿，管理也有章法。有时我一个人去看她，有时和朋友一道去。笑冬的情况在持续恶化。看过后我会记下简单的印象，最近几年，每次去都会拍些照。我不是个爱照相的人，但有一种想为笑冬留下存照的冲动。

我心中始终有个问题，就是笑冬还有多少意识和情感？最近三年我每次去笑冬都在沉睡，去年（2019年）十月份那次，她一度睁开了眼睛，叫她，没有反应。出了养护院大门，我在心里想，笑冬来日无多了。

早些年她是有反应的，虽然话已说不清。这里引一段我2012年8月27号看过笑冬后写下的笔记："……手不能握东西了，但能握人的手。还是笑，护工提到牛牛的名字，表情戚然，似乎冒出一个字'走'，护工接着说，他走了。"

那几年我每次去、包括和并不认识她的朋友一道去（她们是通过我们的书知道笑冬的），临走时，我都会最后回头再看笑冬一眼，每一次我都从她的眼睛中读出 sadness，仿佛在说：你们都走了，走吧。

2013年底,两位女性研究界的朋友去看望笑冬,其中一位很久没见笑冬了,看到很难过,笑冬对她没有反应。她就一面流泪,一面不停地抚摸着笑冬的脸,这时笑冬的眼角流出泪水。朋友告诉我这个情形,我说,"笑冬能哭。我也一直觉得她还是有感觉的。"无论在中国,还是在西方,都有"灵魂"或是 soul 的说法,当然还有"潜意识"。笑冬的"显意识"混沌了,但她在朋友离开时脸上的表情,在友人抚摸时眼中的泪光,该做如何解释?她的"潜意识"和"潜感情"又有多深?

这些年来,看护笑冬的护工换过几位,她们都是劳动妇女,有着朴素的同情心,尽心尽力;医生刘大夫极为善良敬业,她不止一次和我探讨过笑冬的病。养护院中患有痴呆症的人不少,刘大夫过去不熟悉这个病,就去学习钻研,在繁重的工作之余上网跟专家上课进修。我对刘大夫充满敬意,对护工大姐们(她们每人看护不止一个不能自理的病人)十分感激。

听刘大夫和护工们说,"洪常青"不时来看望笑冬,他会对她说很多话,逗她开心,给她读《动荡的青春》,想方设法激活她深处的记忆,每次他一进屋就高声说,"洪常青来了!"他一来,笑冬"可激动了,比哪天都好",养护院的人索性叫他"洪常青"。

"洪常青"?是的,他是笑冬在云南兵团文艺宣传队跳芭蕾舞剧"红色娘子军"中"吴清华"的舞伴,他俩跳的是剧中"常青指路"那一段,他饰洪常青。关于宣传队的事,笑冬在我们的书里说了不少。

笑冬去世后,我联系上了"洪常青"。他告诉我,2006年5月他去上海看望马笑冬,那是两人多年后第一次见面,笑冬不认识他了,他就说,"洪常青来了!""马笑冬的眼睛立刻亮了"。

他还告诉我,笑冬去世前一年的2018年,正值北京知青赴云南50周年,一些兵团战友结伴看望马笑冬,大家为她哼出"常青指路"那段乐曲,笑冬听得"嘴角抽动,眼中流泪"。

我将信将疑。2018年笑冬各方面的情况已经极为恶劣。但也许那段乐曲真的一直刻在她的意识深处。这是一个令人动容的故事。笑冬曾经是那么美丽的女子,她爱美,应该有一个美丽的故事。笑冬受过专业体操训练,跳起舞来,有型有款,有模有样。她在《娘子军》中吴清华的剧照,身材修长,面貌姣好,穿着芭蕾舞鞋,踮着脚尖,两拳紧握,两眼炯炯有神,表情坚毅,英姿飒爽,是我们书中最夺目的一张照片,给很多人留下了印象。少年时代的马笑冬崇拜英雄,最想当女战士,就让这张照片永远与她做伴、永远保留在朋友们的记忆中吧。

## 五

舞台上马笑冬是"吴清华",现实中马笑冬最出彩的"演出"是"潘晓"责编。不久前,因纪念"改革开放40周年",人们纷纷回望"踩在1980年这个时代临界点的'潘晓'形象",称它为"一根界桩,一个路标",属于"一个时代和那个时代的万千青年"。一位新闻界资深记者写道,"1980年代社会思想波涛汹涌,其标志是三次大讨论,第一次是'潘晓讨论'……。1980年代的大门是'潘晓讨论'开启的。"

今后,人们也许会不断地回味"潘晓讨论"的意义。只要它的意义还在,人们就不会也不该忘记"超标准合格"的责编马笑冬。在80年代的首都新闻界,马笑冬是一位站在潮头的女侠。

马笑冬的步履并没有也不应该止于80年代,或90年代。她远赴海外攻读博士学位,是为了更深入地理解和认识中国的问题。90年代末归国后,她义无反顾地将目光投向贫困地区的妇女和儿童,她的生命展开了一页新的篇章。可惜啊,笑冬,我们永远听不到你想对"黄土地"说的话了,还有你心中那么多没说出的话……

在一定意义上,马笑冬代表了"老三届人"的"理想主义",代表了它的极致,它"舍我其谁"的社会责任感,和它"与时俱进"的能力。作为一名女性,那代人"理想主义"的偏执极端和高尚美好在马笑冬身上都有体现:青少年时代对"性别差异"的激烈反抗,和成年之后对处于社会底层妇女儿童的诚心关注。我们这代人在凋零。不久前,我插队的山西省山阴县优秀的北京知青杨百揆去世,我不认识杨，但心中戚戚。我认识马，她是我的挚友。此文是我对马笑冬和我们那代"理想主义"朋友们的祭奠。我自少年时代起就不"理想主义"，但我敬重这样的朋友，尤其在今天这样一个时代。

选自《记忆》第 273 期。

# 从"公主"头上的纸冠到红卫兵手中的皮鞭
## ——中学的阶级路线与"革命化运动"

叶维丽（作者）　马笑冬（合作者）

**作者的话：** 研究文革，人们往往忽略文革的"前奏"。从1964年左右，我们这代青少年在思想到情感以至外表各方面开始发生显著的变化：知道了什么叫"家庭出身"；开始用"阶级"的观点看待事物；"成名成家"的思想受到了批判，人人争当"革命的螺丝钉"；女孩子们脱下了花衣裙，穿上了蓝布服，等等。我和马笑冬经历这一切的时候，大约是十四五岁。在这个过程中，书籍和电影起了非常重要的作用。而"毛主席著作"越来越成为人们一切行为的指南。

基于文革中红卫兵的表现，海内外有人说，我们这代人是喝"狼奶"长大的，文革前夕的革命化教育无非是强化了我们从小到大一以贯之的、以斗争和仇恨为基调的教育。对于这个观点，我无法苟同。如果是那样的话，就不会有马笑冬班上关于"救人"的、具有典型意义的讨论，也不会有我自己此时油然而生的疏离感。"革命化"是对我们早期所受的、包含人文主义内容的教育的否定。如果说在我们小时候，"白雪公主"和"刘胡兰"是可以和平相处的，那么经过革命化以后就只剩下刘胡兰了，而且胡兰子是没有儿女情长的，只有阶级仇、民族恨。

强调事物变化的过程对历史研究者很重要。在过程中，有矛盾，有冲突，有迟疑，也有克服，它们发生在每个经历者的内心。同时事物变化的大历史背景也格外重要。对六十年代初以来党内党外、国内国际、中苏关系、中美关系等等诸方面的情况变化，专家学者已有深入研究，这里就大为简略了，但它们的至关重要性请读者切记在心。

## 红色教育（二）：中小学

整体来讲，六十年代中期革命化过程中对我们一代人的"再教育"非常成功。到文革前夕，"人道主义"已成为资产阶级的代名词，为革命青少年所不齿；"阶级斗争"观点成了我们认识世界的基本武器；而"干部子弟"也具备了有强烈特殊感的群体意识，自视为革命事业当然的接班人。当年很有名的电影"红孩子"中有一首插曲，开始是一句问话："准备好了吗？"我们这一代人对文革是有准备的，有没有准备大不一样。

马：我在小学毕业前的最大心愿，就是考上北京最好的女校师大女附中。由于考试时粗心，我只考上我的第三志愿：北京女八中。我哭了一个星期才缓过劲儿来。这种考试制度真成问题，不参考平时的成绩，一锤定音。一个十几岁的孩子哪能每次考试都不失误呢？

入学第一天，我一走进女八中校园，看见里面热闹极了。高年级的大姐姐们举着各种各样业余小组的牌子招揽新生，不断有人走上前来问我：想打篮球吗？喜欢书法吗？想参加舞蹈组吗？她们个个朝气蓬勃，充满自信。这让我一下子感觉好多了。

女八中所在的校址是民国时期的女子师范大学，鲁迅在那里教过书，刘和珍、杨德群曾是那里的学生，后来她们被北洋政府杀害，鲁迅写了著名的文章《纪念刘和珍君》。女八中校园里现在还有刘和珍和杨德群的墓碑，坐落在一个幽静的小院里。因为这一点，进女八中还是让我感到欣慰的。没过多久我就当了大队宣传委员，负责出学校的墙报。

叶：你看，你一上中学就受重视，我始终不起眼。你上初一我上初二。我上的是师大女附中。现在北京基本上没有女校了，我还是挺喜欢女校的。女孩子们在一起很舒服，我觉得对女生的自信心也有好处。但女校确实不利于培养咱们和异性交往的能力，弄得咱们一个个都有点像在修道院长大的，对两性之间如何相处格外无知，后来的婚姻生活中往往会出现问题。这是咱们这一代女性吃的大亏，要说下去，就话长了。

你说到第一天上学的感受,我只记得在去学校的路上,碰到另一个女附中新生,她说她当过大队长。女附中的学生在小学尽是大队长、中队长什么的,我只是个小队副。我当时心想糟了,那么多大队长在一起,一个个都那么那么个⋯⋯

马:能干。

叶:就是。但是后来是不是当过少先队干部显得无关紧要了,一个新的标准出现了,就是家庭出身,这个变化太重要了。

中学的班集体给我留下的印象不深,也没有再遇到像吴老师那样既教书又教人的老师。咱们上中学的时候,社会上越来越强化"阶级斗争",老师们开始变得小心翼翼,从"旧社会过来"的老教师更是夹着尾巴做人。整个大的政治环境的变化,给我这个孩子的感觉,就是中学和小学的经历泾渭分明。我对中学生活最深的印象就是"革命化"。

马:说起革命化,我记得它当时是作为一个运动搞的。

叶:是运动,"革命化"其实是咱们经历的第一场政治运动。虽然没有停课,但课外文体活动时间这时全部用来开会,班里开,年级开,全校开。当时我上初二,头一次经历"运动",给我留下特别深的印象。它的搞法跟小学的教育方式完全不同,首先声势就不一样,全校都动起来了,教室喇叭里一天到晚就是一个内容,从四面八方包围着你。

革命化当时也是整个社会的氛围。文革前二三年,农村有"四清",城市有各种各样的"整风",北京市的很多中学都搞类似革命化的运动,整个社会都在逐步动员起来,用现在的话讲叫"暖身"。回过头来看,这些都是文革的前奏,给文革做准备,而青少年是被准备的重点。当时的提法是"培养无产阶级革命事业接班人"。小学的时候叫咱们"祖国的花朵",还挺纯真的,现在成了"接班人",就不能闹着玩儿了。

马:我是积极参与革命化运动的。那时老说不能让父辈们用鲜血打下的江山变色,要去解放全世界三分之二受苦受难的人。我还清楚地记得,当时我们经常念毛泽东的一段语录:"今后的几十年对祖国的前途和人类的命运，是多么宝贵而重要的时间啊！现在二十来岁的青年，再过二三十年正是四五十岁的人。我们这一代青年人，将亲手把我们一穷二白的祖国建设成为伟大的社会主义强国，将亲手参加埋葬帝国主义的战斗，任重而道远。……"每次读到这段话，我都会热泪盈眶，直到现在它都能使我感动。

叶：我的感受和你的不太一样。几十年真的过去了，这个世界和当年要我们去创造的岂止天壤之别，而我们这一代人曾经那么真诚地相信过，现在想起来让人百感交集。

马：当年这些提法激发了我的革命激情和责任感。也就是那个时候，我开始有了自己是"革命干部子弟"的意识，这是个值得一提的变化。在革命化运动之前，我不懂什么是家庭成分。我上的是个胡同小学，周围很多普通市民的孩子，我没觉得自己和她们多不一样。记得有一次填表，在"家庭出身"那一栏，我问爸爸怎么填，他说填"职员"。现在我知道了自己是"革命干部"出身，老实说，心里挺得意的。

叶：小学的时候比谁家官大，家庭出身的观念很淡薄。在我们学校官大的不仅仅是共产党的高干，高级民主人士的官也大，他们的孩子也引人瞩目。到中学就不一样了，民主人士不再吃香，"革命干部""革命军人"是最优越的出身。班上的同学都知道彼此是什么家庭出身，因为那个时候老填家庭情况表，小学时没怎么填过。

我们学校在礼堂开过一次全校干部子弟大会，这是头一次这么公开地把人按出身区分。每次在礼堂开会都要从教室带上椅子去，全班走的时候桌子椅子稀里哗啦响成一片。那次开全校干部子弟会，班上大部分同学都默默地留在座位上。我搬动椅子时动作尽量轻，感觉有点儿不自在：平时都是挺要好的朋友，怎么就这么把人划分了？我的好朋友是我的同桌，平时我们经常在一起出出进进。她家庭出身不好，留在座位上没动，我走时心里有些歉意。

那次会的内容无非是说我们这些无产阶级后代对革命负有特殊的责任。我们学校有个副校长叫胡志涛，是抗日战争时期参加中共的老干部，说话富于煽动性，能让你热血沸腾，像我这种冷血的都爱听她讲话，更别提那些特爱激动的人了。那次也是由她来讲，她说干部子弟比一般人担子更重，老子打江山，要靠你们来接班。当时一张全国性的报纸发表了宋心鲁"给干部子弟的一封信"，信中也是讲干部子弟对革命有特殊责任的话，责任感加特权意识，那封信的影响很大。你们学校没开过类似的会吗？

马：我没印象。当时讲出身给我的影响主要不是优越感，而是做革命接班人的责任感。那种感觉就是：我们是革命的后代，我们不接班谁接班？

叶：可是"责任感"和优越感是分不大清的。干部子弟成了特殊阶层、革命的"特种部队"，这给后来的文革做了铺垫。

有出身"好"的，就有出身"不好"的，所谓的"黑五类"（地、富、反、坏、右），这样的同学开始被排斥在一些集体活动之外。那时候经常要欢迎外国元首，一欢迎就停课，排着队站在学校附近的长安街上等着外宾和首长的车队通过。有一次欢迎外宾，我忘了什么原因一个人中途返回教室，看到一个出身"不好"的同学孤零零一个人坐在教室里。看到我进来，她显得若无其事，忙于做她的作业，我也不知道该说什么好。前几年我有一次见到她，提起这个场景，说很佩服她能那么镇定，没想到她一听就放声大哭，接着就诉说因为父亲是关在监狱里的"历史反革命"，她那个时候心中承受了多少压力。她是个品学兼优的学生，小学时是少先队大队长；"革命化"以后家庭出身变得重要，她一下子变得灰溜溜的。她也记得那天教室里的场景。她当时是在我面前竭力维护自己的尊严，不流露任何情绪。她的大哭使我明白，当年的伤害其实到今天也没有完全抚平。

革命化运动中使用频率最高的词就是"暴露思想"，暴露完了就批判自己的坏思想。十几岁的孩子就得自我批判，就要思想改造。开会发言时每个人都得暴露思想，暴露得好的到全校大会上去讲，在教室的广播里也常听到又有人暴露了什么思想。当时最普遍暴露的是"成名成家"思想。我们班有个同学说自己想当演员，演出成功后大家给她献鲜花。她说现在认识到这是肮脏的"资产阶级个人主义思想"，要把它清除掉，努力做一颗"革命的螺丝钉"，党让干什么就干什么。你还记得吗，上小学的时候是鼓励咱们成名成家的，我们班同学谈理想都是要当什么"家"，现在这种思想受到了批判，这实际上是对咱们小时候教育的一种否定。

马：那时候有点儿"私心"就是坏思想，越把自己讲得坏，就说明你革命越彻底。我们年级有个同学检查说赛跑的时候她就盼望跑在她前面的人摔一跤，这样她就能得第一。还有个同学说她出身是赤贫，她爸爸参加革命前是个放牛娃，她这样的人应该思想特别红，可她自己却有很坏的思想，她越说越难过，觉也不睡了，在走廊里整整站了一夜。

叶：她思想怎么坏了？

马：具体的我也不清楚，这事是听她们班同学说的。那时她们临时住校，她的同学吓得都不敢去睡觉，怕那女孩想不开跳楼，守了她整整一夜。

叶：真有点儿走火入魔了。那时候暴露什么思想的都有。我们学校一个高三学生，她爸爸是个文化大名人。她在学校广播里说她看不起她妈妈，嫌她粗鲁。让我惊讶的还不是她说她妈妈的那些鸡毛蒜皮的小事，而是她怎么能在大庭广众之下这么说自己的母亲？她妈妈知道吗？文革开始后，批判自己的父母就屡见不鲜了。

我记得我们班有个同学说，她走在大街上觉得别人老看她，她想是因为自己长得好看，心里挺美的。她现在认识到这么想是不健康的，爱美是资产阶级思想。我听了心想，她怎么什么都说啊。

马：那时候就得有什么说什么，不能隐瞒，她能这么说是勇于暴露思想。

革命化运动给我最具体最深刻的影响就是要艰苦朴素，和资产阶级吃喝玩乐、梳妆打扮的思想决裂。自从革命化以后，在我的心目中，只有好逸恶劳、无所事事的阔小姐、太太们才爱美、爱打扮，我当然不肯和那样的人为伍。如果看到有人打扮得花枝招展，我就特别反感。我觉得人们之所以对女人有看法都是因为这些人，我不应该像她们那样，我要把矫揉造作全去掉。

刚进中学的时候，虽然大家都比较朴素，但也喜欢追时髦。那种时髦是比较隐讳的，比如怎么把辫子梳得靠后一些，吊得高一些，这样就显得洋气；穿裤子要穿瘦裤腿的。我也曾追过这类的时髦。革命化开始以后，那一套全都不讲了。我不再穿任何鲜艳颜色的衣服，而是要穿带补丁的，补丁越多越好。过去我一直梳辫子，小时候妈妈把我的两条辫子分别在头的两侧盘成髻，像戏台上的小花旦。到了革命化的时候，我第一次剪了短发。以后每次妈妈给我剪发时我都要和她争吵："短一点，再短一点。"我妈妈很生气，说："还怎么短？耳朵都露出一大半了。"我那时年轻，头发很多，洗完头干了以后短短的头发全蓬起来，看起来要多傻有多傻。我常常在晚上洗头，头发快干了就马上去睡觉，把头发压平。

叶：你小时候很爱美，现在不让美了，你不觉得别扭？

马：我确实从小爱美。有一次看了外国童话故事片，对里面公主头上的桂冠和身上的披风羡慕不已，我就自己做了个纸冠，想想还缺一个披风，就把毛巾被披在肩上，在镜子前照来照去，觉得自己变成了童话里的公主。但到了革命化的时候，这些想法全没了，连一点儿影儿都没了。那时候穿得艰苦朴素是心甘情愿的，是我积极追求的，并没有人强迫我去那么做。

叶：我也穿得很朴素。我现在觉得有意思的是，咱们外表装束上的变化似乎发生地那么自然，在不知不觉中就变了，当时没有一点受压抑的感觉。坦白地说，如果不是翻出两张过去的照片，还真没想到在短短的几年时间里咱们的外表会有这么大的变化。一张是1963年小学毕业时我们班在北海公园的合影，另一张是我们中学班上的一些同学在初二时照的，大约在1965年。第一张照片上我们班女生都穿着五颜六色的花裙子，我穿的是一条连衣裙。第二张照片上大家衣服不是灰就是蓝，没有了色彩和花样，成了"中性"的了。而那时候我们十四五岁，正是所谓的"花季"，该爱美的时候。服装的变化是有象征意义的，从女孩子穿的衣服上看，1963年到1965年这段时间咱们的生活发生了深刻的变化。

女性服装男性化并不是在60年代才开始的，咱们的母亲都穿着男女不分的干部服，但把它普及推广到全社会，包括少年儿童，大概是在这个时候。我想这和当时的全民皆兵也有关系。

马：毛泽东为女民兵题过一首诗："飒爽英姿五尺枪，曙光初照演兵场。中华儿女多奇志，不爱红装爱武装。"那张女民兵持枪的照片我现在还记得很清楚，那个形象对咱们这代人都有影响。

我那时候就是什么都要跟男的一样，对女人感兴趣的东西不感兴趣。你看我的生活知识贫乏到什么地步：人家说"你这衣服挺不错的，是的确良的。"我就问，什么叫"的确凉"？不知道。人家说这肉很老。我就问，什么叫"老"？别人觉得我连起码的常识都不懂，其实我是故意不想知道那些婆婆妈妈的事儿。我觉得女的什么都应该和男的一样。如果一本书里写一个姑娘笑，总是什么"咯咯咯的笑声""吃吃吃的笑声"。我就想讨厌不讨厌啊，她就非得这么笑不可，她就不能"哈哈地笑"吗？

叶：哈哈，书上是这么写的，现在还这么写。

马：我认为那种笑声是为了取悦男人的，我从来没有学会取悦男人。再给我一个青春，我也学不会。

叶：说得好，我也学不会。

马：虽说我处处都想跟男的一样，但上了初中以后，我开始零零星星地听到有人说："嗨，别看现在咱们女生的功课都不错，人家男的小时候淘气，到了高中、大学，功课就比咱们好了。"我听了很不以为然。那时候我大哥在郊区一所农业技术学校工作，我去他那儿玩儿，听到一种说法："女的一结婚生孩子就完了。"我对这话特别反感。我想我将来绝对不能像他们说的那样。我从小就对男女不平等特别敏感。

叶：你为什么那么敏感？我就不如你。我从小一直以为男女平等是天经地义的事。看看周围，咱们的母亲都工作，再看看小说电影，里面尽是女书记、女厂长什么的。我也没有听说过哪个女孩子在家里受歧视，至少我的朋友里没有，学校里的班干部也尽是女生。你这么敏感是因为有人刺激过你？

马：没有，我在集体里总是比较强，比较冒尖，没有人敢欺负我。在家里两个哥哥对我都特别好。尤其我大哥，对我十分呵护。而且我最受父母宠爱。

叶：那你的敏感和你母亲在家里比较次要的地位有关系吗？

马：我想在潜意识里是有关系的。我不想做我妈妈那样贤妻良母型的女人，我特别向往做女兵。有两个电影给我的影响最深，一个是《红色娘子军》，一个是《战火中的青春》。我特别羡慕《战火中的青春》里的高山，她女扮男装，管一个排的男兵，让他们服服帖帖。我想怎么机会就落到她身上了？如果我有那种机会肯定能做到她那样。我把头发剪得短短的就是为了像个女战士，我还特别喜欢军装，想要一套都快想疯了。

上中学后我们开始了下乡劳动，一年两次，一次秋收，一次夏收，这也给我留下了很深的印象。你们也去吧？

叶：去，初二的时候开始去的。听说在我们之前，女附中的学生劳动是去摘草莓，听起来像是郊游。从我们开始，真正参加农业劳动。下乡劳动的目的就是为了让我们经受锻炼，通过劳动改造思想，是培养革命接班人很重要的一课。我们也是在收割的季节去，干最累的活儿，手被镰刀磨得满是血泡。

马：有一次我们去郊区帮助农民收麦子，劳动结束后为了继续锻炼吃苦精神，学校组织我们步行回北京。近傍晚开始走，一百里路走了整整一夜，直到天明才到家。半夜下起了大雨，淋得我们像落汤鸡。有的同学来例假，卫生纸上的血都被雨水泡白了。我脚上磨了好几个泡，咬牙坚持下来了。一到家，我就倒头在父母的大床上昏睡，直到快傍晚的时候小哥哥用妈妈刚蒸好的雪白的菜包子把我逗醒。

头一次下乡劳动回来，我连衣服都不换。我觉得如果我换了干净衣服，就说明我厌恶劳动，认为劳动是脏的。我妈妈说"你为什么不换衣服不洗澡呀？"我说"干嘛呀，我为什么下乡回来立刻就换？要是我现在还在农村，我不是还不洗不换吗？"第二天回到学校，还穿着我下乡时穿的特别破的裤子，上边有大补丁。可是一看见同学我就傻眼了，所有人都换上了干净衣服。我这时才想，大概换一换也没什么。

叶：我们第一次下乡，是去在大兴县的一个公社。我们的卡车快

## 红色教育（二）：中小学

进村的时候，我看见前面路上有座柴火堆在慢慢地移动，等我们的车过去，我才发现是一个十来岁的孩子背着比他的身体大好几倍的柴火在走，腰弯得低低的，看不见脸。这是"农村"给我的第一个印象。

那次下乡是去割稻子，有件事我总也忘不了。当时我们班是和一个高中班在一起，我们管她们班叫"姐姐班"，这是女附中的叫法，初中班管高中班叫"姐姐班"。她们班劳动最好的是个胖乎乎个子不高的人。她干起活儿来一刻不停，浑身衣服都被汗水浸透了，运稻子的时候她每个胳膊下夹着好几大捆，双手使劲拽着衣角，肉都露出来了，她却毫不在意。我忘了自己干活，光看着她，直为她累。后来听说她家庭出身不好。那时候总说出身不好的人要重在表现，但她即使这样干，也没有听说她受到表扬，我觉得她有点儿可怜。

那个时候已经开始强调阶级斗争了。在第一次去农村之前学校开了个大会，别的内容都忘了，我就记得校长说农村的情况是很复杂的，不能够看到什么人上去就叫大叔大伯，谁知道他们是不是地主富农坏分子呢。那时农村正在搞"四清"，阶级斗争的弦绷得特别紧。有出戏叫"夺印"，里面有个地主婆叫"烂菜花"，企图腐蚀村干部何支书，给他做了一碗元宵，戏里面有个很长的唱段是烂菜花唱这元宵有多好吃。今天想想，一碗元宵就能把人给腐蚀了，真是滑稽，现在的干部哪里看得上？

我们这些城市里的孩子，不知道农村是怎么回事，听了校长的话，心里很紧张。到村里后就是干活，和老乡没有接触，不了解任何情况。有一天吃过晚饭天很黑了，我们走回睡觉的地方，一路上看到有人在路边蹲着，模模糊糊地看不清。有个同学就指着一个人悄声说，"他可能是个地主"，好像地主就该在黑地里蹲着。我听了有点儿怕。后来插队了才知道，北方许多地方的农民没事儿就爱蹲着。我们雁北管蹲着叫"圪蹴"，下了工吃了饭，男人喜欢在外面蹲会儿，抽袋烟，说说话再回家。

那时候一讲阶级斗争，到处都是阶级敌人，对阶级敌人就不能客气。因为不知道谁是什么阶级成分，对人就不能随便称呼"大伯大叔"的。小时候咱们受的教育是对人要有礼貌，现在行不通了，这又是对咱们从小教育的一种否定。

马：说起阶级斗争，我们班上政治课时有个同学提出一个问题，说如果有人掉进水里，你不知道他的阶级成份，该不该去救？你救的人万一是个地主呢？有人反驳说，如果一个人马上要死了你还调查他的成份，就来不及了，舍己救人就没有意义了。可又有人说，他要真是个地主怎么办呢？我们翻来覆去地兜圈子，讨论来讨论去没有结果，老师也不知道该怎么回答。

叶：这个讨论真有意思，特别能反映那个时代。你们的问题在1963年"学雷锋"的时候都提不出来。虽然雷锋说过"对敌人要像严冬般冷酷无情"，但当时并没有特别强调那一面。对咱们小孩子来说，学雷锋就是做好事，帮助人，在公共汽车上给老弱病残让位子，在街上看见老人拿不动东西就帮着拿，不会先问人家是什么出身。到1964年以后情况就不一样了。你们的讨论其实给文革中如何对待"阶级敌人"埋下了伏笔。文革开始后，对地主不但可以见死不救，而且打死也是死有余辜。

马：革命化时开始强调阶级性，对什么都要做阶级分析，就是人道主义也要分阶级性。我对克服"小资产阶级情调"还是有点困难。记得当时上演电影《早春二月》和《舞台姐妹》，我都很喜欢，可它们都被批判成是"小资产阶级情调"。什么是小资产阶级情调？大概像多愁善感、软弱、动摇都算吧。《早春二月》里的萧涧秋，为了帮助一个生活无助的年轻寡妇，决定离开自己的女友，和这个寡妇结婚。那时就批判他是资产阶级人道主义，我不明白人道主义有什么不好，但我努力批判自己，向革命化靠拢。

叶：你努力靠拢"革命"，而我开始感到不合拍。我爱看的东西差不多都被批判了。我在一本杂志上读到一篇文章，叫"陶渊明写挽歌"，我也读不大懂，但喜欢它含蓄压抑的风格，和通常激昂慷慨的文章不一样。很快它就被批了。你刚才提到电影《舞台姐妹》，里面有一句话，"清清白白做人，认认真真唱戏"，我一听就想，这话怎么说得这么好啊！有段时间我总在心里默诵，但不敢告诉别人。革命化中批判很多咱们从小珍视的东西，我从心底是困惑和抵触的，也没法说服自己我的想法都是没道理的。

那时候我在新华社图书馆里经常碰到一个长得很秀气的年轻人，脸上总是一副很忧郁的样子，落落寡合，和革命化的气氛特别不协调。我就注意他，每次去图书馆都看看他在不在。我想他是很吸引我的。这要在"暴露思想"中说出来真是"不健康"，所以我不说。

对那些越来越离谱的说法我也有怀疑。有一次我们在校园里劳动，抬黄土垫操场。我跟一个同学一前一后担着个大筐，来回走了几趟，越走土越沉，压的肩膀疼。走着走着，前面的同学突然停了下来，说，"我刚才想起一段毛主席的语录，突然觉得担子轻了。"我心想，"是吗？"不以为然，当然没敢说出来。

马：我想她的话可能是真心的。当时社会上已经开始大学毛选，毛泽东思想精神变物质的说法越来越多了，有了毛的思想武装，就能创造任何人间奇迹。对她的说法我就不会怀疑。你能这样质疑真不容易，我是整个地投入进去了。

叶：我不可能一点儿没进去，周围是那么样一个大环境，但就是心里有些疑惑，感到自己跟不上趟儿了。

那一段革命化运动对我个人的重要性，怎么估计都不过分。从那以后，我对待周围事物总像个旁观者，有疏离感，心存几分怀疑，这种态度跟了我一辈子。但在当时那种革命调子越唱越高的形势下，我又感到深深的自责，从十几岁起就觉得自己是革命对象，得接受改造。我内心开始痛苦，这是小时候从未体验过的。

我的情况并不是没有人注意到。一个老师居然找我谈话，说我的精神面貌太低沉，不像个毛泽东时代的青年人。我心想都被看出来了。而且也不是他一个人觉得我"有问题""团组织"也发觉了。我成了我们班干部子弟中极少数没入团的人。在当时那种政治形势下，入团是进步和革命的标志，我们班干部子弟基本上只要满了15岁就会入团。你是什么时候入团的？

马：我是15岁生日那天入的团。可我们学校没有干部子弟一到年龄就入团的规定，那也太明显的是特殊化了。

叶：我们也并没有明文规定，可实际情况就是这样，不管多不起眼的同学，只要家庭出身是革命干部，满了15岁就入团。我们班是谁入团了团支部就在黑板上宣布，祝贺某某入团了，大家就都知道了。到了1966年春天，我们班十几个干部子弟几乎人人都入了团。到了黑板上宣布年龄最小的同学入团的时候，我的一个好朋友说，我一看到黑板上那行字脸立刻就红了。我是感到被排斥了。说得轻松点儿，像别的小孩不带我玩儿。说得严重点儿，就是不让我进"革命队伍"了。当时革命的压力那么大，家庭出身不太好的同学没入团还不那么显眼，我这样的，要是不入团，就有问题了。

我没有入团，不是因为和团支部里任何个人的关系不好，我和大家关系都不错。我想是因为我"不追求进步"，不积极靠拢组织。我曾经跟一个同学开玩笑说，要入团还不容易，不就是写几份思想汇报吗？可是我不写，觉得那东西假。我们班有的同学为了入团，写了学"毛选"的心得笔记，放在别人容易看到的地方。当然这样的人大家都看不上，在底下议论她。她不是干部子弟，要是干部子弟也不用费那么大的心机。我知道如果我想入，就是写几份思想汇报的事儿，但是我不想写。

马：别人都争着革命，你为什么会这样？

叶：我也觉得我有点特别，后来想过是为什么。我想一个重要的原因是我长在一个平等和民主的家庭。我爸爸妈妈从来就鼓励我们发表自己的意见，这养成了我比较能够独立自由地去思想而不会受到斥责，在这点上我终生感激我的父母。其实我妈妈已经意识到了我和当时的革命气氛有些格格不入，她开玩笑说我是"名士派"，从小我妈妈就喜欢给我起外号。

马：什么叫"名士派"？

叶：就是有些清高，对待事物保持一定的距离，不那么投入。倒是我爸爸比较担心，那段时间他常在饭后和我一边散步一边聊天，问问我的想法，但我并没有感到什么压力。很多年后我才知道他当时很关心我的入团问题。

新华社大院的环境对我的"自由化"倾向也有影响，在五六十年代我能生活在那样一个信息相对比较丰富的环境里是很可贵的，有些信息你甚至可以反过来看。反修的时候，新华社办了一个展览，都是关于苏联的照片，目的是说明苏联变质了。那个展览是开放的，谁都能看。我记得里面有一张照片，题目是"莫斯科郊外的傍晚"，是一个年轻的美国钢琴家在莫斯科郊外一个剧场演出后的情形，一些苏联姑娘很仰慕地看着他，台上的地板上满是散开的花束。照片的题目和画面给人的感觉都很美，至少对我来说，它没达到"反修"的目的。

我对待周围事物的态度也和我的大家庭有关系。我虽然是干部家庭出身，但因为亲戚中伯伯舅舅们有政治问题，我不那么理直气壮。每次填家庭情况表时，我都发怵填亲友中有无被"杀关管"的那一栏，因为我五伯伯被关押，我不能不填，这在我心理上是有阴影的，也减轻了我的家庭出身优越感和革命冲动。

马：你的情况比较特殊，当时绝大多数青年人都是争着要革命的。

叶：对，所以你比我"典型"。

马：上中学的时候，什么样的人是你的榜样？

叶：我一下子说不上来。你呢？

马：在我看的所有书里，保尔和牛虻给我留下了无法磨灭的印象。在美国，我有一次发现我们那个小镇的图书馆里有电影录像带《保尔.柯察金》，我一愣，拿起来又放下，放下又拿起来，反复了好几次，最后还是决定不看了，因为我怕勾起太多的回忆。

叶：你有"保尔情结"啊，好多中国人都有。

马：确实有。牛虻也给我极其深刻的印象，我看《牛虻》一夜没睡，打着手电一口气读完。我觉得他是一个极其坚忍的人，特别能忍受磨难，又不把它表露出来。那本书里有一句话说，又能忍受、又不诉苦的人是特别伟大的人。这样的人就是革命者的典型，流放到西伯利亚的那些俄国革命者都是这样的，他们对中国年轻人有很深的影响。说到坚忍的性格，有个电影叫《海鹰》，是讲共产党和国民党海军打仗的。共产党的一艘军舰被打中，有个海员负了重伤，但为了不成为大家的负担，他咬牙忍受，没人知道他负伤了，直到他牺牲。这个海员在影片中不是主要角色，但他给我的印象太深了。我希望能做得跟他一样。我常常有"生不逢时"的感觉，很遗憾没有生长在战争年代，错过了做英雄的机会。

叶：其实当时对咱们的教育是挺矛盾的，一方面要轰轰烈烈，英雄主义；另一方面又批判"成名成家"，要我们做螺丝钉、做驯服工具。你说过你不愿意过普通人平庸的生活，结婚生孩子什么的。可你要是费了好大的劲儿还是默默无闻、真像个螺丝钉似的，会不会心理不平衡？

马：怎么说呢？那时候个人英雄主义已经被批得一塌糊涂，成了非常丑恶的东西。我就是特别向往一种跌宕起伏的生活，并不一定要成名。保尔和牛虻都是革命队伍中的普通一员，如果不是被写成了书，也没有人知道他们。我是羡慕他们曲折的经历。

叶：你刚才问我谁是我的榜样。保尔、牛虻对我是有影响的，我是那个时代的人，不可能不受影响，但我没有像你那么着迷，我没有想过要当英雄。我喜欢看屠格涅夫的书，他的《父与子》和《罗亭》中的主人公都是"多余的人"，不是英雄式的人物。我看的书很杂，有一段时间特别喜欢看侦探小说。有一本英国人写的书叫《月亮宝石》，我看得入迷，有一天把它带到学校去了。一个同学看到了里面一幅插图，是一个英国贵夫人，还批评我。

说起革命者的形象，我比较喜欢《青春之歌》里面的卢嘉川，他不修边幅，风趣幽默，外表不那么一本正经，甚至有点儿吊儿郎当，但内心却是很坚强的。不过想来想去，我想不出一个可以称作榜样的人物。

你说的保尔和牛虻都是男性，他们对你的吸引，除了英雄主义的东西外，有没有别的因素？

马：我想是有的。保尔、牛虻都能打动我，对我有魅力。我当时主要不是看重外在形象，而是欣赏性格坚韧、有献身精神的人。牛虻和琼玛的爱情故事很吸引我。当牛虻和琼玛再次相遇时，他已经破了相，琼玛一开始认不出来了。后来琼玛从牛虻的举止言谈中感到他就是自己过去的恋人，但牛虻认定他早晚要为革命献身，就没有向琼玛承认自己的真实身份。直到起义前，牛虻给琼玛留下了一封信，信上说：我永远是一只快乐的大牛虻。最后起义失败，牛虻牺牲了。这样的爱情故事让我刻骨铭心。

叶：那时你懂不懂什么是性？

马：不懂。

叶：我想起《青春之歌》那本小说里一个情节：林道静的爱人卢嘉川牺牲以后，江华出现了，他和林道静一起工作，建立了信任。有一天晚上工作完了，江华说他就不走了，林道静一开始没反应过来，可她马上就明白了，说"那就别走了"，就完了。我第一次看这本书是在上小学的时候，根本不懂是怎么回事，觉得江华这个人怎么这么赖啊。长大了再想起这一段就觉得好笑。咱们那时对性一无所知，清教主义对咱们的影响真是很大。文革前文学作品中爱情还是正面的，是值得追求的美好的东西，但是爱情是无性的，也没有日常生活，是纯粹精神上的东西。

马：说起来性方面的知识，我小时候真是什么都不懂。我十三岁的时候来月经，当时一点思想准备都没有。没有人给我讲过这类事情，我不明白为什么我妈妈事先也不告诉我。我的震惊简直无法形容。尤其是妈妈跟我说以后会一个月来一次时，一种绝望的感觉从头渗到脚，好几天缓不过来劲儿。这是我第一次知道男女之间有这么大的生理差别。我脑子里不断地想：做女人怎么这么倒霉！

叶：所以咱们管来月经叫"倒霉"啊。我妈妈事先也什么都没跟我说。我是在小学时来的，当时班上女生在底下悄悄议论，神神秘秘的，还带着点儿兴奋。谁要是"来"了，就好像获得了某种身份，而且可以不用上体育课。别人上体育课，她们在一旁笑嘻嘻地看，故意气大家。我盼着可以不上体育课，所以没觉得来月经特别可怕。

说起和性有关的事，我在十三四岁的时候，有一阵特别害怕被强奸，老想要是这事发生在我身上，我是不是就得去自杀，不活了。其实连强奸到底是怎么回事我也不清楚，再说当时整个社会治安还是很好的，像强奸这样的刑事案件很少发生。与其说我是怕强奸，不如说是自杀这个做法让我恐惧。也就是说，我知道"贞操"对女人有多重要，为了保持贞操，女人不惜自杀。可这个观念又是怎么来的？家里和学校都没有人说这些。也许是因为在当时很多反映"旧社会"的电影和小说里，女人一旦失去"贞节"，就生不如死，给我留下了深刻的印象。而在文艺作品中，"不正经"的女人都是坏女人，不但生活作风坏，政治上往往也坏。我想共产党的清教主义实际上是加强了"贞操"对女人的重要性。

马：我也想起一件和性有关系的事，从来没跟人说过。我在上初一或初二的时候，可能是因为青春期冲动，一天到晚胡思乱想，老想男的女的什么的。其实那时我根本不知道性是怎么回事。我觉得我不应该有这么肮脏的想法，可是它们又不断地冒出来，我就拼命地压制。

叶：我对性的想象和你的表现形式不一样。我妈妈给我的日记本里，有几幅插图是徐悲鸿画的人体素描，我总爱看。十四五岁的时候我就开始画女性人体，画完了放进自己的抽屉里，不给任何人看。我的那些画文革时抄家被抄走了，还给公开展览了，到讲文革时我再说吧。

马：我也有过那么一阵非常想画人体，但只画女人的。我其实很想画成裸体，但每次总是最后又把衣服给加上了。后来我终于画了一个没穿衣服的，画完脸马上红了，赶快又给涂掉了。于是在以后很长一段时间我又有了强烈的犯罪感。

选自《动荡的青春：红色大院的女儿们》北京，新华出版社，2008年。

# "红色教育"读解（一）
## ——罗治《校园里的阶级斗争和阶级教育》初探

启 之

2017年9月，北京师大女附中的老三届自印了《岁月女附中丛书》，这丛书由《远去的女附中》《口述春秋》和《教育叙事》三本组成。其中最有学术性的是《教育叙事》。在《教育叙事》一书中，集中体现了"狼奶教育"的开展和实施的，是罗治写的《浅谈师大女附中1949-1966的思想政治教育》一文。这篇文章共分五章，其中最重要的是第三章《校园里的阶级斗争和阶级教育》。下面简介这篇文章的内容。

## 一、女附中的学生三类家庭的统计

1957年的"引蛇出洞"之后，毛泽东六次提到右派学生有百分之八十出身地富反坏和资产阶级家庭。[1]毛和他的同事们意识到，中共过去的阶级路线需要调整。家庭出身由此成为划分依靠谁，团结谁，打击谁的基本标准。根据这一思路，有关部门按照家庭出身把学生分成三类，出身革命干部和工人贫下中农的为一类，出身职员家族为二类，出身资产阶级、高级知识分子和五类分子的为三类。反右以后，师大女附中首先要做的，就是摸清这三类人的比例。在卞仲耘的主持下，女附中对1958-1959年的学生出身做了详细的调查，有了下面的统计结果：

---

[1] 见刘小萌：《文革前的"阶级路线"问题——以学校教育为中心的考察》见《记忆》110期。

1. 学生总数 1836 人（1958 年 12 月份的统计），其中出身一类家庭的有 649 人（工农出身 126 人），占学生总数的 35.4%，出身二类家庭的 681 人，占学生总数的 37%；出身三类家族的有 506 人，其中五类分子家庭出身 183 人，占 27.6%。

2. 全校共有团员 535 人，其中出身一类家庭的 277 人，占团员总数的 51.9%，二类家庭出身的 106 人，占 19.9%，三类家庭出身的共 152 人，占 25.5%。

3. 全校少先队员共 780 人，其中出身于一类家庭的 244 人，占队员总人数 31.2%，二类家庭出身 349 人，占 44.7%，三类家庭出身的 187 人，占 24.1%。

4. 团委会干部，一类家庭出身的 57 人，占团委总人数的 57%，58 年占 82%，目前（1959.1）全校团小组长以上的团干部出身，一类家庭的共 87 人，占 64%，二类家庭出身 39 人，占 29%。

从这些数字可以看出，学生的出身于一类、二类、三类家族的各占三分之一。而革干出身的学生高达 523 人，将近全校学生的三分之一（28.4%）。出身五类分子家庭的占全校学生总数的十分之一（9.9%）。这类学生在共青团和少先队中所占比例很小，在团干部中则完全绝迹。也就是说，上升的道路完全被一二类家庭所垄断，而团干部则主要由革干子女担任。令人惊异的是，高级知识分子竟然被列入三类家庭。可见留在大陆和海外回来的知识精英在中共中央心目中的位置。此外，女附中还统计了高中学生的政治表现——

高一（6），高二（4），高二（8），高三（1），高三（2）五个班共计 232 人。对她们政治表现初步统计：

基本解决了立场问题（即对党的方针政策没有怀疑，听党的话，能无条件地接受党的领导，在大是大非问题面前立场较稳，走社会主义道路决心较强，参加政治运动自觉，基本上政治挂帅）的同学在上述人数中有 149 人，占 64.24%。

除个别同学有反动思想外，其他程度不同地存在一些问题，根据五个班的统计，不同阶级出身的同学立场解决的程度是不同的。一类家庭出身同学的 81 人中有 77 人基本解决，占 95.6%。二类家庭出身同学 71 人中有 45 人基本解决，占 63.4%。三类家庭出身的 80 人中有 27 人基本解决，占 33.7%。从这个统计中，可以看出一类家庭出身的同学在立场问题上解决的是比较好的，二类次之，三类问题较多。

阶级观点教育方面：根据高中五个班的统计，232 人中还有 83 人，占 35.82%的立场问题还没有解决。不同阶级出身的同学存在的问题也不同，二类家庭出身的同学比一类问题多一些，三类家庭出身比二类多一些。三类家庭出身中五类分子家庭出身的问题尤其多。这虽然是高中五个班的初步统计，但它具有典型性，值得今后工作中参考。（罗治《浅谈思想政治教育》，载《教育叙事》页 157—158，自印书，2017 年）

一类家庭出身的同学根据五个班的统计，有 95.06%同学立场基本解决。一般说来，这些同学立场较稳。对党的感情较深，但有程度不同的"自来红"思想。二类家庭出身的同学有 63.4%基本上解决了立场问题，这部分同学一般说来是拥护党的方针政策的，和党也有一定感情。但不深。三类家庭出身的同学，有 33.7%基本解决了立场问题，但有 66.3%的人问题没有解决。他们的进步常"患得患失"，重视别人对自己的信任。五类分子家庭出身的同学，虽然也要求进步，但有的人常带出"假象"，不巩固，个别人还有程度不同的抵触情绪。

上述文字告诉我们，女附中衡量一个学生好坏的标准，首先是对党的态度。"对党的方针政策没有怀疑，听党的话，能无条件地接受党的领导"就是好学生。这意味着好学生就是那些丧失自我的"革命的螺丝钉"，而坏学生则是那些还保留一些自我，并不那么听话的人。其次是对党的感情，这是进一步的要求。听话是行动层面的，士兵都知道服从命令听指挥。爱是发自内心的。学校要求学生们向雷锋学习，也就是要求她们像雷锋那样爱党："母亲只生了我的身，党的光辉照我心"。也就是说，女附中不但要求学生放弃思考，而且要求她们与党建立起精神的血缘关系。热爱党就要忠于党，也就是热爱忠于党的领袖，对毛的崇拜与对党的迷信一道培养起来。

卞仲耘和她的同事们应该感到欣慰，在她们调查的五个班中，一类家庭出身的学生中，有95.06%的"立场基本解决"，也就是说，革干和工农子女的绝大多数都成了愚民式"螺丝钉"。二类家庭出身的学生中，"有63.4%基本上解决了立场问题"，但她们对党虽有一定感情。"但不深"，这意味着，职员家庭出身的学生中，有一半以上成了还需要进一步加强爱党教育的准愚民。在三类家庭出身的学生中间，"有66.3%的人问题没有解决"，这说明，大约有三分之二的学生，还保持着自我思考能力，对党的方针政策有所怀疑。她们之所以"患得患失"，是因为她们还没有完全被集体意识淹没。她们之所以"重视别人对自己的信任"，是因为其父辈的惨痛经验告诉她们，在这个世界里，她们很难得到别人，尤其是组织的信任。至于她们常带出"假象"，则是因为不允许表达真实的思想感情。而个别人有程度不同的抵触情绪，是因为她们感到了生活对她们的不公平。

## 二、女附中对阶级路线的贯彻落实及其后果

有了三类家庭出身的统计，有了对高中五个班的调查，女附中下一步的任务就是如何贯彻落实党的阶级路线。学校做的第一件事，就是给一类家庭出身的学生"开小灶"，培养她们的接班人意识。66届高中生周静回忆："从60年代起，学校开始贯彻阶级路线，干部子弟与普通子弟明显分开了。回想当时的情况觉得非常神秘，具体行动是下午下了第二节课后，也没有听到看见公开的通知，就发现班里少了一些同学和座椅，事后听同学们说是学校召开干部子弟会，参加会议的干部子弟都是革命的接班人，给他们开会是要求他们接好革命的班。"[2]

67届高中生孙行玲发现"学校对干部子弟与我们明显不同，召集她们的报告会座谈会，我们是不能参加的。她们回来后表现的那种自豪感让我们自惭形秽。……学校对不同出身的学生的不同态度，明

---

[2] 罗治《浅谈师大女附中（1949-1966）的思想政治教育》，载《教育叙事》页160。

明就是在说，'红五类'是革命的主力军，'黑五类'是革命的对象，而两种出身也就带来了'革命'与'反革命'的遗传基因。"[3]

66届初中学生叶维丽出身一类家庭，有资格参加这种神秘的报告会，她对这种革命接班人教育有较详细的描述——

我们学校在礼堂开过一次全校干部子弟大会，这是头一次这么公开地把人按出身区分。每次在礼堂开会都要从教室带上椅子去，全班走的时候桌子椅子稀里哗啦响成一片。那次开全校干部子弟会，班上大部分同学都默默地留在座位上。我搬动椅子时动作尽量轻，感觉有点不自在：平时都是挺要好的朋友，怎么就这么把人划分了？我的好朋友是我的同桌，平时我们经常一起进进出出。她家庭出身不好，留在座位上没动，我走时心里有些歉意。

那次会的内容无非是说我们这些无产阶级后代对革命负有特殊的责任。我们学校有个副校长叫胡志涛，是抗日战争时期参加中共的老干部，说话富有煽动性极强，能让你热血沸腾，像我这种冷血的都爱听她讲话，更别提那些特爱激动的人了。那次也是她来讲，她说干部子弟比一般人的担子更重，老子打江山，要靠你们来接班。[4]

这里提到的副校长胡志涛，同卞仲耘一样，也是一位老革命，她是一位激情的演说家和宁折不弯的硬骨头。"八·五"那天，"她在雨点般落下的棍棒拳头中始终昂着头，学生让她喊：'我是牛鬼蛇神''我是反党分子'，她坚决不喊。学生想用墨汁强行把她抹黑，她挥臂奋力抵挡，她的反抗越强烈，挨打越重。铜头皮带，带铁钉的木棒，劈头盖脸地挥舞，衣衫撕裂，鲜血飞溅，她艰难地一次次抬起头，不屈的眼神依然明亮。她大声疾呼：'同学们，你们要维护党的政策！''党的政策就是党的生命！'"[5]

---

3 孙行玲：《透视真实的自我》，载《远去的女附中》页181。

4 叶维丽、马笑冬口述：《动荡的青春——红色大院的女儿》页85-86，新华出版社，2008。

5 丁东红：《我的妈妈胡志涛在"八·五事件"前后》，载《远去的女附中》页414，自印书，2017。

胡志涛哪里会想到，正是党的政策把这些花季少生变成了打人凶手，正是她和卞仲耘等校领导对党的政策的贯彻落实，将干部子女变成了只有激情没有头脑的愚氓。而死在干部子女手下的，以卞仲耘为首的上百名北京市的教育工作者，不过是革命接班人献给党，献给"红太阳"的祭品。

叶维丽提道："当时一张全国性的报纸发表了宋心鲁给干部子弟的一封信，信中也是讲干部子弟对革命有特殊责任的话，责任感加特权意识，那信的影响很大。""责任感和优越感是分不大清的，干部子弟成了特殊阶层，革命的'特种部队'，这给文革做了铺垫。"[6]

优越感来自责任感，责任感和优越感产生特权意识，三者三位一体。陈云的儿子陈元多次对阎淮讲："统治阶级要有统治意识""对干部子女政策的出发点应是阶级利益。它是阶级政策的一部分。"[7] 陈元所说的统治阶级，显然不是宪法上所说的"工人阶级领导的工农联盟"，更不是宪法所说的一切权力的属于者——"人民"，而是从中央到基层的各级掌权者，是占有政经文化资源的权力阶级。邓小平的儿子邓朴方曾告诉前体改所的负责人陈一咨他理解的改革："改革就是，谁有本事，谁就从国家那里捞一块。"[8] 邓朴方所说的"本事"，不是本人的才智，而父母的权力。这种权力在"不挖祖坟论"的保护下，让八十年代的干部子女出国经商当官发财，使六十年代的干部子女，在阶级路线的保护下获得了入团入党、当团班干部、转学、升学的便利，以及特供带来的吃饱饭吃好饭的好处。等待二类三类家庭出身的学生的，就只能是歧视、屈辱和不公。

女附中66届高中生张立雄记得，她上初二时，班主任发展了班里的第一个团员，一个非常不起眼的学生××。学生们不满，质问班主任，为什么不发展热心为大家服务，在同学中享有很高威望的生活班长？老师唯一能拿得出来的理由，就是这个同学的出身："××的

---

[6] 出处同前，页86。

[7] 阎淮：《进出中组部——一个红二代理想主义者的另类人生》前言，明镜出版社，2017。

[8] 《陈一咨回忆录》页213，香港新世纪出版社，2013。

父母兄姐都是工人,他们阶级立场坚定,阶级感情深厚。而生活班长家里是有问题的。""这一番话让我们一群十四五岁的小女生无言以对,想不到评价一个同学要从阶级立场、阶级感情和出身出发。我对这些词汇有一种恐惧感,又不敢多问。"[9]

65届高中毕业生高忆陵在回忆录中讲了这样一件事:

> 坐在我位子后面的××,是个沉稳坚毅学习优秀的同学,我跟她不仅初中同学,还是舢板队的亲密伙伴……大抓阶级斗争后,老师对团干部说,××的爸爸担任过国民党电台的什么职务,她肯定对新社会心怀不满,你看她不像一般同学那样开朗痛快,经常沉默,有看法不说。在"分析排队"中,她就被"分析"为"骨子里对党不满。"
>
> 那时,我搞不清××家里是怎么回事,但一个"国民党",一个"电台",就足以让我们带上"阶级斗争"的有色眼镜。老师不断启发我们:××的所做,与其他同学有什么不同。要求我不断克服阶级观念薄弱、政治嗅觉不敏锐的问题,从思想上行动上疏远××,并在班上采取了孤立××的做法。[10]

前一位老师恐怕是出于无奈,后一位似乎更主动更自觉一些。不管心里怎么想,作为女附中的教师,他们都必须为这一阶级路线工作。那些对这一路线有所抵制,或以"不唯成分,重在表现"为盾牌的教师不免要受到干部子女的攻击。

罗治所在的高一(2)班,干部子女要求撤换班主任和班长的事,说明了当时教师的处境。当时的高一四个班,有三个班的班主任和学生班长都是好出身,只有高一(2)的班主任和班长出身不好。这个班的干部子女认为,这是学校执行了错误的阶级路线,闹着要改选班委会,撤换班主任。在改选班长的会上,干部子女当众质问班主任,为什么重用家庭出身不好的人当班长?班主任解释,他在贯彻党的"有成分论,不唯成分论,重在表现"的政策。没有违背党的阶级路

---

[9] 罗治《浅谈师大女附中(1949-1966)的思想政治教育》载《教育叙事》页159。
[10] 罗治《浅谈师大女附中(1949-1966)的思想政治教育》,《教育叙事》页166-167。

线。那些反对他的人就说他是"物以类聚，人以群分"。因为班主任的坚持这个改选会不欢而散。

师生关系到了这个地步，不用说尊师重教的优良校风，就是起码的文明礼貌也被破坏了。罗治告诉人们，到了 1965 年文革前夕，部分干部子女发展到对出身不是红五类或者不是党团员的老师极不尊重，师生关系趋于紧张。高二某班一干部子女骂了老师，老师责问她为什么骂人，她的回答是"我就骂你！"深感委屈的老师，一晚上哭了两次。这位老师出的作文题，革干出身的学生××不愿做，当时就和老师吵起来。[11]

更严重的事，在北京市别的学校发生了。1964 年 6 月，北京六中的一些干部子弟认为，六中执行了错误的阶级路线，团组织对干部子弟申请入团要求甚苛，有些人只因为小缺点就不能入团，或者拖延很长时间才批准。而对于出身不好的学生，团委会却主动发展，硬拉进团内。中宣部对相关报告做了批示："青年团照这样发展下去，就很危险，将来会是地富反坏右的后代接我们的班。小赫鲁晓夫已经有了，不可熟视无睹让他们夺团的基层领导。否则，阶级斗争成了空话。"在随后而来的社教运动中，以团中央书记处书记带队的工作组将六中党支部的正副书记打成"走资派""反党集团"，副书记被开除党籍，团委书记被开除党籍、团籍，正书记的定性是"丧失了无产阶级立场和政治警惕性"，但被从宽处理，免于处分。[12]

北京四中也发生了类似事件。六名学生给中宣部部长陆定一写信，"揭露四中当权的实力派排斥出身好的党员干部，在学生中不贯彻党的阶级路线。对学生中的政治思想问题不闻不问等等。"高中学生中的一些干部子弟还批斗了一些学生和教师，并酝酿罢课罢考夺权。如果不是北京市委派出的工作队有力弹压，这些计划就会得逞。[13]

---

11 同上，页 169。

12 李晨主编：《北京中小学教育若干问题的回顾》，页 231--236。文革后，这三位六中领导问题性质的认定和处理均被平反撤销。

13 同上，页 236-237。

这时候,校领导和部分教师已经处在挨批挨打的地位上。他们没有挨打,只是因为社会没有乱,学校还有人管。

人们说,社教运动"为后来学校开展文化大革做了思想上,理论上和舆论上的准备。"[14] 其实,这个准备早在58年贯彻阶级路线时就开始了。从这个意义上讲,卞仲耘是她努力贯彻的阶级路线害死的。

## 小 结

文革前,这所中学贯彻阶级路线,教师(班主任)在政治上给干部子女以照顾,使干部子女在转学、升学、入团、当班干部等方面享有特权。与此同时,校方又通过教师打压歧视三类家庭出身的学生。享有特权的干部子女得寸进尺,要求更换班主任,撤销班长。享有特权的干部子女对学校的阶级路线提出批评,从要求市委处理对他们不够照顾的校领导,发展到批斗教师,要求更大的特权,直至夺取学校的领导权。

这篇文章揭示出,花季少女向校领导挥起铜头皮带与校方贯彻阶级路线之间的逻辑关系。

选自《记忆》第222期。

---

14 同上,页240。

# "红色教育"读解（二）

## ——罗治《浅谈师大女附中的思想政治教育》

**启 之**

在师大女附中自印的三大本"岁月丛书"中，《教育叙事》一书对研究十七年中学的红色教育最有帮助。而罗治的《浅谈师大女附中的思想政治教育》一文，则是研究红色教育的核心"思想政治教育"的宝贵文献。此文既有大量实例，又有理论分析，加上作者的现身说法，更富有说服力。可以说，这是一部中学生思想改造的微观历史。本文只是罗治这篇文章的缩写版，旨在向读者推荐这本书和罗治这篇文章。

## 一、什么是社会主义思想，什么是资产阶级思想，教育部门从一开始就没弄清楚

作者告诉我们，1957年是思政教育的转折点，之前的重点是爱国主义，之后的重点是阶级斗争。从那时起到文革，政治的势力越来越大，思想的空间越来越小，家庭出身越来越成为决定个人前途的要素。十七年的后半期，兴无灭资成为中学思想教育的指南。

最早的兴无灭资来自1954年1月全国中学教育会议，在这个会上，中央文化教育委员会秘书长钱俊瑞做了《关于加强政治思想教育问题》的报告。报告提出："政治思想教育的工作任务是在学校中，努力扩大和加强社会主义思想阵地，着重批判各种资产阶级的思想，并继续肃清封建买办思想残余。"（《教育叙事》页137）。钱俊瑞当时

没告诉人们,什么是社会主义思想,什么是资产阶级思想。后来他升任文化部副部长,兼政务院文教办主任,直到文革中被抓进监狱,也没把这两个概念说清楚。事实上,他也说不清楚。非但他,所有的施教者都说不清楚。因为授命他们的中共中央就稀里糊涂。文革后,邓小平承认,什么是社会主义,什么是马克思主义,我们也没弄清楚。

没弄清楚就加强,就批判,其结果就只能是越加强社会主义思想阵地,那些非社会主义思想:皇权的、游民的、小生产者的、帮派的思想就越多越强大。越批判资产阶级思想,那些普世的思想理念就越稀薄。整个毛泽东时代的思想政治教育,就是在这样的"雾霾"之中进行的。女附中人所受的苦,皆源于此。

## 二、时事政策教育:在国际方面,灌输错误理念,掩盖真实情况;在国内方面,歪曲事实,混淆是非,把学生愚昧化

1957年以后的九年中,女附中的思想政治教育就是围绕着时事政策、革命传统和革命人生观这"老三样"开展的。这里先说时政教育。

顾名思义,时政教育就是讲解国外形势,国内大事。教育的方式,除了政治课之外,还有共青团、少先队或班集体组织的时事报告。报告者或本校,或外请。学生们被告之,为什么苏联变修了,什么是"三和一少",为什么帝国主义就意味着战争,如何看待战争,为什么要反右,要搞三面红旗、阶级斗争、四清。为什么之后,是宣讲各种运动的辉煌成果。讲解灌输的同时,还有各种活动:国庆游行练队,上街游行反对美帝侵略黎巴嫩,纪念十月革命节,学习"九评"等等。

从中学生在文革中的盲从和狂热中,可以知道,这些教育起了大作用,国际方面,它把错误的观念灌输给学生。比如,所谓苏联变修,完全是中共上层的极左判断。这一判断一是源于对马克思主义的误解,二是源于对国际形势的误判。马克思主义主张发展生产力,主张

"和平长入"社会主义。以毛为首的中共高层无视生产力的发展,他们对马克思主义知之甚少,接受的主要是列宁斯大林主义。上世纪五十年代,世界进入了和平与发展阶段,苏联东欧社会主义国家搞"三和一少",正是适应这一国际形势。而中共逆流而动,仍旧坚持用"战争与革命"的眼光来看待世界形势,在准备打仗的心态下,四处出击。直至把自己弄成了国际孤儿。

国内方面,它歪曲事实,混淆是非。对于同学们提出的问题,中共反右前叫人家提意见,其实是搞阴谋,"放长线钓大鱼"。所谓成绩是主要的,缺点是一个指头的说法不真实,实际情况并非如此。让学生炼钢,误了上课得不偿失。农民生活很苦,与报上宣传的不符等等来自于经验的正确认识。(页148)校方一概按官方口径纠正批判之。

女附中1960--61年的工作总结,欣喜地告诉人们:"通过教育学习,学生对当前形势的认识普遍得到提高。对国际形势开始会用阶级分析观点、辩证观点看问题。初三以上90%的学生都能分析帝国主义存在,战争就可能发生,社会主义强大,战争有可能制止。能从帝国主义的发展阶级本质分析战争的根源了。绝大部分学生懂得了战略上藐视,战术上重视敌人的道理,对于战争的态度应该是一是反对,二是不怕,明确了武器不是人类命运的决定因素。人是起决定作用的。对于国内形势,不仅要从经济看,还要从政治上看,尤其要看六亿人民对党的领导和三面红旗的态度和克服困难的革命乐观主义精神。同学们了解到片面强调困难或只注意产量是见物不见人的资产阶级观点。……如高三(1)×××(革命干部子弟)说,原来我认为有困难就不能说形势大好,这是因为我思想上缺少了'人是经常起作用的因素'这样一个观点。要看经济形势,更要看政治形势,看人民群众的干劲。要看问题,但必须看到成就看到前途,这样就不会感到形势不好。不少同学通过学习,能用阶级分析观点,辩证观点去分析形势问题,学生们听到的谣言或错误言论时能知道这是什么阶级说什么话。"(页144)

这个总结告诉我们,女附中在把学生愚昧化——学校为学生们排疑解惑的阶级分析和辩证法:什么"人起决定作用",什么"从政治上看",什么"革命乐观主义"等等,说到底都是诡辩和掩盖。文革中盛行的"人的因素第一""精神原子弹""算政治账不算经济账""宁要社会主义的草,不要资本主义的苗"等等极"左"的思想观点,皆本于此。

## 三、革命传统教育：忆苦思甜成了为党，为领袖歌德效忠的工具

革命传统是"党在领导中国人民进行民主革命、社会主义革命和建设的长期斗争实践中形成了自己特有的、世代相传的优良革命传统。"按照现在的说法，革命传统包括两方面，一革命前辈的英雄业绩和革命精神。和"不为名，不为利，不怕苦，不怕死，一心为革命，一心为人民的崇高品德"。二是中共的三大法宝，即实事求是、群众路线、理论联系实际。以及自力更生、独立自主、民主作风，谦虚谨慎，戒骄戒躁，批评与自我批评等。革命传统教育就是这两方面的具体化。

作为中学教育的翘楚，六十年代的女附中在开展革命传统教育方面不遗余力。不过，校方把学习的重点放到了崇高品德和革命精神上，绕开了以"三大法宝"为中心的优良作风。不管这是有意为之，还是无意之选，反正这是一个聪明的选择。在大跃进、放卫星、三年人祸之后，再给学生们谈中共的实事求是、群众路线、理论联系实际和谦虚谨慎，要么是没心没肺，要么是黑色幽默。

从现有的纪录上看，女附中最有成绩的是"三老四史"教育。"三老即老工人、老农民、老革命干部。四史即家史、村史、厂史、社史。"长辛店老工人、翻身农奴、老红军、售货员、炊事员、司机被请上女附中的讲台，痛诉家史，对比今昔。"组织报告共约二百余次"，初一年级还访问了龙须沟的老居民，访问后，各班座谈收获，写作文。此外，"每学期两周下乡劳动，通过访贫问苦以及在农民家同吃同住同劳动。比较深刻地认识到贫下中农坚定的阶级立场和深厚的阶级感

情,也认识到地富反坏右分子的丑恶面貌。……在贫下中农的指引下,'识别'地主富农(基本属于后代),增强对阶级敌人的仇恨。……通过忆苦思甜会激发阶级仇恨,加深对党和领袖以及新社会的热爱。"(页145-146)

红色文化的第一大特点,就是歌德与效忠。"三老四史"教育通过忆苦思甜和今昔对比,大力鼓吹党、毛的恩德,以热爱为起点,以效忠为能事。"天大地大不如党的恩情大,爹亲娘亲不如毛主席亲"水到渠成。在推广个人崇拜与一党迷信上,这一教育大有功焉。

## 四、革命人生观和革命理想教育

现在的学校讲"三观"——世界观、人生观、价值观。那时的中学似乎只讲两观:人生观和世界观。世界观是唯物唯心,有神无神,离中学生太远。因此,让中学生树立革命的人生观就成了思政教育最高任务。按照书本上的说法,人生观一看态度,二看目的。革命的人生观要求树立无产阶级的思想感情,对人生采取积极进取乐观向上的态度。同时,要求持此观念者为人民利益而生,为人民的利益而死。据此,它自诩为人类历史上最先进、最科学的人生观。

女附中的"学生们学习了国内形势后对参加农业生产,从思想上认识不清,对教育方针,要培养的目标也不够明确,针对学生的思想,从初一到高三全校开展了学习党的教育方针的运动,经过鸣放讨论辩论,教育学生要立志做有社会主义觉悟有文化的劳动者。配合学习组织看了《朝霞》等影片。"(页143)《朝霞》是1959年长影生产的儿童片,影片通过新华小学的勤工俭学,宣传教育与劳动相结合的思想。长影拍这部影片也是为了配合宣传党的教育思想。而放映这部影片是校方的精心选择。

教育方针涉及到学生们的前途,是否心甘情愿地当个普遍劳动者,这是人生态度问题,也是革命理想问题。为了把学生的人生观提高到革命的高度,学校狠抓学生的活思想,经常搜集学生的思想动态。

活思想之一是阶级意识模糊，资产阶级和小资情调泛滥。"初中学生不知道中国社会在过渡时期存在着什么样的阶级，对于地主阶级，只是从电影《白毛女》等片子里看过，对资本家的认识也如此。""同学们对《货郎与小姐》《盘夫索夫》《李慧娘》《求婚》感兴趣。老师不让演，学生还瞪眼吵。初三有个学生看《柳毅传书》这部电影看了七遍，另一个学生看了二十遍，初二有个学生爱看十八九世纪的外国文学作品。自己的作文中写'我像二月的紫罗兰，早熟而易凋'。"

活思想之二是愿意做脑力劳动，不愿意做一个普通的劳动者。一个出身旧职员的少先队员说，她长大要做医生或工程师，多挣钱，过富裕生活。一个出父亲是资产阶级知识分子的团员表示，她想考大学，将来做专家，到农村工厂干一辈子，她想不通。还有一位出身资产阶级的群众认为："可怜那些没上过学，平平淡淡地度过了一生的人。"学校记下了这些人的出身、政治面貌和所在班级，"以便进一步有针对性地做工作"。（页146-147）

显而易见，这是一个艰难的工作，女附中的思政工作者要跟人性和常识作战——男女之爱，跨阶级越种族，为什么《白毛女》比《李慧娘》革命？人之心绪有高有低，为什么紫罗兰就是资产阶级？多挣钱，过好生活，乃人性之所在。共产主义不就是让大家都过上富裕生活吗？为什么有这种想法就要挨批？既然工作有脑体之分，为什么非要我做体力劳动者？我想当专家学者医生工程师有什么错误？……

在党的保护下，女附中的思政工作者胜利了，有上述活思想的学生们失败了。扭曲的人性和混乱的思想迎来了十年浩劫。

选自《记忆》第215期。

# "红色教育"读解（三）
## ——《教育叙事》："女附中的劳动教育"浅议

启 之

《教育叙事》是"岁月女附中丛书"中的一本，内容是记述文革前北京师大女附中的语文、数学、体育、音乐、思政、劳动等课目的教学。因为我一直关注"红色文化"，所以先读了书中的"劳动教育"一章。"红色文化"在特点之一就是"工农化"，而这一章其实就是从教育角度讲述毛泽东时代是如何通过劳动教育，把中学生工农化的。

## 一、民国教育：脑力和体力不可偏废

清末民初之交，中国的教育从传统转向现代。培养学生的劳动意识和职业技能成为新式教育的内容之一。1912年教育部将手工课列入《中学校令实施细则》，其用意即在此。当时很多中学因条件限制未能执行，而女附中的创办者欧阳晓澜先生全力践行，除手工外，还加设了家事、缝纫、园艺。把劳动课引入中学教育。女附中以"勤慎"为校训，将"我们努力读书与做工"写入校歌，如此章的作者刘进所说"体现了脑力和体力不可偏废的教育追求，以及对劳动的尊重。"（《教育叙事》页285）。

民国时期的主流教育思想，是培养资本主义社会需要的知识分子，这种人不再是肩不能挑，手不能提的旧式文人，而是具备现代精神的知识精英。他们知道劳动有高低之分，但是受过自由平等博爱的熏陶，知道应该以人道主义对待工农。他们崇尚脑力劳动，甚至相信

"万般皆下品,唯有读书高",但是也崇尚自食其力。他们鄙视体力劳动,但也重视体力的强健,而把必要的体力工作看作现代人必需的课程。

## 二、红色教育:"长大要当工农兵"

中共建政后,各个领域都破旧立新,新的意识形态深入到教育之中。使办学目的、培养目标和课程设置都发生了根本性的变化。此时的办学,不再是面对社会,而是面对工农兵。学校不再是培养知识分子,而是培养"有社会主义觉悟,有文化的劳动者"。与此相适应,在课程设置上,文化课的地盘缩小,思政课和劳动课日益坐大。教育思想在这时发生了翻天覆地的变化。

第一,教育部门把劳动课纳入课程之中。党管一切,所有的学校都要组织学生们参加体力劳动。民国时期学校教育中长期存在的各行其是的状况不复存在。到农村去干农活,成为最便捷的开课方式。

第二,劳动不再是培养职业技能,而是为了让学生改变立场观点。劳动也不是以"勤"治懒,养就良好的生活习惯,[1] 而成为衡量学校思想教育工作的重要指标。仅仅尊重劳动已经远远不够了,让学生热爱工农,接受工农的思想和生活方式,以至成为他们中的一员,才是党和国家赋予劳动的时代精神。"一颗红心,多种准备","长大要当工农兵"。

第三,与此相适应,学校教育中的劳动时间增加,文化课相应减少。教育当局有很多具体的要求和规定。如1957年北京市教育局修订教学计划,要求学校"每周劳动时间为半天,生产劳动课可利用此时间。""为了达到上述要求,适当减少历史、地理和生物谭的授课时数。"(《教育叙事》页290)。1962年教育部通知,要求"城市全日制中学应该保证全年教学时间九个月,劳动一个月。"1963年教育部要

---

[1] 民国时期,女附中以"勤慎"为校训。意为"勤则不匮,慎则寡过"。

求"必须加强对学生假期为农业服务的思想教育,加强生产知识的教学。"

第四,抬高体力劳动,打压脑力劳动。最后走向了反智主义,读书无用。这是一个由渐变的思想/社会的改造过程。开始是抹杀脑体的差别,把两者说成是同等的,没有高低之分。如1954年4月6日,教育部、高教部联合发文:"一切劳动都是光荣的,社会职业只不过是劳动上的分工,它们之间是没有什么高低贵贱之分的。"[2] 进而把区分脑体劳动视为资产阶级思想。1954年3月5日女附中教务处副主任卞仲耘老师给全体团员讲话时说:"所谓体力劳动和脑力劳动之分是资产阶级所遗留的文化高低之分。"《教育叙事》页298)。

体力劳动借着工农的光,上升到脑力劳动之上。知识分子在政治等级上,被排到了工农后面。读书不吃香了,主流话语整天鼓吹到工厂农村去。到了六十年代初,高中毕业当一辈子农民就成了潮流。1960年女附中出的《劳动》第二期上刊登了一位高中生的活思想:以前"我心里不愿意长期从事农业劳动,作一辈子农民。……我愿意的是成为一个能劳动的知识分子就行了。这种思想的产生,是因为在我脑子里还存在着'万般皆下品,唯有读书高'的资产阶级思想,认为体力劳动是最简单的,而脑力劳动是复杂的、伟大的,把劳动分成了等级。……我一定听党的话,一旦党号召我去农村,我将欢欣鼓舞,踏踏实实地在农村干一辈子,成为一个新型的农民,向邢燕子学习。"(《教育叙事》311页)

到了这个时候,就离"广阔天地大有作为","接受贫下中农的再教育""臭老九","知识越多越反动""五七干校"不远了。

文革后,教育思想又回到了民国。在承认劳动有脑体之分,高低之别的同时,尊重劳动人民。知识分子代表了先进生产力,体力劳动被放到了原来的位置上,工农化变成了知识化——用了几十年绕了一个大圈,如今又回到了欧阳晓澜先生的出发点。

---

2 (《对高中毕业生进行关于升学的思想教育的通知》,《教育叙事》页299。

## 三、知识分子"工农化"是开历史倒车

工农化其实就是农民化,让知识分子农民化,让城市农村化既违背历史潮流,更违反客观事实。事实上,知识分子是农民的教育者,农民是受教育者。

"毛泽东提出的知识分子向贫下中农学习,不但违背马克思对农民的评价和列宁的灌输论,而且也与客观事实和历史潮流背道而驰。近现代人类社会的发展证明,知识分子的地位愈来愈重要,人数愈来愈多,也愈来愈成为推动社会进步的主要力量。农民则相反,那种被马克思描写为生产落后,思想保守,留恋过去,缺乏自信,寄希望于清官好皇帝的农民,必须走向衰落和消亡。当然,知识分子也不应该高高在上,看不起农民,而应当虚心学习农民的长处。但是依发展的观点和就整体来说,更多和更主要的还是农民向知识分子学习,走向现代化。因此,提出知识分子向贫下中农学习的号召,以及按这个精神采取的政策和措施,如知识青年上山下乡啦,迁移大批城市居民下乡务农啦等等,实质上都是倒退的,开历史倒车的行为。不但对这个群体和个人来说是很大的损失,而且直接影响和妨碍社会进步。"[3]

毛泽东说知识分子的思想感情中有一个小资王国,与农民格格不入,只有思想改造好了,才觉得脚上有牛粪的农民最干净。何方说得好:"知识分子的思想感情和生活方式不会也不应该改造成农民的,我就不相信毛泽东住的中南海会允许脚上带牛粪的农民进去,也不相信他和其他高级领导人各地住所和游泳池旁的红地毯上能够让贫下中农走来走去。如果真正实事求是的话,说的和做的完全一致的话,就应该承认,知识分子代表文明和进步,农民表现了愚昧和落后。"[4]

---

3 《从延安一路走来的反思——何方自述》(下),页430,明报出版社,2007年。
4 同上,页431。

## 结语

这本书的作者多为《记忆》的撰稿人：冯敬兰、朱晓茵、罗治、李红云、刘进。几年来，她们遭遇的挫折和打击，我时有耳闻。在感佩其执着坚韧的同时，也为我的母校北京四中惭愧——这所与女附中齐名，培养出林立国、薄熙来、孔丹、刘源、马凯、俞正声等大人物的中学，在反思文革，总结历史教训方面，不能望女附中之颈背。

披阅之际，我时常想起贝多芬的命运交响曲——明知这套书也跟《远去的女附中》一样无法出版发行，编撰者不屈不挠，"扼住命运的咽喉"；以柔弱之躯，扛起时代的铁门，为这一浮夸喧嚣的世界投下了一束异样的光。

选自《记忆》第 211 期。

# 《小美人鱼》和我们所缺失的爱

唐 燕

一

去年我的外孙 Clark 的暑假活动之一是参加了一个 Drama Camp（戏剧夏令营），二十个 8 至 10 岁的孩子在一位执导过《狮子王》《美女与野兽》《音乐之声》和《爱丽丝梦游仙境》等儿童音乐剧的资深导演和一位刚从某大学音乐系毕业的大学生的指导，以及一位节目助理和两位志愿者的协助下，排练了百老汇经典儿童音乐剧《小美人鱼》。

两周后，Clark 邀请他的爷爷奶奶、外公和我、当然还有他的爸爸妈妈及 4 岁的弟弟去市舞台艺术中心观看了他们的汇报演出。到剧场后我们发现，20 名小演员的亲友们把小剧场的座位几乎坐满了。

《小美人鱼》根据安徒生的童话故事《海的女儿》改编：美人鱼爱丽儿厌倦了海里的生活，她不顾父王不许跟人类接触的告诫，对陆地上人类的生活充满好奇。在一场狂风暴雨雷电交加的夜晚，爱丽儿救了沉船上的王子并爱上了他。女巫可以帮她变成人类三天，但要以夺去她美妙的歌喉为代价。三天内，她必须得到王子的吻（导演让不足十岁的两个男女小演员改为拥抱），否则，爱丽儿将变回鱼并属于女巫，而女巫将用爱丽儿挑战她父王对海上王国的统治权。

爱丽儿的朋友们热情地伸出援手，设法帮助爱丽儿夺回了女巫装有爱丽儿歌喉的海螺，并破除了女巫对王子的魔咒。王子认出了曾经救他的爱丽儿，两人热烈拥抱。国王理解了女儿，并衷心祝福他们。全剧在欢快的婚礼歌舞中结束。

虽然，这个改编的音乐剧没有像安徒生的原著《海的女儿》那样点明：鱼不同于人有一个不灭的灵魂，爱丽儿毅然离开了瑰丽丰饶的海底世界，离开了自己的亲人，付出了所有，勇敢地使自己变成人，并得到了人类王子对她的爱，是因为这爱与灵魂相关。但是无疑，通过两周的排演，孩子们被潜移默化地灌输了"爱"。

在《海的女儿》里老祖母对爱丽儿说："只有当一个人爱你，对你比对他父母还要亲密的时候，只有当他把他全部的思想和爱情都投入到你身上的时候，只有当他让牧师把他的右手放在你手里，答应现在和将来永远对你忠诚的时候，他的灵魂才会转移到你的身上，他才会分给你一个灵魂，同时他自己的灵魂也才能保持不灭，你也才能得到人间的快乐。"

西方人经常以童话故事的方式向孩子们灌输纯正的男女之爱，他们注重爱的教育爱的熏陶，认为爱与被爱是人最重要最宝贵的情感和能力。尽管爱与生俱来，是上帝赋予我们的生命本质，但是爱也要被培养被强化。爱的成长和提升需要爱的环境，只有在爱的浇灌和抚育中，孩子们才会逐渐感受、珍惜爱，并对他人无条件地付出爱、回报爱，心里才不会埋下仇恨和暴力的种子。

异性相吸是人类的本能和正常的情感，恋爱同样是青少年的人权和自由。恋爱可以满足他们渴望接近异性的心理，缓解学习和生活的压力，得到情感寄托，提高情商、智商和自信心，还可锻炼培养他们人际交往的能力。情感经历在青少年阶段不可或缺，成长期有恋爱的体验不仅给日后的人生提供温馨甜美的回忆，还可为将来成人后的恋爱和婚姻打下坚实的基础。

西方人尊重青少年男女之间的爱慕之情，鼓励他们有自己精神上的独立空间，同时告诫他们不可轻易偷吃禁果，从恋爱一开始就既要对恋人也要对自己的当下和将来负责。他们不理解为什么一些中国的学校和家长把青少年的恋情视为洪水猛兽、围追堵截，他们说只在中国人中广泛使用的"早恋"这个词很奇怪，他们认为青少年在青春期对异性产生好奇、好感甚至爱恋是美好的事儿，应该得到祝福和正确引导。

西方人还认为，爱的境界高于良心更高于道德。有爱，道德才有底线，才不会胡作非为，才能化解苦难和怨恨，恋恋不舍。抵消掉人性里的丑陋恨恶。没有爱，人性就被扭曲被泯灭。人人都有爱，彼此间才不会歧视和被歧视，才能有生而平等的理念，才能人人都享受到自由平等的权利；也只有每个人都享有资源。平等、教育平等、机会平等，才会有全社会的公平和正义。爱和被爱还能使我们"免于恐惧"，给人的心灵以安全、宁静、祥和和慰藉。

基督教更是主张爱人如己，提倡无条件无等差的爱，秉持慈善、助人、妥协、合作、和平共处、互利共赢和非暴力的价值理念。基督教不把人分为阶级，认为因上帝之爱，人与人之间的关系是平等的兄弟姊妹关系，人的价值不以等级的方式体现，成功者的价值实现也不以对另一部分人的统治和压迫为手段、为代价。

固然每个国家都存在不同的阶级，但有信仰的西方人认为，无论哪个阶级的人都应爱与被爱，都享有尊严，法律给所有人以同样的保护，下层的人不会受到歧视和虐待，不会有冤无处诉。公平正义的理念使阶层不再固化，社会日趋平等。

## 二

看外孙的演出勾起了我童年时排演少儿节目的回忆。记得小学二年级时，老师给我们排演了儿童歌剧《小熊请客》：今天是小熊的生日，小熊邀请他的好朋友们来家里做客。小熊边唱边做准备："把地扫干净，桌子椅子擦干净。朋友来了多高兴，多高兴！朋友来了多呀多高兴！"

小熊为小兔准备了好吃的胡萝卜，为小猫准备了鲜美的小鱼，为小狗准备了香喷喷的肉骨头，为小鸡准备了好吃的虫子。

小猫、小狗、小鸡、小兔带着自己的礼物，分别唱着：

"喵、喵、喵，/汪、汪、汪，/叽、叽、叽，/哈、哈、哈，真呀真快活，今天过节小熊请客，我们到它家里去，又吃又玩又唱歌。"

路上，他们各自都遇到好吃懒做的狐狸，狐狸要跟他们一起去小熊家，但遭到他们每人的拒绝："狐狸！狐狸！你没出息，你自己不劳动，还想白白吃东西，我呀，哼！我才不带你。"

他们在小熊家吃了丰盛的晚餐，又唱又跳，玩得可开心了！

这时狐狸来敲门，被他们用小熊盖房剩下的松果打跑了。

他们高兴地唱"喵、喵、喵，/汪、汪、汪，/叽、叽、叽，/哈、哈、哈，赶走大狐狸，心里真高兴，跳起舞来唱起歌，高高兴兴做游戏！啦啦啦……"

从三年级（1959年）起，我们就开始排演政治色彩越来越浓厚的节目了。

比如那时我们排了由我校老师自创的快板剧《人民公社好》：

三个高年级的男生扮演三位工人老大哥去新成立的农村人民公社参观：

甲："打竹板，响连天，咱们到人民公社去参观。"

乙、丙："走，说走咱就走，（是）迈开大步走的欢。"

然后三人边说快板边绕着舞台走几圈后，到了人民公社：

丁："听说你们来参观，社长我心里真喜欢。"

甲、乙、丙："我们几个来参观，实在给您添麻烦，"

丁：（打断他们）"什么麻烦不麻烦，这么客气为哪般？"

他们参观了公社的农田、食堂、敬老院等后，来到公社幼儿园，我们三年级的几个女生扮演公社幼儿园的小朋友给来访的客人表演舞蹈"拔萝卜"。最后，快板剧在"人民公社好！""人民公社就是好！就是好！"中结束。

我们还排演过把歌曲《哈瓦那的孩子》改编成有玛利娅、爸爸、妈妈、庄园主四个角色的小歌剧：

美丽的哈瓦那，那里有我的家，明媚的阳光照新屋，门前开红花。爸爸爱我像宝贝，邻居夸我好娃娃，可是我从来没有见过亲爱的妈妈。

忘不了那一天，我坐在棕树下，爸爸他拉住我的手，叫一声玛丽娅。孩子你已长大，仇恨该发新芽，你日夜想念的妈妈，她再不能回家。

黑暗的旧社会，劳动人是牛马，可恨的美国庄园主，逼死了你妈妈。

妈妈她刚死后，爸爸又遭毒打，沉重的苦难逼着我浪迹天涯。爸爸去闹革命，拿枪去打天下，跟着那英雄卡斯特罗，打回了哈瓦那。

赶走了庄园主，建立了新古巴，工人和农民做了主人，再不会受欺压。祖国像太阳，生活像彩霞，可惜你亲爱的妈妈，没看到幸福的家。

听爸爸一席话，气得我直咬牙，我决心当一名小民兵，保卫新古巴。假如那美国强盗再敢来，一定要消灭它。

五年级时我们排演了歌剧《刘文学》，其中女声小合唱的一段歌词是："天上的星星向我们眨眼，清凉的晚风多么香甜，社里的庄稼多么美好，丰收的海椒多么饱满。我有一个远大的理想，长大要去开拖拉机，奔跑在祖国的田野上，翻起片片肥沃的土地。亲爱的毛主席，我永远听你的话，我永远跟着你，把我的一切献给共产主义。"

接着的男声小合唱，我只记得第一句："忽然间一条黑影闪进了海椒田，刘文学急忙赶上前……"

上中学后，特别是文革前和文革初，我们表演的多是"牢记阶级苦，不忘血泪仇"一类的节目："旧社会，鞭子抽我身，母亲只会泪淋淋。共产党号召我闹革命"，所以我们要"夺过鞭子——揍敌人！"

正如 Clark 们在排练《小美人鱼》的过程中潜移默化被浸润了爱，少年的我们也在排演这些节目中不知不觉喝了"狼奶"，被或多或少灌输了恨。

"狼奶"的主要成分是阶级斗争和暴力革命，它灌输仇恨，并将仇恨演变成血淋淋的杀戮，它反人类反文明，扼杀人伦之爱。喝"狼奶"的结果颠覆了我们正常的思维方式，扭曲了我们的道德标准，摧毁了我们做人的良知，使我们形成了错误的人生观和价值观。

网查，被狼哺育、喝狼奶长大的狼孩其特点是：性情残暴血腥、不会说话、不惧怕黑暗、不会直立行走。因为他们从下方摄取对外界的印象，所以毫无可能发展人类的智慧。科学家对回到人间的狼孩观察、训练和再教育的实践表明：儿童时期是人心理生理发展的关键时期；回归人间的狼孩要想改掉狼性极其艰难。

我们这一代在成长过程中不曾挺起腰杆抬起头用自己的眼睛观察真实的世界，而是从奴化教育中认识周遭。在传统的亲情伦理被迫让位于阶级斗争的环境里，我们缺乏爱和善的培养以及优秀文化经典作品的熏陶。我们怀着无产阶级的阶级情感，无所不用其极地惩处包括麻雀在内的一切"害人虫"，丧失了上帝赋予我们的良知和恻隐之心，以恨、斗为使命，以粗野、嗜血的狼性为光荣。

我们对学校以外的事一无所知，以为唯有我们生活在被革命先辈扫除了国民党反动派及一切地富反坏的清平世界，是最最幸福的一代；我们真诚地相信世界上还有三分之二的人民处于水深火热之中，所以我们一定要解放全人类。

一旦我们的实际感受与报纸广播教科书的宣传不符，我们就产生负罪感，立刻自我反省、自我批评、自我驯服。我们宁愿相信宣传也不相信自己的感官，我们从来没有怀疑过现实生活的美好，正如那首歌所唱："一块红布蒙住了我的眼睛，你问我看到了什么，我说我看到了幸福。"结果我们人人成了国家机器上的螺丝钉、标准件，彻底失去了判断力和独立思考的能力，更没有独立的人格。

初中政治第一课，我们学的是毛主席著作《中国社会各阶级的分析》，"谁是我们的敌人，谁是我们的朋友，这个问题是革命的首要问题"，我们被教导中国社会被分为不同的阶级、对地富反坏右等阶级敌人要充满仇恨，"像严冬一样残酷无情"；既然是对敌人，就怎么歧视虐待斗争打杀都不过分，根本不懂得尊重生命，不懂得任何人包括"坏人"都应该有人的尊严，任何人的生命都是等价的，哪怕是罪犯也应该得到尊重。

文革初，我们活学活用《湖南农民运动考察报告》，把除了地富反坏右之外又添加的走资派、叛徒、特务、反动学术权威、臭老九等等更多的阶级敌人，统统"打翻在地，再踏上一只脚，让他们永世不得翻身"。

我们只知爱党爱国爱领袖，不知道还有什么别的爱，不懂得对身边每一个具体的人要有爱。我们爱的天性被扼杀，不会用爱的眼光看世界，结果变得孤僻、冷血、偏执、好斗，一旦遇到文革这样的环境，人性恨恶的一面就被激发出来，在理想主义的感召下，在个人崇拜的迷幻里，在对阶级敌人的仇恨中，以造反有理的强烈表现欲和大无畏的牺牲精神，暴露出极其血腥残暴的狼性。

正是由于"狼奶"的哺育，在"红八月"里，红卫兵才戴着八旗子弟血统高贵的蛮横，义和团的愚昧、党卫军的残忍抄家劫舍、滥杀无辜。

那时亲人之间没有爱，因为"亲不亲，阶级分"。即使你的亲娘老子是红五类，也是"爹亲娘亲不如毛主席亲"；如若你的父母、亲人已经被划为或突然被发现是黑六类，你则要坚决和他们划清界限、六亲不认，甚至大义灭亲，最典型的莫过于揭发自己母亲的"反革命"言论并致使母亲被执行死刑的张××了。

那时同学同事当中、邻里之间没有爱，因为人与人之间的关系全都建立在阶级性的基础之上，阶级斗争年年讲月月讲天天讲，阶级斗争的弦被绷得紧紧的，人人时时刻刻瞪着警惕的眼睛，关注着身边阶级斗争新动向。以至于运动一来，就彼此揭发批判，为了自保出卖亲友，落井下石。

那时夫妻情人之间不能谈情说爱，连"婚恋"这样的字眼都被摒弃，代之以"问题"和"作风"：结婚是"解决个人问题"，男女之间没有做到"授受不亲"时，就是发生了"作风问题"。

那时最侮辱人的话是"流氓"，最具杀伤力的武器是"有生活作风问题"。如果某人男女关系不检点，就既是道德问题也是政治问题，领导必深入调查严肃处理，群众则同仇敌忾将其批倒批臭。

文革中，往往有数个胸前挂着"大流氓×××"牌子的"男流氓"和脖子上挂着破鞋的"女流氓"尾随在走资派及地富反坏右们后面一起被批斗、被游街；各种层出不穷的学习班之一即"流氓学习班"，其学员从此背负上耻辱的"红字"，再也无法正常生存，他们当中有些被定为流氓罪后送去劳动教养。

在这样环境下耳濡目染成长起来的我们，对男女之爱的认识无知、愚昧、畸形，违反人性，只有中世纪的水平。打击流氓和流氓活动是红卫兵运动的主要内容之一，我校孙迪老师正是因为所谓"耍流氓"被北京36中的红卫兵打死；师大女附中卞仲耘校长被一个袁姓外校人员指控有"男女关系问题"，极大地激起了红卫兵的义愤，是其被打死的重要原因之一；女附中的红卫兵还曾把她们学校附近餐馆的一位正谈恋爱的18岁女服务员打死，其"罪名"即"女流氓"；有着"理性、克制"之美誉的北京四中红卫兵，据说对他们本校的"走资派"还算讲政策，可是对社会上的"小流氓"却大打出手，毫不留情。

## 三

"狼奶"把我们哺育成了精神上的石男石女，两性之爱自然是我们的盲区、禁区。那时外国电影、小说里描写的爱情统统是资产阶级的低级趣味，肮脏无比丑陋不堪。万恶淫为首，纯洁的无产阶级革命者只应有柏拉图式的精神恋爱。文革期间，我们像被输满了毛指令的机器人，只顾疯狂"打倒一切牛鬼蛇神""荡涤旧社会的一切污泥浊水"；上山下乡后，接受贫下中农再教育，好好改造思想才是我们的主旋律，对男女私情连想一想都是罪恶。

特别是出自男女分校的我们下乡前很少接触过年龄相仿的异性，对彼此的性格、举止、言谈、爱好、情趣等等一无所知，没有感性认识，根本不知道如何对话、交往、相处。在异性面前我们异常紧张、脸红心跳、语无伦次、手足无措。结果同一知青小组的男女生即使天天在一个锅里吃饭，也因视而不见，互不理睬，一点儿都不互相了解。

当与我们不得不有所接触的男生组长偶尔向我们表达关切时，我们虽然内心感激，外表却装出讨厌他的样子。即使在下乡三、四年后，有时爬坡过沟，我们也宁可绕远道，拒绝接受男生好不容易鼓起勇气向我们伸出来的善意的手，怕跟他们有哪怕是一丝一毫的肢体接触。因不知如何应对男生，我们拒他们于千里之外，表现出一副清高孤傲的样子。

记得我们女校几乎每个班都有一两个假小子，她们不买花衣服，从不穿裙子，头发剪得短短的，性格更是豪爽大气，活脱脱一副男孩的样貌和神气，博得很多同学的喜爱。而那些娇小懦弱、爱发嗲喜打扮的女生则被我们视为资产阶级的小姐作风，称她们为"娇滴滴"，为我们大多数同学所不齿。多年后我们才懂得这其实是禁欲主义的女校特有的现象和弊端，我们在男生面前的不知所措，乃至思想极度僵化正是女校留给我们的后遗症。

　　然而再贫瘠的土地也会开出芬芳的花朵，再苦涩的青春也必萌发爱的情感。随着年龄的增长，特别是"九一三"事件后，我们开始大彻大悟，以前紧绷的阶级斗争的弦渐渐松懈了，革命意志终于衰退了，对唱红歌和样板戏不再感兴趣的我们对《外国民歌二百首》爱不释手，当然只是我们女生关起门来偷偷地自娱自乐。我们迷恋着"但愿从今后，你我永不忘，莫斯科郊外的晚上"；憧憬着"青年镟工和铁匠他俩谁更可爱？哦，亲爱的山楂树啊，请你告诉我！"的甜美意境；我们把带有爱情字眼的歌词改头换面："河里青蛙从哪里来？是从那水田到河里游来，甜蜜 love 从哪里来？是从那眼睛里到心怀！哎呦妈妈，你可不要对我生气，哎呦妈妈，你可不要对我生气，哎呦妈妈，你可不要对我生气——年轻人就是这样'没出息'！"

　　至于我们这代人的婚姻，幸福美满的实在不多。套用托尔斯泰的那句话："有爱情的婚姻是幸福的，没有爱情的婚姻各有各的不幸"。以我们插队知青这个群体为例，大致有这么几类：

　　1. 有的因出身不好，经过文革"红八月"的洗礼，她们在政治上倍受歧视，经济上没有后援，情感上无所寄托，甚至由于已经或几乎家破人亡而无家可归，加上年幼无知不谙世事，下乡后在受到欺骗和胁迫后，就糊里糊涂地把自己嫁给没有什么共同语言的贫下中农，结果以悲剧告终。在她们注定不和谐的婚姻生活里只有性没有爱，不可能在精神上情感上与她们的另一半互相抚慰，她们为自己的不幸遭遇和对爱情的无知付出了青春甚至生命的代价。

　　2. 那些被强奸的女知青们，很大程度上是被色狼占了她们没有性知识、不懂性防范，在性教育上缺失的便宜；更多的则是被社、队干部利用权势受到的侮辱与损害。那些村干部可能一开始只是对她们猥亵，但她们因怕以后被在招工招生时穿小鞋，不敢坚决反抗，更不敢声张，结果被认为软弱可欺。可怜她们不仅遭受了政治权力的欺压，还进而受到性的蹂躏和糟蹋，身心俱毁。结果她们终日在无比羞耻、悔恨、痛苦、内疚、自责、恐惧、愤怒中无法自拔，从此孤僻、冷漠、抑郁，万念俱灰，没有安全感，不再信任任何男人，对自己自我保护能力严重怀疑，觉得自己不再纯洁了，没有价值了，今后不配有美好的爱情和生活了，以至于一蹶不振，失去生命活力。其中有的为了维护自己的高贵和尊严把爱的心门紧闭，始终未能摒弃陈腐的贞操观念，终身不嫁。精神的刺激和心灵的破碎最难以弥合，她们为此终生都背负着这沉重的十字架。

3. 有些知青经过几年的朝夕相处，从相知到相爱，从友情到爱情，终于可以谈婚论嫁了，可是或因家庭出身的阻碍、或因担心影响返城，不得不舍弃了自己的神圣情感，误以为爱情还会再次降临到自己头上，结果错失了一段不可复制的美好姻缘，造成终生遗憾。

4. 那些下乡数年后终于被招工招生离开农村、特别是已近三十岁的老高中生们，经过媒人介绍，省略了自然相识、彼此吸引、从友爱到情爱的全过程，终于开始起步"谈朋友"了，却发现经过那段蹉跎岁月，她们的"青春像小鸟，飞去再也不飞回"！别说白马王子、梦中情人，就连能让自己稍微心动者都难以寻求。她们只好不再寻找真爱，只要对方愿意，不顾自己的感受为结婚而结婚，以便阻断父母亲人的唠叨和邻人同事的闲言。还有的知青返城后，不仅被社会难以接纳，还因没有栖身之处，只好草草找了个"有房的主"；更有的则作了小三，既然时代无情地剥夺了她们爱的权力，她们要把爱不择手段地夺回来！

5. 那些一次次招工招生无望，留在村里所剩不多的男女知青们突然发现，"同是天涯沦落人"，共同的命运已经把他们连接在一起了。他们跨越了不懂爱情的尴尬，感情日笃，终于建立了婚姻关系。他们当中不乏圆满的爱情结合，但也有一些与其说因爱而结缘，不如说是搭帮过日子。结果返城后，其中的少数决绝地抛弃了自己的发妻，与小三结了婚。他们说：有了她，我才真正体验到灵肉相融的激情燃烧，从而彻底实现了彼此生命的意义，那种甜蜜和与原配的感觉绝不可同日而语。如果到今天我还拒绝承认、不尊重自己内心的真实感受，还像以前那样每天都为无爱的婚姻失去自我，我这辈子就真的是白活了。

6. 那些起初因胆怯而回避接触异性、对男生缺乏了解和信任、不懂爱情、不曾恋爱、没有抓住机会、放弃不了自己对理想爱情的美好追求和向往，宁可身体空虚绝不接受精神空虚，因而终身未婚的知青不在少数。她们曾经成了妇联发动全社会企图解决的"社会问题"。

7. 那些找了"小芳"的男知青只要是建立在爱情牢固基础之上的，无论后来命运如何变化，都对"小芳"未离未弃，成就了一段段感人的美丽佳话；而当年只不过为了排解寂寞，顾不得考虑空洞的未来，跟"小芳"的结合只是山重水复疑无路的权宜之举者，当后来柳暗花明又一村时，分手便在所难免了。

今天，我们中更多的人仍在畸形的婚姻中对社会、家庭、婚姻、子女"负责"着、隐忍着。有的调侃说，我虽然没有体验过什么"爱情"，但我和他/她之间应该已有了日久而生的亲情，且把亲情当爱情吧！固然，古今中外每个时代都有无数没有爱情的不幸婚姻，然而我们这代人中特有的形形色色的婚姻悲剧源于我们对以阶级斗争为主要成分的"狼奶"的摄入，源于血统论的肆虐，源于我们受的教育中所缺失的至关重要的爱。

选自《记忆》第 130 期。

# 革命新人斗志昂：读《新来的小石柱》

潘祛病

如果说《金光大道》中的高大泉是党对20世纪中叶中国农民精神形象的期待，那么小石柱就是那时少年儿童的典范形象，——无产阶级"革命新人"。

"革命新人"是上个世纪五六十年代非常流行的语汇，常见于报章杂志。无论是真人实事，还是文学创作，树立"革命新人"典范，成为当时一项浩大的社会工程。理想的"革命新人"显然是相对于旧人而言，这里的新旧当指人的思想是否符合党的培养标准。革命新人大多可以理解为那种没有被旧的思想文化熏染过，或者是能够按照党的要求自觉抵制旧的思想文化影响，确保自己头脑中对1949年前中国的认识，与党的宣传语境保持一致，语言、行为符合党的要求和期待。"生在新中国，长在红旗下"的少年最符合党的育人方针和计划，最有希望被塑造成党期待的"革命新人"。他们在文革前，被日趋密集的阶级斗争教育逐步洗脑；文革中，接受狂风骤雨式的教育革命洗礼。从语言到行动，全方位体现出"思想新、道德新、人格新"。[1] 小石柱就是这种革命新人的代表之一。

1975年出版的少儿读物《新来的小石柱》，在文革尾声那一二年，着实火过一把。该书当时不仅有20万字的长篇小说版，还有上下集的连环画，更有广播电台每日不间断的"长篇小说连播节目"，1977年上海美术电影制片厂还拍摄过动画片《小石柱》在全国放映。那个年代出书的特点是：品种少，思想内涵趋同，数量大。一本书印个十

---

[1] 启之：《毛泽东的"新人"——从雷锋到红卫兵》，载《狂飙错乱的毛时代》，秀威资讯科技股份有限公司出版，2013年4月，第25页。

几甚至几十万册，是常有的事。读者选择阅读的范围受限。思想主题鲜明、内容趋同，强调时代主旋律的作品，充斥文化市场。使党的教育思想起码能在表面形式上显示出进脑入心，教育民众，统一认识的趋向。

小说主角小石柱，是个1970年代初被选拔进省体校，进行专业体操集训的农村少年。这位被体校党支部委员高教练专门从革命老区挑选来的孩子，在技术至上、"锦标主义"思想强烈的老专家李教练眼里，根本不是块练体操的材料。该书围绕小石柱在省体校的训练生活，讲述了一连串他与落后思想，后进人物，甚至阶级敌人坚持不妥协斗争的故事。"在三大革命斗争中，敢于同错误思想斗，同错误路线斗，同阶级敌人斗，同各种困难斗……"[2]，伴随这种斗来斗去的故事情节，完美展现出主人公的斗争精神，一代"革命新人"小石柱，在无穷尽的斗争滋养下茁壮成长起来。

其实，这个时期，培养社会主义"革命新人"最主要的特点，就是要让年轻人具备强烈的斗争精神。学习伟大领袖"与天斗，其乐无穷！与地斗，其乐无穷！与人斗，其乐无穷！"尤其是"与人斗，其乐无穷！"小说主人公，天天听到、见到、被灌输的都是如何进行与人斗。他的斗争意识被不断加码提高，终于成了有高昂斗志的革命新人。

革命新人首先新在语言上。小石柱与人对话，哪怕就是和顽皮的小伙伴比个儿头，也必须带出些革命化的词句："……不过光长个不行，思想也得长，要不长成个迷迷糊糊的傻大个儿，那该有多糟糕！"

面对爱看"硬皮大厚本书"，爱吃高级零食，注重竞赛成绩，"有落后思想"的体操队同伴，小石柱大道理的分量重了很多："要是一个同学比赛得分高，平时思想孬，也算好把式？""……只管翻跟头，不问别的事，长大怎么接好革命班？""接班的本事，是为人民服务的本事，干社会主义的本事，咋能光看比赛得分高低？""技术好，

---

[2] 童边，《新来的小石柱》，人民文学出版社1975年5月北京第一版，扉页内容说明。以下引文均出自此书，不再另列注释。

思想孬，跟头的方向也会歪！""俺才不要牛奶糖呢，³反正思想不好的人，方向就要歪，路子就要偏！"

听到高教练讲述文革前出成绩的体校学员如何追逐名利，看不起自己父亲时，小石柱会愤恨地吐出："哼，思想变得这么臭，这么修！""小石柱像闻到什么变馊的食物，皱起眉头往地上啐了一口。"

针对文革中受过批判，至今仍坚持用技术至上教导学员，不肯悔改的李教练，小石柱的原则杠杠硬："……宣传为革命练武术的道理，怎么是胡闹？"⁴（P169）

语言是人类最重要的交流工具之一。革命化的词句明显收窄了小石柱的思考维度，使斗争意识在思想空间中的位置相应扩展。一切问题都采用阶级斗争的逻辑来分析解决。那么，来自山村的小石柱为什么会张嘴闭嘴都是这一套？他的政治性、斗争性从何而来呢？答案只有一个——前辈的"传帮带"。体校党支部委员高教练的语言套路，给革命新人的思想成长提供了充足的养料："我们的少年运动员，不是生活在真空里。毛主席告诫我们：'学校一切工作都是为了转变学生思想。政治教育是中心的一环。……'我们担负集训任务的体操教练，……不能只抓技术，不抓思想。""高教练经常暗暗地想："……不能忘记伟大领袖毛主席的教导：'全体党员，全国人民，不要以为有一二次、三四次文化大革命，就可以太平无事了。千万注意，决不可丧失警惕。……'"

在极权体制下，统治者的意志就是民众的意志。统治者需要斗争，整个社会就只好乌烟瘴气地斗成一团。这本小说成书于文革后期，这时的中国教育界，正在按照党对学校教育的要求，突出政治挂帅。阶级斗争为纲已经处于基本定型状态。文革前阶级斗争教育，仇恨教育，已经在文革初期结出累累血染的硕果。红卫兵小将不仅在学校内斗老师、打校长，甚至在社会上制造出大面积血腥躁动、惶惶不

---

3 故事中所谓思想落后，获过体操大奖的同学要给小石柱高级糖果吃。
4 针对体操队的小石柱率领武术队同学去公园占领阶级斗争阵地，李教练要求小石柱写检查。小石柱与李教练展开针锋相对的激烈辩论。

安的气氛。在停课两年，1968年复课闹革命后，学校的教育基本围绕着两个环节进行，一是对毛和党的忠诚，二是对五类分子、走资派和修正主义的仇恨。社会主义的幼苗要用这两种养料培育。小石柱成长的养分也基本来源于此。

　　高教练的训育当然不是小石柱唯一的政治语汇来源和精神支柱。在小主人公告别山乡来体校前，他那位为革命立过战功的英雄爷爷严肃地叮嘱孙子："你能到省体校学体操，这真是托了毛主席的福啊！……要听党的话……为毛主席争光！为贫下中农争气！……要做社会主义的好苗苗！"。在社会家庭影响与学校教育的互动中，主人公的"革命新人"品质日趋完善。对高教练和爷爷灌输的"正确思想"，小石柱自觉服从、欣然接受。

　　小石柱的斗争新人形象当然不只停留在口头上，他的行动也在突出着这个风貌。像那个年代的"反潮流"学生一样，小石柱在校园里给思想落后的李教练贴了大字报："……只管跟头高和低，不问思想好和差。……不看路线只管练，这种教法问题大！人民送俺学体育，不为人民俺为啥？！"继文革初年接受过革命群众批判洗礼的李教练，再次沦为省体校大批判对象。革命小将小石柱要帮他肃清修正主义路线的流毒，"同资产阶级世界观决裂！"

　　其实从书中不难看出，小石柱本是个集多种优秀品质于一身的少年。他有爱心，能帮助同学缝补衣服，攒着体校发的苹果，留给远在山区务农的昔日小伙伴；他意志坚强，刻苦训练，在其他小运动员一次只做100个"两头起"的时候，他能咬牙做1000个，感动了体操房里所有的教练和同学。但这些优良品质只是为了衬托他的斗争性。比起这些，他的斗争精神发挥出的效力更大，影响也更深刻。他似乎天生对火眼金睛，能把人的所谓进步、落后，甚至反动、敌对，看得一清二楚。对那个隐藏很深的阶级敌人，来自小石柱家乡的地主儿子张大夫，小石柱从一开始见面就对他有非常多疑问，保持着极高的革命警惕性。随着故事的发展，他开始盯梢与张大夫来往密切的、平时只注重训练成绩的学员，最终在公园发生了一场与张大夫争夺阶级斗争阵地的正面交锋。

通常一个服从性较强的人，很少会同时具备坚定的斗争性；反之斗争性突出的，也较少会表现出服从性格。但这两种矛盾的个性，却同时存在于小石柱身上。他的个性持守在"……服从与斗争这两种品质"的两端，两种矛盾的性格汇集一身。[5] 小石柱一方面始终表现为对革命领袖、正确路线和无产阶级思想的"忠顺"；另一方面又对所谓落后观念、错误思想和阶级敌人进行抵制、批判，甚至是展开正面交锋。小石柱被塑造成"忠顺与战斗精神"一体的形象。[6]

在当时那种思维体系下，这种忠顺和斗争性并不矛盾。它们是一个事物的两个方面，斗争是为了更好地表达忠顺；而忠顺似乎又只能用对敌斗争才能呈现出来。在文革期间，专注文化学习已经被定性为"白专道路"；热衷喜爱的体育项目，也有脱离群众体育路线、甚至"锦标主义"的嫌疑；即便是学雷锋做好事，也一定要认清帮扶对象，要准确地做到只能对"同志像春天般的温暖"。总之，离开阶级斗争，任何正常的行为，都有可能成为被批判的对象。事情到了此种境界，革命新人还能做什么呢？

应当说，小石柱的形象，只是那个时期少年文学读物中，优秀少年群像之一。由于党对少年儿童培养模式的单一性，从1960年以降，直到1970年代中后期，甚至是到1980年代初，几近20年，文学作品中少年儿童的形象都是紧紧围绕对敌斗争或对党忠诚，甚至为党献身这样的元素刻画。《刘文学》《向阳院的故事》《收租院》《高玉宝》《闪闪的红星》，以及各种诉旧社会的苦，思新社会的甜，在新中国保持革命警惕性，与阶级敌人做英勇斗争，甚至流血牺牲。这样的少儿故事，不胜枚举。那个年代过来的人们，至今还对这些作品记忆犹新。革命新人就是要在成长中凸显这种"忠顺与战斗精神"。

培养革命新人，把服从性和斗争性在一个人思想上完美地结合，这种实验的成功率究竟有多高？人的爱恨情仇，这些复杂而丰富的

---

[5] 启之，《毛泽东的"新人"——从雷锋到红卫兵》，秀威资讯科技股份有限公司出版，2013年4月BOD一版，《狂飙错乱的毛时代》，第33页。

[6] 启之，《毛泽东的"新人"——从雷锋到红卫兵》，秀威资讯科技股份有限公司出版，2013年4月BOD一版，《狂飙错乱的毛时代》，第25页。

感觉都按照一种绝对的尺度来衡量，究竟会达到什么效果？把人的思想成长统一成一个模式，并以此为赌注设计社会未来的发展方向，结果又会如何？现在人们对这些现象终于有了些许思考，但答案好像又不是那么明确。

道司·赫胥黎在他的乌托邦幻想小说《美丽新世界》一书中彻底解决了这个问题。在那个新世界里，已经可以按照统治者的需要，预设一种生命体的思维方法、行为模式，包括今后的职业。这种被称之为"人"（如果这种从试管中按需批量生产出的生命也可以称为人的话）的生物体已经不再是爹娘生、父母养，与其他任何人没有亲缘血脉关系，他们只忠诚这个世界的统治者"福帝"。这差不多有点儿像"爹亲娘亲不如毛主席亲"歌曲的意境了。[7] 赫胥黎笔下，"人"的胚芽按照程序，在工厂的机械试管中成长，在机械摇篮中昏睡数年，被灌输对"福帝"的忠诚意识，昏然快乐地生长。

这种社会理想如果真能落到实处，那么培养小石柱型的革命新人运动恐怕也该寿终正寝了。因为从试管里诞生的新人，天生就会按照统治者的意志在社会上工作生活，表达对统治者的忠诚，这会多么节省培养"革命新人"的社会教育成本！但是令人遗憾的是，这也可能会减少统治者通过"与人斗"获得的"其乐无穷"的快感。对好斗的统治者来讲，这又该是多么乏味的事情？除非，——如果统治者一定要进行"与人斗"的游戏，按照赫胥黎的思路延展下去，还可以在试管中制造出"阶级敌人"，如此一来，阶级斗争游戏就可以永无止境地进行下去；同时革命新人也就有理由永远存在下去。那种境界，或许能接近伟大领袖所说的"其乐无穷"了。

选自《记忆》第 126 期。

---

[7] 文革前的少儿歌曲《爹亲娘亲不如毛主席亲》：天大地大不如党的恩情大，爹亲娘亲不如毛主席亲。千好万好不如社会主义好，河深海深不如阶级感情深。毛泽东思想是革命的宝，谁要反对它，谁就是我们的敌人。

# 文革之初北京师大二附中的"红色暴力"
## ——姜培良之死与"仇恨教育"

季 烨

1966年8月25日,北京师大二附中党支部书记姜培良同志在二附中劳改队(也称"牛棚")被一些红卫兵以及个别非红卫兵的暴虐分子打死。前后被打死的还有二附中青年教师、复转残废军人靳正宇,铁道干校党委副书记樊西曼。二附中副校长高云被打昏死拉到火葬场,半夜苏醒从死人堆里爬出来"捡了一条命"(自语)。二附中教导主任厉益森老师说:"我就差一口气,否则我就是第四个(被打死的)了!"

## 一、姜培良书记被打死

二附中田滨老师的丈夫赵文滔在其回忆录《伤害》一书中记述了事情的经过:

造反首先是从中学开始的,妻子工作的学校——北京师大二附中,在学校红卫开始造反时,高中班学生中出现了宣扬"老子英雄儿好汉,老子反动儿混蛋"的一派,同时也有反对这一论点的另一派。其实两派的主力都是干部子弟。红卫兵彼此争论,各不相让,并且由辩论发展到谩骂,后来前一派的红卫兵不太理智,追到后一派的红卫兵名叫曹滨海的家里造反。曹的父亲是高级军官,母亲是铁道部干部学校党委书记,自然也不示弱,当时就一人在家,面对几个红卫兵,人少力薄,情急之下,抄起了菜刀,打斗中划伤了对方一个红卫兵,红卫兵伤者立刻跑出门外大喊:"杀人啦! 杀人啦! ……"一边喊叫,一边跑去叫人,要叫一批红卫兵来报复。

曹姓学生住的是铁道部干校的宿舍,宿舍里有人立刻就报警了。警察来得很快,来了之后,就把曹滨海带走了。

等到大批师大二附中的红卫兵赶来,找不到曹滨海,就先把家给抄个稀里哗啦,接着又去太平庄附近铁道部干部学校,把曹的母亲樊希曼(铁道部干部学校的党委书记)揪到二附中,拉到操场之后,宣布召开批斗大会。在一片混乱中,只听得红卫兵的首脑喊了几句樊的所谓罪状之后,就用皮带开始抽打。一阵皮带抽打之后,当场把樊打死了(后来听说樊是个资深老干部,曾参加过长征,周恩来认识她,从开始到打死,她一声没吭)。

也许是打得一时性起,接着把学校书记姜培良、副校长高云及语文老师靳正宇都拉到小食堂,并且责令教职工全部跪在四周,宣布了几句他们的罪状后,一时间皮带的啪、啪的抽打声,打人者的骂声,被打者呻吟声、惨叫声,在小食堂构成了一种极其恐怖的气氛。跪在四周的教职工,尤其是女教师吓得瑟瑟发抖。一阵雨点般密集的皮带抽打后,书记、校长和一个教师已经躺在血泊中一动不动了。红卫兵说他们是装死,用冷水泼在他们头上、脸上。此时,还有人从食堂拿了盐撒在他们身上。后来有人说:"姜培良不行了,搞一辆三轮车来,把他拉到医院!"据说,三轮车在拉往医院的路上,有学生说他"装死",边走边打,还没到医院,姜培良就完全停止了呼吸。[1]

据说当时有人吩咐:"高云有高血压,注意点。姜培良没事,他身体好。"结果是"注意点"的,被打进了火葬场,而"身体好""没事"的姜书记当场殒命。红卫兵施暴的惨烈程度可想而知。据说在死去活来中,惨叫声中传来姜书记微弱的呻吟:"小爷爷们,别打了……""……我是黑帮……"

---

[1] 赵文滔:《伤害》(修订本)页 157—158,香港,夏菲尔国际出版有限公司,2008 年。

《伤害》这样记述在姜书记被打死前后，其他在场教职工的遭遇：

就在要把姜培良拉到医院之时，红卫兵开始拿笔记本逐个登记教职工的家庭住址，说是明天开始要挨门挨户地去登门造反。面对刚才小食堂中间那血肉模糊、泥水滚了一身的三个被打者不知死活那一幕，有的女教师，当红卫兵走到面前拿着笔记本登记住址时，早已浑身颤抖，牙齿上下磕打，战战兢兢，语不成声了。为此，又遭到一阵阵的训斥和责骂。

紧接着，又组成了牛鬼蛇神队，把一些女老师剃了阴阳头，男老师则用墨水涂成黑脸，极力侮辱和丑化。[2]

我记得在1966年8月25日之前，我们班主任就已经被剃了阴阳头，副班主任作为姜培良的红人被戴高帽子陪斗……这次，应该是更普遍的、不论名目的侮辱欺凌吧。我们敬爱的亲爱的老师们，就曾这样被我们中间的一些人施虐残害侮辱欺凌！在那个时代，在那个"革命"中！

## 二、红卫兵"鞭尸"

田滨老师当时没有在场，她是第二天到校才知道头一天的惨状的。因此，赵文滔先生从田老师那里得到信息有的不够准确。比如，赵先生书里说，"语文教师靳正宇被打了个半死，自料逃不过一死，回到家，用一条带子，把脖颈挂在门把手上，就结束了自己的生命。"我向知情人了解的情况是，靳正宇不是自杀。因为他怕被打死，从劳改队跑了，过了一段时间，他回来自首，红卫兵就把他打死了。他不可能是上吊，因为不会放他回宿舍。

赵先生关于姜书记之死的叙述和我了解的基本一致。但我听说姜培良书记快断气时，跪在旁边的"牛鬼蛇神"队里的白胜喜给他做

---

[2] 同上，158页。

了人工呼吸。我去看望白胜喜老师时，就此事向他求证。

白老师说："打死姜培良的时候，红卫兵那边有人喊说'谁会做人工呼吸？给他做做。'当时我也没多想，就举手说'我会。'""看着姜培良的样子，那时候我也不去想死活的问题了，今天死不了今天就活着。姜培良人挺好的，我得救他。"

白老师当过志愿军，应该是在朝鲜战场学会做人工呼吸的。红卫兵就让白老师给姜书记做人工呼吸。"他们让我给做。我做了半小时还是40分钟也说不清楚了。我怎么做他都没缓过气儿来，我就说：'不行，我做得不行，还是送医院吧。'""红卫兵说：'你说送医院，那就你送吧。'他们让我一个人送。我拉来辆排子车，把姜培良抱上车，拉到262医院旁边一个医院的分部，挺好的医院。送到急诊科。"

有人说，这个医院是四院分部，不知是不是北京医学院四院。"红八月"时，医院的大夫们对救治"牛鬼蛇神"怀着畏惧，大夫们急救了怕说救牛鬼蛇神，不急救也可能会带来麻烦。白老师说："我把姜培良送进急诊科，让他们急救。我也不知道他们急救了没有。姜培良死了。"

"姜培良已经死了，一个红卫兵还拿着一个棒子来鞭尸。"

"鞭尸"两个字白老师说得特别缓慢、沉重。

这个红卫兵不是干部子弟，是工人出身。白老师记得这个学生的名字，但他没说。

## 三、虐杀姜培良的，为什么是他们？

文革爆发，最先起来宣战、揭发批判、后来主事时残酷批判斗争姜书记的学生，多是被他特别精心栽培的、包括一些最早发展的学生党员；教师中，据说最早出来批他、带头高喊"打倒姜培良"的，也是之前最"根红苗正""最得力"、最受他重视的；而最终将他摧残至死的，也基本是他当政时特别着意呵护培养的"红五类"出身者。

卞仲耘（我初中母校师大女附中书记）、华瑾（男八中书记、我们院的邻居）……北京市文革初期死于自己学生皮带棍棒下的中学领导人的际遇，基本如此。

这是为什么？很长一段时间，我一直想不明白。

最直接的原因是，姜培良从"党的化身"瞬间变成了"执行资产阶级反动路线""牛鬼蛇神"。

随着"阶级斗争为纲"在1964年以后的通力有效推行，毛的无限权威与全党全民全心全意的效忠的态势已成定局。6月1日，中央人民广播电台向全国广播"全国第一张马列主义的大字报"和《横扫一切牛鬼蛇神》的社论，敲响了北京市文化教育界（后来蔓延及全国各界）各级领导和所谓"反动权威"的丧钟。师大女附中工作组长在讲话中说得很明白："只要我们感到他是牛鬼蛇神，我们就要扫他、揪他，在这方面是没什么清规戒律的！"清楚表现出自上而下、挑动青年学生造校领导反的情况。

工作组撤了，最高领袖打开了潘多拉的匣子，把红卫兵放了出来，一时间，全北京市充斥着失控的暴力，姜培良们首当其冲。

在姜培良被迫害的过程中，他曾积极推行的"驯服工具论""奴隶主义"毋庸置疑发挥了大作用。对于只会"听毛的话"、做毛的"驯服工具"的群氓（这在当时的中国是普遍现象，头脑简单的中学生更甚）而言，毛至高无上，是神；谁"执行资反路线"，谁就是反对伟大领袖，就是敌人就要打倒在地并"踏上一万只脚"！就像那时一首歌里唱的："爹亲娘亲不如毛主席亲""谁要是反对他，谁就是我们的敌人！"

即使像我们这些运动初起时的"保皇派"，一旦"中央派来的工作组"宣布姜培良是"执行资产阶级教育路线"、表示"坚决支持革命小将造校领导的反"，就即刻放弃了"誓死保卫党支部"的立场。

姜培良在二附中的偶像地位就是这样一夜之间轰然倒塌了。

位高至刘少奇，尚遭戕害，遑论姜培良！

## 四、"仇恨教育"就是"狼奶"

我们还要思考深层原因。

当初友人的一句话使我如醍醐灌顶：学校应该施行爱的教育，可文革前学校施行的是仇恨教育——跟随全社会的潮流，"阶级斗争为纲"越来越占主导位置。"阶级斗争为纲"的根本特征之一就我们最熟悉的那句话——"对待阶级敌人要像严冬一样残酷无情"。这种仇恨教育，像有人说的，就是狼奶。它从根本上侵蚀被教育者的人性，塑造其狼性；这成为文革前的社会意识、行为潮流的主导。这种教育把青年人对理想的追求、积极上进、纯真、热情等优点，混杂着私念、无知甚至残忍等人性的弱点，全部纳入阶级斗争的筐里，变味为阶级觉悟高，斗争性强，简单狂热，缺少人道人情。而在当年的社会评价体系中，越如此越是"政治表现好""思想觉悟高""阶级立场坚定""毛主席的好学生好战士"。

这种教育给北师大二附中带来了这样的结果：一旦文革骤起，姜培良成了"资产阶级反动路线"的代表，成了反对毛的"资本主义当权派"，成了革命的敌人！曾被"阶级斗争为纲"精心喂养的、被后人称为"狼崽子"的，必反转过来咬他。

问题是，为什么批判斗争姜培良的带头人和虐杀姜培良的主力的不是别人，而是本阶级子弟呢？

"阶级斗争为纲"，其基础就是依照政治需要，将社会撕裂为不同的阶级，统治和被统治，压迫和被压迫。而各阶级的子女，自然成为"自来红""自来黑"与"自来灰"。

文革前"出身不好"的学生，少数内心不满于受压，但文革早期的主客观情势，都使他们不可能出头造反。而其多数则因为"阶级斗争"的观念原本就较弱，对"无产阶级的敌人"恨不起来，因此不可能成为带头人和主力军。当然也有极个别的"非红五类"，为了表明自己的"革命性"而充当了打手帮凶。

"出身好"的子弟，对本阶级有着天然的情感，加之他们的出身，使他们占据了"人上人"的特殊地位。这种地位带来的优越感和舍我其谁的责任感，使他们自然而然地"阶级感情强烈"行为大胆少顾忌；其中最早发展的学生党员和学生干部则需要表现出更强的"革命责任感强"、更坚定的"阶级立场"和更敏锐的"政治嗅觉"，加之他们原有的地位与威望,使他们中的一些人在运动骤起时,自然就成了带头人。当然,在他们中间,甚至于红卫兵中,由于天性善恶、理性程度的不同,在文革中的表现也有很大的区别。"狼奶"灌得越多的,狼性越足。那些最早起来揭批造反的,大多是通过特殊渠道、比普通同学更早更多地了解高层局势、因而更早被蛊惑的。早被蛊惑的早造反;狼性越强的咬得越凶;至于那些打人凶手,在"自来红"的滋养和文革中"老子英雄儿好汉"的蛊惑及红卫兵为所欲为的情势中,狼性被发掘出来,最终残虐无比以致杀人!

选自《记忆》第 121 期。

# 第三辑　校园内外

## 书声琅琅——培元小学拾英

刘海鸥

### 一、开学　开学了

**口试** · 1953年开始实行七岁入学的制度。我差几个月不到七岁，妈妈带着我不知跑了多少个小学，都不收。后来有人说私立培元小学可能收。

上培元小学是要经过面试的。面试那天，六年级的大姐姐（那时感觉她们真是高大）带我到阅览室等待。就是里院二层小楼楼下左手第二间。屋子里已经坐着一圈小朋友。我这个人不安分，坐在椅子上，翘起椅子的两个后腿，谁知那是折叠椅，这么一折腾，椅子自己恢复折叠状态。我趴在地上，椅子压在身上。大姐姐忍住笑把我扶起来。我一脸尴尬，心想，完了，学校一定不会收我了。

口试就在校长室，是王景英老师主持。她问道，你有几个兄弟姐妹，我说："有一个姐姐两个妹妹。"犹豫了一会儿又加上一句，"还有一个二哥，但是不是妈妈生的。"那阵有个堂哥住在我家，我搞不清和他的关系，只知道喊他"二哥"。王老师问："不是你妈妈生的，是谁生的？"我迷惑起来，仍坚持道："反正不是我妈妈生的。"我妈妈趴在窗外隔着一层窗户纸听着，那个急呀。等我一出去，她说："你根本不应该提那个二哥。"我想，这次彻底完了，我上不了小学了。

但是培元收了我！

**文明启蒙**·没上学之前，在家里野惯了，和院子里胡同里的小孩学了很多骂人的话。

开学第一天的中午，我在校园里转，看见班上两个文文雅雅的女孩在玩压板，我走上前去，让她们下来，我要玩。两个女孩不肯，我开口便骂："（太难听了不能写）"。女孩说："你骂人，我们告先生去。"就跑开了。我一个人坐在压板上，心里忐忑着，怕先生来说我。

一会儿，其中那个满头卷毛，一只胳臂打着石膏吊在胸前的女孩跑来说："你妈妈来看你了，我们向你妈妈告状了。"这比告诉老师好，我稍稍放了心。

因为是第一天开学，妈妈趁午休时间来看看我是否一切都好。妈妈问："小朋友说你骂人了，骂什么了？"我避重就轻地支吾道："'他妈的'。"六岁半，已经知道什么骂人话最难听，什么次之。妈妈相信了，说了我几句。

我发誓，小学六年就骂过这一次人。包围在那么多文雅漂亮的孩子中间，又受到文明的启蒙教育，我再也不说脏话了。

那两个女孩是冯月辉（卷毛的）和孙孟里。

## 二、上学　我们上学

学习的事情记得不清了，杂七杂八的事倒记得不少。

**撒饭节**·大多数孩子自己带午饭。早上一到校，先把饭盒放到厨房一个巨大的笼屉上。中午一下课，孩子们一窝蜂涌去取饭盒。厨房里蒸汽腾腾，散发着百家饭菜混合成的特殊气味。董大爷或李大爷分发饭盒，孩子们围着像小麻雀一样叽叽喳喳。烫，小手拿不住，饭盒打翻在地。一片起哄欢呼："撒饭节！撒饭节！"撒了饭的人因祸得福，班上的同学你给一口饭我给一勺菜，吃得比自家带的还好。

我非常盼望自己能过一次撒饭节，吃一次百家饭，但始终没有机会。

**三轮包车**·三轮车是五十年代主要的交通工具。学校里坐三轮车回家的孩子很多，一放学冲出校门，校门口一溜三轮包车已经守在那里。

从一年级到三年级，我住在景山后街碾儿胡同，坐包车回家。有几个住在景山一带的同学也坐包车。同路的车夫们不紧不慢地并排骑着车，聊着光景，车上的孩子互相大声喊话说笑。

如果某一个同学的车夫拉散座没能及时赶到学校，他就搭另一个同学的车回家，挤在一个车上特别高兴。车夫一定把孩子们送到各人的家，不取额外车费。言炎住在景山东街的一个胡同里，我坐过言炎的车回家，妈妈问你做谁的车回来的呀？言炎，她会唱戏。妈妈说，是不是言菊朋家的孩子呀？坐过麦继平的车回家，妈妈问，你今天怎么回来的呀？我说，坐麦继平的车。妈妈说，姓麦，他一定是广东人。

**皇家厕所**·小学的厕所令人难忘。木板的座位，木板上挖出一个不大的葫芦状的洞口，底下是大缸。孩子们如厕匆匆忙忙，"葫芦"的边上总是一片尿湿，坐在上面真不舒服。

本来以为培元小学这样的厕所是中国绝无仅有的创造了。六十年后在欧洲哪个国家参观一个皇宫，发现皇家的厕所，竟和我们小学的一样！

**救世军**·不管在教室还是校园，只要一偏头，北边救世军大楼面南墙上的大字就会跳入眼帘。白底黑字（现在想起来好像是颜体的），整条街都可以看到："神爱世人甚至将祂的独生子赐给他们叫一切信祂的不至灭亡反得永生"。（长大后才知道此话取自《圣经》约翰福音三章16节）

同学们人人都可以背得滚瓜烂熟。课间休息时，大家像起哄一样大声齐诵这句话，并不明白是什么意思。

我问妈妈什么是"救世军",他们是好人还是坏人。妈妈说得清楚明了:"除了解放军和志愿军,其他军队都是坏蛋。"这个回答引起我的一丝不安,生活已是很安定的了,可是还有坏蛋的军队,挨着我们那么近。

姐姐班上有个叫齐济慈的同学家住在救世军里,我和姐姐去过她家。里面并未见什么军队。过道里黑洞洞的,挤着炉子,晾着尿片,有小孩在跑。齐济慈的家里又黑又破,就是寻常穷人家。救世军并不是那么神秘嘛。

**红领巾** · 三年级开始"建队"。同学们一批一批加入了少先队。入队的程序极简单:班主任说了算。可我总是不被老师批准。我特别羡慕别人胸前的红领巾,在家带着姐姐的红领巾上街。我也知道入队是一件关乎"政治生命"的大事,我早就会唱那支让我们无比骄傲的歌曲:"红领巾胸前飘,少年儿童志气高。时刻准备着,为国立功劳。"但是没有红领巾,唱起来很心虚。

终于我加入了少先队。少先队大队长冯月辉告诉我,我之所以最后被接纳是因为会画画,少先队的黑板报需要一个会画画会写美术字的人。我加入了板报组,从那以后一直到高中毕业,我与黑板报结下了不解之缘。

**板报组** · 板报组定期宣传政治时事。一九五六年底左右,英法的轰炸机侵犯苏伊士运河上空。我在黑板报上怎么也画不好飞机,就找男孩子王以公来画。王以公几下子就画好了,一架飞机上载一个大鼻子飞行员,往下面投炸弹。下面是苏伊士运河。画得活灵活现。一个代课老师来上课,看了一会儿黑板报,说:"这幅画画得很好,但有一个问题,你们谁看得出来?"大家七嘴八舌地说,都没说到点子上。老师说:"炸弹扔到了飞机的前头,你们想可能吗?"大家把老师佩服得五体投地。

代课老师好像是叫白蕙。我们都很喜欢她,她态度和蔼,十分民主,课也讲得吸引人,五六年级时她讲的历史课有声有色,从那时起我十分喜爱历史。

**大队日** · 学校定期过大队日,全校师生(一共七八个班)围坐在大院。先是举行仪式。旗手和护旗手在鼓队的伴随下绕场一周。然后是唱队歌行队礼报告人数,最后就是我们盼望的文艺演出,各个班级表演节目。我们都喜欢这样的大队日,特别是大姐姐们的歌舞。

要是早十几年我还记得是哪个年级演什么节目,甚至谁演什么。现在大脑退化,说不上来了,可是表演仍历历在目。

歌舞"五个女儿五朵花"——"集体农庄有一位老妈妈,她的名字就叫瓦尔瓦拉,生了五个亲生女儿五朵花……老大叫夏莎,还有叫娜塔莎、奥林卡、波铃卡、阿辽路奇卡,最可爱的小女儿年纪还只有十七八……"

五个女儿轮流表演自己的工作。忘不了那个当飞行员的女儿站出来,一个立正敬礼,上身转动巡视全场,真叫帅。

小合唱"在果园里"——"老伯伯请我们来到果园,穿过了密密的山楂树,苹果呀梨子呀落到地面,红光光黄澄澄又香又甜……"好像是说一个小朋友犯了错误…——私自拣了一个果子。原来歌曲不是光写好事,犯错误也能写到歌里。

舞蹈"我们生长在天山上"——"我们生长在天山上,快乐又欢畅,……"下面的歌词我记得很含糊:"轻轻地飞呀,慢慢地唱呀,快乐得像鸟儿一样。"为什么是"轻轻地飞"呢,小时候很多歌词都听错了。

诗剧《渔夫和金鱼》——后来我们也变成大姐姐了,成为表演的主力。上四年级时我们班的《渔夫和金鱼》应该是那次大队日的亮点。

我演渔夫的凶恶老婆子。我光顾演好自己的角色,忘了其他还有谁参演。据冯月辉回忆,麦继平演老渔夫,高忆陵演小金鱼,可她偏偏把我这个重要角色拉下了。

怎么能忘呢,我系着妈妈的围巾,穿着爸爸的西装背心,还有妈妈的裙子,拖到地面,尖声尖气地演绎着老太婆的贪得无厌。

从那时起,我喜爱上了演戏。

据徐棻回忆,我们还在全校演了《大灰狼》。我竟然全忘了。

小合唱"我们的祖国又大又美丽"——是我们班里少年宫合唱团

的成员唱的。绝对有冯月辉、朱铭,还有谁呢,我记不住了。

"我们的祖国又大又美丽,等我们长大后好好建设你,我要驾起钢铁的拖拉机,去耕种祖国无边的土地……"

那歌声真是美妙,特别是唱到二部轮唱时"让果儿长满山,让花儿开满地……"真是天籁之声!

我真是太羡慕了,羡慕到嫉妒,我多想也和他们一起唱,可惜没有那美妙的歌喉。哈哈,几十年后,我终于参加了合唱团,尽管老嗓子已经发紧,但还是在悉尼歌剧院演出了!

诗朗诵《中南海的灯光》——这是于老师派下来的任务。她拿了一份报纸给我,让我组织一些人朗诵这首诗。我记得,我,我们,朗诵时真是充满了感情:"明月闪着银光,北京进入了梦乡,中南海一片宁静,一个窗口还亮着灯光……"

啊呀,自己感动得不行。

**抓美蒋特务**·一九五五年,一场"肃清一切反革命分子"的运动在全国展开。报纸上经常报道破获潜伏已久、伺机变天的,或台湾空投潜入大陆的美蒋特务集团的消息。电影《寂静的山林》《徐秋影案件》《国庆十点钟》等不断地给人们敲响警钟。我们订阅的《中国少年报》和《新少年报》上常常有抓特务一类的故事。记得最清楚的一个是说有一个潜伏特务男扮女装混入国家机关,因为永远穿着高领旗袍遮住大喉结而且能够一手提着四个装满水的暖水瓶引起人们的怀疑,从而揭发了他的真实身份。还有南方某农村少年儿童发现家中来的亲戚可疑,比如双脚白皙,手臂上有带过手表的白印迹,就大义灭亲,报了公安局,果然是个空投特务。等等。在我的心中或所有儿童的心中,周围的人都值得怀疑,都需要考察。

那是一个英雄的时代,人人都想抓住一两个美蒋特务反革命分子,成为英雄。每天放学我都要按照少年报上所报道的小英雄发现特务的方法,在街上寻找蛛丝马迹。有一天我和高忆陵在墙上突然发现一个粉笔画的箭头,指着地下,旁边还写了几个数字,这是一个重大发现,可能是特务秘密接头的暗号,或者意示这下面埋着定时炸弹。

我推断，反革命分子必然还有其他的活动和暗号。我把箭头和数字抄在纸上标明地址，继续往前搜索，果然在墙上地上电线杆上总可以看见一些叉叉道道圈圈，我激动得气都喘不上来，一路寻找下去。高忆陵没我那么强烈的英雄主义，走了一会就回家了。我不知走了多远，天已经全黑了，什么也看不清了才罢休。

下一个壮举是到派出所报案。我严肃郑重地把画满奇怪符号的纸片交给警察叔叔。警察没有我想象地那般紧张和重视。一个警察看看纸上画的东西，宽容地笑了，他说，这也可能是电线工人或管道工人作的记号。见我脸上露出失望的神色，他赶紧说，小同学，我们非常感谢你的革命热情，希望你继续保持高度的革命警惕性，消灭一切反革命分子。我们会调查这些符号的，天黑了，快回家吧。

因为晚回家遭到妈妈的严厉训斥，但我没有告诉她我干什么去了。我觉得我正在干一件神圣并神秘的事情。我盼望着有一天公安机关根据这些线索破获重大反革命集团，报纸上登载了我的事迹，我在全校大会上受到表扬，老师们全改变了对我这个淘气包的看法。但是此事后来杳无音讯，那一天一直也没有出现。

**"三件小事情"**·报纸上说，毛主席号召全国少年儿童要做到三件事：除四害，讲卫生，绿化祖国。立刻就有郭沫若写了一首歌词给孩子们唱。"星星火炬"节目中天天教唱：

"除四害讲卫生，绿化要做到，学会普通话，三件小事情，样样都做到，小事做到了，大事就牢靠。"

歌词如白开水，曲子没腔没调，我和高忆陵私下议论说："这么大的诗人怎么写了这么个东西！谱曲也难谱出调调。"相比之下，当时也确有几首旋律优美活泼的歌曲至今不忘：

"葵花黄，葵花香，葵花朵朵向太阳，排队排来行对行，站在青青的山岗上……"

还有：

"荒山野岭种植松衫果树，河边路旁栽下垂柳白杨，给山野挂上红色的帘子，绿色的幔帐，……。"

歌声的伴随下，我们步行到东直门外，在城墙边、荒地，还有自家的院子里都种上了蓖麻。蓖麻既可绿化祖国，其籽榨油又可以制成飞机上机械使用的油类。到了秋天，我们成群结队到郊外去收集蓖麻种子，一口袋一口袋，交到学校。

**六亿人民六亿诗**·随着"大跃进"，大批的农民诗人、农民画家和大批的民歌、民画涌现出来。每个人都要求为大跃进写诗，鼓而歌之。小学生也不例外，作文课写诗。这种诗好写，我一连气写了七八首，歌颂总路线、大跃进、大炼钢铁、大丰收、人民公社食堂、总路线：

"太阳一出红满天，英雄好汉万万千。移山造海逞英豪，一手推翻两座山。干劲冲破九重天，建设我国好江山。"

这是什么诗呀，就是顺口溜，而且大而无当，空洞无物。顺口溜流顺了嘴，古诗也遭了殃。课本上有一首张俞的《蚕妇》："昨日入城市，归来泪满襟。遍身罗绮者，不是养蚕人。"我把它变成："昨日上学去，归来泪满襟，门门五分者，不是赶鸭人。"把《悯农》改成："上课日当午，腹中响如鼓，冲出校门去，买块烤白薯。"总之，课本上所有的古诗都变成了浅薄的顺口溜。一时间班上流传我的歪诗，我得意得很（这些歪诗我早就不记得了，五十年后小学同学聚会，高忆陵竟然还背得朗朗上口）。终于有一天，我被叫到了办公室，于老师拿着一张纸，上面记录着我的"杰作"，问，"这些诗都是你写的吗？""是。""是你亲自写的吗？""是我自己写的。"老师的脸色一下子变得严厉起来："有没有人指使你写这些诗？"我知道不好了，吭哧道："没有。""没有就好，要知道现在反革命分子，就是通过像你这样调皮捣蛋的孩子，散布这样的反动诗歌，达到污蔑共产党，破坏建设社会主义的目的。"我打了一个冷战，反革命没抓到，却和我这样联系在一起了。原来反革命是这么容易当的。

**一件好事·**要考中学了,于老师给我们出了大量的题目练习。我们已经模拟考了好几次,我一点问题也没有。

模拟考试的作文题目是"一件好事"。我手头正好有一个现成的题材。五年级暑假的一个晚上,我和高忆陵表演完木偶从少年宫回家。走到沙滩,见无轨电车站有一个盲人坐在地上在叨唠什么。我们上前去问,盲人说,他家在十里堡。政府给他们安排了工厂的工作,在六铺炕。他今天去报到,谁知去早了,工作还没开始,只好回家,但是又没有带返程的钱。一天没吃东西了,也不知道现在在哪儿,怎么回家。我拿出家里给我带的芝麻酱烙饼(因为演出没有时间吃)给他,又给了他两毛钱把他送上去十里堡的汽车。他一个劲地道谢,说你们真是毛主席的好孩子。

那是一个鼓励人们当英雄的时代。英雄的品格是从小炼成的,要从小事一点一滴地做起。我们都不放过做任何对社会有益或对他人有益的好事情。这件事对我来说是很了不起的了,我非常为此骄傲。

升中学的统考作文题目恰恰是《一件好事》(于老师扣题真准)。我把这事又写了一遍,手到擒来。我得了满分。

## 三、老师 老师教我们,我们听老师的话

**王景英老师·**一二年级时,班主任老师是王景英,大约二十多岁,大眼睛,圆圆脸。我们叫她王先生,学校改成公立后,才改称老师。

王老师不会跟我们生气和大喊大叫,即使生气,也是装出来的,眼睛总是慈爱的。我非常喜欢她,可以说在我的全部学习生涯中我只喜欢过这一个老师。我在班上是非常淘气的孩子,上课坐不住,左顾右盼,说话玩东西,削铅笔。顺便说一句,我削铅笔是一绝,铅笔头长长的尖尖的,匀称好看,下了课同学们排着队叫我削铅笔。连最优秀的学生冯月辉也叫我给她削,这让我感到很荣耀。

我上课还爱吃东西,每天带去的饭后水果我总是等不到中午,甚至连下课也等不到,上着课就低头在课桌下吃起来。小学生非常兴

"告状",发生了小摩擦,认为自己吃亏的同学就会像念经一样唱道:"我给一位同学告诉先生,她的名字就叫×××!"每堂课开始,无数小手举起来:"王先生,××拿我橡皮不还。""王先生,××撕作业本。"老师要用十来分钟的时间解决这些纠纷,"惩恶扬善",件件缕清,如县官断案,比听课好玩得多。上着半截课也常有学生告状,有人就把我检举了:"王先生,刘海鸥吃香蕉。"王老师说:"把香蕉拿过来。"我只好把吃了半截的香蕉递到讲台上,只见她一挥手香蕉就进了垃圾桶,而我面对垃圾桶罚站到下课,闻着桶里散发的香蕉味,心中无限惋惜。

上课我不是乱动就是玩一切可以到手的东西,我的文具玩具常常被老师没收。没关系,一下课我就去找老师要。王老师总是又爱又恨地说我几句,再把东西还给我。有时她也会惩罚我一下,比如我拿了爸爸的多用小刀被她没收,她不还,让家长来取。第二天早上妈妈上班前来到学校,我以为王老师要向妈妈历数我在学校的劣迹。谁知老师满面笑容地客气地对妈妈说话,还摸摸我的头拍拍我的肩膀,甚至还夸我几句。

我简直喜欢透了王老师。王老师也喜欢我,因为不管我多么淘气,不用功不听讲不做作业(全是由同院的大姐姐替我做,我的字四扯八拉,同院姐姐的字细小清秀,王老师早就觉察出来了,问过我"这是你自己写的吗?"我说:"是。"样子十分做贼心虚),考试却总是九十多分,王老师也懒得管那么多了。一年级期末竟然给了我一枚优秀生奖章,红色的,别在胸前,和那些好学生们一样,心中不知道有多么骄傲。

对了,我曾在街上碰见过王老师和她先生散步,似乎是学校唯一有丈夫的老师(二年级以前),这让我更觉得她多了许多温情。

毕业后我曾去看过她几次。文革以后就彻底没有了联系。二〇〇二年我在中国探亲。一天晚上冯月辉来电话说:"快打开电视!"电视上正在介绍台湾著名歌曲词作家庄奴的生涯,而庄奴竟是王景英老师的亲哥哥。在电视中有他们兄妹分别多年后在北京相逢的故事,他俩牵手在王府井、八面槽一带他们幼时最熟悉，也是我幼时最熟悉的地方散步。

冯月辉给了我王老师的电话，又跟她联系上了！王老师已经八十多岁，可是声音还和以前一样没有变，而且还清清楚楚地记得我。一听见她的声音，马上就让我想起了小学一二年级的生活。

二〇〇八年回国，听同学说王老师过世了。

**黄孝伦老师**·三四年级黄孝伦老师是班主任。一九五七年，老师整风。我们不懂什么叫整风。只知道每天下午不上课了。整风的老师们还很负责任，怕耽误了教学质量，留了好多功课。不光是学校整，全国都在整。结果是整出来了五十多万右派。我们都不知道学校整风的结果，——黄老师成了右派。

一九五八年我们上五年级，告别了黄老师，她又接任我妹妹的班主任。妹妹说，有一天上课黄老师眼睛通红，一进门就激动地说："同学们，向秀丽同志牺牲了！"然后当着全班大哭起来。这样一个性情中人，怎么会是"右派"呢？

后来才知道越是率性者，越容易成为右派。

几年后黄老师因为癌症郁郁离世。怕是没有人给她平反了。

**于俊麒老师**·我们五六年级的班主任。这位老师专教五六年级，"把关"可有经验了。她的主要经验就是大量做习题和"维稳"。五年级一开始，每天一早，黑板上已经写满了数学题。同学们一到校，放下书包就做习题。于老师把抄黑板的任务交给了我，每天放学给我一纸习题。我回家做好了这些题，第二天一早六点多一点就到校喊醒董大爷开校门。抄好了黑板，我就在教室里走来走去，帮助同学解答问题。于老师只判我一个人的早自习作业，其他同学的让我来判。我这份光荣啊。（说于老师呢，怎么夸起自己来啦？）

这么大量的练习，大家演算基础可扎实了。

所谓"维稳"就是维持一个一切为中考让路的稳定的学习环境。"维稳"的努力曾让我们和于老师发生了很大冲突。六年级我们一些人热衷于排话剧，成立戏剧组。于老师不允，说耽误学习。我不理解她的苦心，竟当面顶撞起来。后来双方都做了些让步，可以在规定的时间规定的地点排练和演出话剧。有一次于老师还给我们戏剧组一份报纸，让我们朗诵上面的长诗，这真让我们感谢不尽。其实于老师不用那么担心，我们除了学习，还有使不完的精力。不是吗？毕业考试我们全都为于老师和学校争了光。也不看看是什么学校，培元呀！

**李德荣**·我们的李校长，戴眼镜驼背，是学校五个男人之一。他说话声音不高，有点吭吭哧哧。早上全校集合若有校长讲话，下面准是一片嗡嗡。唯一记得他的一次讲话是私立学校转成公立时。他苦着脸，嗡嗡唧唧说了一些应该感谢共产党关怀的话，大家不需要交十五元学费，只交两块五就行了。那时正是一九五六年公私合营闹得凶的时候，学校虽非企业，也由私变公，改名为王府大街小学，实行了就近入学的原则，学校开始面向工农兵平民阶层。

**姜老师**·姜老师最为慈祥，没见她大声呵斥过学生，总是和善地笑着。李校长走后她当过一阵我们的校长，又被调离到别的小学校。八十年代，有一天我在我家的胡同里碰见了她，原来她搬到了这条胡同。我和妈妈马上去拜访她。她已经退休，与外甥女住在一个大杂院的南屋，只有一间屋子，又黑暗又狭小，家具也破旧不堪。唉，一个有名的校长怎么会过着这样的生活呢？

**周老师**·管学校的杂务事，会计出纳采买刻钢板印考卷等等。我印象中，他总是勤勤恳恳、忙忙碌碌。现在我还保留着几张考卷，上面是周老师的字体。周老师的女儿周德娟是我们班的同学。

**武玉真老师**·武老师是学校里最负"厉害"盛名的老师。我见到她能溜则溜，溜不掉就老老实实站住行礼问候，而她总要评论一两句："刘海鸥，去照照镜子看看，你的衣服有多勒特（邋遢）。"通往大院的过道有一面整容镜，我只好去站在镜子前面看里面那个勒特小孩。要不就是："刘海鸥，你跑什么，走没走相，站没站相。"三年级时我开始看长篇小说《新儿女英雄传》，还是章回小说，虽然有许多字不认识，但连蒙带猜，隔三岔五，还是看得懂。一天我手捧此书边走边读看得入迷，没注意武老师走过，她叫住我："刘海鸥，看什么哪，这么入神？"我把书皮翻给她看，心想也许她会称赞我两句。

她一脸不屑："你能看懂吗？捧着书做样子吧？"我该说是还是不是呢？

武玉真老师是我姐姐海燕的班主任，不知怎么的，和我姐姐那么对脾气，特别喜欢她，还让她当了中队长，姐姐也特别崇拜武老师。武老师厉害是厉害，但只要是她带的班，准是最好的，集体主义向心力特别强。

**张艳贞老师**·张老师是我们的音乐老师，一到音乐课我们就到大院西北角的音乐教室上课。音乐课没有课本，老师发过好多歌曲的片子，是钢板刻印的。其中一张我记得最清楚，有莫扎特的"渴望春天"："快来吧，亲爱的五月，给树林穿上绿，让我们在小河边，看紫罗兰开放……"我最喜欢这首歌，曲调美妙，老师的歌喉也美妙。可我那时并不喜欢张老师，觉得她特别厉害，没有笑脸。淘气的男生被她揪着耳朵站起来，据说疼极了。

小学毕业很久了，有一天在街上看见张老师，正不知是否要躲开，她迎上来，又惊又喜，问长问短："刘海鸥，长这么高啦！在哪个学校读书呀？"满脸笑容，和蔼可亲，原来张老师是这样的！

后来我当了老师才体会，老师和学生没仇，老师心里喜欢所有的孩子。

**老王老师**·大家私下里叫他王老头。他是唯一一个教课的男老师，教图画大字珠算三门课。他岁数很大了，老眼昏花，说着一口不大容易听懂的话。他的课上混乱得一塌糊涂，连好学生在他的课上也无法自律。无论多乱他根本不管，照讲自己的。

三年级的图画课，他让我们画写生，我画了一个大萝卜，他给我打了五分。我真高兴，头一次知道，自己画画不错。

王老师判大字很认真，字写得整体好就画大红圈，哪个部位写得好，就在那个部位上画小红圈。我的大字本上大小红圈很多，所以上他的课我虽然折腾，但画画写字还是很认真的。

**老董和老李**·是传达室的工友。刚开始所有的孩子都直呼其老董老李，直到学校改成公立后，校长要求大家尊重工友，尊敬老人，才改称董大爷李大爷。他们管开门、静校、打铃、清洁、生炉子和烧水之类的杂事，中午还要给上百个孩子热饭。

五年级时，我得到于老师分配给我的光荣任务，每天早上把早自习练习题抄在黑板上。六点半我就到了学校大门。大爷们还没起床，我站在传达室冲着校外的小窗口喊："董大爷，董大爷！"半天他才披着衣服出来开门，嘟嘟囔囔道："刘海鸥，又那么早！"

## 四、再见了，培元小学

一九五九年七月二十四日，毕业季升学考试揭晓，同学们到校查看分数和分配结果。

每个人都有一个留言本，互赠留言，都是："祝你争取早日加入共青团，做一个合格的社会主义接班人"这一类豪言壮语。老师也给我们题字，记得最清楚的是邬丽天老师的漂亮字体，留在我本子上一段保尔·柯察金的名言："人的一生应该这样度过……"

尽管目睹了大人们的那么多政治运动，尽管在老师眼里我是一个调皮捣蛋的孩子，小学时期仍然是我最幸福的时代。那首歌唱出了我们的心情（也许是我们的心情被那首歌引导着）："小鸟在前面带路，风儿吹着我们。我们像春天一样，来到花园里，来到草地上，鲜艳的红领巾，美丽的衣裳，好像那花儿在开放，跳呀跳呀跳呀，唱呀唱呀唱呀，亲爱的领袖毛主席（文革后这首歌又拿出来唱，歌词改成'亲爱的叔叔阿姨们'），和我们在一起过呀过着快乐的节日。"我觉得每一天都如节日般美丽，我看到的都是积极的一面，我相信祖国会变得越来越好，几乎每过一年我的心里都会说，今年比起去年，我们的生活、我们的国家又有很大的进步，想到这一点，心里胀得鼓鼓的，对生活充满了热爱和期望。

告别了同学和老师，我们升入了中学。

再见了，培元小学！

选自《记忆》第 121 期。

# 日记告诉我们

## （1958年3月—1959年7月）

刘海鸥

这里是我小学时期日记摘抄，只抄了与小学生活有关的部分。文字上除了改掉一些太让人丢脸的丢字、漏字和错别字，如"的地得"的混乱使用外，没做任何改动，即使句子不通也就那样了，原汁原味嘛。

这些日记希望再勾起同学们的某些回忆。

（1958年，没有日记的时间）

今天是开学。我怀着愉快的心情到了学校。同学都相见了，老朋友似的亲密地谈着。不一会儿就上课了。于老师刚走进来，同学们就都站起来喊着："于老师好！"于老师微笑地点着头，让大家坐下。

说了一会儿别的于老师就说："因为整风学习刚结束，老师们没来得及备课，所以延迟到十四号开学。"我听了很扫兴，因为我老早就盼望着开学，谁知又得延长。接着于老师又说："十二号早上八点到学校大扫除，到十二点回家吃饭，下午一点再到校。第二天早上还来。等到处打扫得干干净净就到派出所去报捷。"她还说："十二号下午发书，十四号开学。如果现在带了学费的就教，没带的就下午两点交。有的同学一时交不上来就开学后再说。不交的可以回家。"我打算开学再交，就不在学校多留，回家去了。

## 1958年3月12日

今天我一早就爬起来了。你们一定记得今天还要——大扫除。三刻钟之后我已经到了学校。不久开学典礼开始。校长讲了话,并说可以各班向各班挑战。回班以后于老师说了些别的后就说:"咱们向哪班挑战?""六年级。""一年级。"……同学们纷纷地议论起来。"最好向附近的班挑战。"于老师说。"向三年级二班挑战。"不知谁说,大家都同意,于是就选我写挑战书。是这样写的:

挑 战 书

向三年级二班挑战,做到六面光。

保证教室里外清洁。

挑战书送去不一会儿也送来了应战书。结果是谁干净我也不知道!

## 1958 年 3 月 25 日

今天我们小队卖报。昨天是海燕卖报。她说她在孙家坑胡同里挨门挨户地问。于是我也学习。我们先到报房胡同。出了报房一份也没卖出去。刚开头我们都不怎么敢喊。后来我们也敢大声喊了,可就没人买。汪周南对一个三轮车夫说:"买份报瞧瞧吧,我们是支援红领巾拖拉机站的。"那个三轮车夫说:"可惜我没钱。"

快到五点半了我们才卖出了五份。我、汪周南、金铃铃共有 15 份,现在才卖了三分之一。我们定好六点以前把钱送回学校。怎么办呢?还有七份(我们一人买了一张),到哪卖呢?我说:"到我们胡同卖去。一则我们家买一张,二则我把书包放回家。"于是我们一边喊着"北京晚报",走进了胡同。一些调皮使人讨厌的孩子说:"就是北京早报我也不买呀。"到了家拿着报刚要走,阿姨叫住我对我说:"海鸥你到饭馆里卖,准有人买。"我一听这是一个好办法,就准备试一试。

到了"灶温"饭馆,我们大喊了一声:"北京晚报,谁要北京晚报?"没人答应,我们失望地要往外走,热心的服务员叫住了我们。要我们问一问,态度要好,不要进去一嚷,想买的人也不买。于是照着他的话挨个地问："你买不买北京晚报？"果然有四个人就买了。接着我们到"白魁"卖了两张，就走进一个花房，问他要不要北京晚报，他本来不想买，但又不好意思拒绝，就买了。一切都很顺利。最后只剩两份了，我说："这两份你们要吧？"汪周南说："咱们应该尽力卖出去，卖不出去再买。"两份报很快就卖完了。我们把钱交给学校。明天我们还要把窍门推广全班。

### 1958年3月30日

今天我们下午到建国门外护城河旁边去种蓖麻。下午我们到校一会儿，第一二中队的队员们就出发走了。一路上我们已经是很累了，可是一到那立刻就忘了累。我们是第二小队。第一、二、三队划分了一个种蓖麻的地区。。六年级和我班四、五、六小队也都划分了地区。我们是由黄老师带领的。开始是挖坑。我和冯月辉借了把镐子，把我自己的铲子借给别人。于是谁有啥事都来找我："刘海鸥，你来帮我把这块石头掘出来。""刘海鸥，你瞅我这有个石头刨不出来，你帮帮忙。""刘海鸥，我这块地太硬啦，你给刨刨。"我忙得跑来跑去。大约两个钟头后我们愉快地结束了种植活动。说实在的，我已很累了。

### 1958年4月8日

今天我到学校想起我还没复述，我就自动到老师那去。等了好一会儿才轮到我。我开始复述，于老师微笑地听着。一会儿复述完了，于老师说我这次复述有很大的进步，用虚词很多，给我得"5+"，这个分数是最高的啊。上学期徐蔚东复述就得了"5+"。这回我也得了，几乎难以自信了。我刚出来大家就嚷起来了："刘海鸥复述得了5+！"。我走进教室，大家就围住我了，有的说："真棒。"有的说："你还是这学期第一个得5+的呢！"

我一定要把这个喜讯告诉妈妈。

## 1958年4月18日

好久没有写日记了,已经一个星期了。在这些天里都没什么可写的,但是现在却有一件重要的事情,就是号召全市人民捕麻雀,现在我们掌握了麻雀的弱点,就是利用这些弱点来对付麻雀的:

轰!让麻雀无处落脚,饿死累死!

打!让麻雀上天无路入地无门!

毒!让麻雀断子绝孙!

掏!销掉'老家贼'的"户口"!

中午我们讨论从19日苦战三天(放假)轰麻雀的时间。讨论的结果是19日下午2点——7点30分。20日是由早晨4点半到10点。21日和20日一样。

下午我们过队日,是到景山玩。因为时间不够,我就简单说点吧。下午到了那儿玩捉特务。我和刘定华当特务,在晚上杀了一位工程师,盗取了文件。公安人员王以公、周小力、徐小菊调查事件。他们很笨,始终不知道谁是特务,把其余的平民百姓(其余的小队队员)都捉来了观察我们的神色,终于我和刘定华被看出来了。

## 1958年4月19日

今天一大早海燕和克阳就走了,那时才4点多一点。她们才走我就听见扩音器里喊:"街坊们该起床啦!"接着就是一片"乒乒乓乓"的响声。

我家来了几位少先队员,他们也"乒乒乓乓"地用东西敲。我实在睡不着了,也起来和她们一块敲。不久妈妈爸爸元元都起来了,全院、整胡同都响了起来。现在到处都有敲东西,吆喝声。下午我到椿树胡同去轰麻雀。大家带了小鼓、小锣、镲、竹竿等东西,合起来成了一支乐队了。到晚上我们才回家。

可是今天我还发现这样一件事:我爬上房要轰麻雀,看见有两位学生也在房上轰。忽然我发现在一位同学的竹竿上扎着领巾。报上明明登过一律不许用领巾、国旗、奖旗来轰赶麻雀。于是我就大胆地走上前去质问，可她还强词夺理地辩护，什么"废物利用"呀，"不是我的"呀。最后她说不过我，从另一个房顶下溜走。她走后，我还发现屋顶上被她们踩踏了一个洞。这使我很气愤。

### 1958年4月20、21日

这两天我每天早上四点都去椿树胡同。20号我们到元元托儿所去帮阿姨轰麻雀。后来又到一家人那去，那家人只有一个老头老太太和一个妇女在家照看孩子。我就帮他们轰。21日我借了一支弹弓来轰麻雀，轰了不少呢！今天是最后一天了，成绩可不小呢！共捉了40多万只。

### 1958年4月25日

今天是体育节，是我们学校的传统习惯，年年都要举办。下午开大队会，也就是体育节。先是体操，然后是二年级的"播种比赛"……另外还有我们和六年级的"障碍物赛"。冯月辉他们那些大队委都聚精会神地看着谁犯规了。

最后一个节目是我们班和六年级拔河。真倒霉，我们拿起绳子，王老师吹了一声哨（意思是叫旁边的同学静一静），我们班误会了用力地拔，这时六年级忙叫停止，我们刚停止，武老师又吹起了哨子，我们没料到，被拔过去了。

### 1958年4月26日

"五一"快到了。游行有我（不是游行，场内站队）。我是多高兴啊！花早在前天和昨天就做好了，明天就要练队。我真盼着"五一"快点来呀。

### 1958年4月30日

明天就"五一"了。今天游行的同学又召集在一块了。武老师给我们讲了好些事情，什么明天戴口罩、手绢、领巾和吃的，都要放在一块，千万不要忘带哪样。这回比上回讲得清楚点。后来又分组才回家。我是多么盼望明天不要下雨啊！

### 1958年5月1日

今天是"五一"，一早我就到了学校。人到齐了我们就往灯市口小学出发。接着东四区的四个学校：王府大街小学、灯市口小学、史家胡同小学、多福巷小学一齐开往天安门。到了那我们坐下来，一面吃东西，一面焦急看着西南面大楼上的大钟。好容易盼到了十点钟，惊天动地的炮声响起来了，庄严的国歌也在奏着。我们挺直地站着，严肃地站着。等国歌和国际歌都奏完，我们立刻喊起"毛主席万岁"来。游行的人们不断地走过去，我看见他们举的牌子上写的除了"毛主席万岁"外，还有"鼓足干劲，力争上游，多快好省"和"十五年赶上英国"等。后来涌向主席台时我跌了一跤，差点被踩着。

### 1958年5月4日

今天是"五四"青年节。下午我们中队和六年级的中队去看我们的蓖麻。到那蓖麻已经有一两寸高了，尽是两个三个的长在一堆，我们移了几棵。还有一个坑十七八棵的呢。于老师说等到下雨时再来一次，把蓖麻移移，那时土会松软些。

### 1958年8月5日

前个月学习考试我的功课很紧张，一直没空写日记，现在放暑假了，本想好好玩玩，谁知就等于没放，因为1.学校除去小队日，还有什么卫生监督岗和营火晚会、联欢等等。2.现在我们的木偶组在暑假里要排十二个节目，还要街头各地演出呢。3.放假前，武老师介绍我和另外两个同学参加少年宫的壁报训练班，每星期三活动。木偶组是每二、四、六活动，一整天还要带饭去。这差不多等于天天都要事情，开学我非累趴下不可。

1958 年 11 月 22 日

今天我到学校才想起我们小队的个人学习计划还没订。就叫他们订好交给我。谁知道了第四节念计划，原来是订小队计划。我说："我们没有订。"于老师批评我们自由散漫，订个人计划就是单干。我也觉得我不对，因为我在开中队会时没听见，结果就闹成了这样，小队的队员也对我很不满意。于是我刻不容缓地下了第四节课做完值日就召开小队会，我们把个人计划归纳起来，然后扼要地提出几点。队会很快就开完了。这会进行得很顺利，没人不守纪律，也没人因为饿抱怨一声。我很过意不去，下回我再也不能那样了。

1958 年 11 月 24 日

今天下午我到学校，张老师叫住我，交给我个任务，叫我把一年级课本里的一张插图放大在黑板上。我想我怎么能会呢？但再一想，还是尽力画好吧，就一口答应下来。下课后我、董淑珍、高忆陵在卫生室里画，不久就画好了。张老师说画得还不错。画完后我、高忆陵和赵德娟到关一文家去。她今天没来。到了她家，原来就是伤了风，没什么的。我们把功课告诉她就走了。现在我要温自然了，明天还要考试哩。

1958 年 11 月 25 日

今天我们考自然，一切都很顺利，没有一题把我难住。

下午我们上两节完课就要在大街上宣传。宣传就是：1.家长应带好孩子。2.走便道。3.走人行横道。4.坐电、汽车要注意的事项。5.骑车人所注意事项。6.做好垃圾三分类。7.保持街道清洁。8.防止煤气中毒。

我们主要宣传第五条，天黑了，（骑车）人们都不点灯，我们就喊就追。有的认真狡猾，他们口头答应，就摸一下灯算完事；有的说，就到地方啦，推出十几步远又骑上车扬长而去；有的甚至不要脸皮，喊他他不听，闪电一样驶去；有的舍不得费电池，说他他就点一下，又灭了。回来时我的嗓子全喊哑了。

## 1958年12月4日

今天我们壁报组举行了一次时事测验。我们凭着平日早晨做的时事介绍出的题，题都不难，我们共出了六题。

头一题是：　　月　　日，朝鲜　　　　访华代表团到京。

二题：1959年到1965年苏联要实行一个　　　　计划。

三题：日本反动政府首相是　　　　。

四题：　　月　　日，保加利亚　　　　主席　　　　逝世。

五题：　　月　　日，召开了第一次青年积极分子代表大会。

六题：　　月　　日，我国的第一艘　　　　巨轮下海。

这么容易的题都不会，大概我太主观。我们的这次测验得1分的有5个人；得2分的就有25人；得3分的有9人；而得4分5分的才有6人。我把这次测验总结写出念给同学听，并说以后我们常要举行测验，叫同学提高警惕，注意听时事介绍。

## 1958年12月31日

今天是58年最末了的一天了。今天我们小队赶排了一个话剧"蓝领巾"，改名"红领巾"。准备今天晚上演出。

晚上新年晚会开始了。各个小队把自己的节目都献出来了。有的小队演话剧、木偶、唱歌、朗诵，都很精彩，大家愉快地笑着。但是于老师严厉地命令大家不许笑。本来嘛，新年大家应该是快乐的，但是大家变得闷闷不乐。到后来还是于老师开恩，许我们玩闹，教室里立刻热闹起来，晚会在热闹声中结束了。

## 1959年2月27日

我们的"好和坏"（注：是纸壁报，当时办了两份——"好和坏"主要是在班上展开表扬和批评；"万紫千红"是讲形势。采取大家办报的方针，谁有想法可以写纸条贴在壁报上）上贴满了纸条，写的是关一文、赵德娟和好的事。还写刘继勋,他是大队委,上课带头闹,说他他不听,还摔门。同学(贴)的意见他不看,还说他们提的不对我干嘛接受,简直太骄傲了,同学们更气愤了写了更多的纸条,我们准备整理一下,就摘下来了。

### 1959 年 7 月 21 日

时间飞快地过去了。我又有一学期没写日记了。今天是放假的第三天,我趁中午的时候写写。这学期,我们是毕业班了。校长三番五次地给我们讲话,尽是关于升学问题的。大考(也就是毕业考)我的成绩还不错(据老师说),可是一天推一天老不发,现在放假了,还没发,说要等 24 号才发。据说这学期我们班一律都得"良",也有得"优"的。我的好朋友冯月辉考音乐中学,情况怎么样现在还不知。大考前同学们都互相留言,我也请不少同学给我留了言,我也给别的同学写了。同学们写的大部分意思差不多,同学们都互相鼓励"到中学后要好好学习,早日跨进共青团的大门,做一个有用的社会主义的接班人!"我把这些诺言牢牢地记住了。我讲讲这学期所发生的事吧。

3 月 10 日西藏上层反动分子发动了叛变,后来叫我英勇的人民解放军在短短的时间内平息了。(下面介绍"平叛"经过和帝国主义国家的"诬蔑"。省略。)

4 月 27 日,我、徐棻到冯月辉家去。我们大家谈着美好的将来,理想的志愿。大家都想,让我们成为好朋友吧,永不分离。大家不约而同说出了自己的愿望。我们自然是很高兴啰。我们许下了诺言——齐心书:"我们三个好朋友,立志加入共青团,做党的好助手,学习刘胡兰、向秀丽,为了共产主义事业不惜牺牲一切,甚至生命!!!"宣誓之后,我们庄严地交换了领巾。我们一定要用实际行动实行诺言!

6 月 1 日,我们三个合拍了一张相片。

在这一个学期中,在我们国家里出现了两位女英雄——向秀丽和徐学惠(下面是介绍她二人事迹。省略。)

6 月 19 日我们曾去朝阳公社收过小麦。这回我真正地看见了小麦。我学会了捆麦和割麦,升入中学之后,我们要参加更多的体力劳动呢。

**1959 年 7 月 24 日**

今天发分数通知书,我没去。徐棻来告诉我的。我考了 199 分,考上女十二中,初一十班。班主任李晓尘。徐棻也考上女十二中,初一九班。我们多希望分在一班呀。就汪周南和我一班。徐棻很羡慕我们的班主任。徐棻的姐姐徐植说我们的班主任是个老党员、红军,非常好。我多高兴呀!能有这样一个班主任。她是教政治的。


选自《记忆》第 121 期。

# 我的小学和初中
## ——陕西洋县六陵渡的人生

聂树人

1949年前,六陵渡村没有办过统一的村学。我的启蒙教育在坡坡上的老爷庙,教书先生是袁崇敬。我在这所学校只背完了一本《三字经》。

1950年,我在胡家家庙读过一年书。后来,因为要放牛,就辍学了。

1952年底合作化,耕牛入社,我才有了上学的机会。

1953年春节后开学时,我坚持上了三年级。

上小学时,每天是早晨不洗脸不吃饭就去上学;到约10点钟的时候,才放学回家吃早饭。下午放学的时间也与农村吃午饭时间同步,约在下午3~4点钟。吃过午饭,下午不上学,得参加农业劳动。专门的做家庭作业时间是没有的,只能争分夺秒,利用一切可能,抽空作。为了做作业,有时会误了农活,就要挨父亲的训斥。晚上当然是可以做作业的,但我的窄小的家庭,没有摆放作业本的地方。而且,那时,无钱买灯油。这种情况,在我上小学、中学时都没有什么改变。

因为家穷,冬天没有棉鞋棉裤,上身的棉衣也因为薄,常常冻得直打哆嗦。

初上三年级,我刻苦努力,终算没有落伍。期末考试,在60多个学生中,我得第21名。袁文杰老师在假期给学生们送通知时,对我母亲说:"聂树人学习努力,原本只能挑70斤的力气,却挑了100斤的担子,在全班得21名,不容易!"

## 在智果中学借灶做饭

当时的农民,以当干部、当工人,吃"官饭"为荣。我小学毕业后的出路有三:上初中,上师范,回家种地。回家种地不用选择,因为本来就是农民么!上初中,得要漫长的三年时间,得苦挣苦斗。不少人坚持不下去,退学了。

能尽早参加工作的途径只有一条——投考师范(实际是幼师)。可是,经过三天三夜,奔波300多里路,去西乡县,去城固县,最后又不得不回洋县。因为西乡县师范和城固县师范不招录外县学生。

最后,我们第二生产队的四个学生都考上了智果中学。

家穷,又因为聂致庆的捣鬼,我没有吃上助学金,没钱在学校入伙吃饭。

我不得不在校外人家借锅灶做饭。

由于学校只吃两顿饭,到早饭和晚饭放学时,农民已经吃过饭了,学生正好可以利用人家吃饭的空档借人家的锅做饭。

借灶的租用费是,一个月给人家一角钱,给人家水缸里挑满水。这样,每周星期天下午去学校时,我就得挑着柴草、粮食和蔬菜。放学后,就得立即去做饭的地方,生火煮饭。在煮饭的空档,赶紧去井里挑水。待水挑够了,就赶紧吃饭,洗锅。然后再急急赶到学校上课。

现在想起那年月的艰苦来,真是头皮发麻。我实在不敢想象我是怎样一天又一天、一顿饭又一顿饭地挨过来的。

## 我成了批判对象

在1957年下半年,我遭到了人生道路上的第一次政治挫折。

在反右斗争的余波中,一天下午上课前,我不知天高地厚,与一个同学在黑板上乱写乱画。当时,我在黑板上画了一幅漫画,下写"浮上水者的下场"。这画刚刚画完,就听有人喊"老师来了!"其他同学抢到黑板擦,将他画的画擦掉了,到我要擦时,已经来不及了。

老师进了教室后,看到了这幅漫画。

画面的大体样子我还记得：一个趾高气昂的人正在向悬崖陡壁的边缘走去，一个弯腰俯身、伸出长长舌头舔试其屁股的人则紧随其后。从前面那个人只瞧天不瞧地的样子看，下一步，就要跌入万丈深渊……

漫画的针对性是显然的，马上就有人（如李天鼎同学）"对号入座"了。它既得罪了"积极分子"，也得罪了班、团的干部。

当时担任我班班主任的王俊明老师，因为上半年任三乙班班主任时，那个班"学生闹事"而受到牵连，他就成了惊弓之鸟，怕再犯政治错误。他立即召开班会，对我进行批判。

此后几十年间，我再没有画过一幅漫画，画技（如果可以妄称为画技的话）和激情肯定不如从前。我有时想，要是当时我的这幅漫画不被当作毒草批判，要是我坚持着画下去，或许，我后来会成为一个不算蹩脚的画家。当时，要是有人深追我画这幅漫画的动机，依据"反右斗争"的逻辑，我很可能会被逐出校园。

不幸的是，我并没有从这次班会中吸取应有的教训。那时的我，对于从这年的上半年开始的中国政治形势发生的重大变化，一点儿也不了解，根本不知道中国有50多万（有人说有100多万）知识分子被戴上了"右派"帽子，他们的数以百万计的亲朋也因此而遭了殃。

### 到铁河去炼铁

据洋县县志记载：10月11日，县委、县人委抽调3.8万多名农村青壮年劳力，组成"钢铁师"，开赴本县秧田、铁河人民公社及镇巴县"大炼钢铁"。至次年6月，炼烧结铁3.54万吨。因农村严重缺少劳力，造成粮食减产25%。

我也成了"钢铁师"的一员，与同学一起，奔赴铁河。我的父亲则远赴镇巴县鱼渡坝"炼铁"。那时的洋县，没有一个内行。烧出铁渣，就认为是炼出了烧结铁。十几个人抬着铁渣，走上百里路，去向县委报喜。

为筑土高炉，我们挖土、挑运土、往高炉上送土、夯实，加班加点地苦干，干的都是重体力活。每天三顿饭，每顿4两米饭，一碗野菜汤，十几岁的娃娃，饥饿难耐。为了能填填虚空的肚子，大家不得不自己想点办法：在收工回驻地的时候，不走路，专门走山坡地。边走边捡吃的。可吃的东西有二，一是残留在黄豆地里的黄豆，二是残留在洋芋地里的洋芋。生黄豆粒吃在嘴里，初时觉得有一股豆腥味。但是，吃惯了就不觉得了，还觉得另有一股香味。黄豆的营养好，但是，毕竟不多，一次能捡到二三十粒就算是大有收获。残留的洋芋在土面以下，好在，这时它们都有一个芽长出了地面，只要看到小小的洋芋叶子，用手往下一掏，保管会掏出一个洋芋来。残留的洋芋一般不大，直径约二三厘米。掏出来的洋芋不能马上吃，它上面粘有泥土，得洗净了才能入口。于是，我们就先将它们装在衣袋中，待走到水边时就立即洗净，急不可待地放进口中"喀嚓"起来。这时的洋芋并不麻，淀粉也没有了，好像稍有一点甜味儿。有时候，经不住饿肚子的催促，从地里掏出来后，随便一擦，就送入嘴里。

最后，想炼铁也炼不成了，我们驻地所在的一面大山，我们刚到时，山坡上的树密密森森地，和原始森林差不多。但是，到我们离开时，山上的树被砍得一棵不剩，连两三厘米的小树也没有了，整座山已经变得光秃秃地。远处的山虽然还没有遭难，但要将那么多的树砍伐后运过来，困难就大了。

### "余粮户"和"缺粮户"

在大炼钢铁时，听说家乡农村"吃饭不要钱"，可以放开肚皮吃。

1958年底，我从铁河回到家乡，农村确实是"吃饭不要钱"的集体食堂。但是，这食堂并不如人们所传的那样神奇，它按时开饭，赶不上这顿就只能等下顿。我原想，集体食堂里会对我这个从远道回来的饥肠辘辘的学生好好招待一顿，让我有一次饱胀的感觉。可是，我到了食堂，没有人问饥问饱，只有我的在生产队大场干活的母亲一看我回来，就急急忙和我一道回到家里，从一个黑墙洞里取出了一个小陶罐，从里面倒出了仅有的一点粮食，给我做了一点稀饭，以使我暂时不饿而已。

吃饭"不要钱"是事实，那是因为农民手里没有钱！包括土地、农具在内的农民的生产资料都入了人民公社，充了大公。"一大二公"的公社不给农民发工资，农民手里哪来的钱？连一厘一毫自留地都没有保留的农民，更谈不上去市场进行商品交换，而没有商品交换又哪来的钱？

但是，天上不会掉馅饼，即使是万岁爷，他"腰包"里的钱也是从子民腰包里掏走的。因此，如同几千年来的事实一样，全国的老百姓即使齐声喊上一千句"万岁"，九扣八拜，说上一万句感谢的话，大救星、万岁爷既不会也不可能给全国的农民掏饭钱，把全国八亿农民大爷白白养活起来。农民在集体食堂吃饭的钱，最后还是要农民自己出，按工分计算，进行余缺找补。

由此，汉语的语汇中就出现了"余粮户"和"缺粮户"的新名词。所谓余粮户或缺粮户，并不是说，家里粮食有余或缺少，而是指一家人挣的劳动工分折算的钱，能不能抵消掉一家人吃饭的支出。二者相减后，如果有余钱，这家人就是"余粮户"，否则就是"缺粮户"。这缺的钱是要还的，不能赖账，一年一年往下扣，迟早要还清。

1958年底至1959年，生产队里还有一点家底，家民家里还有一点家底。因此，人们只是饥饿，还没有达到饥荒的程度。随着家底的消失，随着浮夸风越来越强的吹拂，绝大多数农民就到了油干捻尽的绝境。于是，1960年以后饿死人和浮肿就"水到渠成"。

## 初三班主任：永远有理

中考前夕，曾进行过两次志愿填报。头一次，是在强大的政治攻势下发生的，即只能按组织的号令填报：

第一志愿：高中；

第二志愿：师范；

第三志愿：中专。

对此，大家心里虽有不满，但也无可奈何。谁愿意被人在"组织意见"栏中写上"不听党的话""不拥护党的方针政策"之类的话呢？

这"志愿表"连同其它材料报上去后，县上却为难了：大家都这样填，录取工作怎么进行？

不知在何组织的干预下，我们终于有了第二次填报志愿的机会。如墨索里尼[1]一样，班主任赵中和老师是"永远有理"的。这一次，他说得仍然振振有词：过去的填报并没有错；现在，为了更好地响应党的号召，让组织有更多的挑选余地，可以按大家自己的想法填报志愿。于是，我的第一志愿就改成了西安地质学校，第二志愿和第三志愿现在已记不清了。其中，好像有"上海水产学校"。

在"愿意服从分配否"栏内，记得我填报的是"洋县二中"。当时我的想法是，如果已填报的三个中专都不录取，就只有上高中一条路可走了。我的估计是，报高中的人少，报智果高中的人更少。万不得已，必须上高中的话，也不能到县城去上，路远为次因，花费大才是根本。最大的可能是，即使考上高中，我也不会上。

## 一道题，改变命运

我以全地区总分第一，数学全省第一，被录取到洋县二中。

这，既有必然性，也有偶然性。

中考数学时的前一天傍晚，同班的王大新和我在一起复习《平面几何》。当我们复习到课本末页上的最后一道综合题时，两个人都难住了。这是一道证明题，我们利用所学，左证右证，就是证明不出来。去问教我们几何的宋继殷老师，他看了一会，也没解。他最后的意见是："这种难题怪题，考试时一般不会出的。况且，课本上的题不会就照搬到考卷上的。"

可是，我不甘心。整本书上的题我都做下来了，唯独最后一道题做不出来，这不正常。即使考卷中没有这道题，我不会做，这也将是

---

[1] 记得早年阿尔巴尼亚电影中有一句话："墨索里尼，永远有理！"

我人生中的一大缺憾——说明我是一个不合格的初中毕业生。

王大新离开了。我一个人坐在柏树下，在地上画图，反复剖析。大约半个小时后，脑子里突然有一道亮光闪过——需要做一条辅助线！天已经黑了，可是这条发光的辅助线却照耀着我在不到两分钟的时间里，以大地为纸，做完了这道题。

晚上睡觉时，睡在双层床上面的王大新问我：

"那道题你解开了吗？"

"解开了。"

可是无论我怎么讲解，他也没听明白：那条辅助线应该怎么划？

"明天早晨再给我说吧。"

第二天早晨起来，洗脸，吃饭，进考场，大家都很紧张。对那道题，他没有问我，我也忘得一干二净。

那年，数学题特别多，在三张 8k 纸上，印得满满的。我从第一道题做起，一刻不停地做。做到最后一道题时，一字不差地赫然出现了那道题。我兴奋至极，不用思考就快速写上了求证的过程和结果。当我想回过头来再检查一遍答题结果时，下场的铃声就刺耳地响了起来。

走出考场后，王大新后悔得直跺脚："这真是命啊！"

不过，他还是考中了汉中卫校，毕业后分回洋县医院工作。

或许，就因为这道题，改变了我的人生：原来，我行！

这一结果也表明，诚实对待人生中每件事的重要性。全省教这门课的老师，全省的考生，应该都没有注意到这道题，使我这个农村考生得以拔得头筹。

村人们并不看重全省第一、全地区第一。考个全县第一就不简单了。于是，村里的孩子们见了我，跟在屁股后面直喊"全县第一！"

## 进山打柴

一根打柴尖担，碾压着我，走完了小学，走完了初中，又走完了高中之路。

在上世纪五六十年代，我家乡的农民不仅粮食不够吃，也缺柴烧。

为了能得到上学的资格，我必须拼命劳动。我在小学和中学上学期间，最主要的劳动就是进南山打柴。

我第一次渡过汉水，进南山打柴，是在1953底，时年12岁。

从1955年底开始，我开始扛起尖担进山打柴。

冬天，温度低到摄氏零下几度，也得穿着单裤薄袄，光脚穿着草鞋，瑟瑟发抖地赶到渡口，过船，然后，向南山进发。衣着单薄，为的是担上柴担后，不要脱衣服，减轻负担。一双新布鞋，进一趟山就磨损许多。而草鞋是自己或家人利用闲暇时间编织的，穿上轻便。至于冷得直流清鼻涕，那就不能顾及了。

困难时期进山打柴，肚子也是吃不饱的，而且吃的大部分是糠菜饭。我带的干粮常是糠菜饼子和胡萝卜。单吃糠菜饼子是难以下咽的。在深山的山梁、山坡上不会有水。带上点煮熟的红萝卜，它既可以充饥，又能当糠菜饼下咽的"润滑剂"。这"滋味"，经历过的人，谁也不堪回顾；没有经历过的人，大概难以想象当时的情景。"糠菜饼子"，那是什么"糠"？它根本就不是米皮，而是碾了、磨了几遍的稻谷的硬壳子粉！

打柴，与打柴之后的疲劳，是经常的。我至今仍然清楚地记得，每逢我进山打柴，特别是进深山捡干柴，要钻刺架窝，要山上山下跑，手扎了刺，脚、腿、脸划破了……回到家里或赶到学校，晚上睡下，浑身就如瘫痪一般，伤口火辣辣地痛。这种状况一般要持续一两天至两三天。

然而，刚刚恢复过来，又得进山打柴了！

我只能咬紧牙关，不断地说着阿Q说过的和没有说过的话："乌云过去就是晴天""困难可以克服"等等，来自我鼓励；用自己的双脚去一寸一寸地趟布满碎石和棘刺的道路。

在绝境中，我不能坐下来嚎啕！因为既没有人听这嚎啕，更没有会伸出援助之手。

## 我的非学习时间

除了给家里、给学校砍柴、担柴外，我还要从事其他许多劳动。例如，除正常假期外，中间还要放夏忙假、秋忙假，每次大约有半个月时间。此外，还要参加学校组织的劳动、班上组织的劳动，还要加学校每年一度的招生工作，参加省委号召的每人利用"八边地"至少种十棵菜、要经常管护，还要每周打扫卫生、争一次循环红旗，还要给学校打院墙，还要参加各种比赛，等等等等。

每逢干旱或雨淋，我们学生就成了县委、公社动用的主力。比如，1960年9~10月，天下大雨，连续不断。水稻眼看要烂在田里，收不回来。县委、公社一号召，我们学生立即出动。我们冒雨打谷子，冒雨往生产队运输……一干就是一礼拜左右。

我依1961年5月16日至1962年5月11日的日记为据，统计出来的我的非学习时间：

1. 给家、给学校担柴和劳动41天；放假（寒暑假、农忙假，均为劳动时间）94天；参加学校公益性活动（包括常规的政治学习时间，一周至少半天）若干天。总计146.5天。

2. 其它未进山担柴的星期天（如雨天）和其它节假日当在30天以上。

每周必有的和随机的政治活动时间，是雷打不动的。在政治第一的社会里，学生的学习始终是第二位的。

事实上，非学习时间要超过总时间的一半！

为了与命运抗争，在剩下的一百多天时间中，我就得拼命与时间赛跑。上课、吃饭、走路、入厕（上厕所也要看书），暗夜，都成了我学习的时间。

我的家离学校只有十几里路，不算远。但是，在回家的路上，我并没有闲着，书包里装着书本，要将一周里老师所讲过的课程复习一遍。

## 在大饥荒的日子里,为父母"省饭"

上高中后,我的助学金最高,每月 4 元。粮油关系也被转到学校,吃上了商品粮。因此,我才能在饥荒年代,挺过艰难。

半斤粮食的饭加上 4 分钱的菜,就是我们的一顿饭。一天两顿。极少能见到油,更谈不上肉。对于正长身体的大小伙子来说,营养和热量是绝对不够的,我的肚子经常处于饥饿状态。

父母亲也知道这一情况,在条件允许的情况下,都把好些的饭菜放到星期六晚上或星期天做。家境好的学生或山区的学生,在到校时,都会带上些零食。

自 1961 年集体食堂解散之后,生产队分给社员的粮食很少,尽管"瓜菜代"着,"糠菜"吃着,也还是经常断顿,没有粮食下锅。

在这种情况下,为了能使父母亲吃上点粮食,我就在自己的饭食上动起脑筋来。每个星期天下午从家里走时,我都要带上一瓦罐野菜。每顿吃饭时,我就多吃菜,少吃饭,留下一疙瘩饭。怕上顿留下的饭放坏了,下顿饭时,我就吃掉上顿留下的,再留下新饭。这样,积累两天半,我就可以节余下一碗饭。到了星期三开晚饭时,我不吃那碗饭,将它倒在瓦罐中,全部带回家。回家后,母亲倒一碗米饭在菜锅中,好几天没有见到粮食的全家人就可以见到粮食了。

我急急地吃点饭,再带上母亲事先准备好的一瓦罐野菜,又急急地赶到学校里去。在不到一个半小时的时间里,我要在田间小道上跑 26 里多路,还要吃一顿饭。那时候,老师管得严,上自习时都要点名,迟到了会受到批评。

从星期四开始,我又将上述过程重复一遍,在星期六下午回家时,再给家里带回一斤米的米饭。同时,因为星期天我们不在学校吃饭,还可以从大灶上秤回一斤大米。这样,家里人就能经常见到粮食了。

我的微薄的努力虽然不能解决家里人的饥饿难题,但是,在那多一口饭就可以活命的时日里,浮肿的父亲没被饿死,母亲和妹妹没有倒下,或许也与此有关。

为了能维持这一过程，父亲和妹妹就得天天去田野里挖野菜，使我的菜罐能及时装满。

## 吃长满腻虫的萝卜缨子

为了充饥度命，我的父母早就在寻找能吃的东西：米糠、稗子、秕稻、藕筋、荸荠、玉米芯、红苕藤叶、干枯菜叶、萝卜缨子、蕨根、各种野菜及能下咽的野草、榆树皮……这其中的有些东西，过去是连猪都不吃的，现在却成了我们的活命物质。在初冬和冬季，一家人吃得最多的是晒干的和没有晒干的红、白萝卜缨子，荒地沟坎上的狗尾巴草。

"集体食堂"解散之后，生产队按人头给每家分了些许自留地。我家的自留地大约有两分多地，为了填饱肚子，父母亲就都种了菜。我家很少种白菜，而种萝卜可以既得萝卜又得萝卜缨子。每到秋末收获时节，父母亲将萝卜挖出后，将缨子切下，水洗后入锅烫一下，再搭在绳子上晾晒干，用绳捆起，挂在屋内高处保存待用。

那时候种庄稼不大用农药。因此，红、白萝卜缨子上往往生有许多腻虫。简单地水洗和煮烫是不能去除的。萝卜缨子在平常年份是用来喂猪的猪菜，现在却成了全家人的主食。不过，这种菜最好是炒着吃，不要泡汤。因为一泡汤，干死的腻虫就漂了起来，浮在汤面上，很煞风景。如果遇到这情况，我就闭着眼睛先喝干汤，然后再吃菜。

## 焕林小大被饿死

1961年冬天，我的焕林小大饿死了。

便秘，是那时中国的流行病。它如同一场持续时间很长的流行性感冒，席卷全国，以糠菜、树皮、观音土等为"主食"，是这种病的直接病因。病史学专著中好像并没有记录下如下的事实：60年代初，世界的中国一角曾爆发过一场空前绝后的便秘，波及人口略低于六亿五千万；这种"流行病"很严重，吃泻药难以治好，治这种病最有效手段是灌肠。

我的焕林小大与我家只隔着一堵墙，他灌肠的事我知道。只是因为不在星期天，我没有亲眼看到。在我的印象中，他在临死前，好像灌过几次肠。他的女人与他离婚后，他就带着大儿子黑娃一起过。为了给孩子多吃点粮食，他就不得多吃糠菜，于是，死神的黑手就伸向了他。

我们家其所以没有发生严重的便秘，是因为母亲在以碎糠为食时，在其中加了更多的菜蔬。

那时，村中新坟迭起，人们对死亡已经见怪不怪，对死人伤痛的神经已经麻木。此时，我的父亲也浮肿了！我默祷死亡不要发生在他的身上。

## 火余照我读

我上的这个中学是一所被水田包围着的农村中学，交通不便。在我上中学的六年中，没见哪个教员骑过自行车。来自远方（比如关中）的教员，一学期回一次家；县城及附近的教员，与学生一样，一星期回一次家。有能耐的教员，大都留在了县城中学。

因此，教育质量不要说与大城市比，就是与县城中学比，也差了一大截。而且，越落后政治活动越多。

为了不跌入深渊，我必须解决学习途中的一个又一个困难和障碍。在农业劳动和政治运动之余，我就成了手不释卷的人。

多年中，我养成了一些"坏毛病"：上茅房，手不释卷；边吃饭，边看书。

在干活时，我的脑子中也在想着学习上的难题，或者"口中念念有词"——背诵俄语单词或课文。

人的一生只是一个"不断到达"的过程。几经思考和探索，我终于找到了利用暗夜读书的办法：晚饭后，坐在灶前，将三四根柴棍伸进灶内，灶内的火灰会将柴棍的头部点燃。我轮流着抽出柴棍，将柴棍头靠近书面,借着它的亮光看书、复习、思考。由于火余发出的光度有限,只有将火头凑近书本时,才能看清字迹。为了能使光亮强而持久,我就得不断地往火头上吹气。一根柴棍的火头不行了,我就把它再伸进灶内的灰烬中,把另一根抽出来。

暗夜中的这点火星,照亮了我的人生。尽管火星的微光之外就是黑暗,但是,我看到的却光明灿烂。不管怎样,我都要竭力不让我考取大学的理想搁浅和褪色。

## 作文风波

洋县县志记载:1960年11月,全县对大肉、蛋类、食糖、煤油实行控制供应。控制的对象首先是农村,农村供销社里不再给农民供应煤油。

市场不供应煤油,农民又没有一星半点植物油,到了晚上就只黑摸。因为看不见,干活就难免出错。一天晚上,父亲原本是要往锅里倒水的,却将水倒在了锅台外。他因此而发起牢骚:"世道怎么变成了这样,连点灯的油都没有了!"

我们班上,一位叫陈树枝的同学就曾引述过社会上的一种说法:羊肉腥气牛肉绵,猪肉好吃没的钱。这样一句二混子话,反映的是当时因物质匮乏而致的物价高涨的事实。那时,我就既不嫌羊肉腥气,也不嫌牛肉绵。那时,这两样东西,我是连见都见不到的。可是,这话立即引起了如李天鼎这类同学的大肆围攻,说陈树枝这是在"攻击社会主义制度""污蔑我们的大好形势"。看那架势,是绝不与陈树枝善罢甘休的。

语文课堂上,老师要求我们写作文要言之有物,不能编造。于是,我在写作文时,就想反映市场物质贫乏这一现实。但是,我不敢说社会制度不好,我的立意是,困难只是暂时的,我们要正确对待,要艰苦奋斗,前途就会光明起来。

文章总得有个缘起,这缘起就是父亲发牢骚的话。为了不使这缘起刺激某些人的神经,我将父亲的原话改成了"嗨,没有油点灯,真气人！"不想，就是这句话仍然引起了一场风波。

李天鼎立即召开团干部会议，说我居心不良、诬蔑大好形势，一定要严肃批判。他并组织人把我的作文用大字抄了下来，准备张贴出去。

这件事曾经成为班上的一件大事，只有我不知道。

然而，李天鼎的险恶用心并没有实现，那张抄好的"大字报"并没有贴出来。批判会后来也流产了。流产的具体原因我不知道。合理推想的惟一原因是，老师和学校领导的及时制止。若干天后，这事才传到我的耳朵中。那时候，语文教员是马志远老师。他对我说，他为此曾批评过李天鼎"不该小题大做"。

## 政治低分的原因

记得上高二时，一次期中考试，我的政治课考分只有 71 分。要不是我的其它课成绩好，我的总平均分数肯定会落到 90 分以下。

以前，我的政治课考试成绩都在 80 多分～90 分以上。试想，我当时作为一个身经百战、千战的优等生，突然间不会应试了，在其它课程仍然保持高分的情况下，政治课成绩一下子下掉了一大截，岂不奇怪？这使我大惑不解。当时，我绝然想不到这与我向庞教导主任"请教"问题有关。

1961 年，因背叛地主家庭而入了党、当了我们中学教导主任的庞维翰老师，这年担任我们班的政治课教员。他在课堂上，号召我们要对党说实话，有什么想法、有什么问题可以直言不讳地提出来。心里怎么想嘴里就怎么说，不要怕。说错了也不要紧，他一定给予回答。他回答不了的，可以向上反映，由上级给予回答。提错了也不要紧，保证不会打棍子，戴帽子——因为这是在帮助党。

以庞老师的共产党员干部身份，我对此言信以为真。我相信他说的话是代表党的，我们应该响应党的号召，对党说实话。

我一直想不通的一个问题是，报纸和领导讲话中一直说"形势大好，形势越来越好"，可是，为什么老百姓却总是吃不饱，饿肚子，以至有的人饿死了？南山路上的那个饿殍 [2] 经常浮现在我的眼前，我的焕林小大不久前饿死了，我的父亲因营养严重不良浮肿了，我的母亲及妹妹都饿得皮包骨头……

这算什么"形势大好"？

我想不通！于是，就在他第三次号召之后的课后，当他一个人站在他的办公室兼宿舍的房侧思考什么的时候，我走了过去，向他提出了上述问题。

他当时是怎么回答的，我已经记不清了，只记得他回答得苍白无力，我心里很不服气，但又不能反驳。嘴里只好说：

"对，对！……明白了！……明白了！"

一直到多少年之后，我才意识到我真是胆大妄为、不知天高地厚到了极点。这样的问题只要庞维翰老师"认起真来"，上纲上线，往档案里一装，打个漏网右派或反革命，或反动学生，那真是绰绰有余。至今，也不知道我是应该感谢这位政治教员，还是应该恨这位教员，他先是引导我们说真话，在我说了真话之后，虽然没有对我"认起真来"，但是，还是对我进行了惩罚。于是，就有了71分的政治课"考试成绩"，算是对我的警告。

## 大饥荒，大生育

当时统一的政策规定是，集体食堂一律按人头打饭。小孩吃得少，于是小孩多的人家，大人们就能相对吃得多些；而对于小伙子多、没有小孩的人家，大人们就吃得少了。

后来，为了调整一下这种口粮分配上的不公，以使能干活的青壮年人能稍微多吃一点，不至于饿死，在分配中就加进了劳动工分的因素：在总口粮比例中，人头占七，劳动工分占三。即使这样，与劳动工分的因素相比，人头因素所占比重也要高很多，并不能抑制人们多生孩子"多占口粮"的心理。

---

[2] 1960年冬，我在去南山时，碰到一人饿死在路边。旁边，放着他的柴担。

在农民的一切都被剥夺净尽的时代里，他们吃饱肚子或饿不死的惟一正道就是自家人互相调剂。但是，即使再聪明的人，既不能在一两年里"制造"出老人来，更不愿意"制造"出病弱的家人来。他们自我调剂的唯一途径就是多生小孩。

后来，不吃食堂了，人民公社社员的口粮仍然按人头分。这仍然是一个鼓励多生小孩的政策。在"一大二公"的人民公社里，生产队里的粮食从种到收都是社员操劳的，但是，当粮食装进生产队的仓库（又称保管室）之后，社员们的作用就完成了，粮食的支配权就与社员无关了。在集体食堂里，锅里下多少米，由生产队长说了算；集体食堂解散后，社员们的口粮肯定是要分给的，民以食为天么！但是，分到农民手中的粮食经浮夸风的反复吹拂，七折八扣之后，就极为有限。具体到生产队，分给多少，什么时候分给，不仅由不得社员们，在很大程度上也由不得生产队干部们——得由生产大队的干部们说了算。生产大队干部们则还得听从公社的、县上的以至省上的指示。

在这种情况下，饿死人与人口的增长就攀上了关系。男人女人都辛勤耕耘，千方百计地想让女人的肚子大起来。于是，到了1963年就有了大收获，经济没有发展，人口却大丰收了。由此，为我国人口一个世纪的增长打下了坚实的基础。

这时候，没有人批判马寅初，拼命想多生孩子的是农民自己。

"革命的观念"是"人多势众"，国民党反动派和日本鬼子杀了几千万中国人，也只不过杀了中国人的十分之一到几十分之一。洋枪洋炮怕什么，我们造不出洋枪洋炮，但是我们造得出人，为了抗击帝国主义侵略，我们要多生些，多养些。被人家杀一批，又前赴后继多生出来另一批，让他们杀不完！"用我们的血肉筑成我们新的长城"！另一个观念是，"众人拾柴火焰高"，人多好办事！于是，中国的人口从1949年时所称的4万万5千万一下子翻了两三翻。

## "反对'三面红旗'"的共青团员

1959年秋上了高中后，又与李天鼎同班。他什么时候成了共青团员,什么时候当上了团支部书记,我压根儿就不知道。只是到了1960年上半年时,我才突然发现了这个"秘密"。

他有他的活法,我有我的活法。我上了高中后,学校很注重学习成绩,实行的是百分制。月考、期中、期终考,雷打不动。每次考试,我的成绩一直名列班级前茅,始终都是第一名,各科平均分都在90分以上。

这使李天鼎很不舒服,除在背后大造我"走白专道路"的舆论外,继续寻找我的政治问题。因为有了初中受批判的教训,我的行事也很小心。

经历了"作文风波"之后,我曾经发誓,李天鼎当团支部书记,我就不写入团申请书。我要以我的行动表明,我这个"非团"青年要比他这个团员、团支部书记优秀好几倍。我除学习上继续努力外,各方面都拼命往前干,并尽可能与同学老师处理好关系,以得到大家的支持。大家选我当"三好学生",选我当班上的体育干事。体育干事,除组织好班上同学的早操、课间操、课外活动。这既是个费时的事儿,也是个露脸的事儿。因为早操、课间操及其他课外活动,带队的都是体育干事。

在我的身边,我常常看到一些人为了迎合某种需要而无情地不断否定自我,谦卑地"搜寻"自己的缺点,无中生有地痛骂自己,以至把自己编造为异类,表示要"脱胎换骨,重新做人"。但是,本性决定了我难以掉进这可怕的诱惑和陷阱中。我从来都认为,我上学的首要任务就是学习文化科学知识,取得做一个正直、有道德、有科学修养的人的资格,最后考上大学。我不会为了迎合某些人的需要,放下课业学习,时时想着如何向组织"汇报思想",更不会顺着团支部书记李天鼎的意思,时时看着他的脸色和动作,"举步维艰"地慢他半步或几步,以自己的"矮"衬托出他的高大和正确。

因此,我根本没有想到入团的问题。

到了高二下半年,班主任陆永德对我说,你为什么不写入团申请书?我不便将我内心所想全盘托出,只是说,等以后再说。他似乎知道我的心思，对我说，有没有入团要求是你的问题，批准不批准是人家的问题。

我明白他的意思后，立即将以前的誓言作废，提笔写了起来。一个小时就写了几大页，每半个月写一份。到了高三的时候，我的申请书不知道写了多少份。

其实，学生们追求"红"，追求团员、党员这种"政治身份"，是在执政党氛围的大环境中必然应该发生的事。因为有了这种身份，就有了进入执政者的行列的入场卷。有了党、团员的身份，在其它一些方面，也可以得到明显的好处。

我的入团问题，后来引起团委书记高老师的注意。在高三第一学期期终各班上报校级优秀团员名单时，他曾问李天鼎：

"你们团支部为什么不评选聂树人为优秀团员？"

李天鼎的回答是："他还不是团员。"

"怎么，他还不是团员？他写过入团申请书吗？"

"写过。"

"你们讨论过吗？"

"没有。"

"为什么？"

"……"

团委书记亲自到班上找人了解有关我的情况。在一次全校大会上，我听他说："我们应该及时把够条件的学生吸收到团组织里来。在我们学校却有这样令人气愤的情况，有的同学一直表现良好，是班上的劳动红旗手，三好学生，班干部，入团申请书也写了一份又一份，码起来有半尺多厚。可班上的团支部就是不考虑和发展这样的同学入团，这是什么问题，大家可以好好想一想！"

我曾经期待的"天怒人怨"，在即将高中毕业时方才发生。但是，只引起了"天怒"，并没有引起"人怨"，"人怨"或者有，只因学生人微言轻，又不在其位，难谋其政。真正能起作用的，还是有职有权的顶头上司——团委书记。

后来（1962年5月11日，距高考还有两个月），团支部虽然一致通过了我入团，但是，李天鼎却迟迟不往团委报送材料。一天，团委书记问我，你的入团问题解决了吗？我说支部会议早就讨论通过了。又是在团委书记的关照下，团委特别召开了一次会议，才批准了我的入团。并在会议之后，立即用一块小黑板公布了团委的这一决定。

更为不幸的是，在我的入团志愿书中，团支部书记李天鼎"郑重地"签写上了这样一句话"该同志在上初中时，曾反对三面红旗"。

选自聂树人著《从懵懂到"懵懂"——聂树人文革回忆录》2017年自印书。

# 红色时代的缩影

## ——五六十年代山西翼城上学记

安希孟

我于一九四五年农历九月十五日金秋时节生于山西翼城县东南一隅一破窑洞中。生下来的第一声啼哭并不是一首旋律动人的好诗,生肖乃一会报晓但将来要挨一刀的雄鸡!祖上是农民世家,可能来自波斯,或北疆胡人,并非异禀之人。父母唯知油盐酱醋茶。但茶叶是很少见的。父亲安受祐是乡村小学教员、乡政府文书、生产大队会计,精于珠算,为人谦和有礼,处事机智周到。母亲黄桂兰乃一朴实、敏捷、勤劳、聪慧、善良的农家妇女。母亲为文盲,善酿醋,但懂得"敬惜字纸"的道理,亦鼓励子女向学。父母均于60年代过早去世。父母宵衣旰食,哺育子女。一家基本生存状态是粗茶淡饭,补破遮寒。我幼年时,一日暴雨如注,窑洞坍塌,被埋在棉花堆下,被父亲拽拉双脚救出。后来山西大学哲学系才多了一位教书匠笔杆子书呆子。

我的家在太行山麓。儿时听说抗战时磨盘山驻扎国民党陈子文部队。陈子文率部每到鄙村,都毕恭毕敬拜访乡塾名师秦孔思,执弟子礼甚恭。秦孔思先生也每每送至门外揖别而还。我小时常常犯嘀咕,国民党军队还懂礼节?为什么不烧杀掳掠呀。

幼年南常村村民自治。旧时"皇权不下县":"国权不下县,县下惟宗族,宗族皆自治,自治靠伦理,伦理造乡绅。"在中华帝国统治下,行政机构的管理还没有渗透到乡村一级,而宗族特有的势力却维护着乡村的安定和秩序。中国虽无地方自治之名,然确有地方自治之实。上世纪50年代,突飞猛进。古老山乡也可以嗅出时代风云变幻。

## 红色教育（二）：中小学

农村是宗法制度的基础，农民是专制主义的土壤，打倒皇帝做皇帝，千百年来循环往复，原地踏步。农民革命，造就新王朝，但谈不上革故鼎新。农村、农民、农业三农最适合农业空想社会主义。鲁迅揭露国民底层民众劣根性。早年我受教育，说小生产者眼光狭小，应改造农民"自发资本主义。马克思、国际工人协会，可真没农民的份儿。巴黎公社不是农村人民公社。

小时打闹受伤，土话叫"挂彩"，源自战时观念。油饼叫油煎。花卷叫卷子。馒头叫蒸馍。千层饼叫油旋——在饼锅里旋转。不好好干活叫"磨洋工"，叫"给日本人支应差事"。被爸爸妈妈打，叫"过堂"，古代吃官司。家伙叫"家什"。称党政领导机关叫"八路军"。战争岁月留痕。翼城方言里，还有一些古代普通话读音，例如，铁壶，叫茶壶。水缸叫水瓮。小房子，叫小 pangpang "房房"，就是"阿房pang 宫"的"房"。石头叫砥石。拐棍、拐杖，叫拐拐。手握的地方是个拐。捞面条的漏勺叫笊篱。爷，念 ya，爷娘，yha 娘。斗篮，用竹子编成的篮子。蛤蟆，翼城土话念 gemo，或，gema. 蛤，念 ge。熬煎，翼城话，发愁，忧愁与苦难。顾况《归阳萧寺》诗："苦哉千万人，流血成丹川！此辈之死后，镬汤所熬煎。"

挑担，并非肩扛，不是以肩荷物，而乃指连襟。姐妹的丈夫间的关系。"吃了豹子胆"，胆大。"狗头不知盘子端"，不识好歹。翼城方言骂人"山猫"，即指土气。中国方言，多以动物比喻人事人伦社会交往性格特征。虎毒不食子，吃了豹子胆，黄鼠狼给鸡拜年，狗头不知盘子端，不识抬举，等。鏊，ào，凹也，铁制的烙饼炊具，平面圆形，中间稍凸。院子土台子锅灶，叫"锅锅""烧锅锅"。红薯窨子，叫红薯窨子。毛巾，叫手巾。默写，默读，默，念"mei"。大概意思是昧。坐，念 Cuo 类如，挫、锉、矬、剉、痤、蹉、脞、厝、脞，等学校叫"书院"，很雅。一种家常饼子叫"焦砣子"。懒饭，地方特色小吃，用玉米面做成。将水烧开，再用筷子把玉米面糊糊搅入其中，边撒边搅。油炸小吃，面砣儿。把面搅成稀糊状，两根筷子夹稠面糊成椭圆形，用油炸。

我小时，农村乡间小学校叫学堂或书院。书院，很高雅。古代中国书院，传统教育机构，类似于古希腊学园阿卡德米（The academy），聚徒讲学之地，非小学校教育机构。但亦有人说，书院是中国古代民间教育机构。开始只是地方教育组织，最早出现在唐朝，正式的教育制度则是由朱熹创立，发展于宋代。"学堂"二字，同样高雅。

我幼时智力发展迟缓，大概很长时间仍把"吃饭"说成"次饭"，不知除乳名外还有官名。幼时记忆至今的一件事是：随父在自家田里打棉丫，忽闻村塾读书声遥传，于是歆羡上学："我要读书"。小学一年级升二年级考试默写"二喜的爸爸是个农民，他种菜又种稻子"，但不会写，差点留级。

小时经常出荨麻疹，也是常见顽疾，俗称风疹块，也叫风湿疙瘩，应该和食物、刮风有关。爸爸妈妈用土办法，热炒麸子，揉搓。那时候，头上长疮，身上出颗颗（豆豆），很寻常。

我家旧照片中有一张祖孙四人照。一张旧照，祖孙四人，祖母膝前，我幼时智体较差，故而偎依在祖母怀前。承欢膝下。我家不是书香门第，但也似乎诗书氤氲。爸爸是个半文化人，读书人，教书匠。家父字曰福庭。普通农民没有字。有名有字，文化人特有。爸爸有文房四宝，笔墨纸砚。爸爸的藏书计有民国旧书，《聊斋志异》《老残游记》、四眼线装书《千字文》《幼学琼林》《龙文鞭影》《五言千家诗》《七言千家诗》，似乎还有看相测字的卦书。有一本书画的三皇五帝轩辕氏神农氏，头上长犄角。这些是民国纸张，竹纸。有一本民国年间《小学生作文选》，我参加工作多年，忽然发现其中有俞平伯（1900-1990）儿时的作文三篇。

《幼学琼林》，在我，就是幼学群林，当然也是幼学琼林。我小的时候，冬天手脚冻裂，耳垂手背脖颈厚厚的垢痂，鼻涕邋遢。1950年代初，小学生仍使用石板和削尖的石笔，和现在可以划拉掉的带磁性的幼儿写字板仿佛。据说新石板要用醋擦一遍方可启用。背书，原意是背对书诵读，由高年级学生检查，低年级学生交上书本，鞠一个躬，转身"背"对"老师"诵读。桌椅板凳要从家里扛，各位家长识大体，有条件的甘做奉献。

我小时，上世纪五十年代，家乡男女还实行绑腿，不论春夏秋冬，把裤腿绑成灯笼状。绑腿的腿带一寸半宽,应该是一尺余长,多为黑色,为的是防蚊虫灰尘进入裤腿。高档的是绸布。红裤带三尺长,叫腰带,有穗,穗带吊在衣襟下面,不算丢人。上厕所(茅子)时,裤带搭在厕所矮墙上,以为警示。旧时代人自杀,有用裤带悬梁的,足见裤带很结实。

幼年,我的一家,或家族,属于前资本主义时代,前现代农村农耕,传统相沿成习几千年,不能叫社会,还没社会,没社会化大生产,分散独立,各自为政。社会化和大生产,应该是和工业文明,和技术科学,和契约,和诚信,和规范,和法制自由平等博爱,和高度物质福利,和发达的文明教育,和科学理念,和商品贸迁有关。马克思正是以资本主义社会为背景,为蓝图,为基础,为出发点,才构想出了社会主义未来愿景。农业社会还不是社会,不是社会有机体,社会交际网络不发达,缺少商品经济,缺少社会化大生产,停滞僵化,封闭保守——社会化这种社会与商品经济、货币贸易、工资薪酬、贸迁有无紧密相连。农业农耕是社稷朝臣时代。Society,译为汉语,即社会,但农耕文明不是社会。中文旧词"社会",稽其本义,乃指社稷、祭坛、社火、祖庙、庙堂、堂会、宗亲、族亲、宗法经济。这"社"非那"社"。非我族类,其心必异。按马克思主义,社会化,法制体系,是成熟有机社会。社会有机体,并非从来如此——曾经有过无机体"社会"。但无机体就不成其为社会——前现代无社会有机体,前现代社会非社会也。那个大一统乃大杂烩、一勺烩、火锅、糊辣汤。

幼时直到青年,茅厕是埋在地下的大缸,上铺两条石板,蹲坑,里面有一根圆木,防止大便时屎尿溅屁股,叫搅茅棍搅屎棍。进厕所时,听见里面的人咳嗽一声,表明厕所有人。农村旧时,门轴户枢,吱扭作响,如今被合页取代。门栓,从外面用钢条锯片可拨开。后来换撞锁,如今防盗门窗,推拉自如,都是接受域外文明。门脑,门楣,光耀门楣,如今不需光宗耀祖了。门楣,就是正门上方门框上部的横梁,一般都是粗重实木制就。按照建制,朝廷官吏所居府邸才能在正门之上标示门楣,一般平民百姓是不准有门楣的——不能僭越。门槛,threshold;sill,门框下端的横木条。

祖母们还有裹脚布。小脚女人，这戕害妇女的传统不知有没人怀念。大人们的裤子肥大宽松，不分前后，鞋子不分左右。穿衣戴帽也有规律，是后来学的。袜子是白粗布袜子，双层布，绱底。裤头，背心，内衣，内裤，亦西来尤物也。布鞋，一定要合脚，一般新鞋要用楦子撑开。鞋楦子，保持鞋内具有一定规格尺寸的胎具，脚的模特。还有如今罕见的鞋拔。传统，比现代，反而更复杂。

我小时候还戴过肚兜，兜肚，贴身内衣，护胸腹的贴身内衣。肚兜的面上有图案，印花或绣花。上面用布带系在脖颈上，下面两边有带子系于腰间。护肚子呀，怕着凉。肚兜、虎头鞋、虎头帽、虎形围嘴、各种神灵的护生耳枕和布玩具，构成了围绕生命生殖繁衍主题的配套艺术表现。

妇女做鞋要用衬子剪鞋底或鞋帮。衬子是把三四层旧棉布用稀浆糊粘贴成的，贴在平整桌面或木板上晒干。洗衣浆布要在捶布砧石上捶布，棒棰是圆木，二尺长，有把，手工艺人旋出花纹。

我小时候淘气，往哥哥碗里撒土。偶然一次打牙祭，哥哥把肉裔留在最后，我则饕餮净尽，眼巴巴望着哥哥的碗——偶然他会施舍一点儿。哥哥皮肤白皙，相貌昳丽，从小是好学生、好娃娃。有一次去县城开模范少年会议，妈妈给他做了一件海棠兰衣服。他开了一次洋荤。我好奇地问，看见汽车没有，汽车多高。他说，房子那么高。1958年上山大炼钢铁，晚上开会，落了个神经性头痛。

我自幼体质差，感冒发烧，意识障碍，妄语，谵妄，农村又不能常喝水。爸爸晚上回来，端半碗温水，摇我醒来，"玉怀，喝水"。大概我神经烧断几根筋，脑子缺根弦，从小丢三落四，长大也不谙世事。钢笔，不知丢失凡几。一直到高中，没有固定使用过一支钢笔。高中时，曲沃姨姨认定我是喝钢笔水儿的，相信我是笔杆子，给了我一支高级钢笔让我给党报党刊写文章。未几，钢笔丢失。喝不成钢笔水儿了。这样的脑袋没有经济思维，很正常，因为高烧妄念，所以命定适合天马行空玄想思辨打妄语说狂话。从事学术的人应该如堕五里雾中。

六十年代在北厦瓦房居住期间，家里常有耗子。妈妈用一个碗，一根树棍支起,放在柜子里。柜,翼城方言念作 ju。木棍支在一块饼子或干馒头片上。妈妈似乎常有斩获。我胆小,不敢看,更不敢捉老鼠。妈妈胆儿大,一定是平挪碗口,蹭几个来回,待鼠尾露出,拎出摔死它。妈妈手脚麻利,姨舅都有些怕她。爸妈养一大窝孩子,嗷嗷待哺,吃穿不落人后,没饿死一个,而且个子还高大,一定是爸妈勤快灵活。柿饼、炒面、轧棉、纺线,父母不落人后。

北院屋后红薯窖子,二丈深,井壁有放脚的坑洞,我虽是男娃,但不敢下去,从来没下去过。储存或取食红薯萝卜,是妈妈在辛劳。旧园子(大概是土改分得,或是从破落地主王家购得)里两眼窑洞里有战时遗留地洞。我幼年一直担心有鬼,一人在家就头皮发麻,走出窑洞很远,还觉后面鬼跟着似的,心扑通扑通跳——像我这样的人上战场就会缴械投降。我始终没有敢看地洞。后来住北厦,妈妈把红薯存放到园子地洞里。她存取,常去。妈妈胆儿大。有一次(上高中),我随妈妈下去取红薯,端着棉油灯,才敢四周看了一下,没鬼,也没蛇蝎猛兽。后来兄嫂希孔一家入住。不知她们有无我这番心理。

小时候,1956 年,和几个姨姨去东尹村走亲戚。她们带我们去看一个女疯子,远方亲戚,神经病患者。她被铁链拴锁,赤身裸体吊在一间黑屋子里,大小便俱在里面。几个姨姨从门缝往里望,叫"姥姨",试图和她交流。

传统中华文明对疯子、老年痴呆者、衣衫褴褛者、残疾人、穷人、贱民、叫化子、聋哑人、结巴子、精神病患者、社会底层、囚犯,惧而远之。儿童向他们投掷石头、凌辱、吐唾沫、"哇哩哇啦"学他们说话、嘲讪、挤眉弄眼,粗鲁,让他们干重活,是很正常的。他们没人权,没尊严。在翼城中学上高中时,回家路上常见一疯女人,身上有很厚的污垢,后据说被奸怀孕。

后来有了残疾人协会,乞讨者不再被关押,进步了。人权概念使我们知道,这些人和普通人一样,有人权,有人格尊严。欧洲有疯人院,收容他们,我没学识,误以为是关押鞭笞凌辱。但相较而言,似乎是文明之进步。

我大姑嫁武池村。小时每年春节走亲戚,武池村是重头,必住一夜。武池戏台是要去玩儿的地方。南梁池水流经武池村，后来也消弭无踪了。小姑嫁牛家坡村，我们每年必去南梁池。淙淙一股流水，从南梁流经清流村，下泻到东尹，从南梁中学旁流过。我们常挽腿濯足。后来，这条小河就消失了。去往涧峡的路上，有一座桥，那儿有一股瀑布，我一生在有人烟处见过的奔腾喧豗的水流不多，所以，就当这儿是"飞湍瀑流争喧豗，砯崖转石万壑雷"了，好词儿就用在这儿了。

农民是专制主义的土壤和基础，打倒皇帝做皇帝，千百年来循环往复。农民革命，造就新王朝，但谈不上革故鼎新。农村、农民、农业三农最适合农业空想社会主义——马克思做梦想不出，但中国最先迈入社会主义的，却是农民伯伯。那个工人国际协会可没农民的份儿。巴黎公社不是农村人民公社。伯伯们享受开放成果，却又思慕回大集体生产队当会计。

伟大文学家鲁迅弃医从文，揭露国民底层民众劣根性。早年我受教育，说小生产者眼光狭小，应改造农民"自发资本主义"。让农民穷，城乡二元户口制，限制农民进城，统购统销，不让农民离乡离土，更别让他们知道欧罗巴，阿美利加，就好。这效果就是痴民喜欢封建主义。没皇帝，农民会拥出一个蜂王。在鲁迅，救亡还是启蒙？启蒙，启发愚民，是第一要务。但可惜，愚痴之民，蚩蚩之民，虽富却愚。赤膊打领带。

我早听说中国农民是极"左"温床。那退田单干是邓小平万里赵紫阳在上有权者想出来的。农民，吃饱之后晒太阳，还乐滋滋喜上眉梢，吃饱饭又思念大集体大锅饭，就老糊涂了——也许精明过余？怀念大集体时特权？

端碗吃肉，放箸骂娘，轮到愚痴农民了。拜鬼烧香供果拥立皇上，是千百年农民拿手好戏。居然丫环命操小姐心，关心姓社姓资，向往南街村，昏聩、昏庸了。如果南街村好，全国全球就学它了。可惜只此一家，也是当地政府巨资扶持。

五十年代极左始自农村，源于农民，杀人放火抢财打砸烧，瓜分土地又收拢田亩集体化，均由懒汉带头。农民最左，又最快穷起来。

窝儿里斗，最常见于农村。马克思做梦也没想到，率先进入共产主义的是中国农民。但按毛泽东，农民具有愚昧迷信文盲不卫生的特征。西方近代是工业化城市化，"消灭"了农民。可笑五八往共产垮，提出消灭城乡级差，但又固化城乡二元结构，限制农转非，封闭乡村更形封闭，反对弃农经商围湖造田毁林开荒，越成泱泱农业大国。

小学课本第一课是"开学了"（繁体字："開學了"）。第二课是"工人做工，农（農）民种（種）地"。农民种地我见过，但什么叫做工，阿拉不知道。最后一课我至今熟稔："下了一夜的大雪，地上白了，树（樹）上白了，房上也白了。孩子们（們）唱着歌儿上学（學）去。"一年级升二年级，默写"二喜的爸爸是个（個）农（農）民 peasant，他种（種）菜，又种（種）稻子 rice"。但我不会写，差点留级。那个"喜"字就是拦路虎。当然也没见过稻子。有一年妹妹从姑姑家串亲戚回来，父亲教我们写"饺（餃）子""面条（麵條）"。打算盘九归，小姨和哥哥略显沉稳，独我初生牛犊，众人误以为我聪颖过人。错！我小时候把"哪吒闹海"读作"Natuo 闹海"。叱咤（普通话 chizha）风云，翼城话就是"chicha"。

小学老师严厉批评的措辞通常是：如果全国人民都像你一样，每人迟到一分钟，那加起来是多少呢。于是每人感到罪孽深重。对此，我几十年间无法反驳，以至于浪费一粒米，就觉得罪重如山。后来学哲学知道，一般和个别，共性与个性，普遍与偶然，对立统一。一般和普遍，寓于个别与特殊之中。但个别不能无条件成为一般。否则，迟到一分钟就都该枭首示众，五马分尸。个别与特殊不能无条件成为一般与普遍。他们的转化需要一定条件，相斗争而发展嘛。不能把蚂蚁说成大象。可能性和现实性，相距甚远。可能造成的结果，不是现实的罪。推理的可能性，并不就是实际罪愆。可能性转化为现实，得有条件。况且人人迟到，责任自负，不能由我承担。

任文煜老师是我爸爸的学生，所以偏爱我。他血气方刚，俊俏，教我们修辞语法章句之学，递进转折排比比喻借代拟人，都有些超前、超限。这对我一生影响巨大。修辞立其诚，"做文章斧斤"，就是我作文的基本原则。他书教得好，人也长得帅，对学生友善。

我从小的操行评语常常是"聪明，活泼，学习成绩优秀"，紧接着就是"希望严格要求自己，遵守纪律"。其中包含的批评是不言而喻的。多么含蓄。我历来不是循规蹈矩的好学生，不受老师宠爱，当不了干部，也不想着当干部。遭遇白眼是家常饭。挫折和灾难是良师益友。童年的我有过酸楚。我没有受人贬低（翼城方言念 bidi），但偶有逆境和苦涩。我觉得这不坏。当然不应该用灾殃压垮幼小稚嫩的肩膀，但养尊处优的条件是成长的大敌。在表扬和赞美中悠然自得，无异于饮鸩。我绝不是温室的花朵儿，也不是秀苗儿，自幼推磨碾米，三天两头请假不上课，箩面摘花间苗锄地出红薯捡羊粪蛋儿拾牛丰粪收西瓜皮，中学大学也不间断劳动。我自幼智力鲁钝，拉鼻涕，冬天耳垂手背人中冻裂，袖口磨得光亮，一贯不是好学生，才思中庸，成绩平平，上课爱提刁钻古怪问题且常有违规情事发生，额头上没有异人之相。深秋红叶，暮归牛羊，翔山松涛，滦池碧水，浍河沃野，双塔夕照，见证我成长经历。

1958 年打麻雀，永久的伤痛。杨文智老师带领我们拾羊粪蛋儿，一斤给五分之一毛钱。大概挣过几毛钱外快。李义章叔叔带领我们除四害，走街串户挨家挨户打苍蝇，用纸包起来数数，怪恶心的。扫除文盲，县里给我们颁发委任状，就是诏书，义务扫盲教员，我高兴得屁颠屁颠。邻居王家嫂子是我的学生，每天晚饭后教她识字。她那时有襁褓里的婴儿，应付着，不用心，也不敢说不想学。运动嘛，游戏规则得遵守。好像我们对文化经济建设还有点外行。大轰大嗡似乎解决不了多少问题儿。

我的初中是在离家五里之遥的南梁中学度过的。南梁中学，今翼城二中，校址在清流村，故亦俗称清流中学。清流村有一泓碗口粗涌泉，半亩方塘。收麦摘棉，植树挖土，也是寻常事，等闲视之。1960 年到东尹村抗旱，小锄头挖个坑，浇一口水，扔进一两粒种子，把土埋上，干结的土壤冒起一片灰烟。那年吃不饱饭，舅姥姥（母亲的舅妈）在东尹生产队食堂做饭，本能地说，过一会儿我（偷偷）给你一块馍馍，但到了儿也不见真格的。饿，是那时的基本生存样态。困难时期每日中午一碗汤面条，一碗甘薯。在南梁村东植树，名曰青年林。但后来我回故乡，也未见一木半枝。到翔山前山植树，荒坡野岭，植被不保，成活率不高。那时代支农劳动是必修课。自己原本就在不能再"乡下"的乡下，却还要"下乡"劳动？支农，学工学农批判资产阶级，但也还是"旧"学校培养出来的。如今取而代之的是未成年人保护。未成年的娃娃挑粪担土十字路口查禁骑车带人，如今已消失。

1960年10月我在白马村参加秋收，晚饭迎风吃了个糠窝头，肚疼难忍，乡村老太太用土办法大铁针在指甲盖儿下、人中、耳垂放血。好了。被父亲接回家中。一天清晨，略有寒意，嘴馋的我，肠胃病尚未痊愈，又空腹吃凉软柿子，肚子剧烈疼痛——肠梗阻，或名曰绞肠痧（中医称呼）。我被伯父和爸爸送到县人民医院。秋雨淅沥，枫叶芦荻，家父输血200cc，当夜手术，起死还阳。我在县人民医院星夜手术捡回一条虫豸微命。手术住院，150元。那时是巨额。当时我一个学期没有上课，哥哥担心我会被留级，找到教务主任李德润，希望随班参加期末考试。李老师说："好吧，回班学习"。我这才和同学们一起复习一元二次方程。如果留级，那我就赶不上1965高考末班车。所以我应该感谢哥哥。由于手术，我不能参加重体力劳动，不能上山扛橡抬檩，老师同学颇能谅解。彭育才老师还担心我肠子手术不能吃粗糙食物，让我在教工食堂吃好一些的饭食。

在南梁中学第一次作文，我是坐在床被上写的（没有教室桌椅板凳）。题目是《开学第一天》。常老师在全年级又念了一篇范文，得分85。常老师念这篇范文时故意卖关子不报作者姓名，我听到半截忽觉脸热耳酣心跳。念完后他才说："这是安希孟同学写的"。其中精彩的句段是："接到录取通知，我的血液沸腾了，但一到南中，我的心就凉了！"多么夸张，这孩子真会整词！你想，血液沸腾，这是何等夸张！

由于受到两位老师的青睐，我初中就初生牛犊，尝试给山西文学刊物《火花》杂志写小说，收到退稿信，我受宠若惊，比发表小说还得意。文艺为那时的政治服务，这，我懂得。但那绝对够不上文艺。我把这骄傲的资本——编辑部退稿复函——当作宝贝夹在书页间。

1961年纪念五四，南梁中学在南梁镇上出墙报，我附庸风雅，学习马雅可夫斯基写什么"阶梯诗"，就是把一个长句子分成几行说。句段错落开，参差不齐。就是不让好好说话。不过中国格律诗，词曲，应该是束缚人的思想的。长短句，自由体，现代文明。

大概是61年初二升初三，政治考试题目是全国人代会纲领性决议，号召全国人民"自力更生艰苦奋斗大办农业争取农业有个好的收成"。那个时代的头脑很容易想到"争取农业取得大好收成"才过瘾。我注意到《时事手册》（当时最流行的政教书刊）上这段话的微言大义，毅然在试卷上写成"争取农业有个好的收成"，喜获全年级唯一满分拔了头筹——但这下是大好收成矣。许多同学"大行不顾细谨"，得99分，功亏一篑，叹惋不止。

1962-1965年在翼城中学苦熬了难忘的三年。母校翼城中学地处旧县城旧县衙一带，残垣颓基，碑碣琉瓦，偶有所见。城南长坡，砥石铺就，登攀吁吁。半坡几户人家点缀。旧街市商铺林立，可以想见当日繁华景象。城中之钟楼石坊，犹周彝商鼎，油漆剥落，招人摩挲。旧礼堂毗连戏台，可容乒乓球桌案。钟楼失修，几乎倾圮。

1964年，同班一同学受阶级斗争观念影响，写作文用阶级观念批判王定一老师平时授课时的修正主义观念，说他"讲授屈原《离骚》乃传播封建观念和奇装异服"（《离骚》："余幼好此奇服兮，年既老而不衰。带长铗之陆离兮，冠切云之崔巍。"）。我亦应和时局据理予以反驳，维护该师，自以为敢想敢说敢斗。一天晚上，学校书记段定波，团委书记王长权召见我，询问此事，我情知闯下大祸，准备接受组织处理（可我连团也没得入，没有组织），谁知一阵狂风把书记的罩子灯吹灭，书记又不慎把灯罩碰掉，煤油泼洒一地，一片漆黑。书记挥挥手，不耐烦地说，"你去吧"（文革翼中果有大字报批王定一师）。那晚的风，必是妖风。寒假父亲看到我文章，勃怒曰："卷铺盖回来！"吾则少不更事，犊不惧虎。览此一文，诸君应知1964，1965年阶级恶斗情景。我觉得1965政审没有屏蔽我，就不错了。我相信如果抓王老师平时言论的小辫子，一定是一大把，不过我们如今不会紧盯人们日常一言一行一言一语，不会鸡蛋里挑骨头。人至察则无徒。水至清则无鱼。要人们说话写作书信日记处处提防，谨小慎微，小媳妇怕挨打，这日子可怎么过呀。

然而这个故事并没有到此戛然而止。王定一老师是被政治运动整怕了的。在他，很自觉接受资产阶级世界观的冠冕且自觉自愿改造世界观的。他不会为自己辩白洗冤。他宁肯承认自己有修正主义观念。但是（又一个但是），尽管如此，文革浩劫，他依旧在劫难逃。

在翼城中学读高中，我学俄语格外好奇刻苦投入。我笨，俄语字母"Pp"发音特别吃力，我用最笨的办法，先发"德勒"，几个月以后终于学会。一口京腔的刘德裕师诫之曰："你们初中学过俄语的很可能被没学过的超过"。我能熟读背诵奥斯特洛夫斯基名言"人最宝贵的是生命。"（《钢铁是怎样炼成的》）刘德裕师用俄语表扬："МОЛОДЕЦ！！好样的！"奇迹的是：到曲沃中学高考口试，抽签抽到的题目竟然也是诵读这一段，于是感觉轻车熟路。

口试时我上火，舌头生疮，用俄语说了一句"我舌头疼"（У меня язык болит），口试的老师问"为什么（почему）？"，我想说"上火""天气热"，结果说成"天空热""空气热"。也对。这样子就考（烤）进了北京师范大学。据说那位口试老师是山大的，我后来到山大工作，一直打听当时谁去曲沃中学口试，也没有见到这位老师。人嘛，好奇。

郭天杰老师带政治。有一次开卷考试（也是顺天应人，赶潮流），我试图学习报上北京某中学生用阶级观念分析所见所闻所触所及所爱所憎所感所想。我选择的话题是批判培根"知识就是力量"（Bacon, knowledge is power），自觉敏锐先锋派，颇为得意。当然我并非打内心仇恨培根，我其实并不了解这句话深刻含义。"知识就是力量"针对的是愚民政策。1977年，我在《宁夏日报》又撰文弘扬"知识就是力量"——因为那四个人认为知识越多越反动——算作对自己的清理反思和总结，算是告别了那个岁月。人是环境的结晶。人受制于环境！人有局限性。要改变人，先得改变环境。这环境当然涵括社会氛围！知识就是力量——邓小平说尊重知识，尊重人才，其旨一也。

1963年元旦，高八班主任王伟之青年俊彦，组织排演歌剧《白毛女》。我因调皮贪玩，禀性淘气故，被误认为有表演天赋，扮演狗腿子穆仁智。高金科扮黄世仁，张波扮杨白劳，靓女李兰英扮喜儿。大春，好像是张鸿泉。我的台词有"能骗就骗、能诓就诓"，我实然不知"诓"的读音和含义。我甚至把"闺女"读作"闰女"，因为我不知道方言"闰女"其实也是官话。条件所限，只排演两场。北风吹雪花飘，大概是用碎纸屑代替降雪。据说演出时李愚如校长潸然落泪。

　　1964年元旦上演《年青的一代》；傅承凤老师执导，我扮小李子，自然是落后青年。初二女生陈英玲扮岚岚。落脚点是"千万不要忘记"。

　　翼中学生宿舍是土炕，打通铺，每人一砖半宽，生活干部丈量划线，褥子叠压（没有床单），每人躺卧严格限制在自己领土封地上，不得越雷池半步。窗户漏风透雨。冬天俩俩打通腿。宿舍空气混浊龌龊。肉体与臭虫跳蚤为伴。冬天有土炉生火，大家轮流值日管火。煤，每年入冬，煤粉和黄土搅和。土有粘合力。炉子熄灭受冻是常事。不知蚊帐蚊香纱窗是什么劳什子。晚上小解离厕所不远，但宿舍前后溲味扑鼻！冬天使用夜壶——尿盆也。通常晚上就寝前纷纷打手电到各宿舍寻找自家夜壶。晚上打呼噜说梦呓咬牙，声声入耳，无法安宁。这环境中能出大学生，无异于鸡窝里飞出金凤凰！

　　我自幼智力鲁钝，身体孱弱，非有异禀之相。我1960年肠穿孔手术过，高中几次肠粘连，侯武林班长拿自行车送我去县人民医院，输液消炎，三四天出院，可能仅只几元住院费！高考前夕我胃炎，上腹疼痛，每天躺在床上呻吟。上火，炎症，舌头疼，也不知道多喝水。医生开维生素片，我以为不管用，也不按时服用。这使我高考成绩大打折扣！

　　顺便也说说那时的阶级斗争风云。1962年秋冬第一学期，高一年级八班发生过一次反右斗争。那是一次班会，民主生活会。有点儿突然袭击。事先团员们先进分子先下点毛毛雨透点儿风（几十年的老套路）。第一个遭到事先安排的揭发批判对象是张介生，一介书生，出言随便，不拘小节。揭发他的言论尚记得的有：中国人若登月球，人家赫鲁晓夫还不用石刀(锅铲)把你铲下去？别的不记得了。会前有预备，有动员，有组织，会中有引导，有主题指领，有声势，有条不紊，斗争很有点章法节奏。我们经历了一次成人战斗演练。大势所趋，我也起来揭发批判张介生，不料遭到主持会议的班长当头一棒："你自己尚且泥菩萨过江自身难保！"因为按议程，下个斗争目标就是我了。轮到揭发批判我时，好友李一白、张杰俊、乔作良挺身为我辩护，主持者不好收场，遂作罢。一则趣事。生活中，人们有时说几句调侃话，一则日记，一通议论，俏皮话，反讽，图一时嘴上快乐，并无恶意，应该宽容。对于人们的自由交谈、散文议论，不可以无限上纲发挥引申。

那些年月，我们也有过激辩，唾沫星子喷珠溅玉，那争鸣的表象，遮掩了思维的贫乏——语言贫乏单调是思想哲学贫困的表征。有一点我们人人心里清楚：那个时代，其实我们队伍里没有思想右倾的人。大家都是同志，都慷慨激昂，大家都是按照社论文件思考问题的，都是赶时髦紧跟形势。如果有争论，有派别，有怄气，有指责，有攻讦，有恶斗，几乎毋庸置疑，都是大水龙王庙。争论的问题是鸡毛蒜皮，有时是鸡蛋里骨头，绝不是道路之争、阶级之分，不是敌我关系，也几乎不是先进落后之争，不是对错之争，而乃无谓之举。这种争论没有些许意义，自己也觉着乏味。敢想敢说，有时其实是不敢说，不敢想。这是一个历史真实。每一个人都觉着对方"右"。大家较着劲儿争取比对方更激进、更激烈、更过火。斗争哲学、窝里斗，最有问题的人，其实并未质疑教条式的流行说教。上有好者，下必甚焉。

冬日在宿舍常围坐土炉，通常要捷足先登，抢占有利地形。大家伸出冻红的双手，齐刷刷捂住炉口上窜的火苗。双手捂盖火红的炉火，恨不能把手塞进炉火中。脸热得通红，但背还是凉的。燃煤释放的煤气，味儿怪怪的。有硫磺，也有一氧化碳，但浑然不觉，也没晕倒。破露的窗户，保证通风良好，输送新鲜氧吧。脚有点温热，足矣。破旧的木门吱扭作响，门板上有空洞，没门帘，也无草帘。玻璃掉了一块又一块，无人安装，风呼呼刮进。夏日，布鞋不穿袜子，就是合乎体统。土火炉的另一种功能，说来不雅，难以启齿——就是烧虱子：手伸进脖子衣领间，一个肉乎乎肥硕的小生命被双指（大拇指和食指）捏出，扔到炉火中，只听"啪"（圪崩）的一声脆响，小东西毙命。如此者长时间矣，浑不觉丢人，亦不察知别人的鄙夷眼神。然而真理的启示往往在于瞬间一刹那顿悟：有一天刘兴林同学提醒说，咱们（大伙——可见有此劣迹者非止我一人也）不要往炉火里扔虱子，因为大家要烤饼子。我仿佛被猛击一掌，幡然悔悟——"幡然"这个词就这么起源的。写革命回忆录，说些这等庸俗事。不雅。但这是教益。

1964年元旦，我们似乎成熟了，我和陈天宝自编"三句半"（当时流行的一种文艺表演，类似对口快板山东柳琴，四个人表演），内容不外反帝反修批赫嘲美，壮志凌云，竭尽才智，罗列使用当时所可知的辞藻如"内外交困""焦头烂额""四海翻腾""放眼世界""日薄西山、气息奄奄"。通常的动作是扬起胳膊肘子、攥紧拳头，或是指头下指，怒目斥责。当时每逢刊登反修九评的《山西日报》一到，人人争抢先睹为快，学了不少马恩语录，学了些论辩术，也学了古诗词不少，如"上穷碧落下黄泉""落花流水春去也"。

我本来喜欢写风花雪月花虫鸟兽的散文，什么秋啦夏啦风啦花啦，后来就写阶级斗争革命理想高于天的政论文。文娱表演编写快书三句半，我是内行。报纸上批判赫鲁晓夫的革命用语，我运用自如，得心应手。我写文章论述帝国主义和一切反动派都是纸糊的老虎。论证被敌人反对是好事而不是坏事，竭尽堆砌辞藻之能事。高唱国际歌，英特纳雄纳尔就一定要实现，可我压根儿不知道什么叫international，还要解放受苦受难的世界人民。自己成天摸牛屁股推磨碾米担水劈柴，还文绉绉地说自己是四体不勤五谷不分蜜罐里长大的精神贵族。

我顺应时局写的另外一篇作文是自由命题《帝国主义和一切反动派都是纸老虎》，这大而无当的题目，究竟能提高多少语文水平，自然大可置疑。一介小生，居然论证如此宏大主题。怪只怪那个蹉跎岁月。假大空，那时就开始了。我相信这个时代永远告终了。现在我们知道，资产阶级，无产阶级，有神论者，无神主义，老板和工人、雇主和打工仔，各种不同信念的人应该和衷共济团契友爱。

我还牵强附会勉为其难地写作论证"被敌人反对是好事而不是坏事"的时政文章。文革发展为和修正主义路线对着干，偏执。我们自己把一个理论推演至极端，似乎很雄辩。怎么说，似乎都不为错误。可是世界上敌我之间并非壁垒分明，势同水火，而是永远你中有我我中有你。普世标准、共同价值、阶级合作、利益均沾、合作共赢，还是有的。那时我们无须严密的逻辑论证和事实根据。这不是归纳推理，也不是演绎推理。内容无非是"敌人越反对，越证明我们自己做对了"。如若不被敌人反对，那就证明我们错啦。这好像是抬杠打别扭。小孩儿玩过家家。这好像就是真理的阶级性，把实践性抛至九天之上。我觉得这不是毛泽东本意，似乎反正自己总是有理。不能完整准确地理解思想体系，对毛泽东的文章一知半解，曲加解读，脱离当时当地时代背景，随心所欲、狡辩逞才、遁词借口、强词夺理。似乎这世道无一定是非客观标准。

当年我在翼城中学连团也入不了，但很积极，追求进步。反修九评，他们哪一个也没有我学得好。必然王国自由王国的语录，我把握了。马列经典名句，一直伴随我一辈子。我能把人民日报社论短评加边框的楷体字杂文短论背下来。荆轲刺秦王"穷途匕首现"，在我，就是"阶级敌人穷途匕首现"。

我个人的履历自传，就是一部近现代史，记忆中的语文教学是厚今薄古，加大现代文学或者政论文。从小娃儿到大学生，再到中学教师批判三字经批林批孔，古文压缩到最低。如今诗词大赛，引经据典，蔚成风气。天地翻覆。那时节，语文历史教材也多为颂扬农民反抗起义暴动。起义斗争是历史变迁的动力。而今电视则是帝王至尊，武力征战，和平盛世，"乃置挈壶，是惟熙载"，爱情故事，卿卿我我，丫鬟小姐。把历史颠倒过来，再颠倒过去。

1965年翼中毕业高考填报志愿表，政审须由党员班主任负责。这是历史实录，秉笔直书，不带偏见与臆断。当时政治条件最好者，可报绝密保密专业，政审一般者，如吾人，可报重点或一般院校普通专业学科。当然还有政治审查不合格者，不会被录取或只能上劳大（共产主义劳动大学）！根据我个人的客观条件，我第一志愿填报北师大外语系。不幸科举及第。我政审不宜报考北外，想报北二外，又觉着门槛太低。后来才知，这所学校64年成立，校园是在农田里盖座大楼。幸亏没报。以我的成绩，兰州大学或南开、武大，应该可以。但到毛主席身边上大学，心里有底气，脸上有光泽。我当初选报外语专业，是出于支持世界革命的目的。

选自《记忆》第297期。

# 中学毕业之后
## ——记我的二哥和三哥

韦文德

一

一九六一年，二哥和三哥同时在各自的学校，高中和初中毕业了，都以相同的原因在高考和中考中名落孙山，失去了继续上学的机会，回家当了农民。

中考的落榜，三哥显得很坦然。一来，因为家里太穷，不能继续上学也就无所谓了。在三哥读初中的三年里，正是大饥荒的三年，忍饥挨饿就不用提了，此前，每个学期的学费都是靠父亲赶圩卖药攒的。人民公社、公共食堂时，所有的市场都取消了，父亲已经不可以赶圩卖药了，只能在大队卫生所里拿工分，我们的学费也就不知道怎么交了。我不知道三哥那几年是怎么过来的。记得在他初中二年级时，为了给自己配近视眼镜，他休学了一年，到柳州跟大表姐夫拉板车，做苦力，自己赚钱买的眼镜。二来，三哥知道，生活的艰难容易克服，因为我们苦惯了。而能否升学的首要条件是家庭出身，出身是无法选择，无法逾越的鸿沟。所以他能坦然面对现实，不为落榜而耿耿于怀。

三哥在校时，不光是文科写作方面名列前茅，他还有爱唱歌、爱吹笛子的艺术爱好。我就是受他的影响，而喜欢唱歌的。我跟他学会了不少歌，比如"草原之夜""高原之歌""怀念战友"和"花儿为什么这样红"等等。他的笛子也吹得不错。高度近视给他生活上造成极大的不便，使他无法在我们家那昏暗的小楼上长时间的看书，每当经过一天的劳累，一口气喝完那充做晚饭的稀粥，到了晚上夜暗时，他总是拿着一张小板凳，拿着他心爱的长笛，到屋后（对于我们家来说是屋前）溪边，在隔壁家的残垣上坐下来，面对着"台锣"，用笛子吹奏着他最喜爱的"草原之夜"，时而又练练他那还算洪亮的嗓子。在这街上的青年人中，他还可以算得上是个有些艺术天赋的人。每当夜深人静时，这街上的人们总可以听到，从"台锣"方向传来悠扬的笛声，和三哥那优美抒情的歌声。

二哥一直是靠大哥负责学费和伙食费读的书。大哥每个月从自己的工资中拿出三分之一，按时给他寄 9 块钱伙食费。所以他比三哥过得好些。他没有辜负大哥对他的栽培，学习很努力，各科成绩都不差。特别是文科，写作是他的强项，高考时，他自认为发挥得不错。结果没能考上，他就老想不通，不服气。二哥有时看问题过于天真，有些脱离实际，不肯面对现实，总是往好的方面想。他对自己的学业抱有足够的自信，立志要成为大学生，所以高考的落榜，出乎他的意料之外。于是就有一股不到长城非好汉的倔劲，矢志不移，立志继续复习，明年再考。回生产队后，白天参加劳动，晚上就孜孜不倦的伏在煤油灯下看书复习。到第二年高考时，到大队、公社开了一张证明，又去县里招生办报了名，参加了第二次统考。结果是可想而知，在苦苦地等待了一天又一天，望眼欲穿，所有的学校都开学了，却始终没有等来那一份，他自认为他应该得到的"录取通知书"。在那段时间里，我看到他一脸的沮丧和失落，难以自拔。我看到，他曾经不止一次地偷偷落泪。那些和他同辈的伙伴们以及长辈们，都对他开导和安慰道；"算了吧，你家这种成分，能够读到高中已经很不错啦，现在我们这街上才有几个高中生？再怎么样，那大学都不会轮到你们这种家庭成分的人的"。面对着现实，他也只好认命了。他不无感慨、极不情愿地决定，不再去参加高考了。但他没有放弃自己对知识的追求。他在劳动之余的所有时间里，始终没有离开那昏暗的小楼，倔强地伏在那盏闪烁昏黄的煤油灯下看书，练写作——写散文，写诗歌。然后寄到报社或杂志社投稿，结果都给退回来了。但他仍在继续不停地写。他爱写诗，平时里，他一旦遇到些什么事情，他就会触景生情的，吟出几句诗来。我不懂诗，但我觉得他的诗，读起来还是朗朗上口的，意境也很不错。我最喜欢他的一首诗，是表达他自己心境的一首七言古风；"生来正遇风雨稠，渺渺茫茫又一秋。名落孙山无限恨，又怨热血付东流"。这首诗是二哥一生的写照，伴随着二哥一生。

二哥总是有一股怀才不遇，壮志难酬的落寞感，始终不能释怀。其实，当时的中国，尽皆如此，就我们这街上，这两年来，和二哥一样，从柳高、宜高毕业后，高考落榜的就有林桢南、刘如德、张鸿让、张鸾英、韦月英、韦锦悦等，都算是这一带方圆百十里地方，有才气的优秀青年男女，不管出于什么原因，毕竟都名落孙山了，他们大多数还都是非农业家庭，家境都比较好，至少不愁饿肚子，不愁没有学费。

林桢楠的落榜就不屑说了，没有人感到意外。因为他父亲林摩天，曾于1949年前，任过中华民国总统府侍从室少将秘书长，据说与蒋经国私交甚密。1948年秋末，国民党在中国大陆的失败已成定局时，他曾回到三都，想把老婆孩子接到贵阳去，然后从贵阳乘专机飞台湾。但他回到家后，还没有做好父母、老婆的思想工作，重庆就来电报催他立即赶往贵阳，否则飞机不能等他一个人，他只好决定抛家弃子，一个人到贵阳去。临走时，他还专门的约见了当时街上的一个中共地下党员韦彩然，开诚布公地对韦说："我知道你是共产党，我是国民党，我们是本街兄弟，但各为其主，现在天下马上就是共产党的了，哪个的天下，由不得你我，我只希望你们不要像覃某某那样就好。"说完话后，双方对视无言，也不相互为难，他便匆匆离去，留下年迈的父母、老婆及三个未成年的子女。此一别后音讯杳然，竟成永诀。（覃某某为三都街人，在日寇侵占三都时，在家中做饭招待日本兵，被当地人斥为"汉奸"。此一情节，为韦彩然生前所披露。）他家在土改时划为地主，外加个"官僚"，那是名副其实的。林桢楠在他们家是老二，上有一个姐，下有一个弟，俩兄弟恰和我二哥三哥同龄，来往也较密切。他母亲是民国时的大学生，是知识分子，子女所受的文化熏陶势必不浅，再加上林桢楠个人天赋的聪慧和精明，在当时的学子中，自然是顶尖人物，凭着他的沉着干练，高考成绩自然不差。他的落榜，在那个年代算是理所当然的事了。

刘如德家也是地主，但他父亲曾经资助过中共地下党，临解放时他大哥追随共产党，且在县公安局当了股长，是共产党的人，但属中共地下党系统，在"控制使用"之列，当时并不吃香，且县官不如现管，政审这一关要在公社、大队过，他在公安局的大哥要同家里划清界限犹恐不及，更不敢过问公社里的事，这一关自然也是无法通过的。

值得惋惜的是张鸿让，他大哥张鸿志是中共广西地下党的追随者，于1948年受地下党的派遣，到广东游击区参加武装斗争，经过广东怀集县国民党统治区时被捕后杀害。他家虽是烈属，但他家的成分又是小土地出租，毕竟和贫下中农、无产阶级还是有距离，他是因为什么原因落榜，我们无法知道。人们猜测他的落榜也与家庭成分有关，不是没有一点道理。不管出于什么原因，他终究是和二哥一样的落榜了。幸运的是，他经过复习，第二年再考时，终于考上了一所专科学校。

当时刚经过反胡风、反右派，又反彭德怀右倾机会主义等运动，国家对知识分子的政策越来越严厉了。再加上这类政策，在上面规定是一个样，而到下面执行又是一个样，高考招生，由招生院校按考分评选，却先由生源地基层部门负责政审。实际上，一个青年学生的命运前途，就掌握在大队支书和公社书记手中了。大队支书和公社书记的政策水平及道德素质，主导着农村青年的前途和命运。在当时的中国，特别是农村干部中，对于读书人，既羡慕又忌妒。况且那些读书好的学生，又大多是地主资产阶级家庭出身的孩子。对于那些基层干部来说，他们在心理上是不能容忍的。权力在他们手中，就难免趁机出于嫉妒，而不择手段的压制刁难，甚至于陷害。由此也激发了一部分受害人的逆反心理。虽囿于形势的拘束，不敢表现出来，在内心里却深怀着不满，甚至于走向极端。离街上不远的大成村，有个韦辉华，是在二哥后一届毕业参加的高考。清华大学给他的录取通知书已经寄到公社，就因为家庭成分是地主，而被公社扣了下来。不知他是怎么得到的消息，使他绝望不已。一气之下，写了一封信，表达了自己对现行政策的不满，寄到报社和一些政府机关，结果被以现行反革命罪判了15年刑。文化大革命后期才刑满，戴了顶四类份子帽子释放回家，却已是不惑之年，青春不再了。对于二哥"又怨热血付东流"的心情就可以理解了。

## 二

一九六二年，我和三姐都五年级了，三姐一来因为生活的艰难，再加上学校里浓厚的阶级斗争的气氛，经常在学校里，在班级里，召开忆苦思甜和诉苦大会。在那样的场合里，所控诉的地主阶级的罪行，呼喊的每一句口号，无异于往我们这些地富家庭出身的孩子脸上打耳光。无异于要我们为我们的父母、家庭承受着没完没了的批判和斗争。那种心情是难以言喻的。三姐是个女孩子，她承受不了这些，所以她宁可不读书。

对于二哥三哥的现实遭遇，使我对自己的前途也报以悲观的情绪。所以，我读书也并不怎么用功。只是出于自己对知识的渴求和兴趣的本能，上课时自然而然地，自觉地听着老师的讲解，课后就不怎么积极的钻研复习了。到一九六三年夏天，小学毕业了。参加中考时，没有考虑考上考不上，没有心理上的压力，很自在地，但还算认真的填写着试卷中的每一道题后，早早地就交卷出来了，被教算术的周老师批评道："还有那么多时间，不认真检查一下，忙着出来干什么"。

中考过后，没有去想是否会被录取的事，已经做好了参加劳动的思想准备，所以也就没有什么企盼和期待，一切就都不在乎了。每天早上，帮着母亲烧火熬稀饭后，就和小伙伴们相约着到纳湾河游泳、打水仗。大姐来赶圩时，回家见我没有什么事可做，就叫我上她家里玩。到大姐家里做客是件开心事，她们家里还有芋头、红薯可以解馋，至少不会挨饿。她们村的小伙伴们都很好客，也很喜欢我，我每一次到他们村，他们都爱和我玩。到了大姐家后，天天都和村里的小伙伴们到村边的河里游泳，钓鱼，晚上就在村里玩捉迷藏。由于我天生的嘴巴甜讲礼貌，加上姐夫在村里的人缘好，使我受到村里所有的大人和小孩们的赞赏和喜欢，满村子的人都"小舅、小舅"地叫我，给大姐、姐夫挣了不少面子。姐夫也就特别喜欢我。大姐的公公婆婆也不嫌弃我。在大姐家的几天里，吃得饱，玩得开心，把什么事都给忘了。直到三哥跑到大姐家来叫我回家，说是学校叫去领录取通知书，才想起了中考的事。得知自己还可以读中学，心里自然是喜出望外啦。要回家了，没有忘记跟村里长辈和小伙伴们告个别，大姐也没有忘记趁机宣扬一下我就要读中学的事。

跟着三哥一路上蹦蹦跳跳地回到街上，没有回家，就直接到学校去，找到校长。校长故意卖关子问我道："有什么事吗？"我说："不是学校通知我来的吗？"校长又故意问我："你想不想读中学？"我答道："当然想读啦！"校长随手从抽屉里把录取通知书拿出来，叫我签了名，才交到我手上。拿了通知书，满怀喜悦的真诚地给校长深深地鞠了一躬，兴高采烈地回了家。

## 三

我上初中的那一年，生活开始有些好转，每家都分得一点自留地，可以自己种些蔬菜玉米来帮补些生活。每家都有任务要养些鸡呀、鸭呀、猪呀交给国家，完成国家征购任务后，就可以自己吃或者拿到自由市场卖。政治空气也没有前几年那样紧张了。街上那些有文化的，像林桢楠的母亲那样的四类分子，都给安排到学校里当了老师。父亲又可以赶圩卖药，每月给队里交30元副业款，队里给记工分。

二哥是队里唯一的高中生，由队里群众推选，安排做了生产队的会计。二哥总是适应不了社会的现实，看事物总是那么理想主义。队里的几个队干偷偷地多分了一点粮食，他自己也得了一份，他却把这事看成贪污，把这事向大队举报了。结果得罪了干部们，自己也没有得到大队领导的赞赏，不久就以家庭成分为借口，把二哥生产队会计的职务给撤了。二哥更加郁闷、困惑和消沉。

在我读初二那年，街上那些非农业家庭的青年，都被组织起来，送到农村（其实我们这小小的圩场也不是城镇）插队落户。公社发给他们新的棉被、蚊帐、热水瓶、口盅、牙刷、脸盆、锄头、镰刀。他们胸前戴着大红花，整齐地排着队，满面春风的敲锣打鼓、欢呼口号，从夹道欢送的人群中走过，高高兴兴地到板江大队的根伦村，插了队，落了户。成了中国最早的，第一批上山下乡的知识青年（只要是参加了上山下乡就可以冠予"知识青年"的衔头）。相对于原本就是农民，特别是出身不好的青年农民来说，他们是多么光荣，多么幸运。我曾向往着，如果我能像他们一样，到再苦再穷的地方去都乐意，只要能摆脱家庭出身这个沉重的政治包袱就行。

二哥三哥算是名副其实的有点知识的青年吧。通过毕业回家后的几年劳动，越来越觉得这生活既艰辛又枯燥无味，每天日出而作，日落而归，还受饥挨饿，衣履不全的。思想压抑得似乎让人透不过气来。对前途感到无比渺茫。他们开始不安于现状，总在思索着怎样才能换个环境。他们已经到了婚娶成家的年龄，他们曾经考虑过以上门入赘的方式，摆脱这种环境，但又不甘心就这样抛却所有的理想和抱负。

我们家在圩场上，每逢圩日，二哥他们在周边几十里地村上的初中、高中同学、朋友，趁赶圩时，都爱来家歇歇脚，顺便聚谈聚谈各自的生活感受。谈谈知识，谈谈各自不灭的理想和抱负，也交流着方方面面的各种信息。有一个人提道，在六道有一个他初中时的同学，家里出身也不好，五几年时自己跑到新疆石河子军垦农场。那里军垦农场需要人，也不论成分，不用转户口，就把他留下了。现在在那里过得很好，还曾经给他写过信，他还有他的地址。这个信息激起二哥他们的向往。他们以为，军垦农场是革命青年聚集的地方，那里过着部队一样的生活，是青年人施展抱负和知识才能的地方，正是他们理想之所在。他们其中几个人就筹划着，到秋收过后，农闲时，家里分得粮食，就可以卖一些粮食换钱作路费，去新疆找那个老同学帮忙，在军垦农场里待下来，改变一下环境，改变一下前途和命运。

那是我刚进初中的第一个学期，刚秋收分配过后，二哥就和三哥商量，把家里刚分得的一家六口人的口粮 500 斤谷子卖掉 200 斤，得的钱仅够一个人到新疆的路费。他们决定给二哥先去，待安顿下来后三哥再去。他们是瞒着母亲和父亲卖的粮食。直到二哥走了以后,母亲几天不见二哥的踪影,问起三哥,才知道这件事情。母亲气得号啕大哭道:全家人就这几百斤谷子,不晓得够不够吃过年,你们卖去两百斤,家里过年吃什么?三哥劝道:他都差不多到乌鲁木齐了,你哭还有什么用。母亲听不懂"乌鲁木齐"是什么意思,又听说要坐几天几夜的火车才到,那边又是天寒地冻,冰天雪地的。她更是捶胸顿足的哭喊着:"棉衣没有一件,卫生裤没有一条的,你们要去那个乌鲁木'薯'干什么?冷都冷死你们了,去那里又有谁收留你们?"母亲是又气又担心,只有在心里祝福他们平安如愿。

二哥出走新疆的行动,是他们对前途和命运的无奈抗争。这样的抗争,在我们当时当地的青年人当中,引起不小的震动。在大队和公社干部们的眼中,这样的举动是不可容忍的胆大妄为。我们一家人为此而惴惴不安。

## 四

二哥出走几天后,队长安排劳动找不到人,问家里人,家里人也不敢说他去了哪里,只说不知道。队长就向大队报告,大队支书和民兵营长三天两头地跑来家里问,并警告说:"如果再不回来,就报告公安局,给公安局抓回来,就会被送去劳改的。"家里也不知怎么答复,只好说:"我们也不知道他去哪里,他做了什么坏事,该劳改就劳改罢了。"说是这样说,父母亲心里总是提心吊胆地担心着,而三哥却好像胸有成竹一样,笃定的等待着二哥的消息。

快到年了,终于有了二哥的消息。大队里来人到家里说,二哥是跑到新疆去,已经被公安局抓起来了,新疆那边已发了电报过来给县公安局,叫派人去押回来。得到这个消息,家里就更担心了,不知怎么样才好。母亲又急得哭了起来。我们都担心着二哥的命运。

我们在忐忑不安和忧心如焚中,度过了那一个春节后,在元宵节的前夕,二哥胡子拉碴,蓬头垢面,浑身臊臭地,带着满身的虱子回到了家。母亲看着他这个样子,顾不了责骂他。烧水给他洗澡,把所有的衣服换下来,用开水烫虱子。到街上理了发,刮了胡子后,才恢复了原来的人样。

　　二哥是自己回来的，不是被公安局押回来的。二哥说，他们从柳州上了南宁到北京的火车，经过湖南、湖北，到郑州换上从上海开往乌鲁木齐的59次快车。沿途经过河南、陕西，甘肃等省到新疆。在火车上整整待了七天七夜，其间在戈壁滩上，火车就走了整整一天一夜。那时正是严冬时节，在火车上看出去，那戈壁滩茫茫无际，没有山、没有水，没有树、没有草，尽是一些褐色的，拳头大的石子和沙丘，一眼望不到头。呼呼的风夹带着沙子，扑打着车窗，那细细的沙子从门缝、窗缝往车厢里钻。那带沙的风吹在人的脸上，给人的感觉是又冷又痛。火车在风沙中摇摇晃晃，嘶嘶地喘着粗气，慢慢腾腾地向前爬行着。一天下来，人的身上脸上都沾上一层厚厚的沙子。在整个旅途中，这是最难挨的一段，特别是冷得难受。车上本来有暖气，但给那无孔不入的风一吹，也就没有了暖的感觉了，那些北方人还都穿着大衣，尽管是破旧和肮脏，却也可以抵御一下那肆虐的风沙。而穿着单薄的小棉袄、一生都没有穿过棉裤的南方人，这一路就是实实在在的折磨了。二哥从家里带着在学校时，大哥给的一件旧的列宁装棉袄，在柳州上车前买的一条卫生裤，脚上穿着一双胶底球鞋。他们三个人都穿的差不多一样单薄。满怀着希望，忍受着难以想象的折磨，到了乌鲁木齐，身上的钱所剩不多，不敢在乌鲁木齐住下来，就直接到汽车站买票上汽车，赶往石河子农场。按地址找到了那个朋友，那个朋友说，现在情况和以前不一样了，农场也不随便收人了。在他们的恳切要求下，那个朋友也尽了最大的努力，带上他们去找场领导，场领导答复说：" 现在政策是这样，农场也没有权利收人，你们还是回去吧，来这里也是做农业，当农民，和在家里都一样的。"无奈之下，他们在农场住了几天，要告辞那个朋友的时候，才厚着脸皮说："我们带出来的钱已经花光了，回去的路费都没有了。"那个朋友倾尽所有，也仅能资助他们三个人到乌鲁木齐的路费。

　　本来想，到了乌鲁木齐后，想办法找工做，赚一点路费回家。到了乌鲁木齐，饿着肚子，转了一天。在那寒冷的大西北，正是大雪封门的季节，街道上所有的商店、工厂、机关单位，都挂着厚厚的棉帘子,很少看到有人在街上行走,偶尔看到铺满白雪的大街上,留下稀稀拉拉的几行脚印,哪里有什么工可做?

眼下他们需要的是生存。已经身无分文,何以为继?归途茫茫,英雄末路,他们徘徊在天山脚下乌鲁木齐火车站前的雪地中,茫然地眺望着眼前掩隐在白雪下的整个城市,零乱低矮的房屋,屋顶上是一片白茫茫,分不清是瓦屋还是土屋。从屋顶伸出一截T形的烟囱,时而冒出袅袅的乌黑的煤烟,在屋顶上徘徊不去,犹如在一张白净的纸上,撒泼着几滴墨汁,在慢慢地向周边浸霪扩散,让整个城市上空,飘荡着乌漆朦胧的一团团迷雾,显得死气沉沉,找不到一点南方在这个季节里的那种喧闹和生气。昨天下午从汽车站里出来吃的一块5分钱、一两粮票的烙饼,晚上是在火车站里喝的一口盅热开水,暖着身子,三个人相互搂抱着,瑟缩在候车室里一个避风的角落,度过了一个难熬的夜晚,至今粒米未沾,饥肠辘辘。刚才他们曾试图厚着脸皮,以问路的方式,到车站附近的人家去,向人诉说自己的经历和窘境。但是所有问到的人中,却没有一个人能理解他们的真正意图,或许有些人看着他们的窘态,心中明知道他们的意图,却装着不理解,没等他们把话讲完,便随意地打个手势,指去一个方向,叫他们快走。他们低声下气到只缺手中拿着一个破碗,挂着一根打狗棒的乞丐装束了,却始终没有人给他们一分钱一两粮票的赞助,或施舍一个馒头一块饼子。不是说所有的人都那么无情,那个年代人人自顾不暇,哪个又有多余的钱粮去施舍别人?他们大半天的行乞,唯一的收获就是,有一个南方人给他们指出了一条,使他们能够回家的路。

他们在万般无奈,举目无亲,几近绝望的时刻,求生的本能使他们忘却了,在书本中学到的那一点尊严和对监牢的恐惧。他们依照那个好心人所指点的路子,决定去收容所"自投罗网"。然而却并不那么容易,收容所只乐意收留那些不愿意自投罗网的人。收容所叫他们去找民政局,他们只好又饿着肚子,从市郊走到市区去找民政局。到民政局里,那管事的干部上下打量他们后,问他们要公社的证明。他们又怎么会有证明呢?于是把他们定性为盲流人员,逐一审问了他们各人的姓名,家庭成分,文化程度,住址以及来新疆的目的等等,并——记录在案。当知道他们三个人都是地主家庭成分，便严肃地训斥道：你们不好好在家参加劳动改造，到处乱跑想干什么？直到快下班时，给他们开了一张盲流人员收容通知，叫他们自己又走回到郊外的收容所。待他们去到收容所时已是亮灯时分，收容所的工作人员凭着民政局的通知书，把他们领到一个用大铁锁锁着的铁门前，用钥匙打开那扇沉重的门，叫他们自己进去后，告诉他们一个房号，便把门关上。他们隔着门，以哀求的口气喊道："同志，我们都一天一夜没有吃东西了，肚子饿得受不了了。"但是从门外却传进来咔嚓的锁门声，并冷冷地应道："今天的晚饭已经开过了。"随后就是渐渐远去的脚步声。他们只得沮丧地自己朝着那监舍走去。

二哥说，他们进去找到他们那个房号后，里面的土炕上已经睡着的几个人，见有新人来，就都爬起来，其他房舍的人也来看热闹。有好事的人问这问那的，其中有些一身邋遢、灰头土脸、污秽不堪的乞丐；也有些装束稍微整齐但却形容憔悴的，像二哥他们一样的人；还有一些外表也算整齐，看神态却有些儿玩世不恭的，年纪都是十来岁，据说都是些搞小偷小摸的扒手仔，是被抓进来的，他们是不愿自投罗网的那部分人。他们嘲笑二哥之类的人，居然愿意自投罗网，太没有本事了。不过到了里面的人，多数都能同病相怜，对二哥他们的身世也深表同情，都认为像他们这种家庭出身的人，都会是像书中写的一样，曾经有过风光的过去，现在是跌滩落魄了，是受父母的连累。于是那些先来的人，便匀出一床污秽不堪的棉被和一些稻草给他们。那天晚上，他们三个人就饿着肚子，和衣而卧，挤在那床稻草上的被子里，在收容所里度过第一个晚上。他们就是在收容所里喂养着那满身的虱子带回家来的。

二哥他们在收容所里，每天吃着两顿玉米窝头，在工作人员的监管下参加劳动。据说是要攒够他们的伙食费和回家的路费。待了一个多月，本来年前就应该给他们回家，但是正好逢过年，工作人员要过年，也就不管他们了。待到过了年初五，收容所的人开始上班了，便着手分批遣送这些盲流人员。二哥他们是和甘肃的、陕西的、河南的、湖北的、湖南的，这些一路顺着向南来的做一队；那些到郑州后继续向东走的做一队；向北走的又另做一队。那些不愿回家的，则被用绳子绑做一串押上车的。二哥他们是自投罗网的也就没有必要用绳子串起来了。一路上每到一个省会站，就有当地收容所的人来接收转送。到了河南郑州后，那些被绳子绑着的人就只还有两个人了，一个是湖北的，一个是湖南的。从乌鲁木齐上车后的第六天下午到了长沙，工作人员留给二哥他们在车上的一顿饭钱后，就押着那个湖南的人下车了，二哥他们就自己随着火车，第七天中午回到了柳州。他们是从柳州走路回家的。

二哥试图闯出一条自己选择的道路，到头来不得不灰溜溜的，狼狈不堪地，带着满身的虱子，回到这个尽管也破烂，但却比收容所干净的家来。二哥这次的出走，唯一的收获是，领略了一些外面世界的广阔天地。但却没有找到一条自己可以走的路。

## 五

二哥回来后，被公社叫去教育了一顿。大队在群众大会上、小会上，多次指名严厉的批评，说他不肯接受贫下中农的监督，逃避改造，对社会主义不满等等。

二哥回来后还是不安分，对于他们这些有点知识有点思想的人，当时的现实也确实难以令他们安分。一个生气勃勃的年轻人，一年到头累死累活的，在田地里摸爬滚打的侍弄着粮食，但到头来就没能尽情地吃饱过一顿真正的大米干饭，没能穿上一身整齐的衣服。每人一年的 3 尺布票，家里人多的，全家人凑起来倒是只够给一个人做一套衣服，但却找不出钱来买 4、5 毛钱一尺的布，做不起一身能体现青年人朝气的新衣服。二哥三哥一年所能添置的新衣服就只有 9 毛钱一件的纱背心而已。白天劳动，晚上睡觉都穿着，热天倒也容易过，可冬天的什么棉衣、卫生衣、卫生裤想都不敢想。特别是卫生裤、秋裤之类的，压根从来就没有穿过。尽管南方没有北方那么冷，可只穿着一条单裤的滋味，总是不好受的，谁都知道暖和的感受舒服。他们都是谈婚论嫁的年龄了，这样的生活境况，再加上个家庭成分，他们连想都不敢想，只好假充自命清高地对人说，不想成家那么早，以体现自己志气高远。

　　1963年以后，经过对农村政策的一些调整，稍有些宽松，生产队也可以组织些青年人，出去做零工，搞点副业收入。但这些好事只能是贫下中农才有资格的，二哥三哥就摊不上了。二哥从新疆回来的当年，双抢农忙过后，他的同学传来消息说，八一锰矿要人去挖矿，一个月可以挣得几十块钱。二哥跟队里的青年们讲了后，那些成分好的青年就出面和队长说。队长同意组织一些青年人出去弄点钱回来，准备年终分配时有点钱过年。于是他们就瞒着大队，悄悄地让二哥带着去锰矿联系，联系好了，要回来大队开证明，大队是不会同意给二哥去的。他们只好在证明上写着那些贫下中农子弟的名字，给大队盖章，二哥三哥就只好冒名顶替，瞒天过海的去挖矿。其实挖矿并不轻松，但是可以得到现钱，除了交给队里的副业款外，多多少少还剩下一点，比在家里劳动要好得多。

　　他们去挖矿约有两个多月，就到了秋收时节，大队干部来队里检查秋收，见队里的青年劳动力一个都不在，就问队长。本来队长并不同意二哥三哥出去搞副业，但队里人都同意他们去，况且这条门路是二哥带出来的，从全队的利益考虑，也只好屈从于大家了。现在大队干部问起，想瞒也瞒不住了，就老老实实地把事情都讲了出来。这下问题就严重了，大队把情况向公社汇报，公社向县里汇报，县里就给锰矿下了个指示，就把整个副业队给赶了回来。

　　在锰矿做工的那段时间，他们还都赚了一点钱，除交给队里每人每月30元外，剩下的钱够他们买黑市米吃。被赶回来时，每人还都买了新毛巾，新牙刷、牙膏，各人都买了一对当时最新出产的海绵人字拖鞋，穿起来软绵绵的，挺舒服挺新鲜的。二哥买了件衬衣，还买了几本杂志。三哥把他所剩的钱买了一支长笛花去2块多后，倾尽所余的17块钱买了一件当时最新潮，最漂亮的，蓝灰色咔叽布两面穿的夹克衫。这是他一生中穿的最好的，自己最称心的衣服。也是他自己挣钱买的唯——件衣服。后来他就穿着这件衣服，闯新疆、游桂林，逃难贵州。直至他最后死在群众专政的棍棒之下时，仍然是穿着他这件最心爱的衣服，被埋在都鲁山下一个浅浅的土坑里。

## 六

　　二哥他们在努力地改变自己现实的境况，尽管事实已经证明他们无可选择。但是他们还在继续幻想。在他们从锰矿被赶回来后，搞完秋收，进行年终分配，原本打算通过挖矿搞副业，为队里挣一点钱，在年终分配时会有一点钱过年。这个希望因二哥他们的参与而破灭了。所能分到的粮食也和往年一样，到得家里也就几百斤谷子，却反倒欠了队里的几十元超支款。春节到了，又一如既往象征性地，简单的过了一个年后，三哥又开始酝酿准备他独闯新疆的计划。

　　三哥和二哥又瞒着母亲，把家里的谷子卖掉一部分，得了百多元钱。过完年节后，在我们南方是春暖花开的季节了，而在那遥远的新疆，严冬过后是冰雪消融的时候。人们说，下雪不冷化雪冷，三哥选择这个时机独闯新疆，穿着他那件新衣服，罩着里面的旧卫生衣卫生裤，到了乌鲁木齐，下了火车以后，立即便感受到了彻骨的寒冷。街边还到处都是残存的雪堆，正在慢慢地消融。街上流淌着污浊的雪水，很快就浸湿了三哥脚上穿着的那双塑底布面的波鞋，只要停下来，脚就会冻僵。

　　三哥没有直接赶去石河子农场，而是在乌鲁木齐的石河子农场办事处的招待所住了下来，给那个朋友发了一封电报，第二天，那朋友就回了电报，劝他不必到农场去，以免浪费钱，因为他的愿望不可能实现。有了这封电报，三哥虽然没有证明，也就可以在招待所待了下来，三哥还没有完全失望，他自己到自治区民政厅，到市民政局，到其他农场办事处，去央求，去争取。都没有用，全国的政策是一样的。三哥带的钱也快用光了，招待所的住宿费已经交不起了，只好跟招待所说给家里发电报，叫家里汇钱来。招待所才同意他暂时住着等钱。

　　三哥是在招待所给大哥发的电报。他知道唯一可以救他燃眉之急的只有大哥。三哥在招待所等电报的日子里，就什么地方都不去了，成天待在房里，每天就在招待所早晚两餐，各一个三分钱一两粮票的馒头，一盅热开水。外面很冷，房里有个煤炉，可以取暖。三哥在家时没烧过煤，不懂得有煤气中毒。那天晚上特别冷，他就把所有的门窗都关严来睡觉，结果在不知不觉中，在半夜里就晕死过去了，幸亏第二天早上被服务员发现得快，给送到医院抢救才捡回一条命来。等了一个星期，大哥的汇款才到，三哥结了招待所的账，就揣着剩下的钱，买火车票往回赶。大哥汇的钱除了车票钱和伙食费，还略有余，三哥在车到善鄯时，还下车给我们买回来一盒哈密瓜干。

三哥这趟新疆之行，没有达到目的，虽然也经历了一次鬼门关，但却比二哥他们那次少了许多旅途的磨难，还多少带着一点游山玩水的浪漫情趣。三哥带回的哈密瓜干又香又甜，是我一生中，第一次吃到的最美味的果脯食品。也是三哥生前，给我留下的手足亲情和兄长形象的最后记忆。三哥回到家后，没有人知道他去过新疆，他当时出走时是向生产队请了假去治眼睛的。

选自韦文德《挣扎与奋斗：一个地主崽的一生》，美国华忆出版社，2021。

# 1963—1966：广西柳州一中的中学生活

## 韦文德

### 一

从我进中学的 1963 年起，国民经济经过一些整顿，已经出现了逐步恢复的迹象，人民的生活也有了些微的好转。国家对教育事业也比之前闹饥荒的年头更多了一点关注。而学校的教学质量，一直都是校领导和老师们关注着，尽管学校生活条件相对于城市学校的差。

我们的学校是一座新建没多久的，只有初中部的中学。校址建在离柳邕公路不到 300 米的一个乱坟岗上。所有建筑都是一式的红砖青瓦结构。白色的屋脊，朱砂色的封边吊檐；教室正面是一条骑楼式的走廊。走廊和教室里是平实的三合土地面。教室外墙是清水红砖墙面，里面四周墙壁及天花板用石灰砂浆批荡粉刷，加上南北两面对开的玻璃窗，既通风又光亮。教室里白净而整洁。一式的课桌依着教室东西走向摆放，面向讲台、黑板，整齐地排成四行。分四个学习小组，每班可容 40 至 50 个学生。全校共有 8 间教室，分成两幢，南北相向排列在学校操场两边，之间约有二、三百米宽。操场的东面北头，是一幢与教室一样规格的两间教研室。南头是一幢两间的女生宿舍，和教研室之间隔着一片空地。再往南到操场南面教室的背后，是男生宿舍，与教研室和女生宿舍，形成一线长排各自独立的几幢房屋。男生宿舍周边是学校的劳动园地，一年四季种着各种蔬菜。

学校操场的西面北头是两排教师宿舍。教师宿舍的南面是两个并列的篮球场，球场旁边是学校图书室和校长办公室。学校操场在教室、教研室、学生宿舍以及教师宿舍和校长办公室、图书室环绕之中。整个学校的地面，以南北相对的两排教室的西头拉直，有一条土坎，土坎相对高度差约 70 厘米。把整个学校分成西高东低的两个部分。坎上部分是篮球场和教师宿舍，以及校长办公室和图书室。

学校的体育锻炼设施门类齐全：在操场西南角沿着土坎边，一线设置有单、双杠等体操设施；还有排球、羽毛球场。土坎上的篮球场北头有爬杆、吊环以及为跳高跳远设置的沙坑；沙坑旁还有练举重的石担。学校的乒乓球室就设在学生食堂（兼学校礼堂）里。

在学校的建设中，对环境的美化也比较注重：在操场的周边都栽着一排排整齐的冬青树，及其他的花卉灌木；在教室和宿舍背面，栽着的大叶桉或小叶桉树，都高过了教室。四季都可以看到绿叶。春夏时节还不时可以看到缤纷的花卉竞相开放。我们的学校是当地的最高学府，这样的环境在我们那小地方可算是独一无二的了。

美中不足的是，学校离河边较远，饮水条件比较恶劣。没有泉水也没有井水。学校的食堂就建在水沟边上，老师学生饮用洗漱都取自水沟里的水，饮水卫生无法保障。

柳江县除县完中外，相对于其他中学，三都中学各方面的条件是比较优越的。尤其是学校的师资水平，在全县可算是一流的。这一点不可否认，是得益于从 1962 年开始进一步强调的"阶级斗争"政策。当时全县的最高学府是"柳江完中"，我们学校只能算是二流学校。原来全县所有水平较高的老师，都聚集在柳江完中。而这些老师们当中的绝大多数，又都是出身不好，或有这样那样历史问题的。在强调阶级斗争后，这一部分老师就都被裁撤，分配到下面各农村公社中学去。三都中学刚建校时称为"柳江一中"，相对于其他公社中学，教学条件算是比较好的。所以那些被柳江完中裁撤调离的老师当中，最好的大都给分配到我们三都中学来。使我们学校成为名副其实的"柳江县第一中学"了。好在这些老师们不管到了哪里，都能保持着知识分子对知识对教育的严谨负责态度。所以学校的教学风气，一直是端正而严肃的。

二

那时我们都还没用上电，宿舍里用的是煤油灯，晚自习时，所有的教室和教研室都点着汽灯,倒也使整个校园显得亮堂。不时从教室里传出的琅琅书声中,透着一股校园所特有的朝气蓬勃的青春气息。

因晚上还有晚自习,所以家在近处的学生,也都必须在学校留宿。学校的男生宿舍每班一间,里面是上下两层的大床架,睡觉时一个挨着一个,每一个人也就是七八十厘米的空间。冬天的拥挤,反而觉得暖和,到了天气炎热的夏天就难挨了。一间宿舍只有前后两个窗子,给几十顶蚊帐一顶连着一顶的挂起,就把两个窗子给堵得一丝风儿也透不进来。窗子也就只起到给蚊子通行的作用了。如果不挂蚊帐,那些成群结队的花蚊子,足可以在十分钟内,把你叮得浑身的疱疱,极痒难挨,让你彻夜难眠。在二十多平方米的房间里,几十个人挤在一起,光是人的体温就把整间宿舍熏成一个大蒸笼似的。汗臭、脚臭、再加上个别同学的腋臭,还有窗脚下,一些同学在晚上从窗口往外撒的尿臭,真是百味杂陈,把同学们熏得头昏脑涨。每天晚上从熄灯哨响起至入睡前,是同学们最难挨的时段,好在年轻人都嗜睡。

女生人数不多,宿舍不分班级,而是以床架为单位,全校女生都挤在两间大宿舍里。

我们一些家在附近的学生,只在学校住,不在学校开膳。在学校开膳的学生每月给食堂交14斤米,3元钱的伙食费。按当时的政策规定,初中生每月口粮指标是28斤,农业户口的学生由国家补助14斤米的指标,由食堂统一到粮所买。食堂每天开三餐,早餐是每人一两米的稀粥,中午、晚上各四两米饭。不在学校开膳的学生就没有早餐可吃了,只有放午学时走二三里路回家吃午饭。在学校开膳的学生有午休时间,而我们回家吃完饭再赶回学校,已经没有时间休息,就直接等上下午课了。待到放晚学后,又要走一个来回,回家吃晚饭后,再赶回学校上晚自习。一天四个来回,十多里路,风雨无阻,天天如此。在夏天的酷暑天季里,晚上不能睡好,中午又要头顶着烈日来回赶,汗流浃背不说,待赶到学校,刚在家喝的那一点稀粥,就给几泡尿和汗水消耗殆尽了。天气闷热,往往在下午上课时都昏昏欲睡,无精打采的疲惫不堪,没有精神听课。有时还会在课堂上瞌睡而被老师罚站。

由于有国家的14斤口粮补助，所以我在家里得到母亲的特别照顾，专门为我用砂罐装上米，拿到隔壁粉店的大灶里，用蒸粉灶里的火炭煨。中午一罐，晚上一罐。那用炭火煨出来的饭又香又甜，特别好吃，就是从来都未觉得饱过。到青黄不接的季节里，就没有特殊照顾了，只能和家里同甘共苦。但我已是觉得，有些愧对哥哥姐姐他们了。他们一天辛辛苦苦劳动，也只能喝两餐稀粥而已。三姐的朋友张鸿英来家找三姐玩，见我一个人吃砂煲饭，而家里人都喝稀粥，就开玩笑地为三姐她们抱不平说："你不做工反而吃干饭，你妈不公平。"母亲就说，我们家以后的大学生就看他了，只好优待点咯！鸿英姐心直口快地接口道："大学生就轮不到你们这些地主崽了！"她并无恶意，只是实话实说，她大哥虽是烈士，但她六哥张鸿让同样因为她们家的小土地成分而考不上大学，更何况我们。但她这一句话确实给母亲的心头，浇上一瓢冰凉的水，也深深地触动了我内心的痛。我和母亲当即都无言以对。

## 三

　　在生活上，吃好吃坏，是饱是饿，别人都看不见，而一个人的穿戴却能体现人的精神面貌。爱美之心人皆有之，衣着的整洁与否，能体现一个人的尊严。但我却连一件能给我以自信，和一点点尊严的，像样的衣服都没有。

　　在整个小学阶段，我从未体验过穿新衣服的喜悦。小学毕业时，在我再三的央求下，母亲为我买了一件白纱背心，我就穿着这件背心与胡义文和刘建康照了个合影留念。因此曾遭到周老师的评论："穿背心来照相留念，不严肃。"有什么办法呢？实在是找不到比这更好的了。在全班的毕业合影留念和在毕业证上的半身像，穿的是母亲用二哥的旧衣服改的学生装，上面是补丁压补丁，实在分不出哪块是原来的布，哪块是补上去的。比电影《白毛女》中杨白劳的那身衣服，有过之而无不及。这件衣服我一直穿到中学里。毕业证上的半身像，是我一生中照的第一张单人相片，被我一直珍藏着。我把它贴在笔记本中，还配上文字说明："我是剥削阶级家庭出身的孩子，我应当穿着这种破烂的衣服,去体验旧社会贫下中农的悲惨生活,努力改造自己的思想,和自己的家庭划清界限,听党的话,听毛主席的话。"在三十几年后的同学聚会时,从部队军官转业到柳州汽车厂,当部门领导的老同学韦嘉月,还能清楚地记得我的那段文字说明。可惜那张照片在文革抄家时丢失了,否则它将成为那个年代物质生活的最真实的写照。

在中学时,看到一些非农业户口的,家庭条件好的同学,穿着整洁漂亮的衣服,我总在心里偷偷地羡慕着,总梦想着能有一件新衣服穿。但那是多么难以实现的梦想。因为做一件衣服,不光要有钱,还要有布票,布票是没有办法可想的。梦想终归是梦想,本不敢奢望能够实现,但却给我遇到一个可以实现我的梦想的机会。为了实现这么一个渺小的梦想,我竟连尊严都置于不顾。回想起这件往事,至今还觉得惭愧不已。我的梦想的实现,居然是凭借于,我是一个学习小组长的小小职务上的"特权":学期中,班主任钟老师召开班干、小组长会议,说是学校得到国家拨给一些补助的布票,每班可以得五尺,救济特别困难的学生,所以召集大家来议一议,看谁最困难。在讨论中,其实谁都想要,但又都不好意思讲出来。从一开始,我就希望同学们帮我提一下,但是没有一个人开口说话。其实每一个人都想得到,但又都不好意思开口。我想了很久,又踌躇了一阵子,才终于鼓足了勇气,语无伦次的向老师说道:"我穿的都是哥哥的旧衣服,我想有一件新衣服。"话讲完的时候,居然自觉无地自容,羞愧地哽咽着,埋下头哭了起来,最后是怎样散会的都不知道。

也许是钟老师在平日里已经注意到,我的衣衫褴褛的程度,是班级里无人能比的。我如愿以偿地得到国家救济的五尺布票。后来母亲为我筹得了一元五角钱,买了五尺兰仕林布,到车缝社做了一件胸前有两个袋子的衬衣。这就是我的第一件新衣。那年在学校召开的文艺晚会上,我就穿着这件衣服参加了歌咏比赛。而过去逢着学校召开的文艺晚会,我都是借穿同学的衣服去参加的。

到了64、65年时,国民经济逐步有所好转,农民的生活也有了一些细微的提高,农村的集贸市场比较的活跃起来了。各方面的供应指标也有所提高。原来每人每年的三尺布票也提到了五尺。母亲用卖糠攒下的钱,买了一丈多黑色咔叽布,为我们三兄弟各做了一条西装裤。这是我的第一条新裤了,而且是西装裤,我高兴得要命。穿着这条裤子,我不用再捞起裤腿撒尿了。然而,这条裤子还没有穿过几次,却让队里的老母牛牴破了,还险些连命都给搭上。

那是一个秋收时节的农忙假期里,大人们都在忙着秋收,队里就安排我放一头刚生仔的母牛。放牛是比较轻松的活,就是牵牵牛,不给它糟蹋庄稼就行了。那天我穿着新裤子,牵着那母牛到正在收割稻子的田基边吃草。那刚出生的小牛仔在后面跟着,母牛已经在前面很远的地方吃着草,那小牛却在田基边睡着,没有跟上来。出于对小牛的爱怜,我把手中牵着的牛绳放下,返回去想把那小牛抱过来。当我走到小牛旁边,正欲躬下身去抱那小牛时,那母牛却误以为我会伤害那牛仔,竟愤怒地低着头朝我冲过来,用它那尖利的长长的弯角,从我后面突然向我撩了过来,那角从我屁股后面撩穿我的裤裆,把我倒挂在牛头上甩着,还想把我牴在地上。当时在场收稻的人们看了都惊呼起来。三哥当即迅速跑了过来,抓住牛绳把牛头拉起来。我这时也从惊吓中醒悟过来,急中生智,双手抓住两个牛角,用力把裤裆挣破,才得以脱身。气得三哥边狠狠地用绳子抽打那母牛,边骂道:"你这个畜生,好心帮你抱仔,你倒恩将仇报。"

这时队长却跑过来指斥三哥:"它是畜生,懂得什么?打死它你要挨赔的。"三哥回应道:"刚才人都差不多给它牴死你都看不见,它是畜生它还会疼仔,人命还不比畜生的命值钱?我弟被它牴得差不多命都没有了,不见你着急,这个时候你才过来。"我穿着被牛牴破裤裆的新裤子,余悸未消地低着头往家跑,一面跑着,一面在想着我的新裤子,想着队长的话,想着三哥的话,到底是我的命值钱还是那牛值钱?

其实我最耿耿于怀的还是我那条新裤子。后来母亲帮我把裤裆补好。好好的一条新裤子,在后裆上补着一块又大又厚的圆形补疤,好在是原来做裤子时剩下的布,不怎么难看,倒像一条加固的新裤子,那是一条真正为我量身定做,被我视为最爱的西装裤。我每一次穿上后都舍不得换下来，直至去串联时，还是我随身携带着的最好的一条裤子。

## 四

在中学的三年时间里，物质生活的贫乏，对于我来说是那么的刻骨铭心。加上在当时那种阶级斗争、政治第一的政治氛围下的校园生活，让我感到极度压抑而自感前途渺茫，曾一度让我产生过弃学的念头。出于本能对知识的渴求和对生活的向往，虽然最终坚持了下来，但是，却让我的思想过早的变得复杂，促使我过早地去思考一些，在我们那个年龄段所不应当思考的问题。使我很难做到"无忧无虑"的专心于学习。所以我的学习成绩曾一度处于班级里的落后生之列。成为了老师经常关注的对象。老师不时地在班会上旁敲侧击的鞭策，虽然没有直接点我的名，但是从老师的话语中我领会得到，为此我从来没有责怪和怨愤过老师。平心而论，老师对我是公平的，老师并没有歧视我，反而是想通过发挥我在文艺和体育方面的爱好和特长，来激发我对学习的积极性。但处在当时的政治氛围下，囿于我与生俱来的政治上的原罪，使我因对前途的绝望，而陷入了自暴自弃的境地不能自拔。所幸的是，读中学的三年里，我们能受教于共和国历史上，最具有真才实学的一代教师。使我们能学到不少真正有用（相对于之后的工农兵管理的学校）的知识。

我们的学校里，汇聚着当时许许多多的知识精英。我们的校长张芳蕊和她的丈夫——我们的语文老师孙国光，都是开封师院毕业南下支教的大学生。我们十九班的班主任戴裕华老师、化学老师胡德基、体育老师何道炳、音乐老师韦桂善等等，我们学校的所有年轻的老师，都是出自于中国知名学府培养出来的朝气蓬勃、血气方刚、思想进步的青年才俊。我们学校里还有一批一生从教，具有几十年丰富教学经验的，从旧社会过来的老知识分子，老教育家：最老的彭望震、覃彦珍老师当时都已年近花甲，是个满腹经纶、面目慈祥的跨时代的老知识分子。彭望震老师的妻子溥若，据说是满清皇族爱新觉罗氏族裔，是个"格格"级的人物，当时担任着我们学校图书室的管理员；还有教英语的黄绍林老师，是个专事外语教育的，跨时代的教授级的老教师；刘仁辉老师曾在民国时期的无线电台担任过无线电技师，精通英、俄两国语言，担任我们的英语老师。我们二年级的语文老师梁宝权，也是民国时代的大学生，一生从事教育，精通民族文化，是个刚正不阿，施教严格、让人肃然起敬的老教师。他们大都循循善诱，受学生爱戴。他们各自都有着各自不俗的经历和学识。但可悲的是，他们那些不俗的经历和学识，在把知识分子视为臭老九的年代里，都成了他们政治上的污点，长期压抑着他们的心智。使他们的才华得不到发挥。更令人痛心的是，在其后更为疯狂的年代里，他们当中有的身陷政治冤狱，更甚者，有的老师竟惨死在"造反有理"煽动起来的疯狂而失去理智的学生手下。酿就了史无前例的灭绝人伦的旷世悲剧。

我对于中学时代的回忆，不乏怀念和依恋，也有着抹之不去的苦涩印痕。怀念老师们的循循善诱、和蔼亲切。留恋那教室里的琅琅书声，和学校操场上天真无邪的欢声笑语。然而，那个时代抹之不去的历史印痕，却更激起我的沉重反思。老师们曾教给我们文化科学的同时，也教会了我们思想。在本该无忧无虑的，学习科学知识的青少年时代，因世事的乖张，却让我们不合时宜的，过早地为身世而伤怀。我对孙老师给我们上的语文课情有独钟，我本来并不是课堂上很守纪律的学生，课堂上思想开小差是我经常被老师批评的缺点。由于当时的课本中充斥着仇恨和斗争的煽情，对人性的童牛角马的扭曲灌输，所以同学们对上语文课大都感到乏味。但在孙老师的课上就显得别开生面。同学们常常被他的旁征博引、侃侃而谈所吸引。他善于用典故故事，来引导我们去领会课文中的哲理。我们尤其喜欢他上的古文课。他对古文的讲解，简直就是一堂生动的历史典故故事会。不由得我们不聚精会神地听他讲解。他的故事让我们增加了对课文的理解，加深了我们的记忆。我们跟着他从范仲淹的《岳阳楼记》中，领略了古人的经典名句："居庙堂之高，则忧其民；处江湖之远，则忧其君。是进亦忧，退亦忧。""先天下之忧而忧，后天下之乐而乐"等等。古仁人的爱国爱民的高尚情操，曾激励着我们不自量力的，常以

"先天下之忧而忧，后天下之乐而乐"自勉。忘却了自己既无缘庙堂之高，连江湖之远，亦无可立足安身之所的人。这天下之忧及天下之乐，岂是我们所能奈何得了？

## 五

在当时突出政治的社会氛围中，在教育为无产阶级政治服务的教育方针主导下，教师的处境也是极其尴尬的。他们的责任是要教育学生从德、智、体上得到全面的发展。首先是从道德教育方面引导、培养学生成为具有高尚的道德品质，和崇高理想的人。但是在当时的现实中、课本里、教材中，却处处充斥着虚伪和空洞的政治口号。对于我们这些当时只有十多岁的初中生来说，是无法辨识这"德"和"智"的真正内涵。我们所知道的"德"，就是"政治思想品德"，其中以政治作为首要。就是首先要懂得阶级斗争，懂得谁是"敌人"，谁是"朋友"。然后要和敌人划清界限，要和敌人作坚决的斗争。这种阶级斗争的观念，充斥在社会的每一个角落，尤其在作为教育领域的学校中。要培养无产阶级革命事业的接班人，就更是概莫能外了。在老师和老师之间，在老师和学生之间，在学生和学生之间，都有着充分的体现。学生们要被培养教育成为"螺丝钉"式的，"头上长角，身上长刺"的敢于亵渎文明，蔑视科学文化的阶级斗争的驯服工具。我们无法把"德""智""体"区别开来理解，只要能领会了这样的"德""智"和"体"也就都在其中了。这就是所谓的"教育为无产阶级政治服务"。作为有知识、有阅历的老师，自然能分辨这"智"的真伪。但当时要把许多悖于科学常识的东西，灌输给这些正在成长中，不谙世事、思想朦胧的学生，将来会给社会造成什么样的后果，是可想而知的。但是又不能不这样去教。后来又把"智"斥之为资产阶级所专有，进而又说成知识越多越反动。刚刚过去的反胡风，反右派，反右倾机会主义等等，历次政治运动还都历历在目。知识分子的噩运尚未到头，惊魂未定，确实令老师们无所适从。一年多以后，老师们的担心变成了事实。

为了教学的需要，同时又要迎合政治的需要，老师在讲课时，对一些涉及政治的东西时，出于自己的前途和处境的考虑，往往会言不由衷。在初二时，梁宝权老师上我们的语文课。有一次，梁老师布置课外作文作业时，作文的题目是"我的父亲"。这样的作文题目对于其他同学来说，是好写的。每一个孩子对于养育自己成长的父母，必然有很深切的感受。在自己心目中的父母，肯定是慈爱而善良的。父母的艰辛，在儿女的心中树立了永不磨灭的伟大情怀，和崇高形象。中华民族的传统道德文化，崇尚儿女对父母长辈要有感恩和孝敬之心。在这道作文里，只要选择一些在自己心中印象深刻的几个事例写进去，体现出自己对父母的真挚感情，文章就能写好。而对于我来说，却让我觉得尴尬和为难。因为我不能把我对父亲的真实感情表露在作文中。由于父亲是地主，是阶级敌人。但从人伦的角度，父亲给了我生命，给了我生活上的关爱，在我的心中也不难找到父亲令我感动的事例。比如说：在那刚刚过去的饥荒的年代里，浮肿的父亲把捉到四脚蛇（蜥蜴）当作一种享受，而回家把我叫到大队卫生所去，和他一起分享。为了给我学到一点生活的技艺，为了给我解馋，在我放假时，带我到成团赶圩卖药。午饭时，一点有限的荤腥先让我吃饱，他才舍得吃。在我的眼中，父亲并不像书中那些以残害别人为乐事的恶人，对于那些贫苦的求医人，也常以一句淡淡的客气话而解人之难："拿去吧，只要病好就得了，不就是几条树根吗？又不是我种的。"这样的事例也曾令我感动。然而，我却不能如实的这样写。我只能是从《半夜鸡叫》里的周扒皮，从刘文彩的罪恶罗列中，从历次的阶级斗争忆苦思甜大会中，获得的地主阶级所共有的荒淫、残暴、贪婪的共性，然后编造一些类似的事件和情节，塑造成我的父亲的形象。我把父亲曾经经历过的四次婚姻——尽管荒唐但却是当时社会习俗所允许的，除我母亲之外，曾经有过三次短暂的婚姻。他的原配——我们的大妈，在我母亲已经成为他的二房之妾后，因难产而死。之后他在柳州做生意又相继先后结识了两位女子，带回家时，爷爷出于他父子已是两代单传的考虑，同时因父亲弃农经商，家中农活缺少人手，权当是娶回一个劳力，也就默许了他的这些荒唐的婚姻。但是却不能见容于性格暴烈的母亲，最终都被母亲——气走了。母亲与父亲一生的抵牾也正是起因于此。对此,我把这些事件的情节加以篡改,套上阶级斗争的特征,描述成:"我的父亲出于地主阶级荒淫无道的本性,强抢民女为妾,一生娶了四个老婆,并把她们当着牛马看待,强迫她们每天起早贪黑的劳动,稍有懈怠,便以鞭子抽打,并关在牛栏中,不给吃不给喝。致使其中一个暴死于牛栏中,另外两个因病不能劳动,不但不给医治,反而被逐出家门,之后生死不明……。"我自认为如此编排,极符合当时形势下的阶级斗争的逻辑,再加上我对文章词句的修辞,和所表现的思想,也是极符合时代精神的。满以为,作文交给老师批改后,一定会得到好评。但是,梁老师曾因求医而认识我的父亲,父亲的知书识礼,尊师重教,给他留下不错的印象。他也曾因缺粮而敢于托我从黑市中给他买过黑市米。因此对我的家庭身世他是有所了解的。所以,他在批改我的作文时,知道我的作文中的情节纯属编造,这是作文的大忌。而且生造这样的内容来编排、贬斥自己的生身父母,也是一种道德的沉沦。但是梁老师又不好直白的给我指出,只得在作文后面,批了这样一句批语:"真是这样吗?"

作业发下来后,看着老师的批语,我感觉到这是对我的质问,我无颜面对老师的质问。我在内心思考着,领会着批语的内涵和老师的良苦用心。老师的批语让我明白的是,写作、讲话、做事,都需要真实。为此,我自觉无地自容和深深地自责。同时,我也为此而感动得暗自落泪,感动于老师自尊、自重、自爱和诚实的教导。在之后的文化大革命运动中,我也曾因无知和偏狭地伤害过个别老师,但是我没有以这一足以致梁老师获罪的证据,给他以落井下石。当时他已调往比我们这个学校更差的洛满中学任教,但却不幸没能逃过"文革"劫难,和刘老师一样、成为那场运动的牺牲品。

# 六

戴老师是我们的班主任,上我们的数学课。他是我们柳州本地师专的毕业生。他戴着一副深度近视眼镜,文质彬彬,潇洒大方、亲切和蔼、平易近人。他多才多艺,拉得一手能激人振奋、朝气蓬勃的手风琴。他曾带着我们屡屡在学校举办的文艺晚会上夺冠。课余时间,我们经常情不自禁地，随着他悠扬而激昂的手风琴声，合唱着他教会我们的苏联歌曲《小路》或《莫斯科郊外的晚上》。他所编排导演的话剧小品，也曾屡获嘉奖。在当时的阶级斗争的大气候里，我深感自卑，但在班级里，除个别专以打小报告表现政治进步的人，有意疏远我们这些出身不好的同学外，绝大多数的同学并没有孤立我们。同学之间还都能融洽的和睦相处，这是与戴老师一视同仁，平等相待的表率分不开的。戴老师曾单独地找我做过思想工作。他对我说，我知道你因为自己的家庭出身而自卑，出身不由己，道路可选择嘛，越是处在不利的处境，就越要加倍的努力，读好书，学好知识，自己去争取改变自己的命运。老师没有嫌弃你，同学们也没有嫌弃你呀。戴老师的话令我感动，催我奋发，正像他所讲的，他一直没有嫌弃我，而且还尽可能地给我机会，激励我的特长。学校每一次的文艺会演和比赛，戴老师都给我作为班级的代表，上台表演。他所编排和导演的英语话剧小品，使我在台上表演的白人小孩的形象既滑稽又可笑，再加上何老师为我用面粉捏的勾鼻子，我们的节目曾获得全场的掌声。他还指导我在《红灯记》中把那个汉奸翻译演得激起全场一片鄙夷之声。他推举我到校文艺队参加大型剧目《南方来信》的排练，并让我担当一个反美游击队的越南小孩的主要角色。但遗憾的是，还未能演出，在当时许多报刊杂志上，就已经陆续发表了各种各样的批判文章。浓重的政治气氛弥漫着整个社会。老师们的话语，也都显得与之前不同的谨慎了。同时，我们也开始进入紧张的，毕业考试的复习阶段。学校原来排练的剧目就都中途而废了。同学们都满怀着信心和希望的进行复习。而我则更显消沉。所以毕业考我没有考好，但我没有太多的失落。

我们毕业的那一年，政治气氛比之我们刚进中学时越来越紧张了。在意识形态里，隐隐透露出一派山雨欲来风满楼的肃杀气氛。但是，国民经济经过一段时间的整顿，生活状况不再那么窘迫，国家经济建设显出了上升的势头。对知识和人才的需求，也好像显得有些急迫，国家开始注重经济建设人才的教育和培养。在我们刚毕业考过后，全国各省区的各行各业的，中等专业技术学校也应运而生，并向我们这些应届的初中毕业生大量招生。如"广西商校""广西水利技术学校""桂林饮食服务技术学校""柳机技工学校"以及"广西幼师"等各地的中等师范专科学校等等中专学校。根据我们学校的条件和当时的招生规模,中考的录取率肯定不会低。而以我个人的情况,虽然毕业考没考好,但在复习中再加一把劲,在考试中放开心态,沉着应试,再如果能排除政治因素的影响,考上个把中专恐怕也并不太难。当我在学校里看到那许许多多的招生广告时,也曾一度激起我的一线希望。但是,绕不开的家庭出身的政治因素这个残酷的现实,让我升学的梦想和热情又被无情的浇灭了。

在中学的最后一个学年里,阶级斗争在学校里,变得越来越公开和表面化。在政治课上,在老师们给学生的训导中,越来越多的提到家庭出身,也越来越多的强调阶级斗争。老师们在学生当中,鼓励进步学生和落后学生之间的斗争。在同学之间已经悄然出现了先进与落后的分野。出身好的学生成为天然的进步生。在老师的鼓励下,自觉或不自觉的疏远出身不好的学生,和所谓的落后生。学校和老师们出于升学率的考虑,老师们也不得不考虑一下策略,抓住那些平时成绩好,比较有希望的学生,作为重点培养的对象。而对于一些没有希望的落后学生,和出身不好而根本没有升学希望的学生,则基本上处于放任自流。在当时的"教育为无产阶级政治服务"和"政治第一"的教育方针主导下,好学生的标准首先是政治表现。政治表现好,学习好不好是次要的。而政治表现不好,学习再好,也不能算是好学生。当时在招生工作中,有一条由学校保送升学的特殊政策:只要是政治上表现好,就可以得到保送。而学习上就不一定是好的了。这个政治表现好的标准,自然的首先是家庭出身好,尤其是在学校里或在社会上,敢于同"落后思想""错误行为"作斗争的学生。这样一来,就助长了一些争相表现的个别学生,以揭发别人的错误来表现自己的先进,来积累自己的政治资本。于是在同学间,也就应运而生了相互监视,和打小报告的风气。甚至有些人为了表现自己而本末倒置,把本该放在第一位的学习置之不顾,而专事去发掘同学的错误思想和言论。为了获得同学的错误思想和行为的证据,甚至去同学个人的行李箱中，偷偷翻找同学的信件或日记，然后向学校、老师报告。以争取政治表现的资本。这样的学生在得到老师的青睐的同时，却也难免受到同学的孤立和排斥，被同学们私下里指斥为"特务"。在学校里存在这样的政治风气，使学生们的思想受到极大的束缚，使学生们很难做到无拘无束和身心愉悦。尤其像我这样家庭出身的学生，随时都要警惕着自己的言行。在校会上，在班会上，校长和老师的训导中，无时不充斥着政治口号，无时不灌输着阶级斗争的意识。强调进步学生和落后的学生之间，要划清界限和进行斗争。而不是之前提倡的，要帮助落后的同学。并且也开始对学生的错误，采用批判形式的检讨会、生活会，让犯错误的同学当众检讨，和当面接受同学的批评，其中也不乏鼓励相互间的检举和揭发。批评的话语也往往地带着浓厚的阶级斗争意识，和专用的政治术语。我曾因为口角而与一个同学打架，后来被汇报到老师那里，我被责令在班级专场生活会上检讨，而且老师要求我在自己的思想检讨中，要联系自己的家庭出身。这是一次对我的致命打击。因为家庭出身是我最忌讳向同学们提起的事。让我当着全班同学的面，并且是作为检讨而坦白出来，无异于在众同学面前揭了我的疮疤。为此我倍感无地自容。这次事件是在临毕业的学期里，让我感觉受到莫大的侮辱和打击的同时，也使我对自己的升学和前途的最后一点幻想，彻底的破灭了。出于担心受进步同学的嫌弃，我也就主动的与一些原来关系不错的进步同学，逐渐的疏远，并保持着一定的距离。却主动的和一些条件与自己相差不大的同学为伍。

　　存在着进步同学与落后同学的分野，同学间的关系也就开始出现了相互的攻讦与嫉妒。那些被进步同学向老师打了小报告，而沦为落后的同学，对于那些因打别人的小报告，而被老师视为进步学生的同学，在内心里自然是嫉恨的。而那些专心于学习而成绩好的同学，也不屑于那些专向老师打小报告，而获取政治资本的人。因为在政治表现上，他们被挡在了后头，在竞争上就处于了劣势。我不知道自己有没有被打小报告的记录，我自知我自甘与落后为伍，是因为我命中注定的出身。而我的那一次检讨，也确实是因为我打了同学。至于老师要我上纲，联系我的家庭出身进行的思想检讨，我倒是确曾心生怨愤，导致了文革开始时趁机向老师泄愤。但是到运动向深入开展以后，我的思想也就渐趋成熟，明白了那是大势使然，并非老师的恶意首创，老师也是不得已而为之。任何一个老师都不会乐意让自己教出来的学生沦落为社会的渣滓。

选自韦文德著《疯狂年代逝去的青春》电子书，2013年。

# 一个地主儿子的大学梦

胡鹏池

我说的这个地主的儿子就是我的二舅舅。

二舅舅生于 1935 年元月,那几日,天气特别的冷,彤云密布,北风呼号,天寒地冻,大雪飘飘,且是早五更,那年是狗年。

这是外祖父的第五个孩子了,前三个都是女孩,终于第四个生了个男孩,家中大喜。这不,第五个又生了个男孩,按说也是大喜呀,然而外祖父却一点也不高兴。

刚吃完早饭,外祖父就准备出门了。外祖母躺在床上呻吟着说:"他爹,你不看看孩子啊?"

"有啥看头?"说着就头也不回地离家外出了。

外祖母这辈子生了七个孩子,四女三男,前三个是女孩,接着三个男孩,收官之作又是一个女孩,我母亲是老大。

外祖母的生育太有规律了,三年一个。生老么时,我母亲已经出嫁,第二年就有了我,所以小姨才比我大一岁,二舅舅比我大整整十岁。

周家是祖传的大户人家,良田几十亩,房屋几十间,子女多一些,也完全不愁吃喝开销,外祖父不喜欢老二,实在是没有理由的。

"腊月,本来就天寒地冻,又赶上大雪,又是五更天,冷上加冷。早更头出门的狗,家家人家门户都没开,哪有一根肉骨头,只得自己吃狗屎了,一辈子的苦命。"外祖父后来对家人这样解释了他不喜欢老二的理由。

既然注定是苦命的孩子,那么当爹妈的就应给多一些关爱吧?外祖父却不是这样想的,这个脾气古怪死板的人一辈子都对老二有一种莫名其妙的"不喜欢"。

解放前，外祖父长年在外给资本家的二姐夫打工，一辈子没有种过地，没有经受过农田劳作之苦，但同时也没有收过租。因此在解放后没有被评为地主分子，相反被当作职工安排在另一个乡镇的供销社继续工作了两年，最后又因家庭的地主成份被解雇回家。

外祖父丢了工作回到家里来，没有一分钱的退休工资。他在这个家没有地位，家中的大事小事都是由外祖母作主。他的儿女们可怜他们的母亲一个女人家顶了地主分子的帽子挨批挨斗，受苦受难，于是全都同情母亲，都是母党了。

其实，比较外祖父的三个儿子中，老大太老实，老三太木讷，就数这个老二长得最俊秀，最聪明。我现在回忆二舅舅青年时的形象，身材适中，脸部轮廓分明，大眼睛，高鼻梁，无论外貌上还是气质上都是最优秀的了。

二舅舅开学晚，直至50年才小学毕业，正是那年家里被评为地主了。

二舅舅长啸一声："完了！完了！一个粪袋子背背上，像一件湿布衫，永远脱不下来了。"

可不是吗，这个粪袋子从49年到80年代中期，一背就背了三十多年，历经三代人，祸及十余家，殃及百余人。

第一代，外祖父与外祖母，以及他们的兄弟姐妹；第二代，我的父母亲，我母亲的弟妹们，以及他们的配偶；第三代，我这一代，我的弟妹们，我的为数众多的表弟妹们。

当然，第三代所受的影响相对小一些，但也是很明显的。比如我，因为外祖母是地主，在考大学时就根本不敢报考清华的保密系保密专业，上大学后也迟迟不能入团。直至1964年的"九评"学习运动中，我写的思想汇报将地主阶级的外祖母家对我的坏影响彻底地清算了一遍，这才感动了组织，终于混进了团内。

第一代所受的就不能用"影响"这两个字来描述了，他们受到的是鞭笞与奴役。土改时，外祖母被五花大绑地押上台批斗，一个表现积极的乡村流浪汉打了她五个大嘴巴。58年民主补课时，又一次遭到批斗和关押，又遭了一次打耳光，放出来后扫地出门。平常日子也要不时地参加四类分子会议，聆听训话和无端斥责，还要经常去扫大街。

但第一代的人毕竟老了，影响最大的是第二代。而第二代中，影响最大的又是二舅舅，影响最小的是大舅舅。

大舅舅生得早不如生得巧，土改那年，已经高中毕业，那时招生工作中的阶级路线还不明显，所以他考上了大学。大舅舅考大学的那年，因为家中已被评为地主，经济情况一落千丈，家中决定只供大儿子考大学，老二嘛，上了小学也就够了，让他下地干活吧。

大舅舅果然考取了上海交大，遵照家庭的要求，他考的是两年制大专，而没敢考四年制本科。他要赶紧出来工作，挣钱养家。

二舅舅原是一心以大哥为榜样，一心要上大学，但他无法改变家庭的决定，气愤而绝望地撕掉了毕业证书，扛起锄头下园子干活了。

二舅舅从小身子骨儿单薄，力气小，可人聪明，锄地、播种、施肥、收割，他样样活儿都行，搭个黄瓜棚子、丝瓜梯子什么的，也不用学，一看就会了。春天，他在屋后种了几窝南瓜秧，夏天，他捉上了十几个蛤蟆青蛙的埋在根旁，秋天，他又爬到屋脊，用绳网小心地把南瓜兜起来。每年都是南瓜大丰收，屋檐下排了长长的一溜儿，最大的竟有四十多斤重。春夏两季的夜里，他打着手电筒在河边插上几十根钓鱼竿，第二天清晨起竿，一准儿能收三五斤鳝鱼，家里吃不完，就上集市卖，换几个零用钱。冬天下了雪，他用一根带线儿的竹竿把一个网筛在雪地里撑起来，远远地稀拉拉地撒上一撮米，引着鸟儿一边啄食，一边就一蹦一跳地走进网筛的下方，然后把绳头儿一拉，用这样的法子罩上个俊鸟儿玩。

外祖母说："这个老二啊，学啥会啥，做啥像啥，真是个七巧玲珑心。"

读者们看过梁斌的长篇小说《红旗谱》吗？那书里有一个主人公叫"运涛"，二舅舅就像"运涛"，心灵灵，手巧巧。

但是，二舅舅的心思仍然不在种地上，鱼儿鸟儿、瓜儿藤儿，都拴不住他的心，他转前转后还是要上学。可他知道家里没有钱，于是决心自己去挣钱。务农两年后,他开始行动了。县里招聘小学教师,他去考;供销社缺会计,他也去考——短短一个月报考了三四个单位,结果全都被录取了。

他选择了去小学当教师,工资虽不高,但能边教书边复习。两年内他积攒下了一笔钱,有了这笔钱,他要报考中学了。可是小学的毕业证书已经没有了,他向一位同族的学生借了一张毕业证书。那人的名字与二舅舅只差一个字。为了上学,二舅舅就从此改叫那人的名字了。家里人叫他考中专,中专三年,可以很快出来工作,可他偏要考初中,目的上高中、上大学。结果,他如愿考取了市二中。那年,他已经十八岁了,才上初中一年级,是班上年龄最大的大龄生。

初中三年,顺风顺水,年年是优等生,入了团,一直当班长。初中毕业时,他被学校作为特殊优秀的"三好生"保送进省立高中。到了高中仍然年年是优等生,仍然一直当班长。高中的班长不叫班长,叫"班主席"了,我一听这名儿就觉得他真了不起。

二舅舅的年龄虽然比我大十岁,但我开学特早,他开学特晚,小学毕业后又被耽误了好几年,所以,他只比我高三届;他初中毕业上高中,我小学毕业上初中了。我的文化水平已经足以看得懂他的日记和作文,也基本上听得懂他与同乡同学之间的大部分谈话。我记得他们谈论过苏联的保尔和中国的保尔,谈论过冬妮亚,谈论过托尔斯泰的安娜卡列尼娜和渥伦斯基、聂赫留道夫——我在暑假看过他带回来的全部小说,还常常偷看他的日记和成绩报告单。我至今仍然记得他在日记上常常写一些诗,如一首"白浪歌",我至今只记得开始的四句:

  大海无边,白浪滔天。
  一叶小舟,逐浪颠波。

还有长篇的"荷花赋",诗好诗坏不去说它,反正都是励志的。

看了二舅舅的成绩报告单,他大概属于上游里的下游或是中游里的上游这样的位置。比起我的各科成绩都在90分以上的成绩还是要差很多。我也能理解,作为一个大龄农村学生,这样的学习成绩已经不错了。在班主任评语的一栏中，一般都是赞誉的话，但最后都有一两句莫名其妙的话让我看不懂。比如有一学期的评语最后写道："希望今后要克服人生几何的消极人生观"。什么叫"人生几何"？那时我就不懂。又有一学期写道："希望今后要注意克服我行我素的生活态度"。什么叫"我行我素"？我也不懂。只知道这都不是什么好话，大概就是"资产阶级人生观"、"资产阶级个人主义"之类的。

虽说如此，二舅舅在初高中时期的人生轨迹总算是向上的。

而就在这时，他人生中一个最重要的拐点出现了，从此他的生命轨迹就不可逆转的向下了。

就在他高中三年级的上学期，家中又出事了。

1958年的秋天，反右派运动刚结束，大跃进开始了。到处都是东风吹，红旗飘，右派分子土崩瓦解，帝国主义夹着尾巴逃跑了。却正在此时又无端搞了一次"二次土改"。年已古稀的外祖母又被押上台斗争了好几次，更为糟糕的是被扫地出门，祖宅被全部没收了，外祖母和大姨只带出了一点点日用品和换洗衣服住在茅屋里。而家中所发生的这一切，在城里上学的二舅舅却还蒙在鼓里。

一个星期天，我上城里去，大姨交给我一个纸条，让我交给二舅舅。我到了校门口，可是传达室的工友对我说，他们在上复习课，让我把条子留下来，由他去转交。我年纪小，没长心眼，就把纸条留下走了，没想到这张纸条子惹下了大祸。这名工友将字条打开看了，内容是说家里已被扫地出门了，叫二舅舅暂时不要回家。这位有觉悟的工友将纸条子交给了校团委，一位姓庞的团委副书记立即发动了一场对二舅舅的"大批判"。

在关系到阶级立场的大是大非问题上，班上的大多数同学都纷纷起来揭发批判了。

这其中就出现了两个比较关键的人物。

一位就是同乡的同班同学龚，他在组织的召唤下，将二舅舅改名字的事情揭发了。这是爆炸性的新闻，立刻引起轰动：原来这个与他们同窗三载，长期窃取"班主席"要职的人居然是个化名。老师和同学们都同仇敌忾声讨二舅舅欺骗党、欺骗组织的罪行，那些经常阅读反特小说的同学更将改名字的行为说成是特务勾当，甚至怀疑二舅舅就是特务了。

二舅舅后来说龚同学是公报私仇。龚在高一时偷了食堂里的饭菜票被当场抓住。二舅舅是班主席，开班务会处理了这件事，虽然也不过是批评一下了事，可龚同学从此入不了团。

说起龚同学偷饭菜票这件事颇搞笑。龚在早晚打稀饭的时候，故意将饭盆子放在桌上有粥溅出来的地方，然后再往有饭菜票的地方移动，这样在将饭盆拿回的时候，饭盆底就很自然地沾上了几张饭菜票。他用这个办法屡屡得手，也不知究竟干了多少次。终于有一次被他身后的邻班同学检举，当场抓获。

龚同学因为检举揭发受到表扬，但他仍然入不了团。

另一位就是那位贫下中农出身的大脸盘子的团支书，她一向暗恋着二舅舅。二舅舅虽也知道她的心思，与她保持着若即若离的关系。但他的心里其实爱着另一位女生，她比她漂亮，比她年轻，比她温柔，用今天的话说就是有女人味，且也是一个成份不太好的，虽然也是团员，却不是班干部。团支书觉察到二舅舅的感情倾向，心中很痛苦，也很矛盾。当批判一开始，她的内心是矛盾的，态度也有点暧昧，他毕竟是她爱的人。随着批判的深入，揭发的材料越来越多，尤其是当改名字一事被揭发之后，她终于摆脱了个人情感，去除了认识上的迷雾，于是她"觉悟"了，终于站了起来揭发批判她所爱的那个人身上的种种地主阶级的烙印。

团支书态度的转化使揭发批判升级了，但再升级能升到那里去呢？与一两个女生保持一种暧昧的关系难道算什么错误，但在那个年头就可以上纲为"思想意识腐朽，道德品质败坏"，再加上阶级立场反动，于是二舅舅受到开除团籍、撤销班主席的职务、留校察看三种处分。

我始终没有确切地知道这一切的导火索是否是那张纸条子。但后来，大姨和我母亲都曾经就这件事一再责怪我："你怎么这样不懂事？这样重要的纸条子没有交给你二舅舅本人呢？"

"可是，大姨也没有告诉我写的是什么呀"！我虽嘴上辩护着，心中却感到无限的内疚。

"算了，一个小孩子家懂什么？"倒是二舅舅从来没有埋怨过我。

这件事对我的刺激太深了。多少年了，我仍然认为这是我一辈子中做得最愚蠢、最错误的事情之一，我对不起我的二舅舅啊。

59年，二舅舅高中毕业，可以预料，考大学是完全没有指望的。但是，二舅舅却不死心，第一年没有考取，第二年又考，第三年还考，终于在1961年春天考取了"北京铁道科技学院"春季班。

他的父亲看到了他的成功，颇为欣慰。虽然，他还不大相信这是最后的结果。这父子俩虽然一辈子也没有温情的时候，但在内心的深处早就和解了。

二舅舅赴京数月后，外祖父饿死了。他从59年起就一直没有吃过一顿饱饭，最终得了浮肿病死了。二舅舅从北京写信回来表示了哀悼和悲痛。

二舅舅的信中说，他那个学校非常大，起码有20个高中那么大，是培养铁路工程师的摇篮；他说他有助学金，不需要家里多少负担。有一封信中，二舅舅对前途作了美好的展望：毕业后将分配在铁道部门工作，在铁道部门工作的人有一项特殊的优惠条件，一年有两张免费的火车票，所以他每年都可以把娘接出来玩一玩。二舅舅还说，党和政府没有对我这样的剥削阶级出身的子弟另眼看待，培养我上了大学，我一定要努力学习，毕业后报效党和人民——这样的话在每一封信中都有。

二舅舅的信是我每封必看的，每次看了信，都很激动，脑子里幻想着一个有为青年，正在首都北京美丽的高等学府里刻苦攻读的情景。我为二舅舅感到高兴和骄傲，他的坚持不懈的奋斗精神一直是我学习的榜样。

然而，仅仅半年多，命运却又一次无情地粉碎了他刚刚开始的梦想。同年秋天，国家以经济困难为由，解散了一批大专学校，二舅舅所在学校也被解散了。

消息传来，全家人都被这晴天霹雳惊呆了，外祖母喃喃地说："死鬼早就说的，二侯一辈子的苦命。"外祖父在二舅舅出生时说的话，仍像咒语般笼罩在全家人的心头。

二舅舅没有直接回家，对惨遭遣散的命运，他完全没有思想准备。在悲痛欲绝的情绪下，他打起简单的行李去了西北。经过西安，他去看望了在那里工作的大哥。他的大哥大学毕业已经七八年了，独立支撑着这个地主阶级家庭的劫后余生，每个月工资的三分之二都寄回家里来。三十已过，老婆也找不着，皮鞋没有第二双，衬衫没有第三件。

二舅舅更痛苦地认识到地主成份，这只湿漉漉的粪袋子的杀伤力，它是永远背在自己的身上，是再也甩不掉的了，终其一生，负箧而行。他有了"一死了之"的念头，他想要在死前去看看沙漠，再去看看大海。他继续西行，到了兰州，到了天水，到了乌鲁木齐，他在那里看到有很多内地来的汉人在拉沙子，于是他也去租了一部架子车，做起了拉沙子的苦力。

沙漠的飓风卷起沙子，带着自然的力量击打在肌肤上，产生一种淋漓的痛楚。稀稀落落的拉沙子的个体，在茫茫大沙漠里就像一只只蝼蚁，二舅舅有了一种众生如蚁的感慨。既然，大多数人的生活都是如蚂蚁一样，自己又如何能不一般呢？

我不知道是不是二舅舅由此获得了活下去的勇气？

半年多后，他回来了。他既然决定不死了，也就没有再去青岛看大海。

二舅舅回乡后，仍然没有老老实实地下地干活，仍然复习功课考大学，仍然要与命运作奋斗。

62年夏季，他刚从西北回来，没有参加那一届的高考。

我就是在这一年高中毕业考取了大学。

63年，他和我的第一年没有考取大学的初中同学曹××、小学同学施××一起复习功课，参加高考。这一年，曹考取了，施和二舅舅都没有考取。

64年，他和施一起复习，参加高考，施考取了，二舅舅仍然没有考得取。

65年,二舅舅还准备再考,报名处的人说你还考什么考,都三十岁了,不允许了。他哀求,没用,这是上级的政策。

二舅舅就这样绝望地终止了他的考大学的努力。

从59年到65年,长达六年,五次高考,甚至还有一次是真正地闯进了大学的殿堂,终于如南柯一梦。

请问,看到这篇文章的朋友们,你们的亲戚朋友中可曾有人创造过这样的记录?用怎样的词语形容我的二舅舅为了他的升学梦所付出的悲壮的努力,我想用八个字:精卫填海,杜鹃泣血。

大学梦想做也做不下去了,熬尽了对生活的希望。

年过三十,还未成家,外祖母和所有的亲戚都劝他找个对象吧。然而,在相当长的一段时间内,二舅舅无动于衷。他说:"结了婚,就要生孩子,家里这样穷,自己一张嘴都糊不饱,哪有本事养家活口。有了孩子,就得让他们上学读书,养儿不读书,不如养头猪,可哪有经济能力供他们上学读书呢?"

"养儿不读书,不如养头猪",后来成了乡邻们的口头禅。

西街头是出产名言的地方:"破窑里烧出的好砖头"算其一,"屁股能打人"算其二,这句"养儿不读书,不如养头猪"算其三。

二舅舅在36岁那年,终于结婚。家里房无一间,地无一垅,又是地主成份,又是大龄,哪儿能找到周周正正的媳妇呢?但是一个三代贫农的老姑娘主动地找了他,这就是我的二舅妈了。二舅妈人长得丑一点,家中一样穷,只有小学四年级文化。谈不上什么般配不般配的,大家都是没法,"爱情"两个字就免了。我这样写了,将来二舅妈和那几个表妹看到了,肯定会不高兴,但那是事实,我先道歉了。他们生了三个女儿。大女儿虽说书读得并不甚好,但人还算精明,智商在正常范围,勉强上了高中;二女儿则是弱智,长大后勉强能生活自理,读书识字就无从谈起了;只有第三个女儿眉清目秀,比较聪明。二舅舅就把上大学的梦想全部寄托在这个小女儿身上了。

毛的时代终于过去了。八十年代,政府终于将外祖母"地主分子"的帽子取消了,还发还了三间生活用房,表示了对"二次土改"的否定,于是二舅舅有了点老树开花的运气。他当了民中的校长,有了在农村里看起来不算太低的工资，加上地里的收入，日子过得还可以了。学校里又有一个年轻的女教师和他相好了，那姑娘文明开放，爱二舅舅爱得有点昏天黑地，胆子也大，脸皮也厚，二舅舅又吃得住二舅妈，公然登堂入室，明铺暗盖。为此，二舅妈跑到我妈面前来告状。二舅妈是个直呆子，她告诉我妈说，那小婊子年方 22，刚从学校毕业，个头儿不算高，皮肤好得不得了，像粉团儿似的，一笑两个大酒窝，两只眼睛汪汪亮，忽闪忽闪的。二舅妈还感叹地说，那小婊子真少嫩啊，要是我是男人也熬不住。我又长得丑，又老了，你家老二和那个小婊子戏戏，我也没太往心上去，只是不能不要这个家，不能在子女们面前不要这个老脸。我妈安慰她，你是贤惠的，你是在老二最困难的时候嫁给了他，又生了三个孩子，没有功劳也有苦劳，这一点我们姐妹心里都清楚，你放心好了，我一定去劝住他。要是他和那姑娘好上个三天两头的，也就算了，要是真要和你离婚再和那个姑娘结婚，这在我们周家是办不到的事。二舅妈说："还是大姐姐懂我的心，我就指望大姐姐了。"

　　过了几天，我妈就要我陪她下乡去劝说二舅舅，我们说了一大箩筐的规劝的话。二舅舅默默在一边抽着烟，长久地不说一句话，末了说："大姐姐，你放心，我这就断。"我妈说："断了最好，要是断不了，多给她一些钱，这钱我给你出。"二舅舅说："那也用不着。"

　　说断其实没有断，只是更隐蔽了。他们的关系又继续维持了好多年。这期间，二舅妈也没少了和他吵架，也没少了向我妈告状。我妈却口风有了变化，又是开导又是教训她说："男人有时要遭桃花运，运来城墙也挡不住的，过了那阵子，又是好人似的。女人要沉住气，只要把子女带好了，拢在自己一边，对男人的花心不必太在意，他们自己就会回来的。再说，你自己也不好，女儿你生了，可是你动过心思教育了吗？你没工作，自留地你好好种了吗？地里的活还得老二做，你一天到晚只知道赌钱，饭一吃，碗一推就二五八饼，自己不挣一分钱，还得老二给你赌本，有你这样当老婆的吗？有你这样当娘的吗？"二舅妈给说得脸上红一阵白一阵说不出话来，就怏怏地走了。

　　我对母亲说你这是公开拉偏架啊！母亲说，我们姐弟，老二命最苦，我不护着他，谁还护着他。说着眼泪就下来了。

吵吵，吵吵，那姑娘终于出了嫁；吵吵，吵吵，二舅舅人也就老了，事情也过去了。花心就像一盆燃尽的火，不知不觉就灭了。

人是很怪的，只要有机会，青年时期的梦，总要顽强地圆一圆的。

那么顽强的大学梦，最终在小女儿身上圆了；在那姑娘身上圆的是青春梦。有了这两样，二舅舅的人生也总算得到了一点补偿。

1995年，二舅舅家的三姑娘考取了大学，2000年大学毕业，分配在银行部门工作。二舅舅那年才开始考虑要盖房了。改革开放后，四邻八舍都早已盖了新房了，可二舅舅一家还住在三间平房里。又三年，楼房终于盖起来了，我去看过，两层三底，很不错。盖房后一年，三姑娘结了婚，女婿是部队上的一个小军官。二舅舅在乡下和城里两次办酒席，城里的那次我去了，二舅舅和我说了几句话，大有点一生之事了矣之感。

又两年，二舅舅得肺癌逝世，享年仅七十二岁。

这个对我一生影响最大的人，这个长得像刘德华的人，这个聪明得像运涛的人，这个引领我考清华的人，这个引领我看《红与黑》《约翰·克利斯朵夫》的人，这个六年中参加了五次高考的人，这个说过"粪袋子、湿布衫"、说过"养儿不读书，不如养头猪"的人，这个填海的精卫，泣血的杜鹃——就这样永远的没了，我心中的悲愤实在不是这篇短文所能表达得出十之一二的。

选自《记忆》第96期。

# 1951—1963：湖北郧阳上学记

王大定

## 第三章 小学阶段

### 一、上小学

解放后，国家是重视教育的。前面说过，我大姐遇到个不交学费的机会，上了中学。二姐读了三年书，就帮家干活了，主要是照护我。我1951年春季开始上小学，在郧阳师范附属小学，郧阳都叫"附小"。三姐本来没上学，街道动员，1951年下半年，也就开始上小学，在"二完小"。那时上小学，每学期一元五（当时是旧币一万五千元）学费，家庭困难的经过街道证明可以免。记得我和三姐是免学费的。这说明，新政府是重视国民教育的。

可以说我的天资是好的，从小邻居、亲戚都夸我聪明。记得二年级手工劳动，用红纸剪个钟贴在白纸上。老师给了个模型样子，全班同学都照样子剪。而我，按照看过的钟，另外剪了一个，老师给我批了个甲。在小学，不仅语文、算术突出，地理、历史、常识都最好，图画也突出。记得我的几个图画作业，老师留下了，作为他的教学成绩。小学时我画的毛主席像还比较像。得益于小学图画，后来出壁报，常让我画个刊头或插图。有图画基础，大概对学习工程制图也有作用，我大学的工程制图在年级上是最好的。记下一个情况：我小学三四年级上的是"复式班"。所谓复式班，是一个教室里，分两边坐两个年级的学生。老师给一个年级讲一段，布置个问题让学生思考或者写，再给另一个年级讲。这是为了适应偏僻落后县的农村学校，学生少，并班上课。师范附小，每年师范生在这里实习。

小学对学生本身没有啥值得写的东西。我的小学期间，中国有多个重大的运动，作为学生知道这些事，因为涉及每个家庭的生活。下面写出来。

## 二、抗美援朝

我们当时是不懂事的小学生，教我们的是美国侵略朝鲜，全民口号是"抗美援朝、保家卫国"，唱的歌是"雄赳赳，气昂昂，跨过鸭绿江；保和平，为祖国就是保家乡。中国好儿女，齐心团结紧，打败美帝野心狼"。记得老师在黑板上画个大鼻子美国兵，要我们拿皮球打，喊打倒美帝国主义。现在，逐步的了解了真相，不是美国侵略朝鲜，而是金日成打了第一枪，要用武力"解放"整个朝鲜，中国被拖进了朝鲜战争。中国不惜士兵牺牲，几次拉锯，又回到了38线，双方在38线停战。现在已经有很多对朝鲜战争史实的揭示和研究文章、书籍，有各种分析和评说。我作为平民，写不出个人见解。有文章说"毛曾承认帮朝鲜打仗错了"。有人认为"中国成了唯一的输家，而且是大输家""中国只得到了敢于和美国叫板的名声""牺牲那么多士兵，只是保住了金家王朝"。

## 三、统购统销、粮食定量

统购统销开始是1953年。粮食、食油统一由国家收购、统一销售。棉花也是统购统销。七几年我到了甘南牧区才知道，牛羊肉、牛羊皮都是统购统销的。农民，核对公粮和征购粮，上交完毕之后才是自己的口粮。公社之后，粮食队里收，大队派人看，交够之后才给社员分口粮，不够吃，饿死无商量。城市居民给定量凭本购买，还有布票、棉花票、肉票。我稍大一些，拿粮本、排队、卖粮，都是我的事。从小的记忆就是吃不饱，常在饥饿中。饿饭年代，居民定量下降，郧县最低时每月17斤。肉不给了。油每人每月4两。七几年陈锡联管东北，要每人节约一两油，变成三两，百姓戏曰"陈三两"。不过，城市居民比农村的好得多,一直是吃低价粮,相对农民是受惠者,不至于直接饿死。最可怜的是种粮的农民,一直饿饭,1959-1961年饿死了几千万。

统购统销是对全国影响巨大的事,现在,可以写出几点:

1. 这是对农民的粮食之战,对全国人的粮食之战。中国历代政府都有一个职能,调剂粮价。各地设有府仓,丰年收购,歉年开仓。但是没有像1953年后由国家完全控制,取消了民间市场,不允许个人买卖粮食,农民失去了对自己产品的支配权。每个农户定下公粮(土地税),定征购粮,按国家定价收购。低的粮价加大了剪刀差,是政权对农民赤裸裸的掠夺和剥削。公社合作化之后,粮食是先归集体,完成公粮和征购粮之后才分给农户。还有一阵"反瞒产",挨家挨户翻箱倒柜搜粮食,过后就是饿死人。刘介梅说:"天天叫喊群众生活改善了,水平提高了,这只有鬼相信。我父亲64岁了,我这个儿子就想能行片孝心,让他晚年日子过好些。要吃点,粮食只有那么多;要穿点,布票打折扣;买肉要肉票;买油要油票。我看,要农民拥护共产党,最好是取消统购统销这个办法。搞这样(统购统销)的革命工作,还不如我过去讨米被狗子咬。"农民是心里不愿意统购统销的,可是,农民无法抵制。

2. 控制了粮食就控制了每一个人。从这时候开始,粮食定量就是市民的命根子。这手段有效地控制着百姓,比如划成右派的取消你的城市户口、取消定量,"下放"到农村,你得老老实实地去。还有城市人口下放、知识青年下放,也得老老实实地去。

3. 国民被分成了两类人:吃供应粮的市民和农村户口。农村户口比城市居民苦,转成城市户口是很难的。我毕业分配到甘肃,职工的子女假如招工成为职工,就是一步上天堂。不少职工老婆是农村户口,儿女也是农村户口,跟着男人住到单位,全家几人吃一个人的定量,够苦的。"老九"中也有几个(当时把大学毕业生、工程师、技术人员称为"老九")。八几年放宽了一些,"老九"家属可以转吃供应粮,起了个名字"农转非(农)"。一个同事的老婆孩子有了户口和粮食定量,不禁感慨地说"我也算一个人了。"再后来,九几年交钱

（十堰当时七千元）就可以"农转非"，人们叫作"买户口"。我大妹的三女儿在十堰打工攒了点钱，买了户口落到我家。可是1992年城市户口就没有意义了，买户口是对农业户口的最后一次剥削。

4. 中国进入到票证年代，到饭店吃饭、买馍馍，要钱还得要粮票。现在，年轻一些的人是没体会。那时，粮票是储备手段，攒了几斤粮票就宽裕些。出差要有粮票，不然就出不成。有全国粮票、省粮票、地方粮票，票面有五斤十斤一斤的，有五两二两一两的，上海人说，还有半两的。中国的票证种类就太多了。粮票、油票、布票、肉票。还有一种叫"工业券"，买化纤衣服，要一张工业卷。过节发一张"月饼票"。1985年我在临潼化肥所，粮票可以和农民换鸡蛋。票证直到九十年代才完全不用了，现在已经变成了收藏文物，大概有半数人没有用过或者见过。我正赶上了用票证。网上有很多照片，封面上贴了几个是让年轻人看看。

### 四、1953年宪法

1953年颁布了《中华人民共和国宪法》。我当时不懂事，只记得体育场摆了很多大幅画宣传宪法。宪法的颁布，似乎没啥作用。例如：说各级政府官员选举制，其实全是自上而下的任命，派到位，再让你"选"，得票100%。直到现在还是这样的。你假如要当独立候选人，就马上把你控制起来。出版结社自由、言论自由，从来没有过。反右斗争，完全是违犯宪法的，由党委定那个是右派，进劳改农场或者开除，或者降级。刘少奇的国家主席，不经过人代会就罢免了。为什么如此？是因为毛及其各级共产党人，就是不把宪法当回事，内心里是反对宪法的。毛对宪法有一个内部讲话，现在已经被披露出来、网上广为传播。我选其一篇贴于下：

世上本无事，洋人自扰之。没有宪法的社会，是最好的社会。中华五千年，从来没有宪法，也没见什么损失嘛！汉唐强盛，有宪法吗？满清准备玩宪法，结果亡得更快。教训是深刻的嘛！可我们有不少同志，就是迷信宪法，以为宪法就是治国安邦的灵丹妙药，企图把党置于宪法约束之下。我从来不相信法律，更不相信宪法，我就是要破除这种宪法迷信。国民党有宪法，也挺当回事，还不是被我们赶到了台湾？我们党没有宪法，无法无天，结果不是胜利了吗？所以，迷信宪法的思想是极其错误的，是要亡党的。我们伟大光荣正确的党也是历来不主张制定宪法的。可是，建国后，考虑到洋人国家大都制定了宪法，以及中国知识分子还没有完全成为党的驯服工具的情况，人民群众还受国民党法治思想毒害的悲惨国情，为了争取时间，改造和教育人民群众，巩固党的领导，还是要制定宪法的嘛。制定宪法本质上就是否定党的领导，在政治上是极其有害的，在不得以而为之的情况下，我们一定要化害为利，最大限度地缩小宪法的约束，坚持党的领导。当然啦，将来如果有一天，条件成熟了，有人提议废除宪法，永远不要制定宪法，我会第一个举手的，不举手的肯定是国民党。公安机关不是汇报说国民党很难抓吗？我看，到了一定时候，他们会自己跳出来的，这是不以人的意志为转移的！

当然啦，宪法制定是制定了，执行不执行，执行到什么程度，还要以党的指示为准。只有傻瓜和反党分子才会脱离党的领导，执行宪法。如果没有我们党的领导，谁会执行现在这部宪法呢？有人不是说，敌对势力最尊重宪法吗？敌对势力如果把党赶下台，头一件事肯定就是废除这部宪法，这你们能否认吗？如果党不领导宪法，党就得下台；党下了台，宪法也就完蛋了。同志们，你们说，党不领导宪法能行吗？如果哪个人连这么简单的道理都不懂，那我们也只好说：这个人比工农群众还无知，需要到广阔天地接受工农群众的再教育、再改造！

我们的党，好比诸葛亮，对于"宪法"这个阿斗，是怀有极其复杂的感情啊！不公开承认阿斗的领导地位是不好的，是无法向人民群众交代的；如果不把阿斗当摆设，也是不好的，是无法让党随意向人民群众发号施令的，也是迟早要被司马懿抓去砍头的。所以，我考虑再三，决定在全国所有学校取消宪法课，开设政治课，让全国人民明白，第一，阿斗还是有的，诸葛亮也受他的领导，不会胡作非为的，放心好啦；第二，诸葛亮是最厉害的，是会呼风唤雨、撒豆成兵的；

不听他的话，后果会非常严重的，严重到比地球爆炸还可怕！

我是平民百姓，没有能力证明毛这讲话的真伪。但是体会到，几十年，各级一直是这么做的。不是按照法律，而是按照中央文件行事。彭真被关十几年，终于活着出来，任全国人大常委会法制委员会主任，提出要"依法治国"。可是，当人们问他"党大法大"时，他无言可答。2015年网上掀起了"法治"讨论，国民力图用法治限制权力。习也说"把权力关在笼子里"。可惜，这个笼子，不允许国民来造，要"党纪委"来造。

## 第三章　中学阶段

看到下面写的，可能你说我这不是在写中学读书，而是写运动历史。是的，1949后不停地运动。有人归结了49之后的"运动"附到书后。我小学时那些运动，学生不参加，但是，各个家庭都有不同情节的影响。到了中学，学生就得参加到各个运动中。可以说，我的中学阶段，就是在"运动"和饿饭之中度过的。

### 一、上中学

1957年小学毕业，考中学。记得街道开会宣传，国家困难，中学不够，全县有3700毕业生，只能招收700多人。我高分考取了郧阳第一中学，我三姐没有考取。中学课程比小学多多了，记得有了政治课。

### 二、汉阳一中事件

"汉阳一中事件"，记下这血腥的事件：是汉阳一中的学生因为传言录取比例减少而上街游行。校领导、教师极力劝阻学生。结果定为反革命案件，说是校领导、教师组织的。几个校领导和教师判了死刑。布告贴到郧县城大街上，我们的政治课贾老师（女）在课堂上讲解为什么是反革命事件。中国的宪法规定，公民有集党结社、游行示威、言论出版自由，这都是假话。中国历代政权，都是杀人立威。49年以后更甚。汉阳一中事件八几年被平反了。但是，被枪毙的人不可能复活，被关判刑的，受磨难的人生不能挽回。

### 三、又红又专运动

五七年还有个运动叫"又红又专"。对学生来说，"专"就是学习好；"红"就是听党的话、积极参加政治运动、积极争取入团入党。自此，"又红又专"成了一直沿用和强调的"教育方针"。初一时开过一次学生大会，批判初二的一个学生王××是"白专道路"。中学是政治运动不断，"红"的同学当班干部。直到1962年，班长要学习好的当，我成了班长。不过，还有团支部书记、校学生会主席，是"红"的、学习差的。回想起来，四九之后的教育就是党化教育，对教师进行"思想改造"，要信仰马列主义毛思想，要忠于党。在清华，就特别强调"又红又专"，口号是"做党的驯服工具""做党的透明体"。现在说，清华早就有校训，是"厚德载物，自强不息；自由思想，独立人格"，我在清华时是不知道有这个校训的。那时哪个有自由思想，独立人格，不是右派也是反动学生。钱学森之问"为什么我们的学校总是培养不出杰出的人才？"也就是这个"红"字禁锢了思想的发展。

### 四、反右斗争

"反右斗争"是49年之后的一件大事。"360百科"关于"反右派斗争"有这样的说明："1957年4月，因极少数资产阶级右派反革命分子乘中国共产党开展整风运之机，向共产党和社会主义制度进行猖狂进攻，甚至扬言取消党的领导，实行西方'轮流坐庄'的政党制度，走资本主义道路。针对这一情况，1957年7月，毛泽东在南京计划召集华东各省的省委第一书记开会，研究分析形势，部署反右派斗争。为此，中共中央发出指示，在全国范围内开展反右派斗争，到1958年夏季反右派斗争结束。但斗争被某些人严重地扩大化了。

1978 年，中共中央决定对被划为右派分子的人进行全面复查，将被错划为右派的人平反。"

官方想使人们"忘记"或者不知道历史上有这回事。它的影响至今，必须记下来。

### 1. 郧阳中学和郧阳的反右运动

读书该是平静的。我的小学期间，社会上"运动"是不断的，但是学校没有停课。到了我中学阶段就不一样了。那一天，还不到放假的时候，放学要回家时，突然要全校到东操场集合，宣布放假。两三月的假期，1958 年开学时，反右斗争已经完毕，划了不少右派。《郧中校史》有如下记载：

> 经过大鸣大放、引蛇出洞，到 1957 年底，郧阳中学共划右派 20 名。他们分别是：万世同、刘冬荪、尹荣舟、黄烈志、刘荣桐、李本楫、何存邮、代龙萧、王启祯、刘文琪、吴良沛、胡福秀、郝建华、龚佩仁、梅庆汉、玉剑声、燕圣域、赵 彻、高子让、江新民。这20人中，7 个劳教、5 个降级留校察看，8 个开除公职。[1]

上面的名单里面，张老师和胡老师是夫妻右派。胡老师是我初一的音乐老师，原先认识。代老师初三给我代文学。刘老师初二给我上代数。王老师高一给我代物理。梅老师给我代过体育。张老师高中给我上代数和立体几何。唐老师高三给我代物理。才知道，刘冬荪就是我初一的语文老师。黄老师是校长，反右之前已经因为什么事被打倒，反右时跳楼没死。他的儿子黄维雄当时是附小的学生，比我低一年级。一天专门开一个学生大会，把黄维雄叫到台上，开出少先队、取掉红领巾。这事给我印象很深，黄维雄当时哭了。2014 年一个同

---

[1] 郧中反右斗争，唐洪景、张德天并不在该校右派名单之列。其原因是：唐洪景早在反右之前，因其在国民党军队内任职等历史问题，已被内定为历史反革命。张德天反右期间，其户口和工作关系仍在郧阳师范，当时他是被借调到郧阳中学代课。他的右派名额应记作郧阳师范之中。"（某同学 2013.9. 录于《郧中校史》）。

学聚会上,王老师的女儿也回忆起这回事。

我小学的同学解尔强说:他父亲解保元,民国时是竹山县中校长,国民党员,1949后当竹山教育局长,1952年调到郧阳中学教历史,也被划为右派。属于开除的,先到农场劳改,又到竹山硫磺矿劳改,1962年病故了。校史里的右派名单里没有他父亲,右派改正名单里,也没有他父亲。他多方找,也没结果。

各个学校都反右。我小学的同学张申生的父亲是师范教师当了右派。我问过张申生,你爹说了什么话被打成右派?张申生说:"啥话也没有说,也要打成右派。我爹在国民党军队里当过文化教员。那是国共合作的时期,所以只划成右派。假如是后来的国共打仗的时候,就会作为反革命了。"

小学老师中,也有不少右派。例如我的小学数学老师聂太祥。教育系统之外,也打了右派。例如工商界的会长李峰五、商户蒙正兴家的、商户王学欵家的,不少都成了右派。

当时我是初一的学生,也不懂事,只是新开学之后看到大字报,批判这个那个右派老师。至于这些右派老师说了什么反党的话,我也不知道。听过有人悄悄地说,被打成右派的老师,都是教学水平高的。

### 2. 划了多少右派

郧阳划了多少右派,我无从得知。全国的反右,官方说,划了59多万右派。

有文章说"又据解密后的中央档案,全国划右派总共是3178470人,还有1437562人被划为'中右'(中右者也受到不同程度的处罚)。实际上戴帽的'右派分子'不是55万,而是55万的5.6倍!"我相信这文章说的数据。郧县打了多少?我不得而知。

### 3. 右派的苦难

上面说到,郧阳中学的20个右派"这20人中,7个劳教,5个降级留校察看，8个开除公职"。全县所有的右派都受到整治。"劳教"就是作为反革命分子抓起来，送到襄北农场劳改。同学解尔强的爹是个例子，劳改几年，又到竹山硫磺矿劳动，1962年病逝了。师范的林老师划为极右，送襄北农场劳改，老婆要和孩子活下去，不得不嫁人，嫁了一个柳陂农民。我小学的数学老师聂太祥也当了右派，开除回到黄龙乡下，听说是饿病而死。我是他最喜欢的学生之一。现在的人可能不理解，你降我的工资，我可以不干，走人；你开除我，我另找地方挣钱。那时，一切都被管住了。除非"安排"，否则没有生路。不可能另外找个学校教书。你摆个地摊，不准。做临时工也不可能，开荒种地更不可能。开除的，都是送回原籍，当"社员"，监督劳动。

已经有书披露出，位于中国甘肃省酒泉市境内巴丹吉林沙漠边缘，有个地方叫"夹边沟"。这里曾经有一个劳改农场。1957年10月至1960年底，近3千名右派分子被关押在这里劳动改造。短短三年间，三千"右派"在吃尽能吃的和一切不能吃的之后，到了吃死人人肉的地步，只剩下三四百人。惨死的人中有傅作义之弟水利专家傅作恭；哈佛大学博士董坚毅；《夹边沟》电影导演王兵的父亲……。1960年9月初，夹边沟农场接到张掖地委的通知，除少数留守人外，全部要迁到高台明水农场。1960年11月，中央派出调查组"纠正极左路线"，开展"抢救人命"工作。1961年1月，幸存者才得以陆续遣返原籍。像"夹边沟"这样的农场不止一个。例如东北也有一个，不少大右派被关到这里"改造"。已经有文章揭露出，四川的右派农场，更是残酷。

### 4. 右派的改正

1978年对右派进行了改正，郧阳、郧阳中学的右派全给改正了，唐老师的"历史反革命"帽子也给摘帽了。体育梅老师又回校教书。黄校长已经去世了，把他的儿子招到学校当工人。师范的林老师，落实政策给予平反，问林老师有什么要求。他要求老婆、孩子回来。校领导汇报到县里，县里决定，要他老婆回来，给后丈夫的补偿是，和后丈夫的孩子，也一起转为城市户口。我小学的同学解尔强的父亲，前面已经说到，改正前就去世了，右派改正名单里没有他爹，他多方找，也没结果。

几十年的苦难，有一张改正文书就感恩戴德了，哪敢提出补偿。文革时，把打倒的干部工资降了，七几年"平反"，把工资全补了。右派们可没有这个待遇，这些被"改正"的老师还要感谢党"给了第二次生命"。在为右派平反时，邓小平还说反右是正确的、必需的，只是扩大化了，明令有五个人不能平反，即章伯钧、罗隆基、储安平、彭文应和陈仁炳。厚颜无耻到这个程度。打了百万以上的右派，就算有 5 个该打，还算正确的、必需的。历史上，皇帝有下《罪己诏》的，而毛及他的党，就是从来不认错。不敢认错，一认错，"伟光正"就不成立了。

### 五、兴修水利运动

兴修水利运动是 1957 年冬开始的全国运动。学校放假，老师在校整风反右，农村学生回家干农活，我们城里的学生，以街道为组织，参加劳动，修"城乡大渠"。城乡大渠规划的是，从大堰的"半折岩"拦水，开挖明渠，引到郧阳城。我被编在"中南街"的学生片里面，到大堰镇，住在小学地铺上。我是第一次离开家住到乡下，住了几十天。那时工具是非常落后的，人力挖，锨土。我年龄小，只做些扒土的事。打炮眼，还是两个人抡大锤，一个人扶钢钎，打一下要转个角度，不然孔不圆，就打不下去了。锤打不准，就砸手了，很怕人。炸石头还是黑火药。有几个渡槽，都是厚木板做的，木支架，有的还没有通水就塌了。可以想得到，这个渠，最终没有修成功。我们还是从家中带粮食交给伙食吃饭，当然是吃不饱。当时没有工资，也没有补贴。一年后怎么发了善心，按一天三角补发了工资，我得了十元多，合计着可以买个闹钟，心里高兴可以有个时间了。赶紧上街，可是，都涨成四十多元了，买不成。这是国家"回收资金"，统一价格，全部涨价。有了糖，是"古巴糖"，2 元多一斤。要知道，那时一般家庭人均一个月也只几元钱，我家是买不起的。国家控制了一切，包括日用品。

兴修水利运动搞了多年，初二是到十堰修马家河水库，初三是去修谭家湾水库。学生去，不是象征性地看看、干几天，而是干几十天。2002年，邀过几个同学去马家河水库看，2013年我还专程去谭家湾水库看，回忆那时候的苦难。谭家湾水库搞成了一个旅游地，我给旅游的年轻人讲，当时是怎么修这个水库的。那些年，郧阳修了好多小水库，现在还在起作用，马家河水库现在是十堰市的水源之一。

在兴修水利运动中，郧阳出了个名人大堰高华堂。郧阳山区，或者说中、南方山区，都有筑堰引水灌田、做梯田的传统。"十堰"，就是这几条山沟有好多个堰，以"堰"命名。大堰这个地方，古代就引水上山灌田，形成了层层梯田，已经有了"翻山堰"地名。合作化之后，土地集中、人力集中了，高华堂带领社员，搞了大一些的引水和改造土地。高处河沟的水，经过几里的水渠，就到了下面的山岗上。沿着渠，还修筑了不少水塘储水，供天干用。水渠以下，改造的层层梯田、稻麦两熟。

这个情况县里发现了，上报到地区，再到省，高华堂就被树为兴修水利的模范。全国各省到郧阳参观取经。那次现场会，郧阳城第一次见到那么多小轿车；开会的有饭有肉，而我们正在饿饭。传说一个煮饭的女人偷了一碗饭，被发现，挨了一顿打。翻山堰的同学说，每家还发了肉，但是规定只准挂着给来参观的看，不准吃掉。那时家家饿饭，更吃不到肉。学校也组织我们一次去参观翻山堰。

那年，全国还行了一阵"赛诗"风，哪个写的"层层梯田像高楼、半截伸在云里头、离天只有九尺九、白米要到天上收"上了我们读的文学课本。九几年我组织了一次全研究所十几个人去翻山堰参观，返回时在郧县城看望了高华堂老人。高老说，1959年上北京参加国庆典礼，坐到观礼台，那次也有陈永贵。高中文学课本，大概是61年的吧，有一课文《典型报告》是写水利运动的。

记得文学老师讲，这是"划时代"的小说。反映土改的"划时代"小说是《暴风骤雨》。我认为这只是按"政治运动"划的时代吧。我们学的文学课本，也是思想教育课本。

当然，郧阳最大的水利工程是丹江水库，我这个年龄没赶上去劳动。丹江水库是国家大工程。1958年开工。开始，主要是人力为主，命令各个生产队调动壮劳动力去建丹江水库。死人不少。一次，郧中、师范全体学生听报告，做报告的人第一句话是"向建设丹江水库牺牲的民工致哀！"丹江水库工程1962年停了，过了几年重新开工，就是机械为主了。丹江水库淹没了均县、郧县、淅川县三个县城，形成了全国最大的水库，郧县城近一半人口远迁，有的往高处后靠了。郧县老城就在现在的"郧阳二桥"的引桥下。1968年，丹江水库第一台15万千瓦机组投产发电。1974年全部完成，坝顶高程162米，装机容量90万千瓦，那时是全国第一。丹江水库作为南水北调的水源地，2005年10月开始大坝主体加高工程，郧阳人又有了第二次搬迁。2014年底已经开始向京津送水。

## 六、勤工俭学运动

好不容易熬过了修水渠劳动，回城上学。这时迎来了"勤工俭学运动"：校党委提出"奋斗一年，不要国家经费"。记得几条措施有，养蝎子、种菜、在河滩种南瓜等。这河滩，一下大雨发洪水就淹了，假如能够利用的话，两边的"东菜园村""西菜园村"的人早利用了。我们用了不少劳力挖坑、挑土、上粪，全没有收成。蝎子，中药叫"全虫"。要学生捉蝎子做种，我也捉到过几个。记得我被蜇过一次。在一个大房子里养蝎子，我还去看过，土坯码成垛，缝隙里蝎子进进出出。但是不知赚钱没有，即使赚过也是为数可怜。这个房子后来我们就叫它"蝎子房"，九几年还有人用它养蝎子。学校边上的几块地，给学校种菜。种菜是起了作用，补贴了学生伙食，我们走读生也给分过几次菜，一次十斤八斤，那时是饿饭日子，也很起作用。但是"不要国家经费"完全是哪个书记提的大话，刚反右，谁也不敢说不是。

郧阳中学在十堰找了个山沟，开荒种地，起名"丰宝山"。那时的十堰是郧县的一个区，人口稀少。"丰宝山"就是现在的牛头山公园、到山梁又往下的山窝里。初中二年级到高中二年级，我班每年都要去丰宝山一次或两次，种地或收庄稼。那时坐渡船过河，沿着公路走，经过沙洲、茅坪、小岭下坡。拐到一个小路里，就是现在的"大岭路"到张湾医院这条沟。出了这个沟，又进入一个沟，就是现在的车城南路，又拐进现在的44厂的山沟，步行一整天。去那里劳动半月一月，又走回的，发个馍馍是路上的干粮。去丰宝山劳动有个好处，吃得比较饱，馍馍比学校食堂大一些。九几年我已经在十堰工作，一次，还邀了几个同学去过丰宝山回忆往事。

### 七、大炼钢铁运动

全国都大炼钢铁，大会小会的动员，记得在体育场开大会，大大的宣传画，画的有《530-1070》，就是钢产量1957年的530万吨，1958年要变成1070万吨。宣传画说，由5百多万吨变成1千多万吨，哪个国家用了几十年，哪个国家用了一二十年，中国只要用一年。我的学校停课大炼钢铁，各个机关的人员大炼钢铁，各个生产队的强劳力们几乎全抽调出来大炼钢铁。那时的口号是"以钢为纲，全面跃进"，叫作"全民大炼钢铁"。

#### 1. 郧阳中学的大炼钢铁

我的中学，在食堂的路对面修一座高炉。我们低年级的，砸过石头，把"白果石"，也就是在河滩捡回来的石英石，大块砸成小块，再砸成粉末，把碳粉、粘土混入加水再砸，捏成团。这是做耐火泥。现在想起来也有道理：石英石熔点高，高于1400°C，碳粉是二千多度，粘土熔点低，融化后起粘接作用，阻止空气氧化碳粉。但是，按照耐火材料的原理，这是很低档的，它的炉龄必定很短。炼铁时，我们低年级的是砸矿石，人工砸成小块，郧阳一中这个高炉大概有10米。矿石块、木炭、石灰石，装篓，用人传递到炉顶倒到炉里面。鼓风机是木头的。那时郧阳非常落后，还没有电，木头轮子人工搅，经过皮带带动鼓风机转动。高年级的同学十几个排着，一个人上去搅几圈下来，另一个赶紧接着搅，24小时不能停。我这么说，现在的年轻人可能不相信，这么荒唐？这可是真的。

湖北不出煤，郧阳多数人就没有见过煤，更没有见过焦炭。铁匠炉就是烧木炭，高炉也就烧木炭。那就是把近山、远山的花柳树砍光了烧木炭。记得多次安排我们到码头船上挑木炭。木炭的含碳量比焦炭还高，热值高于焦炭，杂质元素硫磷很少；花柳树烧的炭，炭块强度也比较高，用来炼铁、炼钢是优质燃料。可是，来源太少了。古代人口少、分摊到人头用铁量更少，木炭还够用。而现在要年产千万吨钢铁，用木炭烧，就完全不行了。结果，林木受到极大的破坏。这是对中国生态环境的犯罪。林木的破坏，我们受到的直接影响是柴贵了。

矿石，离城三四十里有座山叫"釜山"，有铁矿石，还有个叫"云彩山"。那只是分散小矿体，当时说它是"窝子矿"，人工开出来。我第一次见到铁矿石，它比普通石头重。还有一个办法是拿脸盆到小河口淘沙，半盆沙，站在水中就河水淘，最后，盆底留下黑色的沙，铁矿石为主。我们去挑过这铁矿砂。这铁矿砂是真的，可是好多人一天也淘不出几挑。

运输，不说有汽车，连手推车也没有，是用扁担挑。我才14岁，就去挑矿石，我班同学多数是这个年龄，还有小一二岁的。记得第一次上那高山，下山时，坡陡，双腿双脚震的痛。挑回来过称，40斤。我班胡玉清，扁担也没有，肩扛回来也是40斤，他是大柳乡农村来的，有力气。

郧阳一中毕竟是高等学府，老师们懂得一些炼铁原理，出铁了。我记得在边上看过出铁，把高炉下面一个孔用钢钎剁开，铁水流了出来。过一会，流出的就是钢渣水了，再过一会，一个人手握木杆，木杆头有一坨泥，对准流铁水的孔猛踩进去，就堵住孔了。

郧县遍地高炉，小东门里好几个只有人把高的，就没见到过点火。据我所知，郧阳只有郧阳中学的高炉出了铁。

## 2. "大炼钢铁"是当权者的犯罪行为

"大炼钢铁"充分表现出了这个党和毛的愚昧无知。事情不是拼人力就能做成。战争期间，拼人、不惜死人，是打赢的一个方面；但是没有装备也是不行的。抗日战争，没有美国的帮助，中国是战胜不了日本的。解放战争，宣传的是"小米加步枪"，其实，没有苏联的支持，用缴获的日本装备武装了共产党军队，也是胜利不了的。孟良崮战役，共军的火炮已经超过了国军。朝鲜战争是苏联的武器装备了志愿军，苏联空军保卫着鸭绿江，不然就不能把联合国军赶回三八线。经济建设更是要有科学。用《天工开物》的技术水平，用群众运动的方式搞大工业，显然是荒唐的。记得高炉温度上不去，学校提出"每人想办法，给高炉提高一度温度"，看似容易（这个话，我是听一个俄语老师传达的）。后来在大学学了热化学才知道，某种燃烧条件，能够产生的温度是有个极限值的。为了提高这个极限值，只有改变燃烧条件（"富氧炼钢"是其一）。全民大闹钢铁，大批劳动力去闹钢铁，地里庄稼收不回来，红薯就烂到地里，1959年春天就开始饿饭。

## 八、消灭四害运动

1958年还有个插曲是"消灭四害"，我得写出来，不然现在的年轻人就不知道还有过这个运动。网上查到"1958年2月12日，中共中央、国务院发出《关于除四害讲卫生的指示》。提出要在10年或更短一些的时间内，完成消灭苍蝇、蚊子、老鼠、麻雀的任务。"有了文件，马上就成了全民运动。学生成了主力军，把我们编成组，夜里敲锣打鼓，要老鼠不得安宁，饿死。结果老师也不安宁。有电影纪录片《围剿麻雀》。荒唐了一阵就不搞了。现在苍蝇、蚊子、老鼠少了，是居住环境的改善。原先是破房子，到处有洞，老鼠有地方做窝；是茅坑不是冲水马桶，蚊蝇繁殖。麻雀后来给平反了。"四害"这个名字留在人的记忆中。毛去世了，他的老婆江青、他的宠臣张春桥、姚文元、王洪文四个人就被逮捕了，百姓称这四个人叫"四害"或"四人帮"。

## 九、合作化、人民公社

中国在1952年就开始了农村的合作化运动。我家在县城，没有土地，合作化不到我家，所以体会不深。铺天盖地宣传，使我也就知道一些。郧县树了个合作化模范张天书，长岭乡的，宣传他的墙报贴在北门街口，我还记得。我二姐是农村的，也听她说。开始是"互助组"，过一段时间成了"合作社"，再一段时间成了"高级社"。互助组是一个换工性质吧。合作社是土地入社，牲口、工具算部分分配比例，劳动工分算部分比例。高级社就完全按照工分分配，土地、入社的牛马工具就不起作用了。接着就是"人民公社"，从 1958 年算起，人民公社实行了 25 年。

开始合作化，宣传说是农民踊跃入社。宣传，总是说假话。公私合营，没收你的工厂、商店，还要宣传说是你主动要求的。其实，农民，尤其是富裕一点的，是不愿意入社的，都是强迫你入。当时，湖北黄冈出了一个新闻人物刘介梅。网上很多文章讲述其人其事，推荐看《"忘本"典型刘介梅》那篇。

宣传刘介梅的事，我还记得。《刘介梅今昔生活展览》没有弄到郧阳来，但是有一组照片张贴。拍了电影《刘介梅》，学校组织我们看过。现在看起来，刘介梅是个能人，是个先富起来的农民，是农村先进生产力的代表。可是，先进生产力是"滋生的资本主义"，不让你富起来，不愿意入社就是"忘本"。刘介梅还好，没当作敌人对待。

许昌县寇店乡的寇学书坚决不入社，成了反革命死在监牢。微信群里有传言"50 年代末中共大陆安徽发生 16 起反抗事件农民对抗合作化，攻击县政府，少则十几人，多则上千人。57 年肥西农民揭竿而起，喊出口号是：要饭吃，要土地，你们不是人民政府，参与者 400 余人，打死公安 2 人。援军赶到后开枪镇压击毙 49 人俘虏 34 人。头领程千发自杀成仁。次年大饥荒安徽饿死 540 万。"我没法考证真假。

选自王大定著《我经历的"中华人民共和国"》2018 年自印书。

# 1957年"反右"前的快乐童年

## 方延曦

童年生活也有快乐的记忆,不过回头想那都是1957年"反右"以前的事了。

父亲其实是个挺有艺术细胞的人,会唱京剧,会拉京胡。墙上挂着把京胡,高兴时父亲就取下来拉上一阵,唱上两嗓子。我们孩子不懂欣赏,只觉得吱吱嘎嘎不那么中听,以至于我始终也没被熏陶出对京剧的爱好。父亲还会画画儿,主要是水彩画。我还记得一个周日,父亲带我们全家到德胜门城楼附近的护城河边郊游。在河边草地上铺一块大桌布,摆上面包、香肠、鸡蛋之类食品,孩子们撒欢玩耍时,父亲就支上画架画德胜门城楼。

那时候爸爸妈妈还带我们去听过音乐会,没错,真的是音乐会,地点是在中山公园音乐堂,那是个有顶盖没围墙的大厅,还有一个地方在劳动人民文化宫的劳动剧场,是露天的。看的什么节目基本上忘光了,唯一留有印象的是一位女歌唱家演唱的一首少数民族歌曲《玛依拉》,第一次听说还有什么"花枪"女高音,后来才明白,那不是"枪",而是"腔"。

父亲还有一个特长,他很会讲故事,经常吸引好多小朋友聚到我家来听。父亲讲故事很会渲染气氛,也很会制造悬念,所以总能紧紧抓住孩子们的注意力。至今我还记得他讲的一个苏联的反间谍故事,说美国为了刺探苏联一个军事基地的情报,给一只狗装上了一只假眼,这只假眼竟是一部微型照相机,狗在基地里跑来跑去就拍下了好多照片。院子里的小朋友围坐一圈听父亲讲故事的情景至今难忘,就连那个美国特务的名字我都记得,叫西德洛夫。

既然父亲被打成"右派",那就是"阶级敌人",当然不会有什么好果子吃,不仅他本人,也要株连上家庭。好多年之后我知道全国一共打了55万"右派",很多个家庭妻离子散,家破人亡。但在当时,我还不理解父亲打成"右派"对于我意味着什么。渐渐地我日益沉重地感觉到了所谓"出身不好"的"政治包袱"的压力,从此你就成了类似于印度"贱民"的那种人,被压在社会的底层,动辄得咎。如果你想躲得远一点儿,不参加那些五花八门的政治活动,那你就别想有消停日子过,什么"思想落后""不要求进步""不靠拢组织"……诸如此类的大帽子有的是;如果你想摆脱被动,那你就得时不时地向组织提交"思想汇报",有事没事都得把自己往非无产阶级出身上联,深恶痛绝地臭骂自己的祖宗八代,以示和自己的家庭"划清界限"。还有一种情况,那就是真诚地认为自己的出身是一种"原罪",真诚地要把自己改造成无产阶级的一分子。这种真诚在很多出身不好的年轻人身上都存在着,这主要不是因为年轻人无知,而是长期的思想教育确实产生了强大的效果。是啊,侵略中国的帝国主义那么坏,腐败的国民党政府那么坏,不都让共产党领导人民军队赶走了吗?伟大的革命事业对于年轻人来说仿佛具有天然的感召力,几乎所有非无产阶级家庭出身的年轻人都痛恨自己的出身,都羡慕工农家庭出身,都无限向往着投身于革命的大熔炉,在严酷的阶级斗争考验中丢掉非无产阶级思想,让自己百炼成钢。

1959年我在北京二中上初二,这一年中国体育界发生了一件大事,香港归国的年轻乒乓球运动员容国团在世界杯赛上为中国夺得了第一个冠军。一天听到消息说,容国团要到东城区少年体校来,我和几个同学放了学就往金鱼胡同旁边的基督教青年会跑,少年体校就设在那里。到了地方,我们嫌书包背着麻烦,把书包往墙边的柜子顶上一扔,就往场子里跑。这次我们见到了容国团,还见到了刚通过"健将级"的庄则栋等,他们为观众做了表演,观众们反应非常热烈,我们这些孩子当然更是兴奋,回家时竟全然忘了书包的事。

第二天早晨上学发现书包不见了,没办法,硬着头皮去学校,跟老师说书包丢了。头一堂课就是班主任贾老师的几何课,这是个性子绵软的男老师，说起话细声细气，他并没责备我，还给我找了一本旧书。体校那里我去找过，柜子上什么都没有。我就这么对付着上了一个多月的课，突然体校那边来了通知，说书包找到了，原来是掉到柜子后边去了。

也许是这件事引发了我的兴趣，我竟然喜欢上了打乒乓球，而且考进了那所少年体校。到体校打球总得有个球拍吧，我忘了是怎么跟家长要到了一点钱，到百货大楼买了一副球拍，单面胶粒，比光板强点儿，应该是档次最差的那种了，花了一元八角钱。没想到，父亲发现了，竟然坚持要我把球拍退回去。这件事当然让我很难过，我想不通这是为什么？好像家里缺钱也缺不到这个份上。很多年后才明白，那不是钱的问题，那是父亲被打成右派后已经没有了那个心境。

后来是一个叫朱柏良的同学帮了我，他借给我一支很讲究的球拍，双面带海绵胶粒，而且是下边稍宽上边略窄一些，像一些日本运动员用的那种。

说起来也真有意思，若干年后朱柏良邀我们到他家做客，那是东四附近一条胡同里一个很气派的大四合院。说"东四"，除老北京人外，没人听得懂。什么叫"东四"？"东四"是"东四牌楼"的简称，当年这个地方有四座牌楼，建国后嫌妨碍交通都给拆除了。同理，"东单"就是"东单牌楼"。

朱柏良怎么会住在这里呢？原来他娶了蒙古达尔罕王爷的外孙女，这里是过去的王府。这座王府年久失修，已经显得有些破败，问朱：为什么不装修？答曰：没钱。问：为什么不卖掉？答曰：老人不让卖。这里说的老人就是他的岳父，解放前辅仁大学毕业，原来还可以算是我的学长，因为建国后院系调整，辅仁并入了北师大。院落尽管破旧，但气派还在，特别是屋子里的陈设可了不得，一水儿螺钿镶嵌的红木家具。据朱说，这些家具文革时都被抄家抄走了，文革后落实政策又还回来的，香港导演李瀚祥拍电影《垂帘听政》时用的道具还是从这里借的。也是听朱说，这所四合院旁边还有一所同样的四合院，原来也是王府的一部分，建国后成了开国元帅刘伯承的府邸。

说乒乓球说到了这里，也真是挺有意思的。

其实我打乒乓球仅仅是个爱好，不会有任何前途，为什么这样说？因为我根本就不是搞体育的那块料，我小学毕业身高只有 1.35 米，现如今连幼儿园的小朋友都有长这么高的了；上了初中也没长多少，初中毕业也只有 1.52 米，你说我能打出个什么名堂？仅说是爱好也不全面，还有一个重要因素起作用，那就是当时的教育强调德智体全面发展，如教育部长蒋南翔提出这样的口号："争取为祖国健康地工作五十年！"具体到学校里，规定下午 4 点以后不许待在教室里，都要到操场上去锻炼。现在想来，这样做的确是无比正确的；再看看现在，为了怕出事避免担责任，有的学校连体育课都不敢上，真让人不知说什么好。

那时还提出过"劳卫制"，全称应该是"劳动与卫国制度"，还分一、二、三级，大概是从苏联学来的，没有认真实行，热闹一阵就过去了。

值得说说的是"军事体育五项"。我在北大附中上高中时，参加了这个活动。所谓"军体五项"包括射击、跳伞、无线电收发报、舢板，还有一项忘了。前述四项，除跳伞外我都参加了。射击用的是小口径运动步枪，我的成绩还不错。无线电收发报也练过抄报与发报，后来看到谍战戏时也不觉陌生。舢板是在颐和园昆明湖里练的，记得有一次下起了大雨，我们干脆跳到水里，这让我知道了湖水不深，也就是齐腰而已。那时我还不会游泳，想不到后来还有横渡长江的事。

体育锻炼肯定是有作用的，想想我原来是那么小的个子，力量小，肺活量也小，跑不快、跳不高、扔不远、举不动，……只有反应比较灵敏算是个优点。可到高中毕业时，我身高已达到 1.68 米，上大学后又长了两公分，达到 1.70 米，这让我勉强过了"二等残废"的杠杠，同时体育课各项成绩也达到了优良水平。因为投篮准，上大学时是班里篮球队的主力，还代表中文系参加系间足球赛，第一次与数学系比赛就赢了，唯一的进球就是我踢进去的。后来我又学会了滑冰、游泳，这些运动对我强健体魄肯定有很大的作用，帮助我战胜了日后的许多磨难。

在北京二中上初中，也有关于老师的一点趣事可说。数学老师名叫张士祥，山东人，大高个儿，酒糟鼻子，戴一副深度近视眼镜，讲课很认真，嘴边上经常挂着的是高斯、华罗庚等数学家的名字。对于贪玩儿而学习不认真的同学，张老师很不客气，常常叫他们站起来加以训斥。

另有一位语文老师叫韩少华，韩老师中等个子，胖瘦适中，皮肤白净，风度翩翩，用今天的话说，长得相当帅，但我感觉有一点"娘"。他讲课就像讲故事，绘声绘影，连说带表演，可能有同学喜欢这种讲课风格。这位韩老师后来成了著名散文作家。

说回到"出身"这个题目。

了解了自己的家庭情况就要向老师汇报，可以庆幸的是，老师并没有表现出任何歧视，日子照常过去，很快我们就迎来了高考。许多年之后，高中同学聚会，各自介绍自己高中毕业后四十多年的经历，我才知道好多同学并不清楚我的出身情况，对此我真是觉得意外：那就是说，老师并没有把这个情况在同学当中扩散。我确实应该感谢这位老师，在那种对家庭出身畸形重视的年代里能这样做实在是太难得了。后来我又想，幸亏我早毕业，假如我晚两年毕业会是个什么命运呢？这样想并不奇怪，因为就在两年后爆发的文化大革命中，北大附中的一个女学生彭小蒙等率先在学校里成立了红卫兵，1966年的8月18日毛泽东第一次在天安门上接见红卫兵，其中就有彭小蒙，就是她和宋彬彬等给毛泽东戴上了红卫兵袖章。当毛问及宋的名字，听宋说自己叫宋彬彬后，毛的回答是："要武嘛！"宋从此改名叫"宋要武"。此后，中学红卫兵残酷殴打老师及出身不好的同学的"红八月"就开始了，很多无辜的人被活活打死，而第一个被打死的就是宋彬彬所在的北师大女附中的副校长卞仲耘。

选自方延曦著《古稀回首人生路》美国华忆出版社，2021年。

# 艰难岁月

## ——我的中学生活（1958-1961）

李耿立

## 抗日英雄李墨林

老师告诉我们，一位抗日英雄要来给我们做报告。我们都眼巴巴地盼着。星期天，我们在马嘎啦庙的院子里集合了，倒班上课的同学们也来了。北房台阶下摆好了一张桌子。铺上了白桌布，还放了一盆花。伴随着一阵爽朗的笑声，李墨林来了。他当时是四季青公社的社长。他中等偏上的个子，身躯壮硕，红脸膛，短平头，两道浓眉，眼睛特亮。他是个大嗓门，说话带着膛音。他第一句话就说：你们都是洋学生，是国家有用的人。我是个种菜的，我种的是最好的菜。为什么说是最好的呢？俗话说："百菜不如白菜，百面不如白面"，我们种的最多的就是大白菜，千家万户离不了。干什么都是光荣的，种好菜就是我们的光荣。

风趣的开头一下子吸引了大家。那句俗话成了我们后来老念叨的话。他是保定那一带的人，那是个出豪杰的地方。他家里穷，小时候没上过学。日本打进来，他就参加了武工队，在京南一带活动。他是个孤胆英雄，常常腰揣两把盒子枪，到敌人占住的地方锄奸，他一进镇，汉奸们都吓得藏起来，说李阎王来了。解放了，他没文化是个大老粗，开会领导讲话也记不全，只能当个公社社长，而他手下的都升官了。

所以，他对我们说，你们一定要好好学习。学得好当大官坐小汽车，学得不好只能坐大汽车。校长一看，报告跑调了，一时不知如何收场，赶紧递上茶水，老师也领着我们喊口号，向老英雄致敬，向老英雄学习！

他还想再讲，校长赶紧打断话头，开始总结。把他弄下台来。我当时想，老英雄觉悟不算高呀，应当想着全世界三分之二劳苦大众，怎么想当官呢想坐小轿车呢？原来英雄也是凡人，也有落后思想。老英雄走后，校长又讲话，叫我们吸收正面的东西，说太阳里也有黑子等等。

## 挨饿年代

1960-1962我们国家经受了灾荒。其实从59年就可以看见端倪了。那几年华北地区没有天灾，59年还是大丰收。大白菜又大又瓷实，白薯长得把地都挣出了缝，用脚一扒拉就踢出一大块头。但那年农村开始吃大食堂，"提前进入共产主义"。敞开肚子吃大米白面，我同学家是农业户，他爸从大队食堂打一盆子小米饭，不小心扣地下了，收也不收，再去打一盆。那么好的白薯没有人收，都烂在地里了。再大的家业也经不住折腾，很快大食堂吃不起了，没粮了。

我妈所在的研究所的南边全是麦子地。当时推广密植，要放卫星。转过春来麦子返青后，苗长得密不透风，就是不出穗。农民们隔一行拔一行，一边拔一边骂大街。骂干部"拉出的屎往回坐"，是"倒骚"（北京土话，大约是来回折腾）。

到了60年，错误政策的恶果开始显现，饥饿像乌云压城一般笼罩了祖国大地。居住北京的人们算是幸运的，粮食定量削减了，副食和蔬菜都跟着减了，但比全国其他地方好得多。每家都买了秤，做饭每顿都得称量。学校里体育课停了，减少热量损失。老师们在操场上种起了庄稼。人们开始寻找一切可以填饱肚子的东西，大伙跑到收过白薯、土豆的地里刨找，找落在地里的根子、须子，那叫作"遛土豆""遛白薯"，城里的人也下来拿着炉钩子，饭铲子之类"遛"，地被翻了一遍又一遍。头一遍是农民们溜，他们刨白薯时故意不刨干净，可以刨到大块的；我们刨第二遍，根子、小须留块的还能见到；等城里人知道了来刨第三茬，基本上是什么也没了。

失望的人们把目标转向了树和野菜。首先是榆树的榆钱，榆树叶子，接着是榆皮面（剥下榆树皮，砸烂泡水沉淀，得到一种红色的面，很劲道好吃）。榆树剥死了，开始找苋菜、灰菜、扫帚苗、马齿苋等野菜，掺一点棒子面蒸了吃。也很好吃，先还掐嫩尖，后来连老叶子也不放过。这些都没了，我们试验过杨树叶和柳树叶，去掉黄叶，叶柄，嫩叶子煮了，掺点面蒸"苦累"，也还可以下咽。杨树叶子好吃一些，柳树叶子很苦。低处的叶子没有了，高处的又很难够到。我姥姥决定试试麦苗，因为麦子春天返青，冬天羊吃了苗，春天又会长出来，拔走一些不会影响它生长，不会有人管。但麦苗实在是不能吃，无论是蒸还是煮，它始终是粗纤维，嚼着它，就如同嚼麻绳子，咽不下去。连咽下的水也没一点好味，人毕竟没有羊的消化器官，试验失败了。

全国人民都在试，什么膨化食品（又叫粮食倍增器）、什么小球藻（又叫人造肉）。奇怪的是，随着粮食没了，菜也没了，原来在四季青公社到处可见的大白菜都没了，要拿着副食购货本去副食店买，一人一周二两半白菜（基本就是一个菜帮子的分量），排半天队，你只买回几个白菜帮子，那是一家子一周的量。我和弟弟都在长身体的时候，姥姥把她那份口粮省出来让我们吃，不久她浮肿了，腿肿得老粗，和她原来的小脚都分不出个了，按一下一个大坑。后来脸也有些肿了。妈妈带她去医务所看，大夫给开了二两黄豆，这是不用粮票的。姥姥把黄豆炒了，用擀面杖压成碎面，装在小瓶里，一天吃一小勺，现在看就是补充蛋白。

为了充饥，人们发明了一种汤。叫作"兑汤"：一大勺酱油，一点盐和一点醋，兑上开水，喝下去马上有饱的感觉。如果有葱花、香菜末、虾皮、紫菜任意一种，再点上一两滴香油，那就是贵族级兑汤。当然，那是坚持不了一小会的。早上一般是一大碗兑汤，不吃其他东西，早上那份挪到中午一块吃。到食堂、饭馆吃饭的人们都会护着饭碗，眼睛余光扫视四周，防备有饿急的人来撒一把土或吐口吐沫，你嫌脏不吃了，他就拿去狼吞虎咽。吃完了的饭碗各个被舔得干干净净，掉到地下的饭粒，窝头渣都会捡起来，没有蚂蚁的份。直到现在，掉到地下的馒头渣我还会下意识地捡起来丢到嘴里。反正这个年龄段的人都不会浪费粮食的，算是时代的烙印吧。

那时人们整天琢磨的就是怎么减少热量消耗，到哪里能整到填肚子的东西，可越想就越觉得饿。碰到一块说话，说着说着就会讲到吃饭，有人就会讲到当年在哪里胡吃海喝，几盘几碗，让人觉得更饿。其他东西也跟着涨价了，听说农村集上兔子卖到了 20 元钱一只，烟叶子卖到 10 元一斤，烟瘾熬不住又没钱的，可以一毛钱抽一口烟卷。花一毛钱，把气吐尽，尽力一吸，气足的可以抽掉多半根烟。一块钱可以买 3 斤萝卜。买萝卜的农民说，我拎两个大萝卜就能逛趟北京城，连理发带洗澡还有富余。可不是吗？理个发一毛钱，洗个澡，用澡堂子的手巾肥皂带搓澡才两毛六分钱，汽车费一毛五就够。那时乡下有亲戚是人人羡慕的。抗过了三年灾害的人，绝对吃嘛嘛香。文革期间我在大学，搞不忘阶级苦的教育，吃忆苦饭，大个糠团子我一口气吃了四个，一点也没觉得苦。

## 父亲从北大荒调到了农垦部

父亲在我幼年的印象里是十分模糊的，因为他一直在外面工作，极少回家。后来听他讲过，他十五岁时我爷爷去世，他独自在北京四中上学，19 岁和母亲结婚，20 岁时有了我。1949 年父亲考入华北革命大学，算是参加了革命，后来又考入了外国语学院，成了新中国第一届学生，当时的录取通知，是登在人民日报的，我姑姑还保存着那张报纸的复印件（因为我姑父也被录取）。那时我母亲也在北京，但我太小，没有记住什么事。1950 年，母亲到察哈尔省盐务局参加工作，到了张家口，他们开始分居。1953 年，父亲毕业，他选择了参加志愿军到朝鲜而不是留校。他在中朝苏联合空军大队做侦听翻译。不久朝鲜战争停战，他转入北京空司，到山东荣成工作，后来又调到南京空司，在福州鼓山继续做侦听工作。而母亲调干到太原机械学院上学，1954年毕业分到北京冷泉的研究所，我们全家跟着母亲搬到北京。1958年大裁军，十万官兵下北大荒转为农垦，我爸又积极报名，从福州直接到了北大荒，而没有回家，记得他在天津换车，母亲是到天津和父亲见了一面。那时候的人们都充满革命豪情和使命感，把自己当成螺丝钉，党的驯服工具，以革命的需要当第一，没有个人的意愿。我父母那时都是三十岁左右的热血青年，他们牺牲了自己的生活，每年只有几天探亲假是团聚的日子。父亲分到北大荒密山、虎林一带的858农场，当军垦战士种地，还在乌苏里江边打过鱼，后来是食堂管理员。

小时候只记得他总是寄回儿童读物，少年文艺等书籍，探亲时带回很多好吃的。我写去的信很短，有时只是在妈妈的信上附上几句，他回信总是很长，连我写的错字也一一订正。大一点了从他的来信里约略知道一些情况：比如每人要种250亩地，秋收时机器、牲口、人一起上阵，几天几夜不休息，和老天争粮。夏天时，那里变成大沼泽，人马都出不来，隔绝在那里，天天吃黄豆。我还记得我和妈妈买了好多大块的碱（约一尺见方，三寸厚的大块），缝到布袋里给当食堂管理员的爸爸寄去，因为那里买不到碱，只能吃酸馒头。

到1960年情况有了变化。王震去858农场视察，见到我父亲和许多知识分子在干着完全不需要文化的活儿，勃然大怒，指着那里的官们说，你们这是浪费人才，马上给我调走，我要他们。他在哪儿坐镇，包括我父亲在内的40多人调回了北京。父亲分到了农垦部外事处。可是，等王震一走，调动的事马上停了，许多人才又被继续浪费。

当然这些变化我不知道，估计连我妈妈也不知道。那时一封书信到北大荒怎么也得半个月。一天上午，我正在上课，老师把我叫到教研室告诉我，你不用上课了，你爸爸回来了！下课后同学们都知道了这事，好朋友曹随咬着耳朵对我说，一会你见了爸爸，一定会扑上去，抱着他，激动地流泪大喊。

我一出教学楼，就看到校门口阳光下站着一个人。我头脑里一片空白，意识到那就是父亲，往那里走过去。父亲也慢慢往我这里走过来，走到十来米的地方，我们都站住了，相互打量着，他和我想象中的样子完全不一样：一个瘦瘦的老头，胡子拉碴的，带了个皮帽子，穿了一件油脂麻花的绿军大衣，脖领子那儿是一条子黑黑的油腻。却是满脸的笑容。看我不动，他叫我的小名：立立，回家吧！我说：嗯！就跟着他一前一后地往家走，没有拥抱，没有叫喊，没有激动。我知道：他一定是刚到家就迫不及待地来叫我的。我没有扑上去抱着他，他或许有些失落。但太生疏了，或者是因为小男子汉的矜持，我做不出那些。想写篇文章记载这次见面的曹随一定也失望了。

尽管没在脸上表现出来，心里却是激流滚滚，浑身发热：我爸爸回来了！仿佛有了主心骨。全家都沉浸在欢乐中，尽管粮票紧张，细粮很少，也要吃顿饺子。姥姥、妈妈和爸爸一起动手拆洗我爸带回来的被褥衣服。北大荒那时非常冷，冬天几天不洗脸，几个月不能洗澡是常有的事，经常在地里摸爬滚打，脏，油腻、长虱子是必然的。但再脏也不能扔掉，因为全家一年的布票也不够做一套铺盖的。那一阵，我家和邻居家门口的晾衣绳上成天挂满布片、衣服，在冬天的阳光下先冻后干。上午学校上主课，下午就是体育和副课，音乐美术之类，那几天老师特准我下午不上课，在家里陪父亲。父亲详尽地问了我们的学习情况，我还跟他一起到我小学上学的蓝靛厂逛了一次。在蓝靛厂丁字街一家叫作"三路居"的小饭馆吃了饭。父亲要了几个菜，他自己并没怎么吃，一直笑眯眯地看着我和弟弟吃完。

## 绿面包和活鱼食堂

61年春天饥荒更严重了，树叶和野菜都没长出来，溜过多少遍的地里连个白薯须须也不会找得到。副食品越来越少见了，买糖酒烟茶之类全凭各种票，豆腐、粉条之类春节才有。每家都有个副食本，蔬菜也要凭本供应，数量是不确定的，每次副食店会挂出小黑板写出本周的供应量。记得一次一个人供二两半白菜，排了半天队，只买回几个白菜帮。

有一天父亲回来的比平日晚得多，满脸笑容，夹了一个大包。揭开一层层的报纸,里面露出个长方形的东西,像是个大枕头,足有一尺多长,颜色看不出是灰还是绿。原来这是农垦部下属的农场研制的玉米棒面包,是用玉米棒的芯芯、玉米秸和叶子充分磨细后制作的。农场试制成功后到农垦部报喜送的样品。农垦部的职员都分到了一个。这正是雪中送炭,马上切下一片全家都尝尝。没有粮食的香味,但也没有怪味,有点刺嗓子,但绝对咽得下去,长久空虚的肠胃感觉就更好了。那个绿面包是个救命的宝贝,我们吃了一周多。

我那年十三岁,弟弟十一岁,都在长身体的时候,每天都饿,周围的人们天天琢磨着吃,越琢磨就越觉得饿。也影响着我们的感觉。我的一根根肋骨隔着背心都看得出来,弟弟的圆脸也变成了长脸。那天父亲宣布,我们全家去吃一次"活鱼食堂"。活鱼食堂在紫竹院公园里,靠近南门的地方。当时那可是远近闻名的。食堂门外有个圆形水池,里面养着很多大鱼。如果出 20 块钱,一家就可以不用粮票足吃一顿,一个主菜就是从池子里现捞的活鱼。出 15 块钱,也可以足吃一顿,但没有鱼,菜也差一些。20 块钱当时可是一笔巨款,差不多是父亲半个月工资。父亲和母亲商量了多次决定的。当然去吃活鱼食堂的前一天,我们就不吃饭了,留着肚子去吃那一顿。那顿饭多么好吃没法形容。现在的人饿上一个星期再去吃没准能体会得到。

## 粮食出口古巴

一天报纸上登出了一条消息,我们援助了古巴一万吨大米。我们都觉得很对。我们要站在新中国,放眼全世界。世界上还有三分之二的穷苦人等待我们去解放。古巴站在抗美斗争的最前线,我们当然要支援他。我们那时学了一首歌,叫作"要古巴,不要美国佬!",只记得最后两句:古巴西,扬基诺,古巴西,扬基诺!

但慢慢就有了一些流言,我们自己都没得吃,干嘛给别人?同学们之间也有这么说的。学校老师开始做政治工作。那时我们正讲公制和市制单位的区别,老师拿出一架天平,一头放上一克的砝码,另一头往上放大米粒。量了几次,让三个同学数米粒数,然后平均。57 粒米重一克。老师说：按一克米六十粒，大家算一算。一万吨多少粒米？大家开始算：一公斤六万粒，一吨六千万粒。一万吨六千亿粒。老师说中国六亿人，每人核到一千粒米。一年365天，每天只要省出18粒米就够给古巴的了。你们连18粒米也省不出来吗？少掉几个米粒就行了。大家一起喊，省得出来！

于是又开唱"古巴西，扬基诺！那时的政治工作多么到位呀！学了知识又化解了怨气。

## "顺"东西

因为饥荒迁延的时间不短了，同学们的家庭都处于社会的底层，没有什么门路，多数也没有农村的亲戚。所以大家最常说到的话题不是功课，而是哪儿能弄到吃的？不知何时，一些同学间流行起练习偷东西（叫作"顺"东西）的游戏，课间时凑在一起，或挤你一下，或拍你一把，在你转移注意力时，从你身上顺走一件东西，然后迅速地转移到别人那里，或自己藏起来。

有一次我的钢笔被一个擦肩而过的同学顺走了，我当时就觉察了，不过一两分钟。却怎么也找不到，最后他从大衣下摆那掏出来了，原来他在大衣口袋里弄了个洞，钢笔从洞里掉到下摆那儿。

也练习两个手指从口袋里夹钱包，或在手指缝里夹半片刮胡刀片捌口袋。这样的练习并不真的要偷你的东西，偷了会还你，或者告诉你让你找。完事一笑而已，并不避讳大家。

后来这几个人就开始真的干了。工体路上有六路公共汽车（那时缺汽油，车厢顶上都背着一个老大的橡胶汽包，里面灌着煤气作动力源），上下班时坐车的人很多，几个同学就在那路车上"干活"。后来听一个同学带着羡慕的口气总结他们的经验：在人们往车上挤的时候，他们跟在后面连叫带挤，互相掩护，那时下手，并不上车。偷了钱包，立刻掏走钱和粮票，钱包多半扔在下水道口，证件留下。

我去车站附近的下水道口看过，里面真有不少钱包。他们几个得手之后，结伙到饭馆饱餐一顿，往往会带回一饭盒肉菜，分给班里的同学们吃。像我这样的好学生,班干部、女同学不给。其他人都能享受到。或许是他们的道义,或许是一种贿赂。总之,没有人去告发他们,他们有群众基础。

## 天线和敌台

即使在那样的氛围里,老师们还是督促我们学知识,努力开拓我们的视野,成立了课外小组。我参加的小组是学装矿石收音机。矿石其实是黄铁矿的晶体,颜色金黄,一般是个四面正方的晶体,装在一个玻璃管里。玻璃管一头有根细细的金属丝,搭在矿石上。玻璃管两头有接线柱,好像也不用电池,接上天线和耳机就能听到电台的广播。黄铁矿石有方向性,你得调节那根细金属丝,戴着耳机仔细听,反复比较,就可以找到最佳的一点,搭在那一点声音会大一点。父亲很支持我,给我买齐了所有东西。

我装了一台,把它固定在木板上。一回家就调它。居然有了声音,不过只有一个电台,时断时续,老得调那根细丝。后来在一本叫作《家庭实验》的书上看到,要想收听效果好,天线是关键。我决定按照书上的图样做个天线。我找了一根长竹竿子,头上绑一根横棍儿,成十字架形,十字架上钉上小钉子隔开距离,让爸爸买了几米多股铜线,在十字架上绕成菱形的网。正巧我们的房子和围墙之间的夹道里有一棵很高的臭椿树,我把天线架到树上,准备好好调调矿石机。

不料刚架上两天,派出所的警察就找到家里来了,他们来调查天线是干什么用的,是不是要收听敌台?敌台当时是指所有外国的广播电台,台湾、港澳的广播电台。那时所有的收音机都是没有短波的,根本收不到敌台。何况我们家还没有收音机,否则会很麻烦。我把矿石机让他们看,他们始终半信半疑。过了一天,他们又来了,叫我把天线撤掉。晚上父母亲下班回来后一商量,赶紧把天线弄下来了。从此再没有兴趣弄什么矿石机了。

## 东直门开荒地、膏药和买萝卜

那时东直门的城墙还没拆，城墙外还有护城河，不过河里没有多少水。我们住的东羊管胡同离城墙也就是 200 米。城墙根一带没有人家。因为粮食紧张，人人都得想辙找到填肚子的东西。姥爷说咱们开点荒地吧！他已经看了多次了，看好了护城河外边一块地，离大路较远，没多少人去。一天他带着我和弟弟，拿着一把镐，一把铁锨去刨地。护城河的地不算好，是硬硬的黄土疙瘩，还掺有不少的小石头。一镐下去只能刨进一两寸深。弟弟一会儿就不干了，我是主力，咬着牙一直干。手上起了泡也不停。第二天又接着去刨，终于刨出了一块有 20 来米长、3 米来宽的地。捡走地里的石子，码到地边上做成边界，靠近道路的一边埋上酸枣树枝子。那地还真有模有样了。我们祖孙三个坐在地边，一边喝水休息看风景一边商量着种点什么。

北京的秋天天高云淡，傍晚的阳光把城墙勾出了金边。只见一只喜鹊叼着个虫子飞过，它后边一只黑乌鸦俯冲下来，用一只翅膀猛地敲了它的脊背。大概是感觉疼了，它吐出了虫子，喳喳地直叫。那只乌鸦急扇了几下翅膀，超过喜鹊，抄起半空的虫子就飞走了。我气得捡起一块石头扔向乌鸦，没有打到。好心情被这恃强凌弱、抢他人口粮的家伙破坏了。

那块地我们种了麦子。从护城河里提了水来浇，姥爷还到东直门外去捡了些马粪做肥料，我和弟弟搂了烂树叶子，增加腐殖质。终因地太差了，只收了多半面口袋麦粒。547 厂（和平里）俱乐部后边那时是个村子，村里有个碾子。我们把麦子碾了，没有找到细箩，筛出的面很粗，麦皮也没出净。第一次用那面试蒸馒头，大伙眼睛都紧张地盯着锅。一掀盖，颜色黑黑的，面没发得起来，皮上疙疙瘩瘩不光溜，还看得出没压好的麦子粒。别看样子难看，一吃还真香。

后来我们再做时，就掺点好面，蒸成窝头。姥爷在 547 厂当临时工看锅炉房。他就带着我们自制的窝头上班。锅炉房还有个临时工小伙子，外号叫"傻子"。他觉得食堂里的馒头"喧"，不抗饿，我姥爷发的不好的"窝头"沉甸甸的，实在，非要和我姥爷换着吃。姥爷有时就多带几个给他。两个人的关系非常好。

"傻子"有时也到家里来,他有风湿病,姥爷不知从哪里找来的方子,熬膏药给他,据他说挺有效。渐渐地后来好多人都来要,姥爷熬了不少回。那方子只有一味药叫作藤黄。是画国画用的颜料,也是中药,略有小毒。都是我去药店买。藤黄是圆圆的柱状,像一截甘蔗。外表灰乎乎的,心里是黄的。砸碎成小丁快,铁锅里放山西老醋,倒入藤黄块,小火开熬,不断搅拌,最后成膏时,就变成黑色了。趁热倒在白布上,待会儿一对折就成了。贴的时候稍微一热就可以。

那时人们不认什么高蛋白、高热量,老想找到有体积的东西填满胃的空间,白薯是要粮票的,五斤白薯顶一斤粮食。剩下的萝卜就是首选了。萝卜后来买到了一块钱两三个,离城远的地方价格低。我和表哥邢泽华被派去买萝卜,我们决定去顺义那边找。顺义离东直门60里,我们一大早骑自行车出发,骑到中午,觉得够远了,见到路边有卖的就问问价。终于问到肯一块钱三个的了。我们买了17块钱的,应当51个萝卜。装到麻袋里兴冲冲地往回走,快到家时,饿的骑不动了,想分一个萝卜吃,垫吧垫吧。一数,怎么只有50个。肯定是趁我们高兴时那家伙少给了。两个大小伙子,平日自以为数学学得不错,居然没数清数!太丢人了!商量一下,萝卜不能吃了,回去就说我们吃了一个,好对上钱数。那时的17块钱绝对是个大数目呀。

选自《记忆》第 273 期。

# 饥寒交迫求学路
## ——我的高中三年

宋书星

1961年笔者考上了乐陵一中高中,成长的快乐不必细说。重要的是,继二姐之后又给了病重的父亲和苦难的母亲一点儿精神安慰。

笔者与全家人最艰难的高中求学生涯开始了。不过,也有一个有利条件,二姐凭着她"拼命三娘精神"和"双手提笔绝技",成了乐陵一中的"校级好学生"。笔者因为是她弟弟,也受到了领导和老师的格外关心呵护。

说来好笑,二姐"双手提笔"是让父亲骂出来的。她从小儿拿笔、拿针、拿剪子都是左撇子,在父亲严格管教下才渐渐学会了用右手写字。不过,一离开父亲的"法眼"依然顽固地我行我素。尽管如此,在荒远偏僻孤陋寡闻的乡村,已是远近闻名了。因为,所有说书唱戏的,每当夸奖状元郎才高八斗时,都离不开"双手会写梅花篆"。不管咋的,二姐与我高中同学仅一年,我还是"兔子跟着月亮走——沾了不少光"。

## 一、"白专道路"烦恼无限

"加强党的绝对领导"的政治需要,导致"突出政治"成了人们思想和行为的最高原则。一切社会生活都被带上了冠冕堂皇的政治"红帽子"或"白帽子",学生也不例外。当时,学校提出一个响亮的口号:"为祖国而努力学习!"然而,处在"九地之下"的农村孩子,不管嘴里喊什么政治口号，其实谁心里都明白："为祖国？小老百姓穷学生够格儿吗？"不过，能否努力学习、通过淘汰制升学考试、最终升入大学，则是实实在在地决定着：是跳出"九地之下"成为吃国库粮的"公家人儿"，还是像父辈那样一辈子"修理地球儿，在土坷垃堆里刨食儿吃"。所以，私下里，同学们都把升学考试尤其是高考戏称为"两种命运的决战"。

尽管如此，在几乎所有学校的教育实践中，仍然将党政官员们的政治标准，强加于毫无政治权利和参政机会的青少年学生。在极力用政治"笼头"和"缰绳"驯化的同时，也把学习成绩好的学生划分为两种类型或两个等级：一曰"又红又专"，二曰"白专道路"。它将学生追求真、善、美的道德情操和理性精神，简单化为对各级党政领导者的忠诚和服从程度。凡是有点独立思考习惯的学生，凡是因思想个性化和现实批判精神较强而对领导不太唯命是从的学生，凡是性格内向贞静自守而不能与学生干部打成一片的学生，统统被斥之为"骄傲自大"或"白专道路"。

笔者天生的"轴子"性格，当然难逃"白专道路"之列。虽然每门功课成绩大都是"5分儿"，却不仅自己不刻苦，反倒常常在背后讥笑学习刻苦而不讲究效率的同学是"热恋课桌，难分难舍"。虽然学习成绩不错，却不遵守课堂纪律，常常在课堂上看闲书，让老师逮个正着。尤其是，与"学习先进，政治落后"的学生过从甚密，对"政治进步，学习吃力"的班干部和老团员不理不睬，骄傲自大目无领导。如此学生不是"白专道路"，谁还能是"白专道路"？笔者的政治生命也一直半死不活，在入团问题上屡屡受挫，无论怎样努力，也"经受不住组织的考验"。除了"白专道路"，还有两条原因：一是父亲"有严重历史问题"；二是"政治落后，思想阴暗"。

尤其后一条，既是笔者迟迟达不到"团员"标准的原因，也是"誓死捍卫组织纯洁性"的老团员反对我混入团组织的永久性理由。当然，他们手上有充分的证据——鄙人半篇陋文。当时，"假话风"已相当强劲，不准学生讲真话心里话，逼迫人们打官腔、唱赞歌，满口混淆黑白的套话、假话。记不清是受到什么外界刺激了，反正是愤世嫉俗的"小资产阶级情调"又一次大暴露，笔者写了半篇杂文，其中有一句："当你看到父女通奸时，千万别忘了赞美神圣纯洁的爱情……"那时，还没有到报刊上"放毒"的野心，无非是自我发泄以舒缓心中怨怒之气罢了。胡乱写了几句，随手夹到课本里，随后就忘得一干二净了。

不知何时，被"政治觉悟高，热心关心同学"的一位老团员"捡"了去，从此便成了笔者"政治落后，思想阴暗"的铁证。感谢杨振国（校团委组织委员）和王永祥（班长），他们耐心指点和努力疏通，动员我向"老团员"表示了衷心的谦恭和感谢，才得以在高考前三个月随最后几个新团员搭上了"组织发展"的末班车"混入了团组织"。

实话实说，当时的入团动机并不纯洁：为了保证高考命中率，不得不争取一顶红帽子。然而，对青年学生中蔓延起来的那种"没事找事，整人治人"的风气，内心深处非常反感，大大冲淡了荣获"共青团员"桂冠的喜悦。

## 二、最难熬的还是饥饿

因为累进或叠加效应，连续两年的灾荒其破坏性显得更加严重了。吃饭，完全依赖国家供应的每天四两地瓜干，即使母亲和小妹一点也不吃，全部省下来，也无法满足笔者与二姐的需要。更何况，父亲重病缠身，小妹年仅九岁，难道能为了自己活着而让父母和小妹饿死吗？所幸，挨饿的不只是我们一家，所有同学都没有多大差别。

为了保护学生身体健康，学校采取了两项措施：一是取消了晚自习，让学生尽快进入梦乡。可是，老师们不知道：十五、六岁的孩子们，肚子饿得咕噜噜直叫，还火烧火燎丝丝拉拉的疼，根本无法入睡。还不如专心致志忘我学习更能缓解饥饿的折磨。俄罗斯作家契克夫曾在一篇小说里写道："睡梦里是不想吃东西的。"就因这句话，他在笔者心目中的"光辉形象"大为失色，心想："此人肯定没挨过饿！"二是课外活动组织学生到城外地里捡拾地瓜叶子、萝卜缨子、白菜帮子等充饥。每天早饭后的第一项"功课"就是：将课桌盖儿翻过来，用铅笔刀将它们切成寸段儿，然后装进蚊帐布缝制的袋子里，集体送到伙房里蒸熟，供午饭时填饱那"不听党的话"的肚子……

从 1959 年未满 14 岁到 1964 年未满 19 岁，连续五年饥饿，把笔者培养成了"饕餮"！在大一上学期五个月里，竟然吃了 360 多斤粮食。大学生每月口粮定量 31 斤，尚有农村连过年都吃不到的大鱼大肉；离家前，母亲又给了我 100 斤粮票，那是大姐一家人从嘴里省出来的。二姐定量也是 31 斤，她一天最多吃 3 两饭，省下的饭票全给了我。就这样，每天上午不到 11 点还是饿得双手发抖、浑身出虚汗、说话气短，要讲完一句话必须换好几口气儿。由此，可以推知当时的饥饿状况，更可以想见父母和小妹承受着怎样饥寒交迫的熬煎！

## 三、两难选择——考文科还是考理科？

1964 年自然灾害稍有缓解，高中三年的饥饿求学之路也看到了头儿，高考临近了。除了像其他同学一样面临着"两种命运的决战"，笔者还多了一层专业选择的犹豫和烦恼。原因是，我各科成绩都不错，老师们都希望我选择他们各自的学科，众说纷纭弄得我无所适从。不过，我内心深处早已有了自己的选择——文史哲。自上初中开始，笔者受殷荣臣和沈玉璋老师"毒害"很深，一直真心喜欢文史哲。对其他各科都是"用心不动情"，唯独对文史哲却是"用心又动情"。然而，在二姐的强行干预下，不得不屈服于家庭责任，在高考前四个月，违背自己的意愿，放弃了文史哲，专攻数理化。

### 1. 二姐哀求，无法抗拒

在笔者高考的专业选择上，全家人再没有第二个人像二姐那样看得"重如泰山"。由此可见，她对我这个弟弟的爱心和重视。成人以后，虽然因为她"干涉我的自由"比父亲还霸道，难免抵触情绪，但是，每当回忆及此，对她就不能不油然生出几分敬畏和亲切。

为了学习，她经常放假也不回家，笔者高考前的那个春节，山大一放假就急急忙忙赶回家，整天缠着我交换意见。像儿时一样，我们自然少不了一番唇枪舌剑。她先是劝说："不论是咱的家庭条件，还是你这臭脾气，都不适合从政当官儿。"我反驳道："我压根儿就不想当官儿，只是想从事理论研究。"她说不服就恐吓："大学与中学不一样，学生也兴打右派！"并举了好多例子。我不以为然："那有什么！我追求真理，难道枪毙我不成？我不怕！"恐吓不住，她又"耍赖"甚至哀求："你不能只顾自己愿意！你是唯一的男孩儿，是全家的希望，你要是出了事，父母咋活下去？还让我们过不过？"

至此，笔者真是无言以对了。不过，心里仍是半信半疑："有那么严重吗？社会不至于黑暗到那种地步吧？"直到她寒假到期返校，我也没答应她改变主意弃文从理。

返校后，她又一连写来四封三、四封长信，最后一封几近于苦苦哀求声泪俱下了，并表示：如果我还固执己见，她就请假回来，当面哀求我。

### 2. "请将不如激将"

如此仍不放心，她又专门给"任主任"写信，拜托他一定要说服我改变主意报考理工科。

"任主任"毕竟是老教育工作者了，深谙青少年尤其像笔者这种"犟眼子"的心理特征。他既不讲大道理劝说，更不强迫命令，而是慢声细语商量中潜藏着激将："人们大都认为，数理化拾不起来的学生没办法才考文史类；你坚持要考文史类有点儿可惜了的，是不是数理化学得不扎实没把握？"

其实，笔者早已不想再固执己见了，否则，真的无颜面对父母和二姐。再加校领导如此一激，潜藏的"潮气儿"又冒上来了，心想："担心？笑话儿，考理工科照样没问题！"遂于高考前不到一百天中途变卦，下决心"弃文从理"了。

命运不可违！至此，在不知不觉中，笔者沾满泥土芬芳的双脚尚未挣扎出"九地之下"，其中一只就已经迈进文革的门槛了。正是临秋末晚地中途改志愿，使我忍痛放弃了"用心又动情"的文科，违心地选择了"用心不动情"的理科。以至于，高考成绩不理想，文理两科都不优秀，没能考上北大，而考入了山东大学化学系。或许是因为培养出了一个"全国学联副主席"（化四赵淑敏），文革中化学系高年级大师兄、大师姐们起来造反的极少。"山中无老虎，猴子称大王""矬子里面拔将军"，遂使我这大二的毛孩子"木秀于林"成了"出头儿的橡子"，被革命洪流一步步推上了"坏头头儿"的位置。如果读文科，莫说北大，即使山大文科各系，造反派大师兄、大师姐也是高手如云，我这两下子根本就排不上号儿，压根儿也涌现不出来。文革后，笔者经常与二姐开玩笑："是你硬把我推上了文化大革命祭坛！"

选自宋书星著《云烟未散——记忆与思考》美国华忆出版社，2021年。

# 培养有社会主义觉悟、有文化的劳动者
## ——忆北京第十女子中学干部子弟班的生活[1]

李南央

## 引 言

六十年代初期,中国共产党在中等学校执行的教育方针可以用它的一句口号来概括:"培养有社会主义觉悟、有文化的劳动者"。这个口号是适用于一切中学生的,无论其出身如何。一九六三年,那是我中学生活的第一年,我不记得有哪一位学校领导或教师,强调过学生的家庭出身。至一九六四年"四清运动"开始,情况才开始变化了。

我选择了"worker"作为劳动者的英文译文。实际上,"worker"是不足以精确、完整地表达"劳动者"这一中文原辞的全部含义的。如果从字面直译的话,劳动者的意思是:从事工作的人(the people who are working)。我实在是找不出一个英文单词,能够区别出"工作"和"劳动"在中国共产党辞典里那种本质性的不同。其实"劳动者"是一个非常含混的字眼。什么样的工作,党才视其为"劳动"呢,这似乎是正确理解党的这一口号的关键。记得我们班曾开过一个主题班会:"劳动者的定义是什么"。同学们无法对这一问题取得一致的意见,但是大多数人都一致同意:家庭妇女,个体经营者和在私有土地上耕种的农民,不能算是劳动者。对于西方人来说,这简单是一个不可思议的论点。但是在那个时候,我们这些年轻的学生在这一点上

---

[1] 这篇文章是 1993 年 5 月,作者应美国科罗拉多大学中国问题研讨会之邀,为会议提交的书面发言。

是非常清楚的：只有那些直接投入到社会主义建设中的人，才能被称为"劳动者。"可是，什么样的工作属于社会主义建设，什么又不属于社会主义建设，却无人能做出权威性的回答。

## 分数面前人人平等

六十年代初期，小学生升入中学之前是要进行升学考试的。这一考试在北京是同日、同题目进行的。所有参加出题的教师集中居住，考试开卷前严禁与外界接触，以防"漏题"。考试前一个月，毕业班的学生要填写"升学志愿表"，在该表中要填写三个志愿学校，依次为第一、第二、第三志愿，每个学生还要在第四栏中写明：服从分配。就是说，如果你的考分哪个志愿学校也够不上的话，你必须接受市教育局对你的分配。一般来说，这种分配学校的教学质量都不怎么样。添志愿是一门学问，老师通常会根据学生平时的学习成绩提出建议，应该把哪些学校添入第一、二、三志愿。但是有些学生也会冒险报自己水平难及的学校，万一考好了呢？这一程序，似乎为每一个学生提供了平等竞争的机会。学校录取学生唯一的标准就是分数，硬碰硬，谁也别做非分之想。竞争是十分激烈的，是否被某个好学校录取，有时只在 0.25 分之差（百分制）。那时公开的说法是，高干子弟不能走"后门"。这多一半是可信的，我妈妈就曾碰过钉子。

我在小学的成绩一直很好，但是粗心大意似乎是克服不了的毛病，这对考试无疑是致命的。我妈去见了当时师大女附中的校长，她们在延安时是老战友。我妈妈把我的平常成绩单及几篇被学校选为"范文"的作文拿给她看，以期证明我是个好学生，万一考试失手，盼有所照顾。我妈妈理所当然地遭到了校长的断然拒绝。回家后，她提起此事，也觉自己理屈，嘱我凭本事吧。我却偏不争气，语文虽得了 100 分，数学只拿了个 90 分，把我直抛到了第三志愿：第十女子中学。女十中在北京几所女校中排行第七，我简直丧气至极。那时的女十中名声很糟，人称"流氓"学校。原因是其校址在新街口大街上，每到放学时间，总有许多男孩子等在校门口。不过我运气还算不错，就在我入学的前一年，女十中取得了极高的大学升学率，作为奖励，北京市教育局为学校盖了一所新教学大楼。学校因此迁到位于一个僻静胡同的新址内，我正好赶上了新校址，并且也赶上新的新生录取分数线，学生的质量大大提高，"流氓"学校的名声算是摆脱了，不再有男生在校门口等女生的事发生。那个时候，要是哪个女生敢在中学时交男朋友，在学校里是难以容身的。

就在我入学后不久，我发现"分数面前人人平等"并不完全的真实。开学一星期后，两名同学从分配学校转到了我们班上。班上的同学们很快就知道了她们的身世——将军的女儿。在很长一段时间里，班上没有人看得起她们。六十年代初，走"后门"是很耻辱的事情。其中一位同学渐渐地被班级所接纳，因为她学习成绩其实不错，后来还被选为语文课代表。另一位就差多了，似乎从未有人真正与她成为朋友。进入初中二年级后，班上一位元帅的女儿离开了我们，转入师大女附中。她是一个很不错的学生，二十年后，我读到了一篇写她父亲的文章，知道她成了一名军医，很受同事们的尊敬。但是在她转学的时候，整个儿班级确确实实为这种特权震惊了。师大女附中是女子中学中排行第一的，它的校长也曾大义凛然地拒绝过我妈妈的错误要求，可现在是怎么的了？我模模糊糊地感觉到，"分数面前人人平等"似乎对军队干部的子女们是不适用的。我有些被欺骗的感觉，我得承认，葡萄对我是酸的。

## 对干部子女的特殊待遇

在我进入女十中时，初中一年级共有八个班，每班大约有四十至五十名学生。校领导把入学新生中的所有干部子弟集中到了初一（二）班，我也在其列。但是干部子女的人数其实并不足以凑成一个完整的班级，因此班上还有不少其他家庭出身的同学。不过同学和老师还是把我们班叫作干部子弟集中班。在初一年级八个班级中，只有两个班学英语，其他六个班的外语课都是学俄语。那时由于中苏两国关系已恶化，同学们对俄语都没有什么兴趣，认为英语比俄语好。而我在的班是学英语的。每个班级都设有班主任，管理学生的品行思想及与家长的联系，校领导指定了少先队大队辅导员做我们班的班主任。这两项是我所能记忆起的对干部子弟班的特殊待遇。总的来说，班内同学交朋友都是以性格、爱好为主，没有什么人以家庭出身为标准的，我们班与其他班的关系也不错。不过校领导给予我们班的并不太多的特殊关照，在其他班级还是激起了愤慨和嫉妒，这一点，我们班的同学开始并没有意识到，直到有一次在校春季运动会上，我们输掉了拔河比赛，其他班级的反应令我们瞠目结舌，诧异万分。那些同学们欢呼雀跃，奔走相告："初一（二）班输了！""真是太活该了！""她们一天到晚吃大米白面，让我们吃粗粮的打败了！""太解气了！"我们班所有的同学都不禁怒不可遏，觉得这么说我们真是太不公平了！我们班那时确实事事争先，不论是歌咏比赛还是舞蹈比赛，不论是篮球联赛还是军体竞技，总是名列前茅。可这些都是我们自己努力的结果，跟吃的什么饭根本就没有关系！不过这件事说明了那时学校的气氛，学生们可以自由、充分地表达对特权的不满，干部子女们则没有一个人敢以家庭出身炫耀于人。我记得那时我最怕有人知道我妈妈是高干，而对我另眼相看。到了文化大革命，则完全翻了个个儿。记得我们班上有一个平常十分腼腆内向的女孩子，在八月红卫兵的集会上大喊大叫："有那么些人恨我们'走后门'，恨我们'自来红'，今天我们要正告你们：我们就是'自来红'，我们就是有特权'走后门'！你们他妈的狗崽子就是'自来白''自来黄''自来黑'！……"她的嘴就像一挺机关枪，吐、吐地不停连射，大有要把一切胆敢反对她观点的人就地枪决的架势。我震惊无比，不知她是如何发了疯，把我们过去如此不齿的事情，这样堂而皇之地宣布成革命的真理的。难道她的姑父吴德成了北京市新市委的副市长，就令她如此昏了头，完全成了另外一个人？！不过心里也觉得有几分滑稽，那时北京有一种很大众化的点心名叫"自来红"，圆圆的，红糖夹核桃芯，皮上有个红圆圈。比什么不好，干嘛把自己比成点心？当然只是在心里偷偷发笑，脸上是不敢作出来的。环视周围的同学，不是一脸的惊愕，一脸的恐惧，就是一脸赤红的昂奋，似乎没人觉得这种比喻有什么不妥。

## 试图限制特权

从六十年代初开始，城市居民开始使用粮票，每月的订量中，只有很少的一点儿大米，白面约占50%，其余为粗粮。只有在国庆、春节这样较大的节日来临时，才会以家庭为单位分到一些好大米，富强粉。不过，似乎也只有北京的居民有这个福分。供应的数量是很少的，一般只够几口之家吃上一至二顿。如果再加上蔬菜，水果，肉蛋的严重供应不足，那些一般家庭的孩子对能吃上足够的大米、白面的干部子女的嫉妒甚至憎恶便是很可以理解的了。但是对于非军人的干部子弟们，其实这种愤怒并不公平。我清楚地记得我们家的粮食是完全按订量供应的，从不因父母的地位而得到过什么特供的大米、白面。我哥哥在"困难时期"，两次因饥饿晕倒在学校，被送到校医室，一杯白糖水就是最好的药。在那些年里，我们家得到的仅有的特殊供应是：每月两斤黄豆，两包香烟。因为我妈妈是十一级干部，算高干。当然，当人民在挨饿的时候，对任何一点食品上小小特供的仇恨都是应有的权力。对于军队的高干子弟，大米、白面的生活却是事实。

上中学后，学校一般都离学生家较远，大多数同学都中午带饭到学校。我的书本总是因此而沾满了菜汁，因为那时候中国还没有塑料袋。学校的锅炉房里有一个大蒸箱，每天早晨，各班的生活委员用一个大线网兜把同学们的饭收集到一起，送入蒸箱。锅炉房的工友到时会打开蒸屉，替我们把饭热好。那三位元帅和将军的女儿所带中饭的质地总是十分的好。我还记得她们带的小巧的富强粉花卷，跟饭馆里卖的一样。菜的花样也多，是那种专门厨师炒得很讲究的菜。我从来没有见她们吃过窝窝头之类的粗粮，她们显然是不受粮食配给的限制。

另一件给我们印象很深的事情是，在打开饭盒之前，她们从不知里面装的是什么。她们边打饭盒边搓着手说："今天吃什么呀？"接着扑鼻的香气弥散在整个教室。这种时候，我总是拼命控制住自己，死死盯着自己的饭盒。不知为什么，总有一种替她们害羞的感觉。为她们那特殊的食品感到不好意思，为她们毫不为这种特殊感到尴尬而不好意思。当然，如果我自己禁不住香气的诱惑而转过头去看她们的饭盒，我更会为自己感到不好意思。军队派给她们父亲的专职厨师为她们准备好了一切，甚至替她们装好饭盒，放进书包，她们当然不知道每天都带了些什么了。

有一个关于那位元帅女儿的真实笑话。有一天，我们的班主任病了，好多同学去她家看她，这位老师出身工人家庭，家境不很富裕。元帅的女儿在厨房里看到挂面，惊奇地叫了起来："这是什么东西呀！样子怎么这么怪？"后来又看见了煤球，又叫了起来："这是什么呀？怎么这么黑呀？"女孩儿们这一下可忍不住了，捧腹大笑，有的笑出了眼泪，她们简直无法相信这位学习很好的同学怎么会如此缺乏基本的生活常识，无知的令人难以置信。

后来班主任找她谈了话，推心置腹地教导她：如果她想成长为一名党所需要的，她父亲所从事的革命事业的接班人，她就应该学会用自己的双手生活，否则很可能会成为一个资产阶级的娇小姐。每一个青年，不管其家庭出身如何，都应该按照党的教导进行自我改造。出身于剥削家庭的青年通过这种自我改造会成长为无产阶级接班人，反之，出身于无产阶级家庭的青年如果不重视自我改革，也会蜕变为资产阶级接班人，变质、变色，没有人是锁在保险箱里的，没有人是生来就红的。老师对她所说的这番话，六十年代初在中学里是自然而公认的真理，但是文化大革命开始之后，乾坤彻底颠倒了，特权这一恶魔自此跳出了瓶子，至今也无人能把它再装回去。

我们能觉出来，元帅的女儿是认真听进了班主任的话，因为很快，她父亲的秘书就拜访了校领导，校领导在这之后做了特殊安排：允许她中午在学校食堂就餐。说这是一项特殊安排，是因为一般中学的食堂只为教师服务，学校没有足够的经费办学生大食堂，每班只有一、两个家庭确有特殊困难的学生可在学校食堂入伙。这位元帅的女儿在学校食堂的经历可谓运气不佳，学校食堂一个月打一次"牙祭"，一般都在月末，用当月伙食的结余买些好菜。恰恰在她入伙的头一天，食堂刚刚开过一顿大米饭加烧肉。她入了一个月的伙，大约实在忍受不了清汤寡油，玉米面窝头的伙食，到月末便退了伙。但恰恰就在退伙的第二天，食堂又改善了一次伙食。

这一下，同学们又有了另一个关于她的笑话，大家着实为此嘲笑了她几天。其实我们如此珍视的好饭，只不过是她的家常便饭。不过同学们并不愿细想这一事实，只是一味地沉浸在自己造出的对她娇嫩肠胃惩罚的快乐中。这确实颇有些小市民心理，很多干部子弟十分鄙夷此种心态，这大概也是不同家庭的孩子们很难彻底沟通的社会背景。不同的生活，不同的阶层，造就了不同的个性和兴趣。其实除了生活能力太差以外，公允地说，这位元帅的女儿是一位好学生，她被同学们选为班委会的学习委员。她性格温文、随和，与同学们相处很好，从不有意识地炫耀自己父亲的地位。

多年之后，我在工作的工厂里遇到了她在师大女附中的同班同学，她们说她在文化大革命期间，不像其他高干子弟那么疯狂地崇尚出身的高贵，也没有太多地介入运动，很有些逍遥派的味道。她后来很快就参了军，没有像我们一样插队、上兵团或进三线工厂。当我后来读到报上关于她父亲的文章，说元帅对于子女要求非常严格，不允许子女享受由他带来的任何特权，他的女儿后来成了一名军医，在她所在单位工作了很久以后，同事们才知道她是元帅的女儿。我相信文章讲的是真的，我也相信她是应列为劳动者的行列。她有幸遇到一位好老师，有幸在一所普通中学就读，而没有进军队子女的特殊学校，如"八·一学校"之类，这些无疑是她能有一条正确人生道路的外在条件。[2]

## 利用特权

与元帅的女儿相反，两位将军的女儿对特权的态度是利用。她们总要时时表现出与我们有所不同，因此在班里大不如元帅的女儿受欢迎。我们觉得她们少将父亲的地位远不如元帅高，可她们总是用高

---

[2] 后来有很多读过这篇文章的人问我这位元帅是谁，我想还是应该告诉读者，他就是：徐向前。

高在上的眼光环视我们这些芸芸众生。她们不受欢迎的另一个原因是，其中一人是"3分"生。那时在学校，分数是评价好学生的重要标准。一个头脑不聪明，却要摆出一副挺瞧不起人的架子的学生，是很难得到同学们认可的。

到了初中二年级，班里开始建立共青团组织，我们班后来发展到十几名团员，占全班总人数的四分之一强些。两位将军的女儿没有一个能成为团员。一天，一位将军的秘书到学校见了我们的班主任，这已经不是我们初一时的那位工人女儿了，是学校新任的、特别能说的大队辅导员。

秘书访问后的第二天，班主任就召集了班团支部会议，让我们讨论那位将军女儿（以下权且叫作"A"，另一位叫作"B"）的入团问题，理由是A的父亲——将军同志认为他的女儿是革命的后代，应该成为共青团员，团支部应无条件地接纳她。这一下可犯了众怒，大家被这种赤裸裸的特权思想所激愤了。本来我们就对A没有好感，这么一来，老师的努力适得其反，大家一致认为绝不能屈服于权贵，要捍卫共青团的纯洁性，有这种肮脏思想的人是不够标准加入共青团的。如果A真地想成为一名共青团员，她最好首先改一下自己的行为，学会尊重同学，提高学习成绩，特别是要端正对劳动的态度。我们真是想不出来，她怎么敢搬出自己的父亲来压团支部。

在这之后，班主任在团支部会上又多次提出A的入团问题，不断地对我们施加压力，但一直未获成功。要知道我们中的大多数也都是干部子弟，这种明目张胆地用父亲的官位压人，只能使我们觉得她思想的丑恶。我们才不会只因为谁父亲的官比我们父母的官大就怕谁。A由此而对反对她入团的人结了仇，我却一点儿也未觉察，直至文化大革命，我才领悟到这种恨有多深，她狠狠地实施了她的报复。

我记得文化大革命开始不久，"老子英雄儿好汉，老子反动儿混蛋"对联甚嚣尘上时，班里组织了一次专对我的斗争班会。在会上她尖声冲着我叫："说！你为什么反对我入团？！你爸爸是反党分子，所以你对我有仇，因为我是革命子女。"她边说，边哭，泣不成声，显示了她——一个革命军人的女儿，是多么深深地被我这个"狗崽子"所伤害了。我不知何以对答，一来我是没有权力为自己辩护的，二来我也确实不知怎么跟这种与我持完全不同道德观念的人理对。我只简单但充满倔强地说："我觉得你不够团员标准。"

后来我们上山下厂时，她参了军。我们班上另一名团员，上校的女儿与她同分在一个野战医院，都做卫生员的工作。多年后我听说，A对这位上校的女儿欺辱之极。在医院里没有人直称A的名字，总是冠以×××的女儿。她未经入团便直接入了党，并很快不再干卫生员进了军医大学，毕业后成了五官科大夫。我觉得她终于找到了可以心情舒畅，快快活活地享受特权的地方了。但是这恰是她自己的悲哀和这个社会的悲哀，良心和公正已荡然无存。她之所以会成为这种偏执的特权狂，我觉得她妈妈有一些责任。

文革初期，我们班有位同学偶然路过A的家门，看到了她爸爸的警卫员给她妈妈贴的大字报，大字报说：将军的老婆出身资本家，在嫁给将军前不过是个大学生。资产阶级小姐习气不改，强迫警卫员做家务事不说，月经带也让警卫员给洗。警卫员气愤地写道："我们拿军队的津贴是为将军服务的，不是侍候他老婆的"。大字报的内容是否属实，无法考证。但是A在学校的表现，使我们都相信大字报的内容确有出处，说不定当初根本就是将军的老婆派遣秘书，假冒将军名义提出A的入团问题，将军本人完全不知晓这些动作，他没时间过问子女的教育。

另一位将军的女儿B，文革中的命运却不大顺利。她开始也参了军，但因为妈妈是地方干部，不久也挨了单位的批斗，她在军队没能青云直上。她后来跟一个普通人家的儿子结了婚，受到家里的反对，不允许再进自己的家门，这使她真正成了老百姓家的儿媳妇。我们班有个同学多年后偶然在街上碰见了她。B谈及自己的生活唏嘘慨叹，说婚后懂得了很多过去不曾知晓的事理，后悔自己当年在学校的很多行为。干部子女不仅受家庭影响，自身所处的社会环境也在不断地改变他们。

## 道路可选择

六十年代初，党对青少年有一条政策，谓之："出身不由己，道路可选择"。在北京的中学，那时大体是对的。记得共青团的章程是：三个团员可成立团小组，五个团员可建立团支部，并有权发展新团员，但新团员的审批权在学校的团总支。班里的第一名新团员一般都是由班主任选定、发展的。我们班第一个被提名、发展的团员是班上的班主席，她出身于地主家庭，父亲有两个老婆，而且都活着，解放后这种情形可是稀少之极的。对于班主任的选择，同学们都有些意外，但因为信奉党的政策，也没有人以为班主任丧失了阶级立场。阶级立场这个词，我们那时似乎还没学到。不幸的是，这位团员候选人的厄运也自此而始，她的入团申请表，直至文革，整整两年，及至预备期失效，也未获校团总支的批准。从交上申请表的那天起，她就开始了向团组织的无休无止的思想汇报，她得不断地提高对地主爷爷的认识，其实她从来就没见过他，她还得不断地批判自己的父亲，因为他讨了两个老婆，这是何等的耻辱之事。不论她怎么汇报，也无法取得团组织的满意（这后来也包括了我）。

二十年后，当我在北京再次见到她，她告诉我，她记恨我们的班主任一辈子，她永远不会原谅她："她干嘛选中我做第一个发展对象？！她几乎毁了我的青春。从入团预备期开始的第一天起（交上入团志愿书即视为开始预备期），我就失去了思维的自由，失去了欢乐，入团这座沉重的大山，压得我喘不过气来。我不知道怎样与父亲相处，怎样与两个母亲相处，我不知道怎么做才能既不伤他们，也不害自己。"我反对她入团时，可是一点儿都不能理会班主席的痛苦，我那时是实实在在不理解她怎么能既申请入团，又继续与那个有两个母亲的丑恶家庭生活在一起。我认为只有彻底离开那个家庭，才能说明她真正认识了那个地主家庭。我从来也没想过，离开了父母，她小小年纪靠什么生活？团组织，学校可是不会给她钱的。

二十年之后，我才认识到自己的行为给同学造成的伤害。我并不因为她只恨班主任，不恨我们而感到轻松，我无法用"那都是共产党的错""应该追究罪魁祸首的责任",来化解对自己的责难。对那场"政治风波"也是这样,我不同意用"平反"来对待这场风波。因为这样会使一切在其中沾了血的人,把责任推到共产党身上而一了百了。解决"政治风波"中的冤案,只有通过法律的程序,由受害者本人或亲属,对犯罪人起诉。要有足够的证据,依法治罪。这也是为什么当我听了那位同学说恨班主任一辈子,一点儿也不觉得她心胸狭窄的原因。

二十年后,我很为这位同学感到骄傲。十几年农村的熬炼,夜大的苦学,使她变得坚强而成熟。她有了个幸福的家庭,一个漂亮的女儿。不过,她绝不让女儿参加任何社会活动,绝不许她当班干部,因为她自己已吃够了当干部的苦头。

我自己的入团经历却是党的政策的幸运例子。我的父亲庐山会议之后被开除了党籍,母亲随后与父亲离了婚,我们三个孩子都判给母亲抚养。母亲告诉我,因为她本人仍是革命干部,我们孩子的出身应算"革干"。但是我却十分缺乏自信。自从父亲出事后,我从未感觉到自己是纯洁的,总觉得自己的家庭出身是有污点的。在班里我为人外表看上去十分冷漠,有的同学说我是"难以接近的人"。在班上我学习成绩很好,门门功课总在前三名,初一时我被选为政治课代表,这似乎比别的课代表地位更重要。那时学校已非常强调政治思想的重要性了,同学们都认为政治生命比肉体的生命更重要。

一九六四年,农村开始了"四清运动",一个新的政治口号:"用阶级斗争的观点分析所见所闻"变得十分流行起来。中学也受到了冲击。有一天的作文课,老师要求我们用这个口号写篇文章,要结合自己身边的人和事。将军的女儿B的作文被当作范文在全校各班讲读,因为她用了阶级斗争这一锐利武器分析了班上的一位同学。她在文章中写道:"这位同学的父亲是我们党的敌人,但是她经常口若悬河,花言巧语骗取了同学们的信任,当上了政治课代表,这是多么严重的阶级斗争问题。我们的阶级斗争观点到哪里去了?!"

我们班上的每一个同学当然都知道文章中所指的同学是谁。那些日子在校园里,我常常被其他班的同学指着后背,喊喊喳喳:"看,就是她。"我的心灵感受到了极大的屈辱，完完全全地不明白，自己在什么时候，什么地方欺骗了同学，难道不是你们自己选我当的政治课代表吗？我什么时候骗你们选我了？我无论如何也不能理解，自己在什么地方得罪了 B，让她写出这么一篇狠毒的文章来。

二十年之后，那位在大街上偶然遇到 B 的同学告诉我，B 说她现在回想起初中的许多所作所为，十分后悔，她那篇文章实际只是十分嫉妒我的学习成绩，并不是因为真认为我是那么个坏人。我听了此话后却绝没有释然的感觉，因为用革命的口号去报私仇在文革中已司空见惯，这种习气延续至今，愈演愈烈。正如哈佛中国问题学者麦克法夸尔先生所说："今天（中国）的问题不仅仅是左派再次猖狂，镇压盛行；同样不可忽视的是，有许许多多的人，其实他们根本就不信奉马列主义，只不过令人作呕地使用思想的武器去攻击那些他们想暗中陷害，或者纯粹是垂涎于他们的职位，或者完全欲施于个人复仇的人。"他的这段评论真可谓是入木三分了。

话回到当时，我母亲终于发现我情绪有些不对头，追问之下，我讲了 B 作文的事，母亲立即去学校找校长谈话。几天后，语文老师找到我并道了歉，她说她错误地领会了党的阶级斗争观点，阶级斗争在青年学生中是不存在的，学生们都是祖国的花朵。我不知道母亲与校长都谈了些什么，反正老师似乎是挨了批评。我很快就把 B 作文引起的不快丢到了脑后，这件事并没有破坏我愉快的中学生活，也不曾在心灵中留下什么阴影。总的来说，我那时是个性格开朗的女孩子，当然我没有再被选为政治课代表，以后分别当了一年的语文课代表和物理课代表，我对这两门课有着更大的兴趣。

实际上，选 B 作文为范文的语文老师出身于地主家庭，直到文革开始，我们才知道这一点。那些年，确有一种很令人感到矛盾的现象，越是出身于"剥削阶级"家庭的人越表现得比出身于劳动人民家庭的人更热衷于积极执行党的政策。回想起来，大概是缺乏自信心，总怕别人找自己麻烦的缘故。我记得我们三年的政治课有过三个政治老师，其中一个出身于地主家庭，一个出身于资本家家庭，后者是一位女性。这两位老师都十分令我们厌恶，上他们的课简直是活受罪。那位女老师有两句口头禅："你们这些骄学生必须进行自我改造。""你们这些温室里的花朵。"中学的三年，尽管我其他功课都是五分，就因为政治总拿三分，我一直没能获得北京教育局发的优良奖状，我真是腻味透了这两位政治老先生。

在我们班上，从来就没有人拿过政治课的五分，老师的理论是："如果政治得了五分，就说明你们思想好得不用再改造了，而这是根本不可能的，每个人活一辈子就要改造一辈子思想。"记得班上大概只有一、两个同学得过四分。可这两个人即不是团员，也不是好出身，而且其中一位劳动课一贯表现很差，平时极注重穿着打扮，在那个年代，可是够典型的资产阶级思想了。真是天晓得政治课好到底是个什么标准？文化大革命中，这两位老师在全校师生大会上捶胸顿足，鼻涕一把泪一把地发言："我是个狗崽子，我没有改造好思想，我真心地希望红卫兵小将对我进行帮助和改造。我从心底里感到对不起红卫兵小将，我过去在课堂上侮辱过你们……。"我感到阵阵的恶心，我得承认，那时我真是觉得他们实在是"狗崽子"。尽管我现在体会到那不过是人性中"趋利避害"的本能使然。

我是在退队（年满十五岁，退出少年先锋队）的同一天被吸收加入共青团的，也就是在那一天得到的入团志愿书。如入团申请获得批准，团龄自添表那天算起。当我摘下了红领巾的那一瞬间，心头浮起一种莫名的凄凉，我觉得自己仿佛成了没娘的孩子，自己的政治生命就此完结。这一切发生得那么突然，班团支部组织委员递给了我一份志愿书，郑重地通知我班团支部已批准了我的入团申请。我真有点儿不敢相信，虽然心里早觉得自己够了团员标准，但是总以为父亲的问题会永远将自己拒于团的大门之外。我焦急不安地等待校团总支最后的审批意见。

两个月后，我看到自己的名字出现在学校主楼一楼大厅的大红榜上，心中的一块石头落了地，觉得真正从 B 作文带来的羞辱中解脱出来，浑身感到无比的轻松。我真的相信"出身不由己，道路可选择"确实是党执行的政策，这可能因而成了我后来积极投入到文化大革命运动中去的一个直接的原因，因为自己与这个党已经有了某种感情的缔结。从我自己的切身体会,我认为共产党在六十年代初还没有强调在中学生中也要互相斗争,但是有些仇恨的种子已经播种在一些学生的心中,在文革中这些恶种随着政治气候的升温像爆米花一样炸裂开来。

## 劳动课

遵循党培养劳动者的教导,学校每学期都安排有一定课时的劳动课。记得初中一年级时,每两周有一个半天的劳动课,同学们分成两组,分别在街道工厂和饭馆劳动,过一段时间后再对换。

我是在西直门外一个叫"西外大众饭馆"的地方干活,从家到那儿有四十五分钟的路程。上课那天,早晨四点半就要起来,必须在饭馆开门前半个小时赶到。饭馆供应油饼、火烧、豆浆一类的大众早餐,八点之前,生意十分兴隆,有在饭馆就餐的,也有拿着大盆、小锅买一家人的早点的。我的任务是帮助大师傅炸油饼,开张之前,我们起码要炸出一百多张饼预备着,才对付得了流水般的顾客。我用右手拿一个钩子,从半米直径的油锅里往外捞炸好的油饼,然后穿进左手拿着的一个铁条上,待到积够一定数量,油也沥得差不多了,再放进身旁的一个大笸箩里。往往是油饼刚从铁条上抖下来,就被递给早已交好钱,等得不耐烦的顾客。我那时十四岁,人很瘦,在家又从不干家务劳动,这个活儿对我来说着实不轻松。我的左胳膊要使足力气才能撑住那根串满油饼的铁条,使炸好的油饼不至于再掉回翻滚的油锅,我左手的食指大约有半年多的时间是麻木没有知觉的,直到离开饭馆很久以后才渐渐缓过来。

不过我一点儿也不讨厌饭馆的劳动,认为对锻炼,改造自己的思想是有好处的,以后自己上饭馆吃早点,就知道它的来之不易了。饭馆九点结束早餐供应,我帮助服务员打扫完卫生后就可以离开了。这对我是最较劲儿的时候,因为在我们清理桌椅、板凳,清扫地面时,还有顾客在前厅就餐。我对在人前做这种服务工作感到非常的不好意思,嘴上虽然从不承认,心里那时可是看不起服务行业的。我总是要把红领巾带在脖子上,以示自己不过是个上劳动课的学生,绝不是饭馆的服务员,以维护自己的脸面。等顾客走光以后,我常常看到店里的人把水掺进空了一半的醋瓶或酱油瓶,我对这种欺骗行为感到十分震惊,在学校里我们知道的社会可根本不是这个样子。饭馆的领导对我的表现似乎很满意,因为我劳动课那学期得了五分。

初中的最后一年,劳动课的政策变了,每学期只有一次劳动课,但是时间集中为二至三周,在北京郊区的农场或农村住宿、劳动。我们班去了长阳农场,收割水稻。三个班的学生集中住在一个大粮库里。每个人得到一张不厚的草垫,直接铺在水泥地面上当床。每天只有冷水洗脸洗脚,每人每天收割水稻的亩数都做记录并公布出来。我总是保持在最高纪录 0.2 亩。可农工用镰刀收割的纪录是二亩,我真想象不出他们怎么会那么棒!头两天,我的手上打满了血泡,浑身痛得睡觉都不好翻身。三天一过,就没事了。我们清晨排着整齐的队列一路歌声开到稻田,黄昏拖着疲惫的步伐,但仍一路高唱回到就寝的粮仓。田野的稻香是那么沁人心脾,农场的日出、日落是那么的辉煌美丽,我们这些住在北京城里的学生从来没有见过这种景色。在农场的生活过得真是十分愉快,我最多的一天吃过两斤米饭,刚收下的新鲜大米,香得吃了还想吃。

两个星期一晃就过去了。回到学校后,同学们都开始叫腰腿疼,看过医生,医生说是在凉湿的水泥地上睡的。幸亏我们那时都年青,在农场也仅只待了两个星期,没有留下什么后遗症。后来在我进了一家军用汽车厂,在大型冲压机上工作,艰苦的工作和生活条件使我认识到,学校的那些劳动课没有白上,我离开校门后从未畏惧过超重的体力劳动和匮乏的物质生活。

## 民　主

现在人们的共识是:"中国没有民主",对此我并不完全同意。中国曾有一块小小的民主的领地,那就是中学的班级。我在中学时,每个班级都有一个班委会,由七名成员组成:班主席、副班主席、学习委员、文艺委员、生活委员、军体委员、劳动委员，每门课程都设一名课代表，所有这些班干部都是由全班同学民主选举产生的。每年重新选举一次，先是同学们自由提名；被提的人名被写在黑板上，然后依次举手对这些人进行表决，有时被提名的人数会超过全班的半数。谁同意谁，不同意谁，大家都看得清清楚楚。得票最多的为班主席，次之为副班主席，其余由班委会自己进行分工。如果没有足够的过半数当选者，就对得票较高者再进行二轮选举。班上的团支部委员也是在团员中民主选举产生的。

在中学，同学们都很熟悉这一套民主程序了。后来走入社会，进了工厂，就全不是这么回事了。班组长，工段长，甚至团小组长，团支部委员，都是由党组织提名，进行等额选举的。我觉得自己一下子掉进了一个黑窟窿，好朋友之间私下议论，没想到社会这么黑暗。记得有一位朋友说："我恨透了学校的教育，在学校我们学的是生活无比的美好，前途无限的光明。老师教育我们要为人正直、诚实，努力工作，献身于革命事业。可是社会根本就不是这么回事，人与人之间是这么尔虞我诈，领导以权压人，无处讲理。我的心在流血，我们是一群被人欺骗了的傻子。"他可能是对的，但是我愿意从积极的一面去看待这个问题，我觉得学校单纯的、正面的教育方式给了我性格中光明的一面，使我总是在黑暗中去寻找那一点光明，在邪恶中感应良知。这种性格使我在文化大革命沉重的政治压力和一度曾极为恶劣的生活环境中得以生存下去，而且从未消极、沉沦。没有学校的那些愉快的生活，我大约不会活到今天。

## 结束语

那些毕业于一九六六至一九六八年的中学生，在中国被称为"老三届"，他们是在"培养有社会主义觉悟，有文化的劳动者"的口号下长成的一代。人们笑话我们，我们自己也常常自嘲受了"毛的童子功"。在中国，一至七岁的孩子被称为"童子""功"就是"中国功夫"。当一个武林高手自幼习武，人们会认为他有"童子功"，怎生了得！

"毛的童子功"在我们这"老三届"一代身上的表现是终生摆脱不了的"使命"感，——历史的重负，国家的使命，甚至对自己所在工作单位的责任，家庭的责任；对父母、对儿女不尽的职责。不管何时、何地，永远卸不下肩头的重担，也不管会不会因此惹人生厌。我曾经工作过的三线工厂有一千五百个这样的"老三届"，我们付出了那么艰辛的劳作去建设那座工厂，有时连续四十八小时不睡觉，我们那时只有很粗糙的伙食，常常吃不上蔬菜。我所有的高中、大学课程都是那时趴在床板上，在蜡烛光下自学成就的，工厂的宿舍里是连张课桌都没有的。当我在国内研究所工作时，曾经日复一日地用自行车驮着三十公斤重的铜材，在凛冽刺骨的寒风中骑行三十公里去做试验。现在我在美国的超级超导对撞机国家试验室工作，建成后，她将是世界上最大的加速器，我把她当成上帝给予我的使命，全身心地去做。许许多多与我同属一代的人曾经与我有过同样的经历，现在也还像我一样忘我地工作。有些人至今还生活在狱中，就是因为他们放不下肩头那份要使自己的祖国昌盛强大的、自己加给自己的历史重任。常常有人问我们："这么活着不太累了吗？"是的，是太累了，而对于那些献身于政治的人还有失去自由、生命的危险。在党的"培养有社会主义觉悟有文化的劳动者"的口号下成长起的是非常特殊的一代人，以前没有人像他们那么活过，以后也不会有人再像他们这样活了。

选自《记忆》第 126 期。

# 北京四中的学潮与社教

## 王复兴[1]

从 1962 底至 1966 年文革爆发,在中国大地上,曾发生过一场席卷全国城乡的"四清"运动,又叫社会主义教育运动,简称社教运动。这场社教运动是个阶级斗争的大战场,成为文化大革命的预演及练兵场。在当时非常罕见的一件事是:北京四中这所著名中学也曾经历了一场社教运动。发生的时间是 1964 年 12 月 28 日至 1965 年 8 月 4 日,历时七个多月。笔者当年是四中 65 届高三 4 班的学生,亲历了这场中学的社教。四中的社教是由此前发生的学潮所引起。

文革的红卫兵运动首先发端于清华附中,而四中的学潮与社教则早于清华附中红卫兵的萌动,是红卫兵运动的序幕与预演。

北京四中建校于 1907 年,至今已有一百多年的历史,最初校名叫顺天中学堂。自光绪二十八年(1902 年)起,在袁世凯、张之洞等洋务派大臣的推动下,清廷废除了科举,参照西洋成规施行了癸卯学制,社会教育的格局为之一变。四中正是那个时代的产物。1912 年改名为京师公立第四中学,1949 年后定名为北京四中,是个男校。地址在北京市西城区西黄城根北街 2 号,离西什库天主教堂很近。四中发展到五十年代至六十年代中,以教学质量高、大学升学率高而

---

[1] 王复兴,1965 年毕业于北京四中并考入北京大学历史系世界史专业;1970 年 3 月从北京大学毕业;1978 至 1981 年于河北保定师范专科(学院)任世界史教师;1981 年 4 月移居香港;1987 年与万润南合作创立香港四通公司(北京四通集团分公司),任董事、进出口部负责人;1992 年任香港创恒有限公司董事长兼总经理;2003 年退休;2010 年移民美国德州奥斯汀;现为中国文革史独立研究者。著:《抢救记忆 一个北大学生的文革回忆录》(美国南方出版社,2016 年 9 月出版,并由美国国会图书馆收藏。

著称,每年考入清华、北大的学生较多,从而闻名于海内外。正因为如此,四中高干子弟云集,不乏国家主席、政治局委员、元帅、将军、中央各部部长的子弟。四中的这些高干子弟穿着朴素,骑自行车上学,许多人在学生大食堂吃饭,大多数学习成绩不错。但他们有着一种莫名的优越感,课下喜欢扎堆儿,谈论国内外大事,议论各种小道政治消息。喜欢议论谁谁的爸爸是谁,谁谁的爸爸说什么了,谁谁的爸爸去那位高级领导家里了,等等。他们与平民子弟之间有着一种无形的隔阂。当年四中的学潮与社教,主要是由四中的高干子弟推动而发生。高三年级是重灾区。

## 一、四中学潮的背景

1964年秋,四中发生了学潮,其背景如下:

背景一:学习"九评",反修防修意识高涨。自1963年中共九评苏共中央公开信,每一评发表时,四中全校都停课听中央广播电台广播,然后政治课学习"九评"。同学们下课议论最多的是中共中央代表团与苏共中央在各种会议上或会下的争论、斗嘴等大、小道消息。高干子弟这方面的小道消息特多。在学"九评"中,学生们反修防修的意识高涨,洋溢着一种浓烈的民族主义情绪,认为苏共变修了,世界革命的中心转移到中国了,毛主席是国际共运的导师,是"老大"。对毛主席由衷地崇拜,十分自豪。

1964年春,高三5班同学王小彬(干部子弟)给中央写了一封信,系统地批判了苏共中央第一书记赫鲁晓夫的"修正主义观点"。后来听班里的高干子弟说,毛主席看了此信,并说,"我们的中学生能写出这样的反修文章,小将向我们挑战了!"据说周恩来总理在一次关于反修的报告会上,表扬了四中学生王小彬,说,"看,这就是我们有觉悟的接班人。"从此事可以看出,四中学生反修防修气氛之浓。

背景二:"四清"运动,阶级斗争观念空前强烈。中共中央指导"四清"运动的文件"前10条"和"后10条"下达时,四中全校都停课听广播传达。文件中说，"当前中国出现了严重的尖锐的阶级斗争情况""资本主义势力和封建势力正在向我们猖狂进攻。"要"民主革命补课""要重新组织阶级队伍"，要"扎根串联""成立贫协"。要打击"四不清干部"。等等用语令人震惊，令人振奋。学生们被鼓动得革命热情高涨。农村"四清"中的各种故事在学生中流传，同学们恨不得马上投入到阶级斗争的洪流中去。

1964年5月15日至6月17日，中共中央召开关于社教问题的工作会议，会议提出："全国基层三分之一领导权不在我们手里，可能还不止。"此一说法当时在四中学生中广为流传，同学们都十分吃惊，纷纷觉得自己阶级斗争观念太差，太跟不上形势，决心要快马加鞭紧跟形势，为保卫无产阶级政权而战。

背景三：1964年《人民日报》公布了毛泽东对文艺界的两个批示，对四中学生影响很大。1963年12月12日毛泽东批示："许多共产党人热心提倡封建主义和资本主义的艺术，却不热心提倡社会主义艺术，岂非咄咄怪事"1964年6月27日毛泽东批评文艺界"最近几年竟然跌到了修正主义边缘。"随后在上层建筑各个领域开展了革命大批判，批判文学、艺术、电影、戏剧、音乐、教育、哲学领域的封、资、修。报刊上大批判文章无日无之。学生们业余时间都爱看电影，原来爱看的一些电影也被批为"大毒草"，如《早春二月》《北国江南》《舞台姐妹》《林家铺子》《聂耳》《怒潮》等等。于是学生们生怕掉队，紧跟形势，努力以阶级分析的方法去分析文学艺术作品，分析一切。笔者所在高三4班在学潮初起时，革干子弟宋杨之在语文课程老师讲述朱自清的散文《荷塘月色》时，突然举手后站起发言，批评教语文课的程老师散布资产阶级情调，并批判朱自清的《荷塘月色》是宣扬世外桃源和阶级斗争熄灭论。这是学生受社会上革命大批判影响的具体一例。

背景四：传达、学习毛主席对毛远新关于教育革命的谈话。1964年11月高教部转发了《毛主席与毛远新谈话纪要》，四中对教师、学生进行了传达。毛主席对毛远新痛斥了现行教育制度，"反对注入式教学"，提出"阶级斗争是你们一门主课。"毛主席关于"学生负担太重"的批评尤受学生欢迎。毛主席反对以学生为敌人，反对"用考试对学生搞突然袭击"，这很对学生的口味，使学生们感到伟大领袖最体贴自己，是站在自己一边的，要跟着毛主席开展教育革命。

四中学生中蔓延着要开展教育革命的思潮，特别是高三年级的高干子弟，他们很快步入了"教育要革命"的实践，闹起了学潮。

## 二、高干子弟闹学潮

1964年10月，北京市西城区的四中、六中、八中等中学的高干子弟相互串联，认为学校的阶级路线存在问题，出身不好的干部、教师重点培养出身不好的学生，排斥干部子弟；认为学校忽视政治教育，重视分数，培养学生走白专道路；认为应响应伟大领袖毛主席号召，开展阶级斗争，学校应搞教育革命。四、六、八中先后闹起了学潮，此即所谓发生在1964年秋季的"468学潮"。四中的学潮主要是由高三年级的高干子弟领头闹起来的。

前文提到，笔者所在的高三4班，曾发生语文课上革干子弟宋扬之批评语文课老教师程先生讲授朱自清的散文《荷塘月色》是宣扬资产阶级情调，并批判朱自清的《荷塘月色月色》宣扬脱离阶级斗争的世外桃源，散发小资产阶级情感。这是个标志性事件，学潮自此温度骤升。而后大约在同一天，高中各年级、各班在教室后墙贴满了小字报。有批判白专道路的；有讲阶级路线的；有批判语文教材的。笔者在外班高三3教室后墙看到宋克荒（宋任穷之子）一篇长篇小字报论述党的阶级路线。

高三6班突然出现了批判本班"白专"同学鲁生卫的事件。鲁的父亲是国民党官员，是1949年国民党起义人员，时任煤炭工业部参事，应属党外的统战人士，但在当时阶级斗争愈演愈烈的形势下被视为国民党余孽。在教室后墙的小字报，周××同学有篇小字报点名批判同班同学鲁生卫，题目是《撕开伪君子鲁生卫的假面具》，内容开头就是一段耸人听闻的文字："鲁生卫这个伪君子在中山公园光天化日之下耍流氓，侮辱妇女，被我无产阶级专政机关实行了无产阶级专政。今天，撕开伪君子鲁生卫假面具的时候到了……"。（后来经多方面核实，以上文字完全是歪曲事实，但很容易把人搞臭）。小字报接着说，鲁生卫"出身国民党反动家庭，资产阶级思想严重，从不注意改造思想，伪装进步。"等。

  接着在高三6班的一次语文课上，干部子弟张康平站起来发言，说他的作文得了2分，他念了作文后，质问语文课焦老师："我的作文只值不及格吗？"（该作文政治立场鲜明，但过于简单，且文不对题）鲁生卫的作文得了5分，高干子弟苏承德举手发言，分析、批判了鲁的作文政治立场有问题。接着张康平又站起来拿起自己的作文本，走到鲁的课桌前，愤怒地把作文本摔到鲁面前，喝问："鲁生卫，你说，我的作文应该得几分？，你的作文应该得几分？"在突如其来的事态面前。鲁懵了，没有回答。张康平当时愤怒地大声喊叫："你站起来。"鲁站起后，仍然没有说话。这时，周××大喊，"太嚣张了，把他揪到前面去！"接着就一手拉着鲁的左臂，一手推着鲁的脖子，连推带搡地往讲台那边推。这时又有一位同学抓住鲁的另外一臂，两人一同把鲁推到了讲台。这个同学用力按鲁的头，让他低头。不知所措的焦老师怯生生地说："鲁生卫，你当众做个检查吧。"苏承德站起来说，"鲁生卫，你必须只检查政治问题，不能避重就轻，转移斗争的政治方向。"鲁慌慌张张，语无伦次地做了检查。终于熬到焦老师救星般地宣布下课。此时全班把目光转移到了泣不成声的李××身上。有人问李，"你怎么了？"李说："阶级斗争太残酷了，阶级敌人太嚣张了。"然后他突然扑到鲁的面前，抓住鲁的衣服，大喊："阶级敌人！阶级敌人！"

  事实上，李××也是一个所谓家庭出身有问题，在政治运动中屡遭不幸的悲剧学生。他在政治运动的表演反映了极左教育和阶级斗争教育洗脑所造成的一类人的心理。他们把自己装扮成"革命形势"所需要的激进角色，努力表现自己"积极进步"的政治立场。李××在鲁的事件上的上述这种表现已经不是第一次。在一次参加毛泽东支持美国黑人斗争声明的天安门集会上，当毛泽东出现在天安门城楼上的时候，李××表现得激动不已，狂呼万岁。当天回到学校以后已经是下午自习课，李××进教室以后没有回自己座位，却径直走到鲁的座位前，当众质问鲁，为什么你见到伟大领袖无动于衷？质问得鲁惶惶然无言以对。但李在运动中并未能免受冲击，并被剥夺了上大学的权利。

一天，庞××同学给鲁写了一页纸的"规劝信"，内容是要鲁认真对待政治运动，要自觉改造等等。于是鲁从作业纸上撕下一小条，简单地写道"谢谢，一定按照你说的办。"意想不到的这竟然是正在争取运动中"火线入团"的庞××设下的一个圈套。庞立刻写了小字报，题目是《和风细雨可以休矣》，把鲁回的纸条贴了出来，称这是鲁抗拒改造，抵触运动的实际行动，主张对鲁采取疾风暴雨的打击。接着，在周××的支持和配合下，庞向鲁索要他写的"规劝信"原件，称要和鲁的小条对比张贴，鲁说找不到了（实际是被鲁销毁了）。于是庞协同周××，在下午的自习课上，周××厉声呵斥，令鲁离开座位，周、庞两人动手搜查了鲁的书包和课桌，当然什么也没有找到。这次被搜查的屈辱令鲁痛不欲生，到了晚年仍难以忘怀。

此后，团支书高艳华（后改名高峰）作为班干部代表宣布，"从今天起，每天下午鲁生卫不得参加第三、四节的自习课，到阶梯教室写检查。直至检查通过为止。"鲁很庆幸这一"惩罚"决定使得他能躲开自习课的骚扰。当时高艳华还指派两个同学每天陪鲁一起骑车回家，一个同学顺路，另一个同学并不顺路，是特别陪同、护送。鲁本人感觉这种安排有"监护"的意思，而当时他脑中确实曾闪过轻生的念头。同学的"护送"使他感到一种人性的温馨，而暗存感激。

鲁生卫在这种自发式的乱哄哄班里召开的批判会上，让他交代反动思想，鲁被击蒙，并不知道有什么可交代的，只好沉默。批斗会开的十分激烈，周××同学表现得尤为激昂，应是为表现其革命性，但因其并非高干子弟，因此并没能因其十分激进而进入班里的核心小组。为收集鲁的"罪证"，6班七、八个人一哄而起去鲁宅抄家。据苏承德回忆，去鲁家拿走了鲁的日记本、笔记本，没动其他物件。

鲁毕业时"政审"过不了关，没能考上大学。文革后苏承德曾两次向鲁生卫诚恳地道歉。张康平在文革后经常到鲁生卫家看望，二人都不提过去事，成为相互关心的好友。

鲁生卫在逆境中自强不息，自修成为机电专业的专家。在笔者对鲁采访时，鲁回首往事，说：对当年的批判"我所没想到的是激烈的程度""扪心自问自己是否对过去存在怨气，我发自内心的想法是我怨恨那个时代""历史已经翻篇了。我内心的真实感受，非常不愿意纠结和缠绵那些不堪回首的过往，受迫害也不是同学的过错，那个时候我们还都是孩子……"鲁要求绝对不要公布他的真实姓名，因那是一段太痛苦的经历，他不愿打破心灵的平静。他说："半个世纪以来，我肯定和曾经在四中小文革中受到迫害的同学一样，轻易不愿意去回顾那段不堪回首的经历。无论是在当众的场合，或者自己私下里，都有意识地回避回忆，不愿意总是去戳伤疤。"由鲁所吐露的心声，可看到当年对他伤害之深。由于当事人的再三要求，笔者隐去了当事人的真实姓名，用了"鲁生卫"这一代名。

紧接着发生的，是许多班发生了"夺权"。由高干子弟向家庭出身非红五类的团支书、班长夺权。这是仿效农村"四清"运动的夺权斗争。高三年级有六个班，其中三个班出现了"夺权"。笔者所在的高三4班，原团支书李峻（干部子弟，其养父在1959年被批判为犯有右倾机会主义错误，生父于1949年去了台湾。）被刘安东（水电部常务副部长、党组书记刘澜波之子）代替；班长杜文（父亲是中医）被杨东胜（杨成武之子）代替。一天高三4全班开会，刘安东主持班会，宣布了"领导班子"的变化，没有讲任何理由，没有这经过改选程序。

同一时间，高三6班的团支书高艳华（后改名高峰、家庭出身小商贩）被高干子弟谭笑曼（父亲是总政秘书长）代替，高艳华因不是革干子弟而改任班长；高三3的团支书史晓星被邱承光（邱会作之子）代替。其实史晓星也是高干子弟，但其家庭背景涉及党内斗争，他父亲陈光是原红一军团代军团长、115师代师长、四野纵队司令、四野副参谋长、广州军区副司令员，其性格刚烈、火爆，与林彪、叶剑英曾有较深矛盾。1950年在广州处理城市工作及港澳台情报工作中犯了错误，被过度批判，并被中央错误地定为"反党"，开除党籍、撤职并软禁于武汉，是冤案、错案。陈光于1954年6月7日自杀身亡。史晓星竟因其父这样一个背景，也被夺了团支书的权，可见当年高干子弟们受父辈权力斗争影响之深，十七八岁的中学生已相当政治化。陈光于1988年4月被中央平反、恢复了名誉。后来史晓星为纪念父亲，著有《陈光》一书，并从母姓改回父姓，改名为陈晓星。

在四中的学潮中曾发生了一件十分新奇、怪诞的事情。高三2班曾发生一件外班团支部（高三其他几个班的团支部）跨班到2班发展团员之事，目的是为着贯彻党的阶级路线，发展一名高干子弟入团。高三2班的学生李新桅（李井泉之子）不怎么求上进，不是团员。李新桅是由四川成都转学到北京四中上高中的，在四中住校，每个周末到贺龙家住。李井泉每次来京开会，李夫人都会到四中把儿子接走，有时正值上课时间，李太便会直接到教室门口吩咐老师把儿子叫出来接走。李新桅被父母接走一个礼拜左右，回校后通常气色很好，有的同班同学和他开玩笑，说他"又胖了一圈"。据说有的同学与他开玩笑时，摸他的头玩，嘲笑他，于是有的高干子弟同学说这是反映了阶级感情问题，是仇恨干部子弟。为发展李新桅入团，高三2班在阶梯教室召开了"联合团支部大会"，由外班团支部批准李新桅入团。而后高三2班团支书任小彬再召开2班团支部开会，补办了李新桅的入团手续。此事，已显露出了后来那个对联"老子英雄儿好汉，老子反动儿混蛋"这一血统论思潮的初端。似乎高干子弟是"自来红"，是当然的革命接班人。

在学潮中，有的班发生了学生斗学生，批判思想"反动"的非红五类出身的学生。高三2班批判了马巨同学。马巨的父亲马宗霍是国学大师、教授。马巨学习成绩很好，有点傲气，与同学关系不是很融洽。马巨被批判阶级感情有问题，有人揭发他在三年困难时期，一次他们班到北海公园参加科技之家活动，回家路上，踫上一个衣衫破旧、褴褛的要饭的乞丐，马巨对同行同学说"这要饭的，风餐露宿，这么苦。看照片毛主席是穿皮大衣呀。"还有一次全班到天安门参加抗美援越群众大会，当毛主席出现在天安门城楼时，同学们狂呼"毛主席万岁！"表现得十分狂热，而马巨被揭发表情平静、无动于衷。

马巨被批为反动、反革命,被定为反动学生,没能上大学。他文革后在美国从事计算机管理工作。文革后同班校友聚会,同学们敞开思想畅聊,马巨惊讶地发现,国内校友们对党国体制弊病的认识、对神化领袖的祸害、对普世价值的追求,比自己深刻得多,说"我当年是右派,你们现在各个比我还右派!"文革后高三2班校友聚会,当年的团支书(高干子弟)任小彬多次诚恳地向马巨道歉,令马巨感到十分安慰。

受高三年级学潮的影响、低年级也闹起了起来。高一年级也未能幸免,也发生了批判学生的事情。当时高一2班的教室后墙上曾贴满了批判牟志京(父亲是知识分子、翻译)的小字报,有的小字报揭露他爷爷解放前是大富豪(其实他祖父在49年前早已破产);有的小字报因他奶奶公私合营后曾领取过些微定息,因而说他奶奶有"变天账",要他交代;有的小字报批判他有资产阶级恋爱观,只因他有一次蹓上小学的一个女同学,女同学对他"噗嗤"一笑,他开玩笑说有过艳遇。有的同学还把他日记中的一些东西拿出来批判。文革爆发后,牟志京坚决反对血统论对联,在校内外到处与"老兵"辩论。他于1967年1月18日创办了《中学文革报》,曾刊登过遇罗克以"家庭问题研究小组"名义发表的《出身论》,在文革中曾产生过巨大影响。

当年推动四中学潮发展到社教运动的是高三的一批高干子弟。高三的高干子弟有个核心小组。主要核心成员有:邱承光(邱会作之子)、宋克荒(宋任穷之子)、杨东胜(杨成武之子)、肖云(肖华之子)、苏承德(苏振华之子)、刘安东(水电部党组书记、常务副部长刘澜波之子)。邱承光是主要的召集人。开会地点有时在刘安东家,有时在肖云家。杨东胜其实政治热情并不高,他与笔者私交不错,私下对笔者讲,"我爸就让我好好念书,以后建设祖国。"他在核心圈只不过挂个名,跟着跑。杨东胜属于核心小组成员就因为他爸是杨成武。开始核心圈人较多时,有李新时(父亲是上海空四军的少将)、宋扬之(父亲宋之光时任驻法参赞)等人,他们后来淡出了核心圈,皆因父辈不够军级、部级以上官位或不在中央机构任职。从以上高干子弟核心圈组成的潜规则，可以看到高干子弟头脑中那种等级分明的血统观。这种等级分明的血统观，应是既来源其父辈无形的影响、熏陶，也来源于体制的潜移默化。

从以上四中学潮中学生们的思想、行为，可看到"狼奶"（阶级斗争观）对十几岁年轻人的身心影响之大。阶级斗争观把人群撕裂成对立的阵营，煽动仇恨与斗争。生活、学习在同一校园的同学，本应相互友爱帮助，却要对立、仇恨、揭发、批判、斗争。年轻人善良的人性被"狼奶"浸透、侵蚀、毒害。人性被阶级斗争观严重扭曲。这种悲剧，后来在文革中竟泛滥成灾。其根源正是"以阶级斗争为纲"的毛泽东路线。

## 三、社教运动

1964年深秋，四中闹起学潮时，一些高干子弟给中共中央写信，反映四中学校领导贯彻党的阶级路线有问题，排斥革军、革干、工农子弟；出身地富、资产阶级的领导、教师重点培养出身地富、右派、资本家的子弟；学校不培养革命接班人，而培养学生走白专道路。他们写了两封信，一封给中宣部、一封给北京市委。信写好后，高干子弟联合签名，有邱承光、苏承德、宋克荒、杨东胜、刘安东、肖云、宋扬之等人。写信日期是1964年12月20日。高干子弟自有通天渠道，一封信通过陆健健（后改名陆健，陆定一之子）递交给中宣部部长陆定一；另一封信通过傅洋（彭真之子）递交给北京市委第一书记彭真。

陆定一收到信后，于21日转交北京市委。中宣部于25日在中宣部《宣教动态》114期上刊登了此信。发信一周后，27号左右北京市委文教书记张文松出面接见了四中高干子弟三名代表：邱承光、宋克荒、苏承德。此次接见，张文松主要是听取意见，了解四中高干子弟想法，以便向彭真汇报。紧接着，北京市委由市委副书记、副市长万里出面第二次接见四中高干子弟，地点在台基厂北京市委大楼大会议室。这次四中去了几十个高干子弟，已毕业没考上大学而转到清华附中重上高三的贺鹏飞（贺龙之子）也去了，坐在宋扬之旁边。记得笔者那天上学，没见到刘安东，有同学告诉笔者，万里接见他们，刘安东也去了。过了一、二天，会议情况陆续传出，据说万里在会上批评他们是"娃娃""瞎胡闹！""不要党的领导，搞非组织活动。"针对他们反映四中领导培养学生走白专道路，万里说："你们说红2分比白5分好，我看还是白5分好。"（当时学校实行百分制与五分制并行的分数考核制）。万里指着苏承德说："你现在应好好学习，我会找你爸爸谈谈。"万里宣布：现在出"安民告示"，北京市委将派工作组进四中。

彭真派工作组进四中，目的是控制学潮，终止学潮，恢复学校正常教学秩序。四中工作队由市委文教书记张文松领导，由市教育局局长李晨带队进校、具体负责。

据李晨在《北京市中小学教育若干问题的回顾》一文记载，北京市委决定派工作队进驻北京四中的日期是1964年12月28日。

为着便于与高干子弟沟通，做思想工作，工作队的副队长有几位高干夫人，如副队长杨滨是时任国家经委、建委副主任宋养初的夫人；副队长孙岩是时任中宣部副部长林默函的夫人。四中高干子弟见她们，称呼："杨阿姨""孙阿姨"。

四中社教刚开始时，工作队很神秘，如王光美的"桃园经验"那样，搞"扎根串连"。工作队住在四中附近的平安里厂桥的中直招待所。他们分别找高干子弟中的学潮积极分子谈话。苏承德回忆说，工作队与他谈话时对他讲：你们有革命热情，这应充分肯定。但具体问题要具体分析，四中的领导是修正主义？还是革命的？要具体分析，头脑不能发热。学校开展革命化，要依靠党团组织。快要高考了，你应认真准备高考。

工作队采取了化整为零，分头谈话，降低温度的策略。

高干子弟并不是铁板一块。在工作队进校前后，高三2班的团支书任小彬（革干子弟）曾找校长、党支书谢才民，表达个人意见："现在学生运动没有党的领导，学校的运动应在党的领导下进行。"谢才民反问："我的话他们听吗？"对任小彬表示了赞同与支持。任小彬文革后对笔者说，他当时属于建制派。

1965年1月初，工作队在阶梯教室召开了高三年级全体学生大会，工作队长李晨讲了话。笔者只记住了李晨的一句话"这次运动的性质是社会主义与资本主义两条道路的斗争。"

社教一开始，工作队便矛头向下，开展了批斗反动学生的运动。工作队把高三4班毕向明定为全校重点批判对象。毕向明是笔者所在班的同学，他来自农村，祖父是富农。他重视学习，不大关心政治。全班召开了批判他的会议，工作队李同志在场坐镇。同学们批判毕走白专道路，还要他交出家里的"变天账"（指49年土改前的地契），这是学生们从流传的农村"四清"的故事中学来的。最后，工作队李同志做了尖锐批判毕向明的发言。

在高三4班一次批判毕向明的会上，大家"逼"毕向明交代反动思想，毕交代不出来就过不了关。再三逼迫之下，毕向明开始顺竿爬，胡说八道，他"供"道："我曾想混进中南海，炸中南海。""你根本进不去中南海，怎么炸？""有的同学有进出中南海的证，我可以借证件。"毕"供"出反革命思想后，大家就"信"了。"逼供信"之后，自然是一片"打倒！"之声。会后有的同学跑去找工作队，要求枪毙毕向明。

当时高三其他各班都召开了批判毕向明的批判会。高三各班都进行批判的斗争对象，只有毕向明一人，他是被工作队确定的反动学生典型。毕向明被工作队定为敌我矛盾，被戴上"反动学生"的帽子，不让参加高考，毕业后被发配到北京团河农场劳改。毕向明是在四中社教中，被工作队定下的唯一一个敌我矛盾性质的人。文革中团河农场的人联合毕家乡的人差点把毕向明打死。文革后，毕向明找到当年工作队队长李晨，李晨说"孩子，你受苦了……"李晨为他写了平反证明，而后毕向明由四中接收，做基建工作。八十年代中期四中校友返校聚会，65届高三4班聚会由毕向明操办，同学们对毕分外热情，表达了对他的歉意。刘安东两次向毕明非常诚恳地道歉。毕向明嗜酒，2002年因病去世，在京的二十多名同班校友全都出席了追悼会。苏承德文革后回忆工作队发动学生斗学生，认为是工作队为着平息高干子弟对校领导的愤怒情绪,转移目标,因此矛头向下斗学生。

中央关于社教运动的新文件"23条"下达后,四中的社教紧急"刹车"。"23条"含有两种精神,一方面有着对刘少奇主持制定的"后10条"中过左倾向纠偏的精神,强调团结大多数干部和群众;另一方面又提出:"运动的重点是整党内走资本主义的当权派。"这种更左的内容。但北京市委只抓前者纠左精神,强调不能扩大打击面,而回避后者关于重点是整走资派。四中通过传达、学习"23条",贯彻纠左,对运动进行降温、"刹车"。

1965年1月14日"23条"通过当天,北京市委召开六个中学高干子弟"训话",同时让六个学校的校长、党总支书记、团委书记到会,听会。这六个中学是:四中、六中、八中、师大女附中、女一中、女三中。其中四中、六中正在进行社教,八中正在闹学潮。万里在会上讲了三个钟头,对几个中学的学生运动大泼冷水。万里批评高干子弟"自高自大、自以为是、自由散漫、自由主义,不听党的话。",强调:"这个运动必须党来领导……没有党的领导还不是洪秀全、李自成?"还说:"你们的父母我都认识,别看你们爸爸比我官大,北京市要听我的。"(这里似乎暗示了党内的矛盾与斗争)万里说:"学生的主要任务是学习,学校要有正常秩序,不能乱来。"

1月17日,四中工作队给北京市委报告,说"发生一部分学生要求枪毙毕向明……我们曾立即加以制止。一部分学生也作了检讨。"

1月21日,彭真在人大会堂河北厅做关于"四清"的报告,提到北京中学的学潮说"干部子弟也要一分为二,学校是党领导的。""他们要革命,这种精神是好的,但办法不对。""浮动、乱斗要停下来。"

1月22日,李晨向四中全体党员宣讲了"23条"。紧接着,工作队对全体学生宣讲了"23条"。师生们学习、讨论"23条"长达一个月。到了3、4月,四中的社教便停了下来,学校恢复了平静。高三学生忙于学习,准备高考。

发生在1964年秋的468学潮,演变到社教的有六中、四中,八中没有进行社教。在四中的文革回忆文集《暴风雨的记忆》中，有几位四中校友作者说，八中也进行了社教，这是不准确的。另外，六中的社教比四中早一个月开始。六中的高干子弟在学潮开始时给中宣部和团市委写信，反映六中的党支部、校长不执行党的阶级路线，干部子弟受压；校领导忽视思想教育；走资本主义道路。主要反映学校领导的问题。1964年11月18日，由中宣部主导，派出工作队，由团中央书记杨海波带队进驻六中。杨海波是向陆定一汇报六中社教。六中的工作队与后来市委派到四中的工作队，两者做法不同。六中的工作队发动师生批判学校领导、校长、党支书。后来有三人被开除党籍。多年后苏承德告诉笔者："当时派工作队去六中的中宣部陆定一他们，与派工作队去四中的北京市委、彭真有矛盾，做法不同。"笔者认为：中宣部派去六中的工作队，其思路基本上是贯彻执行"后10条"，并受中央两位主席关于有三分之一基层政权已经"烂掉了"的讲话影响，进校后重点整学校的领导干部。而北京市委、彭真则对此潮流抵制、顶牛，反过来在四中矛头向下，整反动学生，要扑灭学潮。前者（中宣部）在紧跟中央的反修新战略，后者（北京市委）通过传统的反右斗争策略来阻挡扑向领导层的革命烈火。

同期在北京大学进行的社教（1964年7月至1965年7月），在初期与六中社教有些类似，同样是由中宣部主导，同样是发动群众整领导。中宣部副部长张磐石带领工作队进北大后，认为陆平党委"实际上走的是资产阶级的道路方向。"据说毛泽东当时曾说"北大是姓陆的整姓陆的。"即陆定一整陆平。"23条"下达后，张磐石被撤职，北大社教转由彭真、北京市委主导，召开了"国际饭店会议"，反过来整社教积极分子，批斗他们。这时北大与四中社教有些类似，都是矛头向下，打击"反党分子"。四中是中学，批斗"反动学生"；北大则是要把社教左派打成"反党小集团"，而后准备以去农村"四清"为名，把他们流放到农村劳动改造，不让回城了。北大社教初期与六中类似；后期则与四中类似。但到了1966年5月党中央政治局召开扩大会议英寸，陆定一、彭真却同时被打倒了。毛泽东对陆定一与彭真并没有区别对待。彭真指导四中的社教与其"二月提纲"中的路线是一致的，都是要阻止文化大革命的爆发，要"降温""刹车。《五一六》通知对彭真的"二月提纲"做了系统的批判，成为打倒彭真的重大理由。按说陆定一在指导文教口的社教中的表现是紧跟毛泽东的，但他却与彭真同时被打倒，这应是与彭、陆二人都被毛认为是刘的人有关，此外五月会议已确定成立新的"文化革命领导小组"，作为毛领导文化大革命的办事机构，那么掌管文宣大权的陆定一就必须靠边、腾空座位了。陆定一被打倒还有个特殊原因，即严慰冰的匿名信事件。

四中社教的后期与北大社教的后期相比较，有类似之处，也有不同之处。最大的不同之处是：四中社教后期并没有整那些闹学潮的积极分子高干子弟，不但没整他们，而且还作为革命接班人重点培养他们。说到底，这些高干子弟是统治阶层的自己的孩子。四中在社教后期、高三学生毕业前夕，发展了几批学生党员。第一批是：任小彬（父亲任彬是北京市委组织部常务副部长、母亲杜若是西城区党委书记）、孔丹（父亲孔原是中央调查部部长，母亲许明是国务院副秘书长）。第二批有宋克荒（宋任穷之子）。还有第三批、第四批，都是高干子弟。高三毕业生还有三个高干子弟被保送中央党校，据说是要培养党的理论骨干，有：苏承德、宋扬之、任小彬。当时师大女附中也保送了三名高干子弟毕业生去中央党校深造。他们都进入了中央党校青训班。北大社教的积极分子都是基层干部、教师、普通党员，他们便没有四中高干子弟这种待遇了，他们只有挨整、下放农村的"份儿"。

468学潮的八中，闹学潮曾闹到要罢课，"23条"下达后，市教委说服了陈小鲁（陈毅之子）等高干子弟，结束了学潮。八中没有进驻工作队，没有进行社教。

高三毕业前，四中高干子弟核心小组的领头人邱承光曾被要求对工作队和校领导多次做检讨，尔后过了关。他没有被发展入党，也没被保送中央党校。邱参加高考上了大学。

四中的社教于1965年8月4日最后结束。四中领导班子被市委定为二类，属于基本好的领导班子。8月4日，李晨对四中党支部说：对四中的"结论"是："四中没烂，成绩是主要的。"不久，校长、党支书谢才民被调离四中，杨滨被调到四中担任校长兼党支书。

保送到中央党校青训班的苏承德、任小彬、宋扬之，在文革爆发后，都参加了党校的"红战团"，是康生所支持的李广文的对立派，"红战团"在1967年1月反康生，苏、宋、任等人被"中央文革"打成反革命。宋扬之当时批康生极左，指出康生早在延安整风搞"抢救运动"、在山东搞土改，就是极左。苏、宋、任三人从1965的反右到1967年初，立场转变为反极左。

## 四、社教的后遗症

四中社教留下了一个严重的后遗症。到了社教后期，四中的领导、党员、教师都唯恐在阶级路线上犯右倾错误，因此宁左勿右，这就在升大学上苦了许多出身黑五类的子弟。高三毕业生的档案里有"政审意见"这一项，由于这项意见写的"不好"，影响了许多德才兼备、学习优秀的毕业生不能升入大学。如果出身所谓不好，本人又不是团员，政治上所谓不追求上进，往往就会被"政审"卡住，高考成绩再好也没用。这给许多小年轻造成了终生的遗憾和伤害。在六十年代上半叶，这一问题始终存在，并不只是65届毕业生才遇到的无形的生杀关卡，只不过自1957年后愈演愈烈，到了1965年尤甚而已。对此一涉及人的平等受教育权的重大问题，涉及制度性出身歧视的问题，长期被人们忽视，很少被人提及。

当时党对青年学生的阶级路线是：有成分论，不唯成分论，重在政治表现。起点是首先要看成分，看家庭出身。随着兴无灭资的阶级斗争形势日益严重、尖锐，有成分论在"政审"中的分量也越来越重。文革时期有这样一件事：1968年北师大几个学生拿着"中央文革"的介绍信到四中调查修正主义教育路线在高考录取上的表现。调查高考制度是如何打击工农子弟，保护"黑五类"子弟上大学的。四中前负责高考生"政审"的教导主任屈大同接待了这几位来搞调研的师大学生。屈大同对他们讲："恐怕不得不让你们各位失望了。""告诉你们，每个学生的档案都有个表格，表格上有学校的'政审意见'，只要建议不录取，考出大天，也上不了大学。"屈大同说："给你们举个例子，知道钱伟长是谁吧？大名鼎鼎的科学家、教授，是个大右派。他儿子钱元凯就是由于政治鉴定不合格，成绩再好也没用，哪个大学都没录取。这就是党的阶级路线。"钱元凯当时在华北考区高考总分第二，报考了清华，但没有任何大学录取他。对此事，文革后屈大同一直感到很内疚。

1965年高考贯彻"阶级路线"之严，我们班的李峻是个典型事例，他是当年高考的北京文科状元，报考北大没录取。据说北大党委常委会就是否录取李峻讨论过二、三次，最终没敢录取。李峻只考上了北京经济学院。李峻养父于1959年被打成右倾机会主义分子。他的生父49年后去了台湾，成了重大污点。北大是否录取李峻，不是看他本人是否品学兼优，而是对其父辈如"审干"般进行"政审"。

1965年毕业这一届，高三2班所谓出身不好的学生多一些。据高三2班原团支书兼班长任小彬在文革后统计，他们班因家庭出身问题没能考上大学的有十几个人之多。这个班的吴铁生，学习成绩很好，曾获金质奖章，为人艰苦朴素，笔者还记得他穿的衣服从来都是打满补丁的旧服装。但他祖父是地主，父亲是右派。他本人曾在全校大会上做活学活用毛主席著作的报告，批判自己的资产阶级家庭，表示要和家庭决裂，做无产阶级的革命接班人。当时被学校领导树为出身不好但表现好、背叛了剥削阶级家庭的典型。但尽管吴铁生如此努力，他虽然考上了大学，但只考上了北京农业大学。他们班的同学都清楚，凭他的学习成绩，原本考上清华应不在话下。其中的奥妙，党的阶级路线是如何区别对待的细微之处，人们心知肚明。吴铁生现在英国从事计算机管理工作。他曾看到报刊上登载的四中燕纯义老师的文章《待到冰消雪融时——北京四中文革落实政策记事》，吴铁生看完此文，给校友们发了一条微信，被校友们广为传阅。吴铁生写道："受害者不止这些人（注：指燕文中提到的受害的干部、教师、'反动学生'），咱们初中班、高中班，就有许多受害者，特别是卡在考高中，考大学这两个门槛上。历年历届学生中的受害者，更是不计其数。什么时候能给这些人落实政策，送去'党的温暖'？"吴铁生认为这个问题十分值得"探讨"。17年中，在全校、全市、全国范围内，历年历届的毕业学生中的受害者，确实是不计其数，是个巨大的黑洞。对这个庞大的受害群体，已经无法落实政策了，已成了无法挽回之事。当年那些年轻的孩子，为人老实，学习刻苦，成绩优秀，却因家庭出身，被"政审"卡住，不能上大学，或不能上自己理想的大学，受到终生的损害，而这对国家的现代化建设也是有害无益，使国家失去了大量可造之才。究其根源皆因贯彻、执行"以阶级斗争为纲"的路线，在学校贯彻"阶级路线"，实行"出身歧视"这种政治不正确所至。

文革前高考中关于学生"政审档案"的秘密，近年多有披露，据《共识网》2013年6月21日刊登袁剑平的《文革前的高考"不宜录取"政策揭秘》一文揭露：文革前中学的学校领导有责任在十分秘密的情况下，对高三毕业生每人进行"政审""政审结论"的主要依据，并非个人表现、品德，而主要是家庭出身和社会关系，家庭出身地富反坏右或有海外关系、港澳台关系的，一般是"不宜录取"或"降格录取"。高考招生单位先看"政审结论"，后看高考分数。当年笔者的许多困惑，现在终于恍然大悟。李峻、吴铁生应属于"降格录用"。我们高三4班的俞乾、李适功课很好，父亲是右派，都没考上大学，他们应属于与钱元凯一样，"政审"为"不宜录取"。如屈大同讲话"考出大天，也上不了大学。"当年这种秘密"政审"遍及全国所有高中，从1957年至1965年不知坑害、耽误了多少青年人！给国家的现代化建设造成了多大损害！这一史实，应作为无产阶级专政的历史记录，载入史册，永远铭记。

前面讲到的在运动中被撤换团支书的高三6班校友高艳华（现名高峰），文革后在香港告诉了我一件他高中毕业时的怪事。毕业生填写报考上大学的志愿表格之前，各班班主任会与本班学生一个一个进行交流，对同学们的报考志愿提出参考意见。特殊情况由教导主任出面谈话。高峰回忆说，他当时第一志愿是报考外语学院。学校教导主任屈大同找他谈话，说"你不要报外语学院了，外语学院要求政治条件高。你可报北大，北大是综合大学，有统战性质。"于是高峰报了北大，并考上了北大。他大学毕业后，经部队农场锻炼后，被分配去了保密级很高的省广播局，作了省电视台的记者。高峰回忆此事说"真好笑啊！北大成了统战学校，我成了统战对象。其实我的家庭出身不过是个小商贩即城市贫民而已。"当时的阶级分析法与阶级路线在四中已贯彻到如此极左和细致的程度。

高峰说他们高三 6 班有六个同学没考上大学，学习成绩都很优秀，但都因家庭出身没被大学录取。文革后恢复高考，他们都再报考大学，或直接读研，并在事业上都取得很大成就。像欧阳白、文棣、卢存伟等同学，都可谓自强不息的佼佼者。

文革后，有一天任小彬接到四中高干子弟校友电话，约他参加四中校友"红二代"聚会，被任小彬拒绝，任说"又搞高干子弟高人一等这一套，我不参加！"四中 65 届高三 2 班校友多次聚会，任小彬逢会就道歉，同学们纷纷说"又来了，又来了。你有完没完？"大家早已相互谅解。同学们相逢一笑泯恩仇，笑谈暴风雨，互祝夕阳好。

2016 年 4 月 16 日，在北京，笔者与四中同班好友于火，约会了三个高干子弟校友：苏承德、任小彬、宋扬之进行采访。苏是当年四中学潮的核心小组成员，任、宋是较大范围核心圈的成员。大家应笔者之邀，回忆、反思当年北京四中的学潮与社教。于火是当年校团委委员，是学校团组织的最高层级；笔者是学生会军体部长，选举那届学生会是最高票当选。但笔者与于火都不属于班里核心小组成员（何论全校）。于火虽是干部子弟，但高干子弟圈传说于火"右倾"，可能是班里夺权的新团支书刘安东的看法，刘安东不同意于火参加班的核心小组。笔者是因为家庭问题，父亲是右派。因此我们二人对当年四中的学潮与社教内幕了解不多，苏承德等三人详细回忆、讲述了当年的许多内幕。

苏承德曾于 2005 年一次四中校友返校欢聚的大会上，在大会会场站起来发言，向当年曾受到冲击的学校领导刘铁岭、屈大同道歉。（当年高干子弟给北京市委的告状信，曾点名批评副校长刘铁岭和教导主任屈大同。）苏一讲完，屈大同老师马上站起来说："这一页已经翻过去了，以后不要再提了。"师生们为二人的发言热烈鼓掌。

苏承德在我们五位校友聚会时说："当时推动我们高干子弟搞运动，搞社教，主要有几种思想：一是阶级斗争观，要响应伟大领袖毛主席的号召，开展阶级斗争；二是接班人观，当时片面理解了中央关于培养接班人的指示，认为革命后代首先要负起接班的责任，当革命接班人；三是反修防修观，既要反苏修，也要反中国的修正主义，首先要破除学校的修正主义教育路线。在这么几种思想的推动下，出于责任感和优越感，觉得革军、革干子弟有责任要搞阶级斗争；认为自己出身革命家庭，是当然的接班人，干革命，舍我其谁？"

苏承德说："反思当年的事，在四中的学潮和后来的社教中，四中高干子弟的所作所为，实际上就是红卫兵运动的预演。高干子弟的优越感后来发展成血统论对联。四中高干子弟打破班级界线的小组织活动则正是后来红卫兵组织的雏形。开展阶级斗争，批判领导、老师，学生斗学生，抄家，后来红卫兵干的事，那时在四中已经露头，开始出现了。"

苏承德的反思告诉人们：文革确实发生在文革之前。四中的学潮与社教是文革红卫兵运动的序幕与预演。

四中当年的高三学生，平均年龄十七八岁。上小学一般是在六、七岁时，从1952年前后入小学至1964年上到高三，从开始懂事到步入青春期，他们是真正在红旗下长大的一代。小学、中学的十二年教育，给他们灌输了些什么？对人性造成了什么影响？从四中的学潮与社教中，人们可以窥见一、二。师大女附中校长卞仲耘在文革之初被老红卫兵打死，恐怕不能把账仅仅算到宋彬彬几个红卫兵身上。

选自王复兴著《抢救记忆——一个北大学生的文革回忆录》，香港，中国文化传播出版社，2016年。

# "革命热情高"
## ——从女附中的校训说起

李红云

我是 1964 年 9 月从小学考入女附中的。进校时女附中的校训是"革命热情高,团结友爱好,谦虚好学,简朴勤劳"。该校训除了对学生的品行操守提出了要求外,已经把政治放在了首位,这也是当时我国特殊的政治、经济、文化、教育形势的产物。

我们这一代人是"生在新中国,长在红旗下",沐浴着共产党的阳光雨露成长起来的。从幼年起就受到了革命传统和革命理想主义教育,树立了做革命接班人的信念。同时,在阶级和阶级斗争要"年年讲,月月讲""千万不要忘记阶级斗争"的号召下,在"以阶级斗争为纲"的理论指导下,我们被灌输了满脑子的阶级斗争理论,而校训中的"革命热情高"直接对我们这些十几岁的中学生提出了政治上的要求。在我入学的 1964 年,还应该提到的一个大背景就是 50 年代中期至 60 年代中期这 10 年间,中苏之间发生的一场"大论战"。这场没有硝烟的战争在 1963 年至 1964 年达到高潮,其代表就是在《人民日报》《红旗》杂志上连续发表的九篇"评苏共中央的公开信",史称"九评"。这些义正词严、豪气冲天的文章对当时的青少年产生了极大的影响。第九评中毛泽东提出了关于无产阶级革命事业接班人的五个条件。[1] 随后全党全国都掀起了学习这一论述高潮。同时,

---

[1] 1964 年毛泽东提出关于无产阶级革命事业接班人的基本条件:必须是真正的马克思列宁主义者;必须是全心全意为中国和世界的绝大多数人服务的革命者;必须是能够团结绝大多数人一道工作的无产阶级政治家;必须是党的民主集中制的模范执行者;必须谦虚谨慎、戒骄戒躁,富于自我批评精神,勇于改正自己工作中的缺点和错误。

这也把"革命热情高"推向了高潮。

我们 1964 年入学时，正好赶上了这一高潮。于是，在"革命热情高"的引导下我们所有的学习、生活无不与"政治"联系了起来。人人争当"革命热情高"的实践者。

有意无意间我保留了当时的一些作文和日记，它们真实记录了我们当时高涨的"政治热情"，除个别明显的错别字做了修改，其余的都为原文。

## 政治任务

入学后，我们经常接受"政治任务"。所谓"政治任务"一定是最重要的任务，有时要停课参加，如"十一"游行、"五一"游园、欢迎外宾、示威游行抗议等等。这些政治任务对于当时只有十三四岁的中学生来说，未必能了解其中的政治含义，但是在"革命热情高"的引导下，我们都积极参加，认真完成。我的作文中写道：

报到那天，同学们都争着报名参加"十一"游行。在练队的过程中，同学们不怕苦，不怕累。在欢迎外宾的时候，同学们都争着完成这项重要的政治任务。高声欢呼着："欢迎！欢迎！"笑容、欢乐浮现在每个人的脸上。好几次欢迎都是冒着雨雪去的，同学们的鞋、衣服都湿了，但谁都不说泄气的话。相反，同学们的政治热情在雨雪中更加高涨了。

1964 和 1965 年，两次参加"十一"游行的情况给我留下了深刻的记忆我们初中学生参加的是少先队方队，整个队伍由北京市的少先队员组成，而女附中队伍排在最前面。我们身着白色衬衣，戴着红领巾，穿着红色背带裙，黑鞋白袜，头戴色花冠，手持红色花环，唱着《我们是共产主义接班人》通过天安门广场，接受党和国家领导人的检阅。当时的心情是既兴奋又激动，既自豪又骄傲。真相信自己就是共产主义接班人。

当然，为了迎接这一天的到来也是要经过刻苦练习的。我的作文描述了游行前练队的情况：

祖国十六年的国庆节来到了。我们要代表全国的少年儿童在"十一"这天接受党和毛主席的检阅，这是多么光荣、多么艰巨的任务呀！我们每一个同学都积极地投入练队的活动。

教练的每一句话都像一条条的命令，同学们都尽力去做好。第一次练队就遇到了不少困难，没有场地，没有扩音器，但同学们并没有被困难吓倒。不能集体练就课下自己练。练走步、练唱歌，课间练、下午练，有时间就练。同学们只有一个目的，练好队，接受党和毛主席的检阅。在练队中，人人斗志昂扬。……

同学们这样干劲冲天地练队，后勤、宣传的同学也不落后，同学们刚休息下来，后勤的同学就送来了水，宣传的同学送来了鼓舞斗志的诗歌、快板、表演唱等文艺节目。这不仅丰富了练队生活，而且鼓舞了同学们的斗志。

练队又开始了。看，同学们的步伐多么矫健，多么整齐。听，同学们的歌声多么嘹亮悦耳呀。"我们的旗帜火一样红，星星和火把指明前程……永远跟着毛泽东。"这歌声亚非拉人民听了斗志昂扬，修正主义听了心惊胆战，帝国主义听了丢魂丧胆！我们一定要作红色接班人，永远跟着毛泽东，永远前进！

当时参加的另一项政治活动就是示威游行，抗议美帝，支援越南，等等。我在作文中写道：

在几次北风呼啸的日子里，同学们高举着小旗，挥舞着冻得通红的小拳头，走上街头，支援世界人民的革命斗争，反对美帝国主义。

我的作文中还记录了这样一件事：寒假期间的一个大风天，晚上七点多学校突然发出通知，让学生们马上到校参加示威游行。当时没有手机，没有互联网，电话都不普及，靠着人传人的联络方式，许多同学赶到学校参加了游行。

20 世纪 60 年代，中国政府坚决支持越南南方人民反抗美国侵略的正义斗争。在 1964 年 8 月的"北部湾事件"之后，针对美国出动飞机轰炸北越，战火向越南北方蔓延的局势，中国政府发表了严正声明，并在全国各地组织了共有两千万人参加的反美援越的示威游行。在 1965 年 2 月 8 日、2 月 9 日、2 月 10 日，北京市接连三天组织了示威游行，参加的人数从 50 万人、100 万人，增加到了 150 万人。我的日记描述了 2 月 10 日这天参加游行的情况：

> 是 1965 年 2 月 10 日
> 
> 今天，已是反美援越示威游行的第三天了。……
> 
> 天刚蒙蒙亮，无数的工人、农民、机关干部、解放军、学生、文艺工作者就涌向天安门广场，参加集会游行。
> 
> 我们学校也同样，同学们早已聚集在操场上准备出发。校长一声令下，浩浩荡荡的队伍就出发了。
> 
> 一路上，同学们举着标语旗，高呼着口号，唱着革命歌曲奔向天安门。在长龙似的队伍中，前面是我们的校旗和几十面红旗随风飘舞，舒卷自如。后面有的同学高举着胡志明主席和毛泽东主席的画像，有的举着标语牌、横标。多数同学一路上，同学们举着标语旗，高呼着口号，唱着革命歌曲奔向天安门。在长龙似的队伍中，前面是我们的校旗和几十面红旗随风飘舞，舒卷自如。后面有的同学高举着胡志明主席和毛泽东主席的画像，有的举着标语牌、横标。多数同学都举着标语旗。同学们举着旗子高呼着口号："打倒美帝国主义！""美帝国主义从越南南方滚出去！""美帝国主义从它侵占的一切地方滚出去！""支持越南人民！""庆祝越南人民反美斗争的伟大胜利！"杨八林、杜晓明举着画像领着大家喊，陈滢为了让大家都听到也放开嗓子大声喊。一路上，愤怒的口号声不断。
> 
> 天安门广场上早已聚集了很多人，到处是红旗飞舞，喊声震天。这喊声是发自内心的对敌憎，对己爱。一百五十万人把整个广场挤得满满的。
> 
> 十点整，大会开始。全世界人民敬爱的领袖毛泽东主席和我国领导人刘少奇、周恩来、邓小平、阿沛·阿旺晋美等登上了主席台，和

集会示威的群众见面。台下响起了热烈的掌声,接着又响起了愤怒的口号声。每个人的心都被这热烈的场面所激动着游行开始了,浩浩荡荡的队伍在东西长安街宽阔的大马路上走着,高呼着口号:"支持越南人民!""打倒美帝国主义!"……声音惊天动地。

全世界支持你们——越南兄弟!

当时的中苏关系紧张,我的作文中还有一封写给驻华使馆的一封抗议书。

## 抗议书

苏联驻中华人民共和国大使馆:

对3月4日苏联军警殴打亚洲、非洲、拉丁美洲参加示威反美游行的留苏学生这一违反社会主义国家制度的行为,我们表示最强烈的抗议!抗议!

当亚非拉留苏学生走上街头,愤怒抗议美帝国主义侵犯越南民主共和国这一正义行动的时候,苏联出动大批军警700人,手拿警棍、枪支,出动了马队,对示威学生进行迫害

在手无寸铁的学生面前表现得张牙舞爪。而对血债累累的美帝国主义却是卑躬屈膝,一副鬼奴才相。…

对苏联政府这一迫害行为,我们提出强烈抗议,要求他们无条件地向参加游行的各国学生赔礼道歉。否则会激起世界各国要求正义人民的强烈反抗!

中华人民共和国北京师大女附中初一五班

李 红

1965年3月19

年幼的我们还不可能了解复杂的中苏、中美关系,使用的一些词语可能是从报纸上广播里看到听到的,但对同学们参与情况的描述肯定是真实的。

## 学英雄

向英雄人物学习是我们那个时代的特点之一。不同的时代对英雄有不同的定义。受革命传统的熏陶和前辈英雄业绩的感召，我们在心中早已树立了无数革命英雄的高大形象。最典型的有刘胡兰、董存瑞，还有小说《红岩》中的江姐、许云峰；1963年毛泽东发出号召"向雷锋同志学习"，从此雷锋成为我们那代人学习的英雄。我在初一的一篇题目为《踏着先烈的脚印前进》的作文里写道：

刚满九岁时，我光荣地入队了，鲜艳的红领巾第一次飘在了我的胸前。入队的时候，辅导员告诉我："红领巾是红旗的一角，她上面有烈士的鲜血。"我牢牢地记住了这句话。入队后，我总是想，我是少先队员啦，要好好学习，千万不要忘记了为我们打江山、洒鲜血的烈士们啊。

……我在工作、学习中遇到困难的时候，我就想起了刘胡兰、董存瑞江姐……他们在艰苦困难的环境中，还坚强地向敌人进行斗争，我遇到一点儿小困难就退缩了吗？……

亲爱的烈士们，安息吧！我们要戴着鲜艳的红领巾，携起手，踏着你们的脚印，把革命的重担挑起来，勇往直前！

那时所有的革命英雄都是高、大、全的形象，我们会自觉地以他们为榜样，时时刻刻向他们学习。而那些背叛了革命的叛徒，如小说《红岩》里的甫志高，就是天底下最坏的人。因此，我们给自己定的原则就是学习江姐，不当甫志高。怎样才能做到这一点呢，当然是要忍受一些痛苦。于是，为了不当甫志高，我们班一个同学天天在家练习吃辣椒，她天真地认为如果能吃辣椒，被敌人抓住以后就不怕敌人灌辣椒水了。她还自己制作了一些竹签子，准备往手指尖里扎，体验一下"竹签子是竹子做的，而共产党员的意志却是钢铁做的"感觉。毕竟这种自虐还是比较难的，她比划了半天还是没下得了手。好不容易狠了狠心扎下去却扎到了腿上，把她疼得再也不敢试了。

我的日记中记了这样一件事。有一次，一个同学不小心用哑铃把我的手指碰伤了，我开始时尽力忍住疼，但后来手指出血了，也肿了起来，就再也忍不住了，眼泪哗哗地掉了下来。在那天的日记里，我写道：

我真恨自己，为什么这么一点疼都受不了呢！太娇气了。但这也反映了我的思想太糟糕了，这么点疼都受不了，……非，……在敌人面前我准会像甫志高那样当无耻的叛徒的。要不当甫志高就必须在一点一滴的小事上磨炼自己，把自己锻炼成无产阶级的接班人！

女孩子娇气当然不好，但把娇气直接与革命叛徒联系起来是那个时代的特色对革命英雄的崇拜还使得我们渴望发生战争。我们并不知道战争的残酷，但幻想以使自己也成为英雄。当时流传着陈毅元帅讲的一句话是："中美战场上见娃娃们的心！"还记得我曾经为这句话兴奋不已。

1965年12月23日，我的日记里有这样的记录：

晚上，我们宿舍的人谈起了备战的事。

现在，战火正在越南燃烧，越南是我们的友好邻邦，现在战火烧到我们的大门口，马上就要打了。我也听哥哥说，第三次世界大战马上就要开始了，他说要准备为祖国为人民牺牲。如果战争马上到来，我们每一个人都应该做好这样的准备。

我们谈得很热烈。邓令毅说："多好呀！如果马上打起来，我们正在十六七岁，正是为祖国贡献力量的时候。"是呀，那时我能像雷锋、王杰那样把自己的一生交给人民吗？如果没有思想基础，那是绝对不可能的。要想在战争中经得住考验，就要像王杰那样，"一不怕苦，二不怕死"。这是要靠平时努力和锻炼的。

一切为战备。

我们的想法在当时的中学生中非常普遍。后来文革中流传的长诗《献给第三次界大战的英雄》把这种想法表现到了极致。文革中也发生了北京的红卫兵越过中越境参加抗美援越并献出生命的事情。雷锋是那个时代的英雄。党和国家领导人的题词和歌曲、书籍、电影、报纸、杂志的宣传，都引导青少年要做雷锋那样的人，做雷锋那样的事。当时流行的一句话叫"学雷锋见行动。

我的作文和日记中记下了我们学习雷锋的具体行动。在1965年3月5日写给雷锋班的信中，我写道：

今天是我们敬爱的领袖毛主席发表"向雷锋同志学习"的号召两周年的纪念日，全国各地都掀起了轰轰烈烈向雷锋同志学习的运动。

我怀满腔阶级感情读了《毛主席的做好事好战士——雷锋》这本书，下决心学雷锋。

学校正准备建校，因为我们年龄小，没有分配我们劳动任务。一天下午下了课，我们几个同学跑到工地上，见大姐姐们正在拉绳拆房，我们也投入了紧张的劳动中。房子拉倒了，我们找不到活儿干了。想起雷锋，我们又跑到砖堆前去搬砖头。头上出了汗，衣服渗透了也不下"战场"。我们之所以这样做，就是雷锋叔叔的事迹鼓舞着我们。

除了在校园里"学雷锋"之外，我们还经常走出校园到社会上做好事。记忆中我们去西单商场的新华书店站柜台卖过书，还去火车站打扫过卫生。我在1965年12月31日的日记记录了我们班到北京站打扫卫大家很快乐。

1965年12月31日

今天过得很好，下午我们班开了联欢会大家很快乐。晚上，我们班很多人一起去北京站服务。

听到要去北京站的这个消息，我们高兴地在教室里跳呀唱呀。到了北京过工作人员总希望我们多待会儿，可是时间不允许。我和王凯戎拿一个大拖把拖地。看到被我们拖得干干净净的地面，我们真高兴。

这时我们体会到了为人民服务才是最大的幸福。

从日记的时间看，我们去北京站的时间是元旦的前夜，也是火车站繁忙的时候。那次去北京站服务并非学校的安排，而是我们班刘佳力联系的,她妈妈在铁道部工作。多少年过去了,许多同学都记得这件事,当时的欢乐和幸福还留在记忆中。别忘了当时我们的年龄才十四五岁,不知道今天这么大的孩子,尤其是女孩子,是否有人自愿到火车站去打扫卫生,他们的家长是否同意他们这么做。

## 革命文艺演出

在女附中的生活单纯、充实、快乐、无忧也无虑。我们每天的生活简单得不能再简单因为,一切的一切都是与政治和革命联系起来的。学习是为了革命,锻炼身体是为了革命,唱的歌是革命歌曲、连吃饭也要想着世界上还有三分之二的受苦人文艺演出在这方面表现得非常突出。我的一篇作文记载了1964年12月31日学校组织"革命文艺汇演"的情况。

会上十几个节目,差不多都是同学们自编自演的,用舞蹈、相声、表演唱快板等多种形式反映了同学们的生活、下乡劳动和教育方针学习的收获和体会。看了这些短小精悍,富有强烈的革命文艺性的演出,真像上了一堂生动、形象的政治课。

高三四班演的话剧"做党的好女儿"是根据《中国青年》方玉同志的文章这次革命文艺汇演确实是我们学校文艺运动的一场大革命。学习解放军业余演出队的作风,自编自演,富有强烈的思想性,不仅主题鲜明,而且能教育人我们喜欢这样的节目,我们希望多演这样的节目。

不记得我们班是否参加过学校的演出,但我们班自编自演自导的雕塑剧—《收租院》在1966年3月参加了北京少年宫举办的一场演出。对那次演出,大多数同学都有清楚的记忆。

我们的雕塑剧取材于大型泥塑群像《收租院》。它创作于1965年,因中国阶级斗争需要而诞生。在以阶级斗争为纲的年代,它表现了四川大邑县地主刘文彩收租的全过程集中再现了封建地主阶级对农民的残酷剥削和压迫。一经展出立即引起了全国范围的关注该雕塑

1965年底到北京展出，观众如潮，新闻报道铺天盖地。《人民日报》《红旗》杂志等纷纷发表文章盛赞。1966年初，北京电视台，即现在的中央电视台，还把它拍摄成了电视纪录片，播出后反响巨大。尤其是其中的音乐，有很强的感染力。

对《收租院》的宣传，自然打动了我们这些十四五岁的中学生。我们班文艺人才济济，有能唱还能作曲的，也有能编能导的。很快节目的形式就定了。我们把泥塑群像和演唱合起来，编成了"雕塑剧"。该剧由三组演唱组成，分别是：饥寒交迫的母女（何小美盛晓京饰）；双目失明的爷爷和小孙女（刘海华、徐静饰）；地主和狗腿子（付志昭、杨八林饰）。三组演出融合了独唱、重唱和合唱，其中的一些词是自己写的，曲子是自己谱的。演唱的背景，是由十几个同学仿照泥塑、根据前面的表演摆出的不同造型。我就是扮演背景的"泥塑"之一。因为要扮演贫苦的农民，我们到处找破衣服，因为都是女生，大家还用毛巾等把头发包起来，扮演成男人的样子。

整个演出，从化妆、场记、效果都是我们自己做，几乎全班同学都参加了，不上的同学在幕后伴唱。当时还发生了一个小事故，我们扮演"泥塑"背的麻袋是大家上场前下来的衣服，我出场后突然发现我前面袁晓军背的麻袋有一个大洞，从里面掉出一只红衣的袖子。当时把我紧张坏了，生怕台下的观众看出来。

和我们一起参加少年宫演出的，还有我们年级（3）班的朗诵剧《眼泪潭》。那出个控诉地主凶残的故事，讲的是一个穷苦的姐姐带着幼小的弟弟妹妹在一个寒冷的冬天乞讨，正好赶上老地主死了，需要一对殉葬的童女童男。地主家假意收留了弟弟妹妹际上残忍地将他们杀害作了陪葬。为此，姐姐的眼泪化作了"眼泪潭"。姐姐的血控激起了我们对地主阶级的满腔仇恨。

多少年之后我才知道，收租院的故事多有虚构。但在当时的环境下，我们接受了所的有关阶级和阶级斗争的教育。

多少年过去了，时间就像是一只藏在黑暗中的温柔的手，在我们一出神、一恍惚之间，一切已是物换星移。当年的"女附中"已更名为"实验中学"，校训也完全修改，"革命热情高"已没了踪迹。但留在我们这一代人记忆中的,是在封闭的环境和片面教育下的纯洁和幼稚、自信和盲目、理想和空想、热情和偏激。

选自《远去的女附中》2017年自印书。

# 风风雨雨话当年

## ——师大女附中的"反动学生"

### 罗 治

### 原来我们的爸爸妈妈不一样

我出生在郑州，上小学时来到北京，1961年考入师大女附中初中。一进学校我就听说，某某同学在暑假刚刚和爸爸妈妈一起到北戴河疗养，某某同学寒假还要到广州从化温泉玩呢。而我，除了家门就是校门，哪儿也没去过。又听说谁谁曾给毛主席、西哈努克献过花，谁谁就是招贴画"我们爱和平"中的小女孩原型。我自认为唱歌还不错，可是班里不少同学都到人民大会堂参加过建国十周年演出，我除了在妈妈学校扮演过出场两分钟的小女孩外，什么也没参加过。

同学们说着天南海北的时候，我经常是大眼瞪小眼，只有听的份儿。因为我家住石景山，离学校太远，所以我申请住校。住了校我才知道，原来有些同学是这样生活的：夏天盖的是毛巾被，春秋是夹被，冬天是厚被子加毛毯。而我由于家庭困难，学校批准我和也上女附中高二年级的姐姐住在一起，两人只有一床被子——晚上我们睡通腿。妈妈对此很感谢学校的安排。那时我还没有感觉到所谓"贵族女校"对我们的歧视，只是觉得自己跟同学们一比，怎么那么寒酸？我自打上了女附中后就倍感压抑，我在小学时的优越感在这里荡然无存，不仅胳膊上戴的大队长符号没了，见识短、条件差、生活窘迫的感觉无时不压在心头。

慢慢地，我终于悟到，这一切都源于我们的爸爸妈妈不一样。不少同学生活那么优越，因为她们的爸爸妈妈在政府部门或军队当干部,她们的出身叫"革命干部"或"革命军人"。而我在班里从来不愿提及我的爸爸。我爸爸在1955年"肃反"中,因受同乡国民党特务头子的牵连入狱,后来在狱中复发严重的精神病,半年后保外就医。

我从哥哥姐姐传给我的要交给组织的材料中得知,他的病根是在1941年国民党抓捕疑为共产党员的爸爸时(实际上这时他已脱党,河南省的党组织认为他在党外更便于为党工作),党组织命人给他通风报信,让他只身一人在黑暗的红薯窖中躲藏数日落下的顽疾。但我也知道爸爸虽然1924年就加入了共产党,但后来脱党,之后为了营救被捕的共产党员又与国民党发生了联系……总之,爸爸的历史复杂,因此我的出身算"杀关管"人员,当然比"黑五类"还坏。爸爸从监狱出来后,派出所的警察经常光顾我家,他们看我爸爸的眼神和说话的语气给我留下了深刻印象,所以我从小见了警察就害怕。

1960年我家的生活实在太苦了,我肚子老饿,爸爸到周围农田捡些挖剩下的红薯尾子和菜叶什么的给我们吃。妈妈总和爸爸争吵,但我爱爸爸。我是家中最小的孩子,不觉得爸爸是坏人。他就把我当作知己,经常拉着我的手说,"二几年"在家乡安徽省金寨县的什么山头开了什么会;"三几年"在河南南阳搞乡村教育,那里道不拾遗、夜不闭户,全中国都很有名;"四几年"通过当国民党军统特务头子的同乡救了共产党的谁谁,如今他们在哪儿当书记、省长。我哥哥听了经常反驳爸爸,但我从不回嘴,因为我不懂得那些事,只知道爸爸说了也改变不了他的身份,改变不了我们家的境况。

就在1960年的国庆节,爸爸有好几天没有回家,后来我听妈妈说爸爸死了,是在旁边的永定河里发现的。妈妈说我太小不懂事,没让我到河边去看爸爸最后一眼,晚上我想起爸爸就在被窝里偷偷流泪……

## 山雨欲来风满楼

上初中时我很单纯,糊里糊涂的,只是觉得功课好品行好,就是好学生，对出身好但学习不好为人不好的人还看不上呢！我的二姐四哥五姐（我家是大排行）功课好，他们分别在1957年、1962年和1963年考上了北京大学，我三哥功课也特别好，还是学生会主席，1960年却只上了北京师范学院。听说虽然他考得很好，但那年特别讲"阶级路线"，他因此无缘进入北大。

1964年我又考上女附中高中后，明显感觉空气变了。一开学学校就组织社会主义教育运动（即四清）的学习，包括学习毛主席的号召"千万不要忘记阶级斗争"，对阶级斗争，要"年年讲、月月讲、天天讲"。同时号召同学们暴露自己的活思想，深挖头脑中的资产阶级根源，要求人人都要写材料，交代自己的家庭出身以及自己的认识等等。学校再三的启发诱导，并指出这是关系到对党是不是忠诚老实的问题，是不是决心跟党走的问题。

那时我们才十五六岁，思想纯洁又简单，不知道怎么说好，但是为了响应号召——一定要做党的"驯服工具"，党叫干啥就干啥，所以就拼命地搜肠刮肚，给自己上纲上线。记得有好几个同学说：自己有名利思想，只想好好学习将来当居里夫人。不关心政治，不关心集体，这样走下去，势必滑到资产阶级的泥坑中，滑到革命的反面，就是反革命。

我记得当时团员纷纷找非团员谈话，要求明确自己对家庭的认识。每到这时我都特别怵头，但我也要表现进步的样子，说我爸爸革命不坚定，一到紧要关头就叛变革命，自绝于党和人民，是可耻的叛徒。其实我根本不清楚我爸爸到底是怎么回事，但是我不这样，就是对家庭没有认识，就是和家庭划不清界限，就总也过不了关。

那时人们在填表格或写材料时都极其忠诚老实，自认为家庭出身有"问题"的人，都点滴不漏，惟恐涉嫌隐瞒历史，欺骗组织。我也明白，我再怎么说也不可能入团。我思想汇报写的少，靠拢团组织不积极，我还在暴露思想时说：自己觉得不入党不入团一样干革命，鲁迅也没入党入团，毛主席不是一样称赞他是文化革命的主将！

上个世纪60年代初，在林彪的鼓吹和军队带动下，全国迅速掀起了"活学活用毛泽东思想"的热潮，对毛主席的崇拜到了无以复加的程度。可是我刚刚看了萧三写的《毛泽东的青少年时代》，书中写到：毛泽东的文科好，作文好，但数学不好。我就想，毛主席也不像宣传的那样神，也不是什么都好，数学就不好，我还有点"显摆"自己看书多似的跟班里同学说了。实际上，此时同学之间的界限已经很明显了，划分的标准就是家庭出身。

记得好几次下午下课后，教室里立刻少了一部分人，一观察，走的都是干部子弟。听说学校专门给她们开会，开展"誓做无产阶级革命接班人"的教育。出身好但有明显缺点一直没有入团的同学也相继入团了，她们在班里的表现逐渐张扬起来，地位也在无形中上升，班里传出的舆论是说她们的阶级感情如何如何深。出身不好的同学，压力越来越大，这些人明显地都夹着尾巴、小心翼翼地过着日子，觉得越来越不被信任，越来越被边缘化。我清楚自己，入团无望，不过，我有点不识时务，心中的不快也越积越厚，有时跟团员"交心"时还说："不是说'出身不由己，道路可选择'嘛，为什么我们就选择不了？"

估计就是这些向"组织"暴露的"活思想"，文革中给我带来了大麻烦。

## 我们班的夺权斗争

1963年下半年，刚从北师大毕业的王本中老师开始教我们班数学，生动活泼的教学，总能引发我们的兴趣和思考。教我们语文的刘超尘老师、教几何的储瑞年老师，个个都是教学有方的年轻才俊。我们有幸于这样的"强强联手"，1964年中考时我们班有24人又考上了师大女附中高中，别的班考上本校的不超过10人。很可能是因为这样的佳绩，王本中老师继续担任我们高一、高二的班主任，为此我和一些同学特别庆幸自己上了好学校，又遇到了好老师。

这时，"文化大革命"这一名词开始出现在报纸上，各种"批判"也开始了，班里同学和老师的关系也在悄悄发生着变化。

1965年下半年，我所在的高二年级有四个班，那三个班的班主任和学生班长都是好出身，老师出身贫下中农，学生班长都是干部子弟，只有我们高二二班班主任和学生班长不是这样。当时农村开展的四清运动波及到城市以及学校的社会主义教育运动，使阶级斗争的弦拉得更紧了。记得我们班的干部子弟在学期中间酝酿改选班委会。她们说当时担任班长的学生"家庭出身不好"，不应该当班长。她们还说，让家庭出身不好的学生当班长，是班主任错误的阶级路线造成的，因此她们要求进行班干部改选。

我们班主任的想法是，担任班长的学生虽然不是干部子弟，但也不是什么"黑五类"，她父亲就是个开了小铁匠铺的小业主，况且她的哥哥解放前就参加了革命，现在也是革命干部，她家算不上什么"坏出身"。班上的学生干部大部分已经是干部子弟了，有一两个不是没有什么关系。就是真的要改选班干部，也要按照学校的规定在每学期的开始进行，学期中间没有特殊情况怎么能改选呢？我们班主任老师还专门去请示了学校教导主任。主任说，还是再做做要求改选的学生的工作吧——他们都没有同意改选班长的要求。

班里为此开了会，干部子弟质问班主任为什么"重用"家庭出身不好的人当学生干部。班主任说他努力执行了党的阶级路线。阶级路线是"有成分论，不唯成分论，重在表现"。当前班里的学生干部基本上都是革命干部家庭出身，也都表现好，所以都符合党的阶级路线。那些反对他的人说这是"物以类聚，人以群分"，班主任老师偏向家庭出身不好的学生，因为老师自己的家庭出身也不好。

我还记得老师那时在我们班做检讨，说在哪儿摔倒了，就要在哪儿爬起来。我当时不大明白，老师怎么就叫"摔倒了"？他那么钻研业务，书教得那么好，成绩是明摆着的，大多数同学都欢迎他教我们，为什么"红五类"非要换掉他？再说了，我们下乡劳动时他还奋不顾身挡住塌下的土方救同学呢，因为出身不好就要遭受这样严重的惩罚？！那出身不好的人今后还怎么活？我虽这么想，但也不敢说，我不是也是出身不好吗？说出来，不是公然对抗"红五类"吗！这个紧箍我是时时戴着呢！

## 我们班的大字报

在这种紧张的关系中,文革开始了。随着社会上的动荡,女附中的课也上不下去了。1966年6月2日,高三年级的刘进、宋彬彬、马德秀贴出了女附中的第一张大字报,接着,各种批判校领导和老师的大字报铺天盖地。一会儿说卞仲耘校长是假党员,参与前北京市委搞"军事政变的反革命活动",一会儿说胡志涛校长迫害干部子弟——刘少奇的女儿刘平平就差两分女附中硬是不收,一会儿还勒令特级教师、人大代表王明夏老师交出非法所得(就是工资)。"红五类"们耀武扬威、精神抖擞,像我这样出身不好的人自然没有革命的权力,我既不敢往前凑,又不敢往后撤,每天胆战心惊、不知所措。

1966年6月18日中午,我们班的干部子弟突然在黑板上贴出了大字报——

这两天,咱们班空前一致,没有矛盾是不符合辩证法的,这完全是假象。反革命黑帮的大红人×××及其爪牙×××;自己承认是反革命的×××;一贯阴险、两面三刀的投机分子×××、×××;一贯仇恨党中央和毛主席的阶级异己分子罗治;一贯欺骗组织、处心积虑的捞政治资本的投机分子×××;一贯与组织对抗对党不满的小市侩××;一肚子坏水的极端利己主义者×××;一贯仇恨革命干部及其子弟笑里藏刀的阴险分子×××、×××、×××等人纷纷出头露面,上蹿下跳,企图浑水摸鱼,钻进革命左派的队伍。警告你们,浑水摸鱼是不行的,谁个真革命,谁个假革命,谁个反革命,我们心里一清二楚!坚决横扫一切大的、小的、明的、暗的牛鬼蛇神!!!

毛主席的共青团员　　66.6.18

随着大字报一张张地贴出,我的心在一点点收缩,脑子完全空白了,时间好像凝固了。想必同学们最初看到时也都傻了。我班孙行玲同学在她的博客中回忆大字报刚贴出的这一时刻:"我当时不在场,因为我家离学校特别近,所以全班只有我中午能够回家吃饭。那天饭后我一推开教室门,就见大家的目光齐刷刷地向我射过来。我不知道为什么今天午休同学们都老老实实坐在位子上,为什么这么安静,为什么表情怪异?我注意到并不是所有的同学都坐在位子上,前边还站着几位,一脸严肃,这时我更觉得气氛异常、紧张。不等我坐下,就有人以命令的口气说,你对这张大字报什么看法?我这才发现黑板上贴了满满的大字报,我看了内容,只觉得脑袋'轰'的一声,心脏一下抽紧了,哪里还会思考。但在追问下又不能不说,我下意识地回答:'我不觉得她们是反革命……'说完我立刻感到后悔。因为我马上遭到了猛烈的反击,有人说我是自己跳出来的小右派,把我吓哭了,心想别人不发言,我干嘛让说就说,自找倒霉。印象最深的是有一个出身不好的同学第一个站起来反驳我,说出身决定思想,出身决定立场,你同情她们说明你的思想和她们一样。你爸爸是右派,所以你当然也会同情反革命。而说这话的人自己出身资本家,我当时气得想反问'你哪?'但在大家七嘴八舌地反驳、批判下没有我再说话的机会了。过后我们班领导小组在同学中划定'左中右',我是'中右',这还是经过激烈争论,考虑到我一贯表现和当时直话直说了。而那位是'中',让我心中颇为不平,不就是批我有功吗?打击别人,保全自己。现在我可以原谅她,人在恐惧时自保也是下意识。也或我把她想坏了,可能人家就是响应革命号召,积极要求进步。"[1]

文革后同班同学聚会,大家不约而同地谈起这张大字报,当年被点名的同学诉说着那时的不解、惊恐、压力、愤懑,我没想到几个未被点名的非红五类同学说自己更是害怕,担忧,不知道下一刻是否就会点到自己头上,不知道自己又会是什么罪名。在大字报中,我很"荣幸"地成为"一贯仇恨党中央和毛主席的阶级异己分子",当时的压力可想而知。大字报点了班里 12 个同学的名字,全班共有 43 名同学,近 30%的人被认定是"坏人、反革命"。

当时,我们这些被点名的学生没人敢理睐,我们彼此也不敢说话。我整天低着头学毛选看报纸,或抄写领导人和工作组的讲话,所以今天留下了那本有文革记忆的"罗治笔记"。宿舍里几个同屋的同

---

[1] 摘自孙行玲新浪博客《我们班的大字报》(2011-09-27)

学都是干部子弟，我一回到宿舍就更抬不起头了，害怕、恐惧、压抑、不服等各种情绪纠结在心里。终于，6月下旬的某一天，我住的宿舍门口贴上了一张大纸条，上面赫然写着"资产阶级狗崽子不许进！"我的被褥被扔到楼道里，显然这是把我"驱逐出境"了！我真想冲进去质问她们"凭什么"！但转念一想，我这样不是鸡蛋碰石头吗？干脆我不回宿舍了，反正学校也乱了。自此以后，我就整天到北大、北师大看大字报，找大学生请教。我在外面觉得自己根本就不是反革命，大学生们也没认为我是阶级异己分子，觉得这个中学生还挺会动脑筋想问题。我感到了精神的解放。

## 选准打击对象

我们班一个被大字报点名的同学压力很大，她原来是个出色的好学生、好干部，现在一下子成了反革命，反差太大，她特别受不了！据她2008年跟我说，6月18日贴大字报当晚，我们班的干部子弟又把她带到学校礼堂去批斗到深夜，此后连续七天七夜没有回家，白天打扫厕所，接受问询批斗，晚上和衣睡在礼堂的长条木凳上。班里其他同学最近还告诉我，这位同学后来回家时又带着红五类同学抄了自己的家；为了表示对毛主席的忠心，又怕红五类说自己没有资格戴毛主席像章，就把老人家的像章别在自己胸前的肉上……当她和我说起文革时撕心裂肺的样子，我至今难忘。其实她的出身就是小业主，她在大字报上的全部"罪名"仅仅就是"校领导的大红人"，但学习好、威信高、音体美俱佳，又是班长，干部子弟可能有嫉妒的成分，更多的是认为班里大权旁落，"气不忿儿"了。以后她每听到谁买了房子成为"业主"，就感到浑身不自在，发自内心的厌恶"业主"这个词。

后来我和这位同学结合邓榕（原师大女附中高——班学生）1967年4月5日给她爸爸贴在学校的大字报"彻底清算邓小平在无产阶级文化大革命中的滔天罪行"中所写的内容，试图分析我们班红五类为什么要点这 12 个人的名。[2] 邓榕在大字报中写道:"邓小平多次和我说:要不断地分类排队,划分左中右等等,目的就是要'选准打击目标'。这个目标就是革命群众,这成了我的指导思想。在我做大队(指少先队)工作的时候,忠实地执行了这些指示。在初一、初二各班中,让各班辅导员首先分类排队,划分左中右,实际上就是排'黑名单',找出依靠对象和打击对象。有的班共分七八类之多,开几次辅导员会也都说各班谁是左派,谁是右派……当时,一些班里的领导小组成员出身不怎么好,由于受反动血统论之毒害,我极端的唯出身论,满脑子想得都是'夺权',在排黑名单之后,就大搞夺权斗争,想把各班都换上我们信任的人,热衷于调查家庭问题。"

我们分析,师大女附中的文革是在邓小平的亲自指挥下进行的,全校各班都贯彻了邓小平对学生分类排队、划分左中右的指示。我们班的大字报就相当于我们班的黑名单。为什么点这十二个人?一是受反动血统论的毒害,这些人家庭出身基本是黑五类或灰五类(即父母没有什么历史问题的一般职员等);二是有几个人就是班里的"右派",有言论,比如我;或者还有几个人对待干部子弟不那么"巴结",被认为是仇恨干部子弟;三是其中还有几个共青团员或团小组长。刚开始我还不大明白为什么点这几个人,她们其实是班里的好学生,为什么和我们这几个"另类"搞到了一起?后来经点拨才明白,她们错就错在不是红五类出身,还入了团或当上了团小组长,这不就意味着你不仅钻进了革命队伍,居然还掌点小权,这不正说明班里红五类还没都当上干部吗!大权旁落了呢!所以必须把这几人搞臭,然后夺权让你下台。联想到 1965 年我们班因为班长不是红五类就要罢免班主任和改选班长,可见红五类要接革命的班就要夺权掌权的教育,是多么深入人心!

---

2 摘自《邓榕对邓小平的揭发》,新北大公社 02621 支队编《彻底清算邓小平在无产阶级文化大革命中的滔天罪行》,1967 年 4 月。网上有报道说经过光明日报、解放日报等转载公开发表。

## 后 话

经过了这样一番"斗争历练",在上山下乡的过程中,我没和同学们一起去山西、陕西,也没到内蒙、云南,而是在学校和家属委员会的一再催促下,于1969年3月独自一人回到了我的老家——安徽省金寨县插队,妈妈和哥哥姐姐们觉得那里是老革命根据地,父亲曾参与了它的创建,也许乡亲们不会觉得我是"狗崽子"而排斥我……

文革结束后,父亲所谓的历史问题终于得到了彻底的平反。

回想我在师大女附中的八年生活,我的感情是复杂的,但我非常感谢母校,感谢老师。女附中真是不同寻常,女附中的老师,女附中的同学真的也与众不同,我在这里开阔了眼界,养成了独立思考不人云亦云的习惯。

我在刚一入学时,学校尚无歧视我们姐妹的意思,只是后来的形势变化,阶级越来越分明,压力越来越增大。但是这个账应该算在谁的头上呢?我不会算在我的老师们身上,他们受的害比我大得多,我们谁不是受害者呢?就是我的同学,包括斗过我的同学,其实她们也是受害者。我们班好几位红五类同学的父母在文革中甚至文革前就遭到了严重的迫害,她们自己在1966年后也有居无定所的时候。我如今和她们的关系一般,不亲也不近,其中有几个整人的同学在1967年军训时曾给我道过歉。没有道歉的同学,我也不会去追究。

良心发现和人性回归,首先是对自己的精神解脱和升华。我们现在需要的不是向谁讨债,不是追究谁是谁非,而是直面历史的独立思考,是全民参与的真诚反思。人一辈子最重要的不是知晓标准答案,而是寻找和实现标准答案的过程。当你拥有了独立的思想、正义和良知,你就可以在复杂的环境中保持起码的独立和尊严,维护人性和道德底线。

选自《记忆》第117期。

# 最后一课

冯敬兰

1963年9月1日,我怀着好奇和自豪的心情走进北京师大女附中的校门。在我就读的那所平民小学,我和小惠同时考上了女附中,成为200多名应届小学毕业生中能给学校增光添彩的孩子。我们的小学每年能考进男四中和女附中的学生凤毛麟角,有的年份还会"剃光头"。

女附中的校园很大,教室都是楼房,即便是平房,也都高大、宽敞、气派。校园里有许多树,我能认出其中的钻天杨、洋槐、枣树、核桃树和柿子树,东楼后面还有一个果园,种的是桃树。开学第一天在大礼堂给我们讲话的教导主任刘秀莹老师出口成章,声音悦耳,像是电台的播音员。当我胸前戴上白色珐琅质的校徽,摸着上面七个红色毛体字"北京师大女附中",心里别提有多美啦。

没想到我的自豪感很快就荡然无存。全班45人个个都是拔尖人物,在小学里不是大队长就是中队长,和大家比我觉得自己处处不如人。初中一年级的代数特别绕脑筋,我总是被难倒。那时,代数课学的应用题,尽是些狗追兔子、鸡兔同笼,读起来像微小说,做起来像迷魂阵。一次数学竞赛,应用题除了狗追兔子,还有人在水里追漂远的军用水壶,我立马蒙灯,只能留下空白。成绩出来,最好的同学得了90多分,既教代数也兼班主任的张老师,老远指着我说:"你,60!"那一刻的耻辱刻骨铭心,至今难忘。当然,还有比我更糟的,一位小学当过大队长的同学,因为不及格一直趴在桌上哭,把脸都哭皱了。

## 阶级斗争教育

升到初二，学习刚缓过气来，学校就开始加强阶级斗争的教育。永远要站稳立场，分清谁是我们的朋友，谁是我们的敌人。家庭出身突然显示出重要性，革命干部、革命军人、革命烈士、工人、贫下中农是最好的五种，地主、富农、反革命、坏分子和"右派"是最坏的五种。介乎于两者之间的，是可以教育和团结的对象。我们这些懵懵懂懂的孩子，知道了党的阶级路线叫作"有成分论但不唯成分，重在政治表现"。什么意思呢？第一，阶级出身是重要的，不同的阶级会打下不同的烙印；第二，出身不能选择，道路可以选择，只要表现好也可以加入革命队伍。

班级里出身好的同学，一到15岁，就自然加入共青团。有的入团的会议是不公开的，但是她们的名字和入团的消息会出现在黑板上。女附中一直是国家领导人、党政军高级干部子女的首选学校，她们也都是凭考分进来的。个别落榜的，有的会在下个学期转学进来，不少班都有这样的插班生。前几年听说一件事，高年级某班有个高干子女人缘差，迟迟不能入团。卞仲耘校长找团支书谈话，让她们同意那个同学入团，结果她们口头答应，后来还是不同意，最终也没有让那个同学入团。都是高干子弟，谁怕谁？对于出身平民家庭的同学，入团就有了难度，刻苦读书，学习雷锋勤做好事，经常写思想汇报，是少不了的。有的还把日记送给团支部委员看，有的会在星期日专程跑到团干部家里去汇报思想。而出身不好的，譬如资本家、"右派"、反动军官家庭，就算你把思想汇报写成书，入团也难有指望。假如有一位出身不好的同学被光荣吸收入团，一定会表扬她和家庭划清了界限，意味着暗地里不知交了多少份批判揭发父母"罪行"的思想汇报。

新学年一开始，学校会单独组织干部子女开会，我们班干部子女不算多，大概有十二三个。我的同桌叶维丽，父母都是抗日战争初期参加革命的老干部，在新华社供职她曾在自己的一本口述实录《动荡的青春》中写到："那次开全校干部子弟会，班上大部分同学都默默地留在座位上，我搬动椅子时动作尽量轻，感觉有点儿不自在：平时都是挺要好的同学，怎么就这样把人划分了？我的好朋友是我的同桌，平常我们经常在一起进进出出，她家庭出身不好，留在座位上没动，我走时心里有些歉意。"叶维丽的父母都是知识分子干部，家族中几位长辈更是我国思想文化界、科学界著名的人物，这样的家庭氛围，使得她从少年起就具有了独立思考的能力。

加强阶级教育，请旧社会被剥削被压迫的劳动人民做忆苦思甜报告，也是一项重要活动。有时是全校性的，有时是班里自己组织。听忆苦思甜报告，有不少同学会哭，也有的趴在桌子上把脸埋起来，好像哭得更厉害。我个子高，总是坐在最后一排，看得很清楚。记得有一次忆苦思甜刚下课，一位同学就从前排座位冲到我面前，指着我鼻子严厉质问："你为什么不哭？"她对我的类似指责时有发生，我心里特别怵她。文革初期她成了班里的"核心小组"成员，立即组织了全班对我的批判、斗争和孤立。

那时，还出现了一个新词，叫作"阶级报复"。出身不好，如果胆敢冒犯上述"红五类"，弄不好就给你一顶阶级报复的帽子。在法院宣判罪犯的布告上，时常可以看到"阶级报复"这项指控。出身不好，生就的贱民，只许老老实实，不许乱说乱动。血统论和等级观念的根基已经坐实山雨欲来风满楼，每天都要讨论、学习报纸社论。

## 山雨欲来风满楼，每天都要讨论，学习报纸社论

山雨欲来风满楼。我在 15 岁到 16 岁之间，常常在报纸社论或批判文章中看到这句话它让不谙世事的我浮想联翩。

说实话，我特别喜欢那些文章铿锵有力的节奏和犀利的文风。我对政论文的喜好大概是从"九评"（中共中央反击苏共领导人赫鲁晓夫的九篇政治评论，第九篇最著名）始，直持续到中年以后才摒弃。

初三那个学年，我们的作文课学习的是议论文，议论文三要素是论点、论据、论证。教我们班语文的老师叫柯莱，听上去是个作家的名字，或许柯老师年轻时也做过作家梦吧？老师须发灰白，不苟言

笑，说话带着山东口音。写记叙文成绩平平的我，时来运转了。我的议论文得到了柯莱老师的赏识，几乎篇篇都是范文，每堂作文课一上来，老师就在全班学生面前带着山东腔朗读我的作文。后来，念得我都不好意思了。或许是对议论文的偏好，使我对"社论"特别关注，喜欢里边一环扣一环的逻辑，也关心暗示性很强的句式，譬如，山雨欲来风满楼，隐隐带来的是紧张、激动和不安，或许还有期待。

初中三年级留给我的记忆碎片，是看了不少当时被批判的电影，譬如谢芳主演的《青春之歌》《早春二月》《舞台姐妹》，全是宣扬小资情调和阶级调和论的大毒草。《北国江南》《不夜城》《林家铺子》《抓壮丁》《兵临城下》《红日》等等电影各有各的罪名，譬如投降主义、卖国主义、阶级调和等等，长资产阶级威风，灭无产阶级志气。这些当年是"大毒草"的电影，如今均被视为经典之作。没错，那样一群大师级的编、导、演，是不可能复制的。

我们就要初中毕业了，政治局势也越来越紧张。学习、讨论报纸社论，加进了期末的课外活动当中，后来则是整堂课的学习和讨论。先是通读、学习姚文元的长篇大论《评新编历史剧〈海瑞罢官〉》。时任北京市副市长的吴晗，也是历史学家，他奉上级之命写于几年前的新编历史剧《海瑞罢官》被批为"反党反社会主义的大毒草"，要害是罢官。谁被罢官了？彭德怀！敢为彭德怀鸣冤叫屈，这不是向党进攻吗？与此同时，批判的矛头直指"三家村"，与吴晗有关的"三家村"反党集团，另两位成员是时任北京市委书记的邓拓和时任北京市委统战部长的廖沫沙，他们联名写的杂文《三家村札记》，我们一篇一篇地念，念完了就捕风提影地分析，哪句话影射了党和领袖，然后就上纲上线地批判。那或许是中学生在文革大爆发前夕的演练吧？接着，以中共中央政治局委员彭真为首的北京市委也变成了"反党集团"，被华北局进驻、改组。好家伙！原来，阶级敌人不光是地富反坏右，他们的代理人早就潜伏到党里面了。

我的学姐、1967届高中生罗治保存了文革初期的笔记。在她的笔记里，记载了1966年5月12日校党总支书记、副校长卞仲耘在全校做的积极参加"文化大革命"的动员报告。卞校长指出，这场社会主义"文化大革命"关系着我国革命和世界革命的前途，是我们党当前第一大事，每一个人都要积极、主动、自觉地参加这场革命，捍卫党中央、毛主席。这场斗争是检验每个人是否突出政治的试金石。她还对运动的要求、方法和学习文件做了具体说明。卞校长绝想不到，85天之后，她会被自己动员起来积极参加"文化大革命"的学生殴打折磨致死！

1966年5月16日，中共中央政治局扩大会议在北京通过了毛泽东主持起草的指导"文化大革命"的纲领性文件《中国共产党中央委员会通知》（即"五一六通知"）。卞校长在女附中的提前动员，想必是上面的"内部"部署，先走一步。

那时，初中毕业要经过两次考试，毕业大考和升学大考。毕业大考已经结束，所有的课程都进入了自己复习的阶段，课代表会把问题集中起来，请科任老师集中解答。再过两周，就要中考了。

6月1日上午，我们照例坐在教室里自习。最后一堂课时，教室里的扩音器破例响起来。学校用广播的方式召开全校大会，传达各种通知，我们习以为常。但是这次不同以往，开场白"重要通知"后，在鸦雀无声中等来了《人民日报》的社论《横扫一切牛鬼蛇神》。播音员是夏青，国家广播电台的"王牌"。

现在依旧能够体会当时的心情，我头皮发紧，全身僵硬。第一次听到"牛鬼蛇神"这个词，莫名的激动、紧张和不知所措让我们全班同学都紧紧地闭着嘴巴，生怕自己的心从里面蹦出来。

那天，当我们忐忑不安地收拾书包走出学校大门时，自己并不知道，我们这辈子再也不到中学的课堂了。就这样，我们初中毕业了。再过两天，我就到了16岁的生日。

选自《远去的女附中》2017年自印书。

# 复课·批黑教材·"反动权威"吴晗

## 管 宁[1]

对于那个本应是我们这一代人最青春辉煌但现在只能称之为"最混账"的时代,当时的许多人和事,随着时光的流逝和"努力地忘却",有些已经在不经意间变得模糊不清了,但偶尔认真一下,却又是那样的清晰和刻骨。有一件事,深藏在我的心中,伴随着我的人生,永远无法忘怀,且愈来愈鲜明、沉重。

### 复课闹革命

那是"史无前例的无产阶级文化大革命"开始半年后的1967年,随着谁也顾不得觉察的春天的到来,运动也进入了一个"新的发展阶段":解放军进校"支左""复课闹革命"了。当时的四中,初期的所谓"老红卫兵"早已土崩瓦解,"联动"们闹腾了一阵子,也已作鸟兽散了。造反派夺了权,大字报、大辩论,你未唱罢我登场,连街道的老太太们都带上红袖标成立了"造反队",举着小旗儿上街游行了。一切都在混乱中混乱着,也在"发展"中"发展"着,没有尽头。

"复课",大家又回到了教室,没有老师(敢)教,就自己教自己。"死了张屠夫,不吃混毛猪"。英语好的教英语,数学好的教数学。"闹革命",就是跟着"最高指示"走。"两报一刊"、文革小组,批了这个批那个,反正"闹"就是"革命",就有"真理"。后来好像在对解放军进校是"支左"还是"支右"的问题上,上面发生了分歧,

---

[1] 管宁,北京四中1967届初二(四)班学生。南开大学历史学博士。日本圣德学园大学经济学部教授。中国国家博物馆研究员。中国日本史学会副会长。

先有个"43讲话",第二天又出了个"44讲话",于是学生们又分成了两派:拥护"43讲话"的叫"43派";拥护"44讲话"的叫"4。4派",谁都说只有自己才最理解"中央指示",针锋相对,争来争去,闹得跟乌眼儿鸡似的。

于是又搞"大联合",各班级都重新组成了两派联合的"新领导班子"。我因为在运动初期担任过北京四中红卫兵初二年级领导小组组员(一班出一个,组长刘××),有执行"刘少奇反革命修正主义路线"(主要是不让学生出校串联)的"前科",又是"前"团支部书记,所以未被允许参与班里的"新班子"。

## 批判"黑教材"

正巧当时上面又提出了个新口号,叫"斗、批、改",首都红卫兵代表大会(简称"首都红代会")在西城区成立了个"斗批改办公室",地址就在四中操场北面马路对过儿的电化教育馆内。不知是哪位仁兄看我整天没事干,"累累若丧家之犬",怕憋出病来,就向组织上推荐了我,让我去那个办公室当差去。

所谓"斗批改办公室",人员不多,都是各校调来的,有学生,还有几位老师,常来的不到十个人。因为大家天各一方,谁也不认识谁,也没有运动初期积累的恩恩怨怨,所以相互处得还算和睦,与学校里如火如荼的"革命斗争"比较起来,这里倒像是一块不可多得的"世外桃源",只是并非用来"避秦"。

"斗批改办公室"给我的任务是负责批判高、初中语文教材中的"封、资、修大毒草",说是要为今后的"语文教育改革"铺路;还要求写出一篇大批判文章,以备在将来召开的"黑教材批判大会"上发言。乖乖!我一个才上初二的中学生,却要去批判高中语文教材,还要写批判文章,岂非天方夜谭!不说高中三个年级语文课本中所收文章的数量,就只那些深奥难懂的古典诗文,有好些字我连读都读不出来,何来理解?如何批判!但当时对历史文化和治学之道毫无敬畏之心的我,居然在众人的鼓励下不知天高地厚地接下了这个"光荣艰巨的革命任务"，至今想起，岂止汗颜！

好在办公室里有一位教语文的老师（四十多岁，男性，姓什么忘了），人很好，也很认真，为我找来了全部高中语文教科书。从高一的到高三的，凡我看不懂得的地方，这位老师就一篇一篇地给我讲解，我也就一篇一篇地跟着学，跟着记，反正不用去学校，也算"闹革命"。这样足足折腾了三个月，我终于囫囵吞枣地读完了全部高中语文课本，然后又夜以继日地捣鼓了三个礼拜，居然神差鬼使地按照当时流行的革命理论鼓捣出了一篇大约两千多字的"大批判文章"。现在，那篇东西的题目、内容，以及是如何运用革命理论去批判的，我都记不清了，估计出不了四个字："狗屁不通"。文章写出来了，送到上面审查，说是"很好"，居然通过了！敢情上面比我更"狗屁"！

不过这段经历对于我个人来说，也不能说毫无收益，至少利用这个机会，我多认识了不少字，还隐约喜欢上了历史和古典文学。这种潜移默化在不知不觉间影响了我的人生道路。我后来之所以会在崎岖漫长的求学之路上兜来转去，而终于以啃书本和舞文弄墨终了此生，或许与当时结下的这段"孽缘"不无关联。

## "姑娘，我也给你买张票吧！"

8月，要召开批判"黑教材批判大会"了。按当时的一般作法，凡开批判会，除了要有主持者（多为造反组织头头）、领喊口号者（要声音响亮的）、批判发言者以及革命群众等诸多要素外，最要紧的是一定还要有几个"黑帮分子"在场"陪批"，以烘托大批判的革命气氛和扩大批判的社会影响。至于那些被揪来陪批的"黑帮分子"是谁，其"罪行"与批判会的主题有无关联并不重要，重要的是这些"黑帮分子"的"级别"和"知名度"。级别和知名度越高，表示该批判会的级别也就越高，组织者的实力也就越强，当然社会影响也就越大。当时，北京市被揪出来的最著名、级别最高的"黑帮分子"，除彭真外就是"三家村"的邓拓、吴晗、廖沫沙。大家都想争取将他们揪到自家的批斗会上去"陪批""陪斗"。

但是，当时的批判大会多如牛毛，而高级别"黑帮分子"也就那么几位，狼多肉少，于是各家革命组织开始"抢"，谁先抢到谁先批。后来不知哪位高人出了个主意：挨号——凡是想要揪斗高级"黑帮分子"出席本组织的批斗会的，都要预约排队，按约定的时限"领人"，批斗完了送回。当然，那些人多势众、著名的造反组织则无须遵守，可以"加塞儿"，随到随领。"被加塞儿"的"挨号者"只能怨自己的力量太弱，太不著名的组织只能往后挫。有些实在不够格挨不上号的，就想方设法寻找级别稍低一点儿的"黑帮"当靶子。

试想，那些几乎一夜之间就从"无产阶级革命者"变成了"无产阶级专政对象"的高级"黑帮分子"们，不但每天都要时刻准备着被革命的"挨号者"们"领"去批斗，还要竖起耳朵去听那种革命的狂呼乱叫而不允许有一丝一毫的反感、辩解和反抗，这是一种何等残酷的身心折磨！

斗批改办公室是首都红代会的下属组织，有资格通过上面揪斗"高级黑帮"。据说那次"黑教材批判会"是一个月前就预定了全部三位"高级黑帮"的，不料中间被加了两次"塞儿"，好不容易等到说"可以了"，却只剩下了一位：吴晗先生。没办法，只得临时又凑了两三位次量级的"分子"，终于可以开会了，会场就设在电教馆的小礼堂。

记得那天是下午 2 点开会。天气很热，参会的革命群众大多是西城区各中学的老师，大约有四五十人的样子。大会一共有四位正式批判发言者，我是其中之一，代表斗批改办公室。派去领黑帮的是一位某女中的很文静的女同学。过了一个来小时，革命群众都到得差不多了，我正在后面着急，见那位女同学脸上红红地一推门走了进来，我忙问：

"怎么了，又没领来？"

"领来了。"

"那你怎么有些不高兴？"

"哼，那个老头子，真坏！"

"怎么了？"

"我到了他家，签字领人，挺顺利。我领他上了公共汽车，叫他自己买票。那个老头子竟然敢叫我姑娘，还说要给我也买一张！我是堂堂的无产阶级革命小将，谁是资产阶级姑娘！谁要你反革命臭黑帮买票！气死我了！我没理他，叫他就买自己的！"

"人呢？"

"让他到前面台下面低头站着去了！"

听这位女同学很生气地说完，不知为什么，我觉得心里沉了一下，没再说话。尽管当时吴晗先生已是全国著名的"黑帮分子"，但我从来没有见过，也不知道他长的什么样子。出于好奇，我来到后台的一角，从缝隙中往外看，那位女同学从后面指给我看："就是他，臭黑帮，还想给我买票！"

我因为是从台边角往下看，只能从背面看到台下一排站立的四五个人的上半身：中间一位年纪大约六十来岁的老者，应该就是吴晗先生吧，但见他身体微胖，上身穿一件熨烫得很平整的灰色半袖衬衫，稀疏花白的头发，已有些遮不住头顶，但耳垂儿很大，也很厚。因是背对讲台，我看不清吴先生的脸，也无法猜测当时吴先生的面部表情。他微挺腰板，低垂头颅，脖颈上挂着一块用三合板糊白纸做成的牌子。我知道，那块牌子正面是用浓墨写的两个字："吴晗"，还用红墨水打了两个大叉子。

我还想再换个角度从正面看看吴晗先生，但主持人已经宣布"批判大会现在开始"，领喊者也已经开始喊革命口号了。按次序，我是第二个发言。我拿着准备好的批判稿，登上讲台，念了起来。当时吴晗先生就站在我脚下台子的下面，偶尔用余光看去，还是只能看到那无法全部遮住头顶的稀疏花白的头发，熨烫得很平整的半袖灰衬衫，以及那块我不用看就知道写了什么的牌子。我不知道我是如何念完那篇发言稿的，也忘记了自己是如何在革命口号中走下台来的，当然更不知道作为一个当时已经成名的文史学家的吴晗先生在听了我那篇信口雌黄的大批判文章后会做何感想。我的耳边，似乎一直响着那句话："姑娘，我也给你买张票吧！"

一张公共汽车票五分钱。在一般场合，一位老者要给一个同行的中学生买一张车票，只是一件普通事。而当时的吴晗先生，这位每天被人"挨号排队"揪来揪去轮番批斗受尽身心折磨的"黑帮分子"，面对着一个像领物件一样来"领"他去接受批斗的革命小将，不但不去怨她、恨她，反而像慈父对待自己的女儿似的，担心她没钱买车票，说"姑娘，我也给你买张票吧！"这是一种何等博大的胸怀，那里面藏着的，又是一颗多么仁慈的仁者之心啊！如果我处于那样一种境地，我能做得到吗！

1967年冬，我当兵走了。

后来，我一直也没能从正面见过吴晗先生。如今，我也成了步入耳顺之年的历史学人。光阴荏苒，生活磨砺，能让自己感动的东西越来越少了。但从那位女同学口中转来的这句话，却经常漂浮在我的耳边："姑娘，我也给你买张票吧！"这声音仿佛是我亲耳从吴晗先生口中听来的，愈来愈重，愈来愈响。它伴随着我，责备着我，同时也鞭策着我。多少年来，也许正是这种良心的自责，才使我们这一代曾被扭曲了的心灵又一点点地正了过来。

选自《记忆》第52期。

# 我在文革中接受的"未成年人"教育

## 顾 土

未成年人,是当今最盛行的说法,有的国家定为 20 岁以下,有的国家是 16 岁,而在我国,目前定在 18 岁以下,并有《未成年人保护法》颁布。不过,在我小的时候,根本就没有未成年人保护这一说,还竭力鼓动少年儿童向大人看齐,不惜生命与阶级敌人作斗争、不顾个人安危抢救国家财产、远离父母上山下乡、放弃学校学习去"三大革命实践"中锻炼、坚决与有问题的家庭划清界限,而在文革中,学生批判老师、孩子揭发家长、晚辈斗争长辈,更是社会生活的主流。

### 放弃读书 崇拜领袖 批判老师 斗争长辈

文革发动那年,我正在北京读小学三年级。三年级以前,学校还要求我们见了老师要鞠躬,我鞠躬很到位,经常受老师表扬。1966 年以后,不但向老师鞠躬不需要了,而且优秀老师几乎都成了批判对象。我就读的府学胡同小学一连揪出了多位老师,其中,校长是走资派,被剃成阴阳头,她的儿子姓高,和我同班同学,从此就不来上课了;和蔼可亲的王立人老师成了军统特务;还有一位教体育的田老师是现行反革命分子,据说在三年困难时期曾泅渡投敌,但没游过去;我的班主任孙纹绣,温文尔雅,对待我们如慈母,最后也被停课接受批判,原来她的父亲是孙良诚将军,,毛选里点过名的人物。

我哥哥与我同校,他的班主任姓王,经常来我家和我的父母聊天,身边还带着一位智障女孩,也是我哥哥的同学,北京卫戍区司令的女儿。智障是近些年从台湾传来的称呼，过去我们用的都是些很难听的词汇，比如傻子等等。王老师的牢骚也让我记住了另一种声音，她说小学校长才是科级，怎么也是走资派？孙纹绣从前不过是养尊处优的大小姐，怎么会反革命？但王老师很快就不来串门了，因为打砸开始了，各种反党集团、反革命修正主义分子不断被揪出，社会混乱不堪，最后连那位智障同学的父亲也成了"杨余傅反党集团"的头子，她不知去了哪里。

　　文革开始，课本也停用了，我们以学习毛主席语录为主，再加点算术，音乐课都是歌颂毛主席的内容，老师教的第一首歌是《阿佤人民唱新歌》，用一架风琴伴奏，旋律很好听。那个年代，"学会的第一首歌是《东方红》，学会的第一句话是毛主席万岁"，是全国人民经常使用的套话，报刊上用，发言时用，连小孩子都会用。但实际上我最喜欢的是《阿佤人民唱新歌》，虽说这也是一曲赞歌。

　　有一天，学校门口开始重新设计影壁，一位美术老师站在那里日夜毕恭毕敬地作画，没多久，油画"毛主席来安源"在我们学校也复制成功了，这幅画当时普及全国各个角落。从此很长一段时间，我们早上一进校门就要向这幅画鞠三个躬，然后凑在一起高举《毛主席语录》，呼喊：敬祝伟大领袖毛主席万寿无疆、万寿无疆、万寿无疆，敬祝林副统帅身体健康、身体健康、永远健康！祝福三遍是必须的，还要高唱《东方红》，进了教室上课时再唱《敬爱的毛主席我们心中的红太阳》，放学时则唱《大海航行靠舵手》，有一段时期还要背诵《毛主席语录再版前言》。

　　坐在教室里的标准动作就是手握毛主席语录的下方，将语录封面朝外，放在胸前，目视前方，这也是所有男女老幼端坐或站立时的统一动作。

　　那个年代，除了领袖像遍布任何场合、任何地方外，就是像章大泛滥，五花八门、各式各样，不仅人人胸前别着一个，家里还都有几十个、上百个、甚至上千个。我们院里有个历史系教师自己在家开作坊，专门制作毛主席像章，据他儿子告诉我，一共做了一万多个，什么材质的都有。前几年，一位部队文工团的朋友去朝鲜访问，回来后大发感慨,他说即使领袖崇拜,人家也比我们严肃百倍。在朝鲜,像章有一定之规,不许乱做,呼喊万岁的声音则是排山倒海,最终汇成一股声音,而他当年多次参加毛主席检阅红卫兵,百万人喊声虽然巨大,细听还是杂乱无章、此伏彼起。

　　那时我们这些孩子受社会风气的影响很大,我经常跟着小伙伴去撒传单,因为我们是人民大学的教师子弟,所以传单有人大三红的、新人大的、红梅战斗兵团的,这些都是人民大学的群众组织,传单上写的全是些揭发批判"黑帮分子""走资派""叛徒""特务"的文字,还有漫画,传单撒出去后,街头大人蜂拥而上,争抢传单,看了这样的情景,我们的心里很过瘾。我还经常把外面的一些宣传品带到学校,记得有一次我抢到了一幅"百丑图",上面都是党政领导人的漫画像,从刘少奇开头,一直到省委书记和部长,孙纹绣老师当时还没被停职,她见到后很不满,叫我今后别拿这些东西来学校了。

　　我们小学的高年级同学很快都戴起了红袖箍,男女同学个个身穿绿军装,扎着皮带,还骑着自行车,下车后一定要手持钢丝锁,插着腰。这身打扮和姿势在当时的街头巷尾最时兴。钢丝锁可以随时抽打地富反坏右和走资派,也可以与对立的其他组织武斗,打群架,以此捍卫毛主席的革命路线。其中六年级有位同学姓李,是个高干子弟,经常来我家找我哥哥,而我哥哥其实才四年级,特别喜欢跟着这位姓李的大哥混。李大哥经常过来告诉我们兄弟三个,什么如今最流行,从他那里,我们知道了如何抢军帽、以后还知道了"拍婆子"。那时戴绿军帽很盛行,一次,他来的时候戴了顶厚帽子,也是绿的,两边的帽耳朵放下来很暖和,扎上去很帅气。我哥哥看见了也想要,我父亲设法去买了一顶,没想到戴了不几天就在街头被人家骑着自行车一把撸走了。李大哥知道后,问了被抢的位置,第二天便要了回来,我们因此更加钦佩这位大哥了。但没多久,他就因为参与武斗被拘留,被定为"联动分子",后来又听说被释放,最终也没再见过。

　　文革前,我母亲为我们兄弟三个念过《红岩》,让我们背诵过《革命烈士诗抄》,在广播里听过《青春之歌》《王若飞在狱中》《革命一家》,看的电影有《满意不满意》《今天我休息》《锦上添花》《红日》

和《冰山上的来客》，还有《昆仑山上一棵草》。文革开始，才知道这些都被定为毒草。当时的电影、小说好像绝大多数都被定为"封资修"的毒草，我读过一本由红卫兵编写的《60部小说毒在哪里》，读得非常细，还学会了里面的各种形容词。破"四旧"运动到来时，我家里赶紧将《普希金选集》《日日夜夜》和《古文观止》等藏了起来，但院里的几位小朋友揭发我家里的小人书都是反动黑货，我只好将这些小人书抱了出去，这是些由《水浒》《三国演义》和《西游记》改编的连环画。院里烧书的火堆整整燃烧了2天，许多线装书、世界名著都被中学来的红卫兵和大院里的小朋友扔进火中。

小说《红岩》作者罗广斌是叛徒而且最终畏罪自杀的有关文字和消息，我在大字报、红卫兵小报上看了不少，印象很深。觉得阶级斗争真是尖锐复杂，老师、叔叔、阿姨还有外面那么多人都是叛徒、特务、反革命，连《红岩》都是大叛徒写的大毒草，看来阶级斗争这根弦一定要绷紧。

千万不要忘记阶级斗争、一定要绷紧阶级斗争这根弦、时刻警惕阶级斗争新动向，是我们早在文革前就接受的教育，文革中间又加剧了这种教育。那个时期，大人都投身文革，小孩基本没人管，想管也管不住了，打架、砸玻璃、起哄，成为孩子们的日常生活。我家住在张自忠路三号，从前称作铁狮子胡同一号，所以大家都叫铁一号。铁一号大院里谁家大人被揪出来了，我们就朝谁家扔石头，弹弹弓，欺负谁家的孩子，我们还特别警惕陌生人，一见有不认识的人出现，就会跟踪、尾随。院里的公共楼道和民国时期的老建筑—灰楼，没有一块完整的玻璃，全被砸碎了；学校里的玻璃也常常被同学们砸破，老师根本管不了。院里还常常被人举报有反动标语，警察不时跑来，又照相又侦查，但我看了半天也没看出个所以然来，只看出毛主席三个字，其它模模糊糊，其实就是乱写乱画。

在街头看游斗是我们每天的生活内容。铁一号院子里的游斗是边走边斗，脖子上用铁丝挂着块大牌子，在院子里绕了一圈，最后走到那座民国老建筑灰楼前停下。这里是个较大的空间，既可以让过往行人都看见，也可以聚集起上百人。被斗的人都是站在台阶上，低头对着大门，一斗就是几个小时。也有斗争的群众认为被斗的不老实，就将几把椅子、凳子摞起来，让被斗的那位高高立在上面。我见过一位从欧洲留学回来的副教授，因为工资被冻结，实在没钱买东西吃，饿极了，就在东四九条副食品商店里偷了7分钱一包的人参果，结果被售货员当场抓住。批斗他时就是站在了两把椅子上面，好像演杂技那样，专门去取椅子的那位叔叔与我父母很熟，他说，这样才能让大家都看清他的丑恶嘴脸呀。而马路上的游斗常常在卡车上，时常看到路上有游斗的卡车或缓缓驶过，或疾驶而去，上面不是一人就是数人，被两侧戴红袖箍的人按着头，反扭着胳膊，呈喷气式模样。卡车的驾驶棚顶安放着高音喇叭，插着红旗，一路呼喊着打倒、砸烂的口号。

在学校里，被批斗次数最多也是最残酷的是田静一老师，大约快50岁了，以前她从未教过我，但我却在学校礼堂参加过多次批斗她的大会。每次在台上，她都被高年级同学强迫做"喷气式"。她的罪名是历史反革命加房东。我还被班级选为代表，上台批判田老师。那次批判会，我脚穿翻毛皮鞋，说到激愤处，猛一跺脚，吓得田老师向后一闪，以为我会踹她一脚。

文革发动没多久，红卫兵还将"勒令"贴到了我家门口、我的祖母当年被划定为地主成分，所以此时也在劫难逃。她每天被迫站在北京铁一号大门口，与几十个老弱病残的所谓"地富反坏右"加资本家一起受批斗，浑身沾满路人的吐沫，还有人不停地向他们身上扔石头，常常被砸得头破血流，最后又被一起遣送原籍劳动改造。临行那天，祖母被剃成阴阳头，不得不在头上裹着条头巾，正好我放学回家，在路上遇见她背着包袱往外走，她一见我就大声喊我的小名，而我却不敢上前。没想到这一喊，竟成永诀，回到上海嘉定娄塘老家后不久，她的尸体就漂浮在池塘里。当时公安局来电称"畏罪自杀"，可上世纪80年代我去嘉定，当地检察院却告诉我也有可能是他杀，真相一直难辨。那个年代，北京火车站的每一天都是一幕幕凄惨的景象，一群群年迈的所谓地富反坏右和资本家、反革命，有的被剃成阴阳头，有的衣衫褴褛，有的蓬头垢面，个个犹如被打上了印记，一看就是被遣返回乡的"黑七类"。他们拎着包袱，低头匆匆往车站里走，路人可以肆意向他们吐痰、扔石块，甚至踹一脚，打一拳。返乡的一路上，他们在车厢里也是乘客羞辱的对象，在长途汽车同样是众人欺负的弱者。

我的母亲曾是中共上海地下党员，文革期间先被关押，后又送水泥厂劳动。1969年下放江西的前夕，军代表和我母亲的一个学生忽然来到我家，召集我们全家开会。那个女学生个头很高，其父是军级干部，所以披件军大衣，趾高气扬。她高声要求我们帮助母亲找出问题，认清历史，端正态度。幸亏我那时没有犯傻，最终也没有站出来揭发批判自己的母亲。而我家邻居的孩子，只比我大一岁，他的父亲在一所大学任党委副书记。一天，红卫兵将他的父亲揪来大院游斗，说是让邻居认清反革命黑帮分子真面目。他的父亲低着头，戴着纸糊的高帽，边走边敲锣，喊"我是黑帮"；而他，则牵着一根绳子，绳子的另一端就套在他父亲的脖子上，嘴里不断高呼：我要和反革命修正主义分子划清界限！在我居住的那个大院里还有一家，父母分为两派，姐妹二人各随一派，天天家里争吵不休，互相揭发批判，都自称誓死捍卫毛泽东思想。

## 高喊打倒　围观抄家　领教武斗　下放劳动

那个年代，我们这些孩子除了学语录、唱颂歌、向领袖像鞠躬、批斗老师、打群架、砸玻璃外，就是每天等待喜报和捷报，学校要求我们晚上只要有重要广播，都必须在广播后到校集合，然后游行、学习。最新指示发表、全国山河一片红（各省市自治区革命委员会成立）、八届十二中全会召开、九大闭幕，我们无不上街庆祝，高呼口号，一直折腾到深夜。我们还参加浩浩荡荡的游行大军，相继到缅甸驻华大使馆、印尼驻华大使馆、苏联驻华大使馆门外示威，嘴里高呼过"打倒吴奈温""打倒苏哈托""打倒勃列日涅夫""打倒柯西金"，尤其是苏联驻华大使馆前面那条路不知去过多少次，珍宝岛事件发生后，我们的游行更加起劲，嗓子都喊破了，那条路也早被改为"反修路"。但我也很奇怪，自那以后40来年，除了战斗英雄孙玉国的事迹外，珍宝岛就好像消失了一般，一直离开了社会舆论的视野，难道领土问题也分时段？

打倒刘少奇、打倒刘邓陶、打倒彭罗陆杨、打倒杨余傅、打倒王关戚，是文革前期我们这些小学生都挂在嘴边的口号，而抄家，在那时最为常见，我经常跟着四周的小伙伴一起去看院子里的抄家，其情其景至今历历在目，只见屋主人低着头站在门外，屋里的东西被翻得乱七八糟，一箱箱的东西被装上卡车运走，书籍、手稿、笔记本、相册、绘画、书法、首饰、存折等，都在被抄之列。那时的抄家由谁来定，似乎没有一个准确的说法，据我所见，有专政机关，有群众组织，甚至也有几个红卫兵自己就能敲定。那个年月，夜半查户口也是一景，家里的大门半夜里突然就会被擂响，有人在外高喊查户口，每次开门后进来几个人，有时只有一两个人，既无证件，也无制服，手持手电筒，四下察看一番，然后扬长而去。

我从红卫兵小报和父母的口中得知全国武斗很盛行，最厉害的是保定、郑州、柳州、重庆、武汉，远比人民大学的两派对垒凶残得多。有一位远方堂兄住在广西柳州，一天忽然间投奔到我家。据他说是躲在货车里逃出来的，他所在的那一派受到另一派和解放军的进攻，除了飞机，什么武器都用上了。有人用一根铁棍向他砸来，幸亏他用左臂一挡，才保住性命，可手臂却断了，我们因而称他为"断手哥哥"。我和父亲陪着"断手哥哥"去动物园，在那里看见一个比我还小的男孩正乞讨，"断手哥哥"告诉我们，这个男孩与他同在一列火车上逃出了广西，男孩的父母在武斗中双双丧生。

在小学，学习的榜样是刘文学，还有龙梅和玉荣，所以，我们脑海里被深深植入这样的意识：见到阶级敌人破坏一定要奋不顾身去斗争，见到集体和国家财产受损一定要舍生忘死去抢救，改革开放以后才知道，这与世界上很多国家的未成年人教育截然相反。当时给我印象最深的文化教育是雕塑《收租院》，学校专门组织我们去电影院看纪录片，说是接受阶级斗争教育，结果留下了两个难忘的形象，一是水牢，二是大人也喝人奶。经过多少年之后，水牢大概人们早已忘却,可喝人奶竟然成为一种集体记忆延续下来,化作许多老板和领导的偏好。那时小孩子之间流行一首儿歌《我在马路边捡到一分钱》,听起来似乎个个崇尚拾金不昧,实际上歌词早被改成:我在马路边捡到一分钱,把它交到卖冰棍的手里边,卖冰棍的把头点,我高兴地说了声,孙子,找钱!

讲用会也是我们的课堂内容,讲用就是讲活学活用毛主席著作的经验,因为我们是小孩子,所以讲的都是活学活用毛主席语录的经验。有时请外面的模范人物,也有时就是自己讲。大家讲得最多的就是如何斗私批修、狠斗私心一闪,因为讲得过于频繁,所以就拼命想法编故事,不然,无话可讲。我们最喜欢编的是在路上如何捡到一毛钱、五分钱,原本想自己揣兜里,拿着买冰棍买糖果,后来想起了毛主席教导"要斗私批修",所以就交给警察叔叔,或者老师。交警察叔叔可以瞎编,但交老师不能不确有其事,因此,有的同学就自己交出零用钱,以便获得表扬。劳动时想偷懒,后来脑海里响起了毛主席的教导,也是同学最爱讲的故事,这种故事的好处就是真假难辨,永远无法证明。

在这样的环境和教育中,到了1969年,中共九大以后不久,我的一家被下放江西余江。我的父亲先去了那里的五七干校,过了大约半年,我们和母亲才从北京坐了2天2夜的火车到达鹰潭,当时鹰潭称镇,半夜又转乘轮船沿着信江,由水路抵达锦江镇。我的父母下放的五七干校在刘家站,一个小火车站,而我们兄弟三个则独自住在锦江镇,那年哥哥13岁、我12岁、弟弟9岁,自己照顾自己,一个季度才能与在干校劳动的父母团聚一次。我们吃饭可以去五七干校驻锦江联络处的食堂买,最困难的是去井台打水、挑水、洗衣服,稍一不慎就可能掉进井里。

锦江镇位于信江中游,是座千年古镇,也是过去的县衙所在地,街道两旁店铺鳞次栉比,还有座很有名气的天主教堂。可惜,自从私营商业被取消后,店铺大都关闭,成了住房。我家开始住在一家原先的裁缝铺里,面积不小,后面有灶间,前面有铺面,上面有阁楼,本来住在这里的裁缝一家早已经被下放到偏远村子里去了。因为这里潮湿，半年后我家又迁到不远处的一家楼上，楼下住的是房主，出身地主，他每天早晨都在两个民兵的押解下去劳动，可算一算年纪，1949 年他也不过就是个少儿。

锦江镇的中小学合在一处，已经改名为五七学校，其中小学是五年制。课本就是大字本的毛主席语录，再加点算术和唱歌，一周还有 3 天是劳动，往 6 公里之外的农场送粪。我们这些孩子都是一根扁担挑着两个箩筐，前后装着满满的大粪赶往农场，学校规定一天必须挑 4 个来回。唱歌除了唱毛主席的颂歌外就是歌颂解放军，有一首歌我至今记得，用的是当地民歌的调式："我们的解放军好、解放军好、解放军好啊啊啊，毛泽东思想举得高，举得高，举得高，噢噢噢……"学唱样板戏这时也已经进了课堂，一次，全班同学整整唱了一节课的郭建光"要学那泰山顶上一青松"。在江西，解放军在任何场合都可以不排队。1970 年的春节前夕，我哥哥一早就出去买凭票供应的节日肉，可排到傍晚才买到一个猪头，他说，肉都被前面的解放军家属买走了。从那时起，我和哥哥都想当解放军，当解放军起码有买东西不排队的特权。

在五七干校，有几件事情让我产生了与通行的教育不大一致的模糊想法。我骑着自行车走了 50 多里路去刘家站看我父母，干校的男女一律分开居住，父母相距很远，我住在了我父亲那里。当我看见有些叔叔不但农活干得不错、盖房子的手艺挺高，而且喂猪也喂得好时，难免疑惑，因为几年来的教育都告诉我们，知识分子肩不能挑、手不能提、五谷不分。当时冯其庸与我父亲住在一个屋里，一下工就在那里埋头读书。他告诉我，他出身中农，从小就下地干活，都是白天务农，夜里躲在蚊帐里捧读，耕读是中国的传统。我父亲种的南瓜还让当地的老俵很惊讶，听见一位老俵问他：陈老师，您的南瓜为什么种得这么好啊，我父亲回答，多动脑子多看农业书就行了。后来五七干校被撤销后，他们在刘家站盖的一批房子竟成了当地的抢手货，因为质量特别好。

## 该学的不会　没用的都知道　扭曲的知识塞满一脑瓜

1971年，我们全家终于相继回到北京，又没多久，发生了"九一三"事件。

那年，我踏进了人民中学读初一，进了学校才发现，我居然连小数点、汉语拼音都不会，错别字连篇，好在我不算笨，也知道读书的好处，很快就赶上了，数学课拿到了90分以上，还学会了用汉语拼音查字典，历史、地理、语文老师都很喜欢我。这时，虽说还有考试，但考试不影响升学、无关毕业，再加上人人都知道未来不是当工人、入伍，就是下乡插队，所以没多少人听课。我们全班30多人，只有7位同学专心听讲，其他人都是在课堂上睡觉、聊天、瞎玩。

那时的老师很有水平，我就读的人民中学，后改为165中学，有着百年历史，曾经是所教会学校，所以拥有不少一流的教师。数学老师刘淑训毕业于日本早稻田大学，我刚进学校时她还戴着大口罩在扫地，因为被怀疑为日本特务，后来终于走上讲台，依然留着个"特嫌"的尾巴。历史老师时宗本曾先后在辅仁大学和燕京大学读书，地理老师王守让则毕业于辅仁大学，即使1949年以后读大学的老师读的也是北京师范大学、清华大学、南京大学这样的名牌大学。但是，当时由于大学毕业的师资不足和政治的需要，已经开始让中学毕业的学生教书，主要教政治和当辅导员，结果，我们学校发生过多次老师和高中学生谈恋爱的风波。

我在165中学读了初中和高中，共5年，有语文、数学、政治、历史、地理、化学、物理、外语、农业基础知识、工业基础知识，最后这两门新课程就是为了将来进工厂、下农村做准备的，后来的经历证明，基本没用。

语文课其实和政治差不多，所有课文都围绕着阶级斗争，有的课文实在难以称之为语文范文，只能说是合乎当时政治需要的阶级斗争范文。鲁迅是当时推崇的文化巨人，已经被形容得比共产党员还共产党员了，所以，课本里必然会有他的文章，但都是《论雷峰塔的倒掉》《论"费厄泼赖"应该缓行》《"丧家的""资本家的乏走狗"》《友邦惊诧"论》《祥林嫂》《孔乙己》这样的文字，经过老师的解读，我们从中得到的是封建礼教吃人、反动势力一定要打倒这样的信息，从此也知道梁实秋、林语堂、杨荫榆都是反动派的帮凶。文言文虽说也被选入，但像《东郭先生》一类的文章，其目的就是告诉我们对敌人绝不能心慈手软。课文里还有文革中的报刊文章，我记得选有一篇《杨水才》，因为杨水才的"一不怕苦二不怕死"精神是毛主席赞扬的，他的"小车不倒只管推，只要还有一口气在就要干革命"的豪言壮语是舆论宣传。杨水才的事迹给我印象最深的是他不结婚，只读毛主席著作，有一次他问中学历史老师在讲什么课，回答是从猿到人，他马上批评道，讲那些干嘛，还是讲讲咱们的"老三篇"。

外语课分英语和俄语，那个年代连中文课都没人听，如何上外语课？老师只好劝导大家，学英语是因为毛主席还在背英语单词，而学俄语是将来社会帝国主义侵略我们时可以用得上。我们学的英语是毛主席万岁、祝毛主席万寿无疆，还有一篇课文《半夜鸡叫》，里面别的没记住，可周扒皮的那句话：起来，干活去，你们这些懒鬼！人人都会。我们的英语老师姚景唐毕业于洛阳军事外语学院，教这些真是大材小用，记得他还教了一句缴枪不杀，我们也记住了，因为他说抗美援朝时，这句英语被改成"葡萄糖一根儿"，教会了所有战士，从此同学互相打闹时都喊"葡萄糖一根儿"。

历史课就是鸦片战争、太平天国、义和团、五四运动，政治课则是10次路线斗争再加秋收起义、八一南昌起义、井冈山会师、五次反围剿、长征、遵义会议，那个时代，10次路线斗争，人人了如指掌，遵义会议挽救了党挽救了中国革命，是我们的基础知识。抗日战争，我们所知道的内容就是国民党消极抗战、积极反共，而抗战的主力则是共产党。少量的革命电影也逐渐被解禁，《地道战》《地雷战》《平原游击队》《小兵张嘎》出现在电影院里，成为我们这些孩子对抗战的基本认识，至于南京大屠杀、台儿庄战役、慰安妇，那都是上个世纪八十年代以后才知道的事情。平型关大捷曾经是我们了解最详细的抗日战役，连被歼灭人数、被击毁车辆的数字都记得很清楚，但"九一三"事件后就隐去不提了。

## 红色教育（二）：中小学

文革前，我们这些少年儿童最响亮的口号是：时刻准备着！而文革期间，全国人民，也包括我们这些学生，"提高警惕、保卫祖国、准备打仗"自始至终响彻云霄。前些年，北京万寿路一家以鲍鱼闻名的餐馆，每天早晨员工培训的口号竟然也是这一句，足见这一口号早就渗透进我们的血液里。可以说，我们是在战备中成长起来的一代人。拉练这个词，现在打开词典说是部队训练的一项内容，可我们这些初中学生当年经常离开学校、跑到郊区拉练，像士兵那样学会打背包、背背包，双腿肿痛、脚底磨泡，都是我们经历过的事情，为的是战争到来可以随时出征。比拉练更频繁的是在学校里挖防空洞，有一段时间每周下午都在那里挖掘，挖出的土就运到东单公园，我曾经多次跟车去公园卸土，如今公园里那座小山也有我的一份功劳。我们中学的防空洞与四周的防空洞还连成了一片。为了配合战备，政治课里增加了纳粹德国发动闪电战的内容，这让我们听得津津有味。此外我们还常去电影院观看教育片，内容主要是老沙皇和新沙皇如何掠夺我国领土，如何亡我之心不死。

文革里的战备教育让我们的战争意识深入骨髓，1976年唐山大地震时，许多人与我一样，在地震那一刻都以为是苏修扔原子弹了。事实上，新中国成立60多年来，除去自己打自己的文革武斗以外，境内从来没有发生过任何战争，两次大规模的对外战争都是在境外朝鲜和越南进行的。而60多年来让中国大陆死伤惨重的一是大跃进、二是文革，还有就是大地震，几次大地震带来了巨大的灾难，可我们从来没有接受过任何地震防备的基本教育，每次地震都让老百姓措手不及，不知如何应对。

忆苦思甜是我们经常接受的阶级斗争教育。忆苦，是让我们知道"三座大山"压迫下的旧社会，国民党反动派、资本家、地主老财，无恶不作，贫苦人民忍饥挨饿，牛马不如；思甜，是让我们明白，今天的幸福生活来之不易，因此要感谢毛主席。我们吃过忆苦饭，那是由糠和烂菜叶子混合而成的窝窝，还听老工人、老贫农上台控诉旧社会，但每次控诉都是老一套，所以不生动、也不感人，尽管大家口号震天，但除了几个特别爱表现的同学痛哭流涕外，其他人好像无动于衷。尤其是忆苦饭，有的同学因为家境困苦，天天吃窝头加盐水，而且还吃不饱，所以也没觉得苦到哪里去。那时有一句话很流行，叫"我们今天的幸福生活好像泡在了蜜罐里"，可有的同学就说还从来没吃过蜜呢。那时对外主要教育我们仇恨苏修、对内主要仇恨刘少奇和林彪，而刘少奇和林彪就是妄图复辟资本主义，回到旧社会，让我们"吃二遍苦、受二茬罪"，所以，忆苦也是为了加深对刘少奇和林彪一伙儿罪恶的认识。

　　了解国际时事是我们在文革中的一种生活，身在西下洼、放眼全世界，是我们的座右铭，国际时事主要靠读报纸、听广播，再加老师上课得来的。那时我们对国际的了解虽说很偏狭，却特别细致，以至连世界上一些小国小党都格外清楚。

　　美帝，被我们打倒了许多年，但后来的主要敌人又换成了苏修，全国所有舆论十几年中始终以苏修为靶子，三年困难时期撤走专家、撕毁合同、逼中国还债，而今在边境陈兵百万、觊觎我国领土、随时可能来犯，这些话语，我们大多能倒背如流。尼布楚条约、瑷珲条约、天津条约、北京条约、伊犁条约等等，是我们必须背诵的历史知识。

　　印度支那三国四方，如今恐怕已经被人遗忘了，可那时却是我们最熟悉的，还一再成为考试的内容。多次游行都是为了这三国四方。越南是"同志加兄弟"，胡志明是我们尊敬的越南领袖，越南北方的领导人黎笋、长征、范文同、武元甲、黎德寿，我们耳熟能详，甚至我们都知道越南南方民族解放阵线临时共和政府领导人阮友寿、黄晋发、阮氏萍的名字，因为这些名字天天出现在报纸上、广播里。

　　估计我们那代人对柬埔寨政治之熟悉，已经超过了柬埔寨的老百姓了。红色高棉是我们多年坚持支援的对象，波尔布特、乔森潘是报纸和广播里天天歌颂的人物；当然还有西哈努克亲王、莫尼克公主、宾努首相，他们的见报率和周总理一样多，我们经常在电影院里跟着和蔼的"努克"、美丽的莫尼克、摇头晃脑的宾努周游全国各地，欣赏美景、吟诗作词，陪同常常是文豪郭沫若，他们的行踪几乎都拍成了纪录片；先是朗诺、施里玛达集团，后是洪森、韩桑林，都成了

## 红色教育（二）：中小学

我们打倒的对象，其实这些人长什么样我们根本不知道，只是随着报纸一起喊而已。

老挝的苏发努冯亲王、富马亲王，当年念起这些名字，就和我们说邻居街坊一样熟悉；澳共（马列）主席希尔，大概澳大利亚都没几人知道，而我们中国人却最熟知，因为他每次来中国都受到毛主席接见，永远登在人民日报头版头条。朝鲜是"鲜血凝成的战斗友谊"，但那时好像中朝关系不如中越显得那么热烈，只是每当中国来了政治运动，金日成都会表示支持，我在人民日报上就读过他支持批孔、评法批儒、评《水浒》批投降派的来电。

阿巴尼亚是"欧洲社会主义的一盏明灯""海内存知己，天涯若比邻，中阿两国远隔千山万水，我们的心是连在一起的。"这封毛主席致阿尔巴尼亚的贺电还被谱成曲，旋律上口，人人会唱。地拉那，阿尔巴尼亚的首都，改革开放以后我经常问外国人，回答都说不知道，而我们全国男女老少那时谁人不晓？霍查、谢胡，连国防部长巴卢库，在我们这里都如雷贯耳，后来，巴卢库成了反党集团头子，我们都说他是阿尔巴尼亚的林彪。

中国当年拼命援助和支持的越南、朝鲜、阿尔巴尼亚，后来都曾与中国交恶，记得尼克松访华后，一位伯伯来我家串门说，阿尔巴尼亚开始公开批判中国，对毛主席的三个世界划分理论也是全力攻击。中国在阿尔巴尼亚的眼里，已经成了中国眼里的苏联。回想起来，当年的革命外交路线真是彻底失败，口号白喊了、援助白给了、仗白打了、人白牺牲了、歌也白唱了，原来养了一群白眼狼，我们受骗上当不说，还打肿脸充胖子，反不如以后的中美、中苏、中日关系，获得的好处特别多。其实，苏联和东欧国家一直坚持恢复中华人民共和国在联合国的席位，作用不小，并不像有人说的那样，完全是靠"非洲兄弟抬着进入联合国"的。

我在中学时，正赶上毛主席号召多学点理论，于是我就经常参加课外学习小组，读了一堆的马列原著，读过之后的感觉是，马克思和恩格斯的著作，越读越对现实有怀疑，总觉得现在距离马克思主义太遥远。文革前期，书店里除了马恩列斯和毛泽东的著作外，几乎没书,而图书馆长期被禁闭,文革后期,随着批林批孔、评法批儒、评《水浒》的运动,书店里开始出现一批所谓儒法斗争的书籍,儒家都是"供批判用",法家则是为了学习,一律由工农兵大批判组注释,这让我读了不少书,买了不少书,如果不看前言,不看套话注释,还是开卷有益。我家有位邻居曾文经是哲学系教师,忽然间门庭热闹起来,一个工厂的工人理论组每天一早就过来,说是和曾老师一起注释法家著作,可争吵声常常从窗户里传出,最后不欢而散。好在那时不是文革前期,社会没有那么严酷,他没有因此被批斗。

文革时期,我们获得毛主席的最新指示,一是靠报纸社论转引,二是中央文件,连我们这些中学生都经常集中起来倾听中央文件的传达。每项指示一出来,都有特定所指,但常常语焉不详,颇费揣测。文革后期,大家都明白上面有两股势力,明争暗斗,此消彼长,一遇毛主席指示出来,周围的长辈都会在那里纷纷猜测,这是指谁的,那是批评谁的。例如"提法似应提反对修正主义,包括反对经验主义和教条主义,二者都是修正马列主义的,不要只提一项,放过另一项。""我党真懂马列的不多,有些人自以为懂了,其实不大懂,自以为是,动不动就训人,这也是不懂马列的一种表现。""开后门来的也有好人,从前门来的也有坏人。"这几句我记得非常清楚,不仅老师、父母、邻居在议论,同学之间也在传小道消息。"走后门"在那个时代非常盛行,似乎干什么都会想到"走后门",招工、当兵、逃避上山下乡,买紧俏商品,都有人"走后门"。售票员、驾驶员、邮递员、保育员、理发员、服务员、售货员、炊事员,这"八大员"是当时最好的工作,更有人靠后门往里钻,还有人靠着顶替制度,让父母提前退休,然后自己顶替当工人。我哥哥高中毕业那年一门心思想入伍,我父亲想尽了各种办法找后门,可我家在部队实在没什么后门,只得作罢。

文革后期,除了8个样板戏外,终于出版了一些小说,还上映了一批新电影,都是反映阶级斗争的,也有旧作新拍,浩然是那时最著名的作家。不过,包括8个样板戏在内的所有新旧作品里,那时最鲜活最生动的形象几乎都是反面人物,而且语言也有味道,不那么干瘪生硬，让我们过目过耳不忘，如刁德一、胡传魁、鸠山、钱广、马小辫、松井、汤司令、胡汉三，还有葛优的父亲葛存壮饰演的那个讲授"马尾巴的功能"的教授。我读过的一部有史以来最差的小说叫《虹南作战史》，也诞生在那时的上海，后面署名是集体创作。电影《闪闪的红星》是那个时代家喻户晓的影片，也是最著名的儿童片，可现在看来，一个孩子又杀人又放火，实在是"儿童不宜"，不知为什么，这部影片时至今日竟然还在电视频道不断播出，说是爱国主义。对电影《决裂》，当时我已经心存疑惑。郭振清饰演的那个主角举着一个长满老茧的手说，有人讲上大学要有资格，看，这就是资格！我想，既然如此，那何必叫大学？干脆办个农业小学岂不更省事！实际上，这也是我对当时工农兵上大学的想法。我的三姨夫在天津大学为工农兵学员上课，他告诉我，有的学生连小学水平都不够，多数人必须从初中开始补起。于是我就发问：那这个大学又有什么意义？我也常想，大学毕业生甚至中学毕业生都被说成是世界观没有改造好，是小资产阶级，必须接受工农的再教育，那为什么不取消大学和中学，让大家直接当工农不就得了！何必费了那么大劲，将人培养成资产阶级，然后又费劲再来改造？

那时的外国电影就那么几部，观众都是来回欣赏，情节烂熟于心，如苏联的《列宁在十月》《列宁在一九一八》；朝鲜的《摘苹果的时候》《卖花姑娘》《南江村的妇女》《鲜花盛开的村庄》《看不见的战线》《永生的战士》，其中的"600工分"（《摘苹果的时候》中的女主角），特务老狐狸还有接头暗号"你拿的什么书""歌曲集""什么歌曲集""阿里啦"（《看不见的战线》），印象最深；越南电影的名字都忘了，只有一个跳大神的镜头，"天灵灵地灵灵"一直难忘。阿尔巴尼亚的电影水平最高，《海岸风雷》《地下游击队》《宁死不屈》《广阔的地平线》《勇敢的人们》《第八个是铜像》，让我们领略了欧洲电影的手法。这些电影今天看起来实在没有什么值得称道的，但当时都比中国电影好看，朝鲜电影有爱情，苏联电影有生活，阿尔巴尼亚电影有情趣，所以，我们百看不厌。

看内部书、欣赏内部电影、去内部书店，是70年代前期北京一些人的生活。我读过的内部书有《林肯传》《拿破仑传》等，邻居王金陵是王昆仑的女儿，人民大学语文系教师，她翻译的《这里的黎明静悄悄》特意送给我父亲一本，前面标明供批判用，我反复读了多遍。日本电影《啊，海军》《山本五十六》《日本海大海战》《联合舰队》等内部电影，谁如果有幸搞到一张票，就是荣耀，看过之后个个津津乐道，赞不绝口，没人对日本军国主义产生什么仇恨，同学里还有人非常崇拜山本五十六和神风突击队，其中有位团干部将这种崇拜居然写进了思想汇报，在学校轰动一时。人民大学当时已经被撤销，我父亲当时被调到北京师范大学图书馆工作，不但常常可以给我带回来各类禁书，还能开出内部购书介绍信，我时常手持介绍信去琉璃厂的中国书店内部营业部看书、买书，一看就是半天，里面的几位店员都认识我，夸奖我会买书，物美价廉。我买了《于湖居士文集》《苏东坡文集》《经传释词》《经籍纂诂》等，最高价2元5毛，最低价5毛，都是线装书，可惜那时我没多少钱，以浏览为主，不然可以拥有多少善本珍本啊。

我父亲在北师大图书馆的同事中，有好几位是因历史问题而不准登上讲台的，有的留日，有的留美，有的留德，都会三门、四门外语，所以被分配到图书馆做编目工作。一位姓贾的伯伯会英日俄德法西5门语言，被定为"特嫌""有严重历史问题"，他曾抽空教了我半年日语，我至今未忘。如今回忆起这几位老先生，很替他们遗憾，一肚子学问却长期不能教学生，算是白白耽误了。

文革从头到尾都是与教育过不去，与老师过不去，与考试过不去。开始是斗老师、打老师，学校长期无法正常上课，后来又不断地掀起事端，运动不停。从马振福公社中学事件、批判《园丁之歌》，到学黄帅反潮流、学张铁生交白卷、批师道尊严、批判修正主义教育路线回潮，老师始终是靶子，而且总会拿考试开刀。后期的这些批判浪潮，我们这些中学生都被要求写出批判文章，我在班里算个写手，又是团支部宣传委员，所以，黑板报、广播稿和大字报没少写。在批判修正主义教育路线回潮时，学校团委要求第二天必须贴出自己署名的大字报，我只得写了一张"令人发指的教育"，不点名地批判我们的物理老师唐润和。唐老师没有历史问题，60年代清华大学毕业，所以在那个课堂纪律十分混乱的年代，敢于站出来维护秩序，爱捣乱的同学们都怕他，而他对我们这些爱学习的学生却关怀有加，可我实在找不出什么修正主义教育路线回潮的问题，因此，他的形象就成为我的批判对象。这张大字报让我后悔至今。

邓小平主政以后，整顿工业、交通秩序，遏制了文革以来长期存在的派性斗争，改变了许多地方和行业的混乱局面，社会生活趋于好转，这让当时的人们都对他心存感激，佩服他的能力。在他再次被打倒的前夕，有几件事对我的影响很大。一是对周荣鑫的批判，引起了很多人的不满；二是刘冰等人向毛泽东告发迟群、谢静宜，受到毛泽东的批评，说矛头是对准他的，周围的邻居都说这两个人何德何能，居然能掌管中国最高学府，还是教育界和北京市的领导，无非就是近侍嘛；三是连《创业》《海霞》这样的影片都曾通不过，令我们感觉莫名其妙。

1975年11月下旬，因为刘冰等人的信而招致毛泽东的批评，"批邓，反击右倾翻案风"开始，当时北京很多部门都在开"打招呼会议"，会上宣读了《打招呼的讲话要点》，其中的话，我记得非常清楚："清华大学出现的问题绝不是孤立的，是当前两个阶级、两条道路、两条路线斗争的反映。这是一股右倾翻案风。""有些人总是对这次文化大革命不满意，总是要算文化大革命的账。"从此，社会上谣言四起，不满情绪日益明显，连我内心的反感也在增加。1976年1月8日，周恩来去世。毛在当时虽然被很多人无限崇拜，但这种崇拜像是符号，比较抽象，而人们对周的敬仰却很具体，他的形象、风度、气质、言谈、行事，几乎无人可比，尤其在知识分子当中，对周的钦佩是发自内心的。他的去世，让人们悲痛不已，在悲痛中又想起当时的政治情形，一种前途未卜的愁绪弥漫开来，于是，悲痛、不满、迷惘，形成了人们的冲动。周恩来去世的消息传来，周围的邻居就开始酝酿戴黑箍，我听见后也要了一个，究竟戴不戴犹豫了一夜，次日上学时，我鼓足了勇气戴起黑箍走上街头，那是我人生中第一次带黑箍。大街上,当我看到一些人与我一样,也带着黑箍,心里便有了底气;到了学校,发现和我同样带黑箍的同学还有 10 来个,历史老师时宗本的臂上也有一个,更让我欣慰。

从那时起,我一步步走向醒悟。


选自《记忆》第 130 期。

# 合肥市第六中学校史

## ——关于文革的记忆

王逸伦 编辑

合肥市第六中学,是一所安徽省的省级重点中学。它始建于1954年,今年是它的六十周年校庆。同很多历史悠久的学校一样,合肥六中也经历了苦难的文革岁月。作为这所名校的校友,一位在读的大学生,我没有什么能力去收集文革资料,谨将本校校史中有关文革的大事记和少数当事人的回忆摘录下来,供有心人的参考与研究。倘能为国人梦寐以求的"文革博物馆"贡献绵薄,余心足矣。

## 六中当年名"向阳"

1969年秋,文革渐渐由"停课闹革命"转向"复课闹革命"。金科(74届校友)终于得以从待了整整七年的小学毕业出来,按就近入学的原则进入复校伊始的合肥六中(1964年停止招收高中生)。那时的六中,有一个非常"文革化"的名字:向阳中学。

文革之中,时兴工人阶级领导一切,大、中、小学校都要派驻工人宣传队。六中的驻校工宣队来自合肥农药厂,当年六中的校名的全称为"合肥农药厂向阳中学"。而合肥六中的校名则是在1971年恢复的,后来再未变过。文革中,合肥晶体管厂、合肥橡胶厂也曾先后派工宣队进驻过六中,但都没有再在校名前冠以厂名了。

那时的学校仿照军队的编制,班级称作排,三四个排为一个连,学校则称为团。金科在6连17排。当时全校共有7个连23个排,算起来,那时的六中的学生有一千多人。

然而，文革的第一波高潮已经过去，金科毕竟没有遇见那太阳最最红的年代。

## 读书无用正猖狂

1966年5月16日，中共中央发出《中共中央关于进行无产阶级文化大革命的决定》，史称"五一六通知"。据校史大事记载，6月，根据教育部的通知，六中停止了期中考试（原文如此），改为民主测定成绩。7月到8月，停止招生，不放暑假，师生留校参加"文化大革命"，学生开始贴教师的大字报，在教师中揪斗"牛鬼蛇神"，并在校内外扫"四旧"，图书室损失严重。在《校史》开篇的综述中，关于文革中的打砸抢，有这么一段叙述：

"1966年，学生开始扫四旧，图书室首先遭受严重损失。

1967年2月，造反派夺权后，学校处于无政府状态。图书室、仪器室、保管室和校长室，都不止一次遭到打、砸、抢。大批图书被造反学生拉到废品站卖掉，广播器材被抢去作打派仗的工具，门、窗、桌椅大部分被砸坏。"

## 日出江花红胜火

据"大事记"记载：

"1966年9月中央文革小组决定："放假半年，停课闹革命"，学校党支部在学生中成立"红卫兵"总部，在教职工中成立"五保卫"组织。10-11月，师生中成立"造反"组织，开始批判学校领导的资产阶级反动路线。

1967年1月26日，省市委被夺权。2月，学校"造反"夺权，原党、政领导靠边站，"红总"和"五保卫"组织被"造反派"勒令解散。围绕夺权，学校教师出现G、P两派，三个组织（G派：八二七，P派：求真理和三二九）"

据当时的教导主任盛芳青回忆：

"1966年秋季开始，停课闹革命，校内师生纷纷成立造反组织。当时合肥人对文化大革命有G、P两派（G派：安徽省革委会好极了；P派：安徽省革委会好个屁），我校师生中也有G、P两派。他们或在校内互贴大字报，打派仗，批斗学校领导和教师，把那些有历史或者其他问题的人称为牛鬼蛇神，统统关进牛棚，逐个批斗，或者组织去外地串联。我当时在学校虽然受到学生大字报的批判，但既不是当权派，也不是牛鬼蛇神，所以仍要我负责红卫兵接待站工作，接待外地来合肥串联的红卫兵，安排他们的吃住。

1967年春，随着全国各地夺权浪潮的兴起，我校也被造反派夺权，领导靠边。我也参加了一个造反组织。当时我校教师中有三个组织，G派一个，P派两个。"

又据时任学校团委书记的吕厚芳回忆（1957-1969任校团委书记）：

"1966年文化大革命开始。四清运动学校没怎么搞，就查个食堂。文革开始时，工宣队进驻，各单位抽调来的。当时的组长董春龙，找'重点人'（即审查对象），后来看不对了，不搞了。但是学生开始造反了。学校北面的工学院（合工大）大喇叭天天叫。学生开始八•二七串联，我们不让学生进校串联。六中学生（此时是初中生）开始自发写大字报，批判教师，三（3）班的一个学生是P派头子。六中是'七七红暴'派，三中是'八八红暴'派。我们是作为'保皇'派被批斗。学生夺权，剪女教师头发，我也在大街上被剪头发了。他们说我是'镇压学生运动的刽子手'。我还被戴高帽子游街，作为'走资派'在食堂帮厨。游街的时候，工作组领着戴高帽的走在前面，我走在后面。我天天上班。学生把党支部抄掉了，把校长室的公章拿走了。教师是G派，学生是P派，搞得很厉害。'大联合'的时候，让我搞学生指导员，我没干了。学生搞专政队，把一个老师搞死了。"

关于批斗老师，在校史综述中这样描述："到1967年下半年，

90%以上教师受到大字报点名批判，先后被揪斗的教职工达 15 人，他们有的被抄家，有的被关进牛棚。外语教师胡益咸（李鸿章的孙女婿）被迫服毒自杀，语文教师袁家芝（袁世凯孙女）在被抄家和揪斗后，生病死亡。"

## "八八惨案"枪声急

《校史》多处提及了 1967 年 8 月 8 日发生在合肥的一次武斗，但是都只是极其简略地做了叙述。

《大事记》在 1967 年中的记录如下：

1967 年 5 至 7 月，社会上两派斗争愈演愈烈，开始不断武斗，教职工开始离校，部分住校教职工，不分派别自发组织护校，防止"五湖四海"（传说中社会盗窃、破坏团伙）搞打、砸、抢。

8 月 8 日，两派在我校和六安路小学之间发生武斗，双方用机枪、步枪对射达一个小时，死伤多人，后称为八八事件。八八事件后，大部分教职工撤离学校。

据教导主任盛芳青回忆："1967 年 8 月 8 日下午，在我住的六中宿舍楼与马路对面的六安路小学教学楼，G、P 两派展开枪战。从此教师都跑了，不敢住在校园里。我则去公安厅的弟弟家避难，可公安厅也不安全，因为造反派要去公安厅抢军械库，我只好带着妻儿去了农村老家。"

在《校史》第 81 页，关于六十年来校园基本建设这部分内容中，对这件事的相关记载如下："……新建两幢二层教师宿舍楼，被造反派抢作武斗据点。8 月 8 日，合肥 G 派、P 派两大对立的造反组织在此一度发生激烈枪战，造成多人伤亡。硝烟散后，该宿舍楼北墙留下累累弹痕。"

除此三处之外，便没有进一步地叙述了。值得注意的是，《大事记》中说了，参加这次武斗的是社会上的两派，并没有说是否有六中的师生参与。考虑到武斗的参与者通常是年轻人，包括大学生、高中生,甚至是初中生与小学生,不能排除有六中学生参与的可能,这还需要进一步的调查。不过,仅仅从《大事记》的"对射一小时"和"基本建设"中提及的"累累弹痕"来看,这场武斗还是相当激烈的。至于"多人伤亡"到底是几人伤,几人亡,还有待于进一步调查。

## 学到头来滚下乡

在成为向阳中学之前,合肥六中曾经被勒令迁到乡下。

据《大事记》记载:

"1968年10月下旬至11月上旬,66、67、68三届初中毕业生下放长丰县农村插队落户。

11月,市革委会决定:合肥六中下迁长丰县农村,分点办学。同月选定孔店、曹庵、徐苗三个办学点。

1969年1月18日,下迁师生开赴长丰县三个办学点,学校留守人员继续分校产和办理运输。"

然而这绝不仅仅是搬家这么简单。

此次下迁,有教师83人(这批人后来最终回到六中的只寥寥数人),同时将残存的教学、生活设备、器材一分为三,运到三地。

教导主任盛芳青回忆:"六中曾是市科技学校,图书、仪器、实验设备都很好,当时三个校长分到三个办学点,只好由我主持分家。许多东西都一分为三,搞得不配套,另外在运输中损失损坏,实在可惜。记得有一天在操场摆着80多个橱柜分给三个点运走,被军代表看到,问这是干什么?我说,这些运下去是装图书、仪器的。他很生气地说,农村学校,可以在田间地头上课,在树上挂块黑板就行了。谁叫你们下去还搞'修正主义'那一套?"

在分家期间,柜、床、桌、椅、图书、仪器,有的被私分,有的在运输中损坏,有的被农村干部、群众拿走。这样一个拥有近5万册图书,10多万元仪器,教学设备齐全的六中,除了剩下几幢没有门窗的破房外,其他已经荡然无存。

长丰县各教学点的办学环境极其简陋，给当事人留下了难以忘却的记忆。据当时曾在长丰县曹庵办学点就读的校友黄同文回忆：

"学校条件远不如我们上初中的学校，十几排很旧的瓦房，教室与教室之间靠碎砖、瓦片铺成的小路连接。那时学校还没有电，晚上自习只能靠几盏汽油灯照明。也没有自来水的概念，吃水、用水全靠一口机井，用辘轳摇着一桶一桶往上提水。最怕的是冬天，一旦房屋的玻璃碎了，也只能用报纸糊上，否则，只能任凭北风呼呼往里钻。寝室就更糟糕一些，40多名男生挤在一间大寝室里，睡的是双层架子床。深更半夜的时候，什么声音都有，磨牙的，说梦话的，打呼噜的，……但同学们从来不讲究学习条件和环境，也没有什么差与不差的攀比，大家都认真学习着……"

由于仓促成行，违背规律，下迁运动自1968年始，第二年就草草结束。1969年5、6月，下迁的学生全部倒流回城，并公开反对城市中学下迁的错误做法。结果，市革委会在7、8月份，先后在长丰、淮北召开下迁会议，对反对下迁的干部和教师进行批判和处分。10月，市革委会强令将所有下迁教职工的户口、工资、粮油等五大关系迁到农村，留守人员撤离。而在这年5月，合肥农药厂已经接管校舍，秋季便办了向阳中学。

至于后面的事，盛芳青说："我当时是六级教师，月工资66元，迁到农村后因为地区差，只拿64元。当时对反对下迁教师采取高压政策，我校教师江云，就因为反对下迁被开除公职。但错误的东西是不可能被人接受的，全省各市反对下迁的浪潮风起云涌。1973年6月，各市代表在我校开会，然后去稻香楼与省革委会领导进行了面对面的斗争。接待我们最多的是当时的政工组长潘启奇，我们背后也有老干部支持，如合肥市老市委书记杨效春、教育厅长杨峰、中教处长王世杰等。他们要求下迁教师能争取逐步回城就可以了，不能'一哄而散'而影响到农村已办起来的学校。经过两个多月的斗争，上级终于承认下迁的大方向是错误的，同意下迁教师逐年回城。

六中下迁去长丰的三个办学点，以我所在的曹庵公社教学点出的人才最多。我们招的高中班学生有很多复员军人，他们素质好，学习努力，仅1973、1974届就有15人考上大学。据我所知，那几年由曹庵出来的学生不少人成了公务员或领导干部，如中央党校函授部主任黄上安，合肥市市委副书记、市人大主任黄同文，市政府发言人高晓光等等。

我是1975年7月上调回城的。当时市里规定，下迁回城的教师不准回到原校，怕他们继续搞派系，继续两派斗争。我分配到合肥十五中，任教革组长。1978年暑假，六中定为市重点学校，温校长要我，我才回到了六中。"

## 艰难困顿办教育

文革时期，教育成了学校最大的难事。如何在混乱中想方设法办教育，成了对学校最大的考验。

1970年，在农药厂的大力支援下，学校虽然逐步得到恢复，但由于把阶级斗争作为主课，大搞开门办学，组织学生学工、学农、学军，参加"三大革命"运动，使学生文化课学习受到严重影响。（见校史综述）这样的情况，直到温桢一来到向阳中学做校长，才有所改变。

温桢一是1970年从部队转业来的合肥。他来的时候，大批判还没有结束，好些领导都被下放到了五七干校。批判"合肥的三家村"的时候，他也算是三家村的一个，大字报不得了。

他回忆当时的教学，说："1970年我从干校调到六中。我不懂教育，依靠老师，学生也很好。我倡导学生做好事，不做坏事，不偷不抢，搞学习。那时候没人敢提学习。我那时候，抓教育、抓体育，六中奖状都贴满了。反革命、右派、参加过反动组织的，别的人不敢要，我要，要到六中当老师。我很重视'文化体系'，所以老师只要有才，有点小毛病我都不在乎。"

关于当时六中的老师，英语老师李大中是这样说的："当时合师院来到中学的一批大学教师，水平很高，教课生动；中学下迁回来的一批老师,当班主任教学有方;一批刚毕业于清华、北大、安大、安农、合师院等大学的年轻教师,很亲近学生。我们有很多好老师。"

对此,74届校友金科的回忆可以佐证:"教我们的老师大多原来是教大学的,主要来自合肥师范学院。据说是文革当中合肥学院解体之后,一部分教师下放到中学里来。这样的老师教我们这样的学生显然大材小用了。老师多很年轻,课讲得也很精彩,在那样纷乱的岁月里,能够在中学的校园里聆听知识渊博、才华横溢的大学老师讲课,现在想来,可真是一种奢侈了。"

不过,金科也说道:"老师虽好,但作为学生的我们正值少不更事的年龄,又受到文革中造反有理,斗争哲学的种种毒害,同学间相互斗殴,甚至有学生公开打骂老师的事情。在相当长的一段时间里,校园里也是无法无天,混乱不堪。"

后来,这种无法无天、混乱不堪的状况大为改观,应当归功于上面派来的校领导,一位刚从合肥市委'解放'出来的老干部温桢一。""他到任后,大刀阔斧地'拨乱改正',使校园面貌和校风校纪发生了显著变化。"

温桢一治校严厉在校园里是很有名的。不仅大会小会,他要时常训话,反复强调严肃校风校纪。他还身体力行,爱管闲事。他时常早早地就站在学校大门口,专门抓上学迟到的学生。

那时校风之严,金科说了这样一件事:"迄今为止,我平生所写下的唯一一份检查,就是在合肥六中当学生时写下的。那是在读初中二年级时,讨论发展我入团之前,一位老师找我谈话。说我作为一排之长,带头追求腐朽堕落的资产阶级生活方式。留分头,穿皮鞋,着小钢裤(一种当时上海产的裤腿较细的裤子),影响不好。想要入团,必须先写出书面检查,否则难以通过。"

温桢一对于自己的严厉,也说:"我治理学校,德智体发展,德育第一条。我自己带头做,作表率。比如看运动会,我要大家带凳子,这样砖头瓦片就没有了。下雨我就在那坐着,学生秩序也很好。有女学生摘冬青树叶子,我教育她:'头发拔一根没关系,可是拔多了就成了秃子了。'结果有人谣传我拔学生头发。""我干记者出身,干什么都要自己看，不相信道听途说。有一次冬天跑步，我发现一个同学穿单裤，一个老师说他家庭困难，我就让总务主任买了棉裤，让班主任夜里偷偷送到他家（怕别人知道后都找到我要棉裤）。""老师给学生写评语，写错别字，我善意地批评他。"

文革之中，似乎只能做做这样的小事。虽然这些看上去只是小事，然而一校之长，天天、月月、年年，身体力行做这样的事，并且由此把学校管理得越来越好，不得不说是非常不容易的。

那时学校将阶级斗争作为一门主课，开门办学，不断组织学生去工厂、农村、部队参加所谓的三大革命。金科他们曾经学习解放军，进行长途野营拉练。无论师生，背着背包，不舍昼夜，风雨无阻，竟然绕着巢湖走了一圈。另外，还有不计其数的集会游行、文体表演、忆苦思甜等等社会活动。去的最远的，是去南京参观学习，在澡堂里住了一夜。而大量参加这些活动，当时金科并没有觉得苦，更未意识到是对时间和生命的一种荒废，反而觉得十分有趣。真是把心都玩野了。

不过在合肥六中期间，他们也曾有过一段时间有学习压力。那是进入高中之后，邓小平复出，进行全面整顿，开始抓教育质量。合肥六中紧紧跟上，张榜公布学生考试成绩。这一做法立竿见影，一下使得他们紧张起来，也用功起来。不少同学脱颖而出，显露读书才华。

那时学校也开始恢复评选"三好学生"了，不再评选做毛主席的"五好战士"了。评选"五好战士"的重要标准是看学生走出课堂进行"三大革命"实践活动中的表现；评选三好学生的重要标准，则是考试成绩要在班上名列前茅。

然而，这一行之有效的做法也极为短暂，大概前前后后实行过一年左右吧。随着全国各大报纸突然鼓吹"白卷英雄"张铁生，宣传北京一位名叫黄帅的小学生的信和日记，而旋即夭折。全国教育战线都掀起了一股批判"智育第一""师道尊严"和"反回潮""反复辟"的浪潮。据金科回忆：六中也出现过由本届一些女生公开署名的大字报，批判学校这种复辟资本主义教育的考试制度。

这一时期，教师不敢教，学生不愿学，教学质量严重下降。在恢复高考后的前两年,当年考试成绩不错的同学,几乎全都考上了各类大学本科院校,约占金科那届高中毕业生的四分之一。而他所在的一班,竟然有一半的同学考上了大学本科。这个比例是相当惊人的。要知道,十年浩劫之后的 1977 年与 1978 年的高考中,本科生的录取率只有百分之二左右!而且他们那届同学还多是以农村知青的身份报考大学的。由此可见,当年六中在文革之中,重抓教学质量的功劳。现在想起来,金科也不禁感慨,这是怎样的一种人生的幸运啊!

## 而今迈步从头越

1976 年 10 月,四人帮被粉碎,文革终于结束。1977 年六中以良好的环境与校风,优秀的高考成绩和体育成绩,赢得了全市好评。这年冬,学校先后被评为市和省教育革命红旗单位。

1978 年 2 月,学校根据上级规定撤销革命委员会和三大组,实行支部领导下的校长分工责任制,恢复校长、教导主任、总务主任名称。

6 月,合肥六中被评为市重点中学。

7 月,农药厂工宣队离校。

在拨乱反正的大环境下,合肥六中终于能够发挥自身优势,大踏步地向前迈进了。而自此,合肥六中的文革记忆也就告一段落了。

## 编者的话

文革过去已经 48 载,我的母校不幸也有这么一段文革记忆。批判、武斗、揪斗教师、下迁、向阳、艰难办学,该有的,似乎我的母校也都有。可是,这真的是应该有的吗?如果没有这如地狱般的十年浩劫,我的母校是不是应该有更多的芬芳桃李呢?这一切,值得我们时刻铭记。

同时,我只是从校史中得到这么一点点相关资料,而这些故事,是我在上学期间从未听说过的。仅仅四十八载,这些宝贵的历史却比那沉睡千年的秦皇汉武埋藏得更深,这是我必须严肃认真反思的。不仅仅反思文革中人们为何互相残杀,不仅仅反思文革中人们为何封建迷信,更要反思我们自己,是否还带有迷信的思想,是否已经忘记历史的教训。

  立此存照,以昭后人。我们的前辈用自己的心血留住历史,而我们新一代的年轻人,又怎能把这些宝贵的资料丢在一旁。不仅仅是记录历史,更应该分析历史,评判历史,得出我们自己的结论。

  选自《记忆》第 121 期。

# 编后记

着手编这本书时，中美交恶升级。中国上层的"战狼"作风，下层的仇外意识，把八十年代的"五讲四美三热爱"弘扬到了一个新的高度。"三热爱"是"五讲四美"的精髓，"心灵美"首先是爱党，爱党所设计和推行的思想和主义。"战狼"与仇外，不失时机地展示了中国人的"心灵美"。

编完这本书，正赶上东京奥运会落幕。中国羽毛球运动员陈清晨高吼的"我操"[1]，以及"小粉红"们对这种行为的辩护以致称赞。为中国人的"行为美"做了最好的诠释，"行为美"首先是"为祖国争光"，陈清晨让全世界都领略了新中国新时代的新文明。

本书的第一位读者——刚来美国的大陆留学生王志强。他飞快地把打印好的书稿翻了一遍之后，与我有了如下的对话——

"叔，中国还有这事？学生打死校长、老师？"

"太多了。"

"我在国内怎么一点也不知道？"

"人家不想让你知道。"

"也没听我爸妈，我爷爷奶奶我姥姥姥爷说过。"

"你爸妈是 70 后，他们上学的时候，红卫兵运动已经过去了。你爷爷奶奶姥姥姥爷是 50 后，他们应该知道。他们不跟你说，大概知道你不爱听，也怕你到外面乱说吧？"

"不过，我挺羡慕 50 后的。"

"羡慕什么？"

"有理想，有抱负，生活得特充实。"

"你没理想？"

---

1 据新西兰自媒体主持人大康说，这个粗口在运动会上喊了五百多次。

"我的理想是我爸给的,他要求我拿个美国大学的文凭,找个洋媳妇,弄个绿卡,把他们接出来定居。"

陈清晨,1997年出生,广东兴宁人。

王志强,1999年出生,山西大同人。

他们属于第三代"社会主义新人"。

2021年5月末